ŒUVRES POÉTIQUES
DE
ANDRÉ CHÉNIER

PRÉCÉDÉES

DE LA VIE D'ANDRÉ CHÉNIER

MISES EN ORDRE ET ANNOTÉES

PAR

M. LOUIS MOLAND

AVEC

LES ÉTUDES DE SAINTE-BEUVE SUR ANDRÉ CHÉNIER
LES MÉLANGES LITTÉRAIRES
LA CORRESPONDANCE ET UNE NOTICE BIBLIOGRAPHIQUE

Ornées de Gravures sur acier

D'APRÈS LES DESSINS DE STAAL

TOME PREMIER

PARIS

GARNIER FRÈRES, LIBRAIRES-ÉDITEURS

6, RUE DES SAINTS-PÈRES

CHEFS-D'ŒUVRE

DE LA

LITTÉRATURE

FRANÇAISE

ŒUVRES POÉTIQUES

DE

ANDRÉ CHÉNIER

———

TOME PREMIER

ÉLÉGIE 1ʳᵉ

Lorsque Vénus, du haut des célestes lambris,
Sans armes, sans cortège, vint m'amener son fils.

ŒUVRES POÉTIQUES
DE
ANDRÉ CHÉNIER

PRÉCÉDÉES

DE LA VIE D'ANDRÉ CHÉNIER

MISES EN ORDRE ET ANNOTÉES

PAR

M. LOUIS MOLAND

AVEC

LES ÉTUDES DE SAINTE-BEUVE SUR ANDRÉ CHÉNIER
LES MÉLANGES LITTÉRAIRES
LA CORRESPONDANCE ET UNE NOTICE BIBLIOGRAPHIQUE

Ornées de Gravures sur acier

D'APRÈS LES DESSINS DE STAAL

TOME PREMIER

PARIS

GARNIER FRÈRES, LIBRAIRES-ÉDITEURS

6, RUE DES SAINTS-PÈRES

1884

AVANT-PROPOS

Nous avons maintenant l'œuvre poétique d'André Chénier aussi complète qu'on peut l'avoir. Tout a été publié, jusqu'aux moindres *reliquia*. Cela forme un ensemble singulier et tel qu'on n'en trouverait, croyons-nous, dans aucune littérature. Nous entrons dans le cabinet du jeune poète enlevé brusquement par la tempête révolutionnaire. Tout ce qu'il était en train de préparer s'étale à nos yeux, comme tout ce qu'il avait à peu près terminé. Morceaux achevés ou inachevés, pièces ébauchées, fragments, plans gigantesques formés pour remplir une longue carrière, canevas en prose où se détachent çà et là quelques vers qui sont venus du premier jet sous la plume, simples notes de lecture, tout est là, et comme il l'a laissé :

> Pendent opera interrupta minæque
> Murorum ingentes, æquataque machina cœlo.

Nous apercevons le poète dans le travail de la composition, nous entrons dans l'atelier de l'artiste qui est à l'œuvre. Nous distinguons ses procédés, assistons à ses tâtonnements. En laissant de côté le charme des poèmes terminés ou des esquisses faites de verve, il n'est certes pas de spectacle plus curieux ni de sujet d'études plus intéressant ni plus fécond.

Nous avons peu d'explications à donner sur la présente édition. Elle est plus complète que celle que nous avons publiée, il y a cinq ans, en deux volumes in-12. Elle a profité des progrès que les érudits ont fait faire à l'œuvre d'André Chénier dans cet intervalle. Elle est plus complète aussi que celle que nous avons publiée à la fin de l'année dernière, grand in-8° jésus.

L'édition grand in-8° avait, dans notre intention, une destination un peu différente. Elle s'adresse à un public plus mondain; elle a sa raison d'être à côté de celle-ci et ne se confondra point avec elle.

Nous avons écrit pour celle-ci une vie d'André Chénier plus étendue. Nous avons conservé cependant les deux articles de Sainte-Beuve qui avaient figuré dans les autres. Le premier, de 1839, a perdu sans doute un peu de sa nouveauté, et les pièces qu'il présente comme inédites ont pris place depuis un certain temps déjà dans toutes les éditions des poésies d'André Chénier, mais la manière piquante dont ces morceaux y sont présentés nous paraît fort propre à introduire le lecteur dans le volume. Aussi le reproduisons-nous sans suppression aucune et tel qu'il a été écrit à son heure par l'éminent critique. Le second, sur *André Chénier, homme politique*, paru pour la première fois en 1851, a conservé sa valeur intégrale, et les quelques renseignements plus précis qui ont été recueillis depuis lors n'ont rien fait perdre à cette fine et équitable appréciation de son caractère vraiment définitif. Nous avons inséré cet article de 1851 en tête de notre deuxième volume, dans lequel se trouvent toutes les poésies inspirées par les événements politiques, à part celles qui avaient été publiées du vivant de l'auteur.

Nous sommes venu tard dans le long travail dont André Chénier a été l'objet. Nous n'avons pu, par conséquent, y apporter beaucoup de nous-même, et nous sommes grandement redevable à nos devanciers. Les publications de MM. Gabriel de Chénier et Becq de Fouquières sont celles auxquelles nous avons le plus d'obligations. M. Gabriel de Chénier nous a restitué jusqu'aux plus minces parcelles de l'œuvre de son oncle ; il a rendu ainsi un grand service aux lettres françaises, et les admirateurs du poète lui en sauront toujours gré. M. Becq de Fouquières a consacré à André Chénier les recherches de toute sa vie. Nous n'avons garde de vouloir usurper l'honneur qui très légitimement lui en doit revenir, et nous nous empressons de reconnaître qu'il a été notre guide le plus sûr.

L. M.

VIE D'ANDRÉ CHÉNIER

I

ORIGINE ET JEUNESSE. — PORTRAIT

Louis Chénier, fils de Guillaume *Chennier*, naquit le 3 juin 1722 à Montfort (canton d'Axat, arrondissement de Limoux, Aude)[1]. Dès l'âge de vingt ans, il alla chercher fortune à Constantinople comme représentant ou délégué pour le commerce des draps, qui était considérable avec le Levant. Il y prit une bonne et honorable position. En 1754, il était premier député de la nation. Il épousa, l'année suivante, Élisabeth Santi Lomaca, d'une famille grecque établie à Constantinople, et dont le père paraît avoir joui d'une certaine faveur à la cour des sultans Achmet III et Mahmoud Ier. La famille Santi Lomaca était originaire de l'île de Chypre et, comme toutes les familles de cette île, prétendait descendre des Lusignan, mais aucune preuve de cette illustre descendance n'a jamais été fournie. Élisa-

---

1. Copie de l'acte de naissance a été envoyée par M. Teissier, archiviste de la chambre de commerce de Marseille, au *Journal des Sociétés savantes des départements*.

beth était née à Constantinople en 1729 ; elle avait vingt-six ans lorsqu'elle se maria en 1755, ce qui, dans ces contrées, peut être considéré comme un mariage assez tardif. Elle donna quatre garçons et une fille à son époux. L'aîné des quatre garçons se nommait Constantin-Xavier, le second Louis-Sauveur, le troisième André-Marie et le quatrième Joseph-Marie-Blaise. La fille avait nom Hélène.

Ces cinq enfants avaient vu le jour avant le retour de Louis Chénier en France. André était né, ou plutôt fut baptisé le 30 octobre 1762, à l'église Saint-Pierre et Saint-Paul, à Galata. Élisabeth était grecque schismatique, mais elle avait fait sans doute acte d'adhésion à la religion catholique en se mariant. Il ne paraît pas, du reste, qu'elle ait jamais eu de croyances religieuses bien décidées, et elle semble avoir été plutôt, comme son fils André, de la religion poétique des anciens Grecs.

Une sœur de Mme L. Chénier épousa M. Amic, négociant marseillais, qui fut le grand-père d'Adolphe Thiers; ce dernier était donc le cousin issu de germain des Chénier.

Les Chénier quittèrent Constantinople en avril 1765. André n'avait que deux ans et demi. On ne peut donc dire qu'il ait rapporté des rives du Bosphore des impressions d'enfance; s'il en eut, il ne les puisa que dans les souvenirs et les récits de sa mère. La famille vint habiter Paris, où Louis Chénier arrivait précédé des meilleures recommandations du comte de Vergennes. Au bout de deux ans de sollicitations, il obtint d'être nommé consul général auprès de l'empereur du Maroc. Il y accompagna le comte de Brugnon, chargé d'une négociation spéciale, au printemps de 1767, mais sans emmener sa femme ni ses enfants, qu'il laissait à Paris. Il fut au Maroc jusqu'à la fin de juin 1773. Ce fut pendant cette première absence du chef de famille qu'André fit dans le bas Languedoc, auprès d'une tante paternelle, un séjour qui paraît avoir été de quelque durée : « L'Aude où j'ai passé mon enfance », dit-il dans le canevas de l'hymne à la Justice[1]. Il ne s'exprimerait point ainsi s'il n'y avait passé que quelques semaines ou même quelques mois. Dans un fragment intitulé *Souvenirs*, que nous reproduisons parmi les Mélanges littéraires, il note une impression qui lui était demeurée d'un pèlerinage dans la montagne proche de la ville de Limoux. En gravissant avec la foule la montagne, on visita une grotte où il y avait une fontaine dont l'eau était superbe et fraîche, et deux madones. A quinze ans de là, André se rappelait cette grotte qui l'avait frappé, et voulait arranger de la même façon une fontaine avec une statue aux Nymphes et imiter les inscriptions antiques : *Fontibus sacris*. Les madones s'étaient transformées spontanément dans son esprit en nymphes antiques. Il est à remarquer combien le christianisme est absent de l'âme d'André Chénier. Il apparaîtra bien çà et là dans les canevas de ses grands poèmes d'*Hermès* et de l'*Amérique*, mais par un effort de compréhensivité historique et pour remplir le vaste cadre que le poète s'est tracé. Hors de là, on n'entreverra point le sentiment religieux dans son œuvre, ni dans sa vie, pas même sous les verroux de Saint-Lazare. Il tenait sans doute cette souveraine indifférence de sa mère, la Grecque de Constantinople. Le père était également, à

---

1. Voy. t. II, p. 263.

ce qu'il semble, fort sceptique en religion. S'il réclame un aumônier espagnol pour son consulat de Salé, il a soin de constater que ce n'est point pour son besoin personnel : « Cette dépense, dit-il, n'est ni d'opinion ni de fantaisie, je la crois d'obligation pour un chef de nation dans un pays d'une religion différente. » Il voyait les choses en politique.

Louis Chénier demeura en France de juillet 1773 à avril 1775. C'est à son retour à Paris qu'il plaça ses fils au collège de Navarre. André n'avait qu'onze à douze ans. Son père pensa à le diriger vers la marine et demanda pour lui une place d'élève à l'École royale; mais il y avait des preuves de noblesse à fournir, et le consul de France au Maroc aurait eu peut-être quelque peine à se les procurer. Louis Chénier, ainsi que ses enfants, prenait alors la particule, comme tous les hommes qui s'élevaient à un certain rang dans la société, mais cela ne faisait en rien présumer la noblesse. Le père, dans ses nombreuses sollicitations, tant pour lui que pour ses fils, n'invoquait que l'honnêteté de sa famille et son ancienneté, et non une origine noble. Dans le monde, cependant, ses fils adoptaient les usages aristocratiques. Nous verrons André connu sous le nom de Chénier de Saint-André. Marie-Joseph, plus ambitieux et orgueilleux, se faisait appeler le chevalier de Chénier et cachetait ses lettres à ses armes : un chêne et une tour surmontée d'une étoile dans deux écussons avec la couronne de comte[1].

Mais nous devançons les événements. Les fils du con-

---

1. Voy. ses lettres aux archives de la Comédie-Française.

sul ne sont encore qu'écoliers. Ce fut au collège qu'André se lia avec les jeunes Trudaine et de Pange, qui appartenaient à des familles considérables et opulentes. Il y avait deux Trudaine : Louis Trudaine de Montigny et Charles Michel Trudaine de la Sablière, fils de Jean-Charles-Philibert Trudaine, conseiller d'État ; ils furent tous deux conseillers au parlement et moururent sur l'échafaud le 8 thermidor 1794, vingt-quatre heures après André Chénier. Les de Pange étaient trois frères, fils du marquis de Pange, d'une ancienne famille de Lorraine : l'aîné, Marie-Louis-Thomas, né en 1763 ; le second, François de Pange (le chevalier), né en 1764, c'est celui qui eut avec André la plus étroite liaison ; le troisième, Marie-Jacques-Thomas, né en 1770, avait huit ans de moins qu'André, ce qui met entre des jeunes gens une sensible différence. Les Trudaine avaient à Montigny, près de Melun, une terre magnifique où André se souvenait d'avoir fait de délicieux séjours dans sa jeunesse. De même, il reçut parfois l'hospitalité à Mareuil-sur-Ay, propriété des de Pange[1]. C'est aussi des années de collège que date son amitié avec Abel de Malartic, chevalier de Fondat[2], né le 16 novembre 1760, à qui sont dédiées les élégies V et VIII. Lui aussi fut conseiller au parlement, puis maître des requêtes ; il survécut à la Terreur et mourut en 1804. C'est M. Becq de Fouquières qui a tout récemment remis en lumière cette personnalité qui était longtemps demeurée inconnue[3].

1. Voy. t. Ier, p. 242, et t. II, dans les Mélanges littéraires.
2. Fondat est une terre dans les Landes.
3. *Lettres critiques sur la vie, les œuvres, les manuscrits d'André Chénier.* Paris, Charavay frères, 1881.

Au concours général de 1778, André remporta le premier prix de discours français. Le registre de l'Université porte la mention suivante, relevée par M. Eugène Despois[1] : « Primum orationis gallice scriptæ præmium inter recentiores meritus et consecutus est Andreas Maria de Chenier, Constantinopolitanus, e Regia Navarræa. »

Louis Chénier ou de Chénier, le père, retourna au Maroc au mois d'avril 1775 avec le titre de chargé d'affaires joint à celui de consul général. C'était une mission difficile et pénible, où il avait à lutter sans cesse contre la barbarie ou contre l'avidité du sultan marocain. Il resta à Salé jusqu'au mois d'octobre 1782. Il avait été séparé de sa famille pendant quinze ans, sauf un congé d'un peu moins de deux ans.

Mme de Chénier, pendant ce veuvage anticipé (de trente-huit ans à cinquante-trois ans), paraît avoir beaucoup étendu ses relations dans la société parisienne. Elle fréquentait surtout le monde des poètes et des artistes. On a les noms d'un assez grand nombre de personnes qu'elle voyait : Suard, Lebrun, Palissot, le peintre David, Mme Vigée-Lebrun, le philologue Brunk, auteur des *Analecta*, qui furent si précieux à André, le marquis de Moriolles, Florian, Grimod de La Reynière. Mme de Chénier occupait à l'année un peintre nommé Cazes, qui donnait des leçons à ses enfants et qui mettait en tableaux l'*Iliade* d'Homère. C'était un luxe, assurément, et cela indique une vie largement aisée.

Mme de Chénier (Élisabeth Santi Lomaca) paraît avoir

---

1. Voy. la *Revue politique et littéraire* du 28 novembre 1874.

été une femme distinguée, ayant le goût des choses de l'esprit, recherchant les célébrités littéraires. Elle avait envoyé à Voltaire, dans la dernière année de la vie du chef des philosophes, une lettre de son mari écrite d'Afrique. L'illustre vieillard, qui approchait de la fin de sa carrière, accusa réception de cet envoi à la date du 1er avril 1778 dans le billet suivant : « Un vieux malade, un mourant, madame, reprend un peu de vie à la lecture d'une lettre qui vient du pays de Juba, de Massinisse et de saint Augustin. Je suis dans un état qui ne me permet pas de parler, mais qui me permet d'entendre, et c'est ce qui fait que je souhaite passionnément de vous faire ma cour. » C'était la formule habituelle des billets du patriarche de Ferney depuis qu'il était revenu à Paris, au commencement de cette année. La démarche de Mme de Chénier prouve seulement qu'elle subissait le charme de cette prestigieuse renommée.

Elle avait fait paraître trois lettres qui ne sont nullement dépourvues d'agrément : l'une dans le *Mercure de France* du 15 novembre 1778, sous ce titre : *Lettre d'une dame grecque à une dame de Paris* sur les tombeaux des Grecs modernes. Les deux autres, sur les Danses grecques et sur les Enterrements, avaient été antérieurement publiées dans le *Voyage littéraire de la Grèce*, de Guys, qu'elle avait connu, dit-on, à Constantinople[1].

Cependant, deux lettres autographes de Mme de Chénier, datées des 29 et 30 vendémiaire an VII (20 et 21 oc-

---

1. Elles ont été toutes trois récemment réimprimées dans une élégante et excellente publication de M. Robert de Bonnières. Paris, Charavay frères, éditeurs, 1879.

tobre 1798) et adressées au citoyen Mahérault, professeur à l'École centrale du Panthéon, que M. Étienne Charavay a données dans la *Revue des Documents historiques*[1], pourraient faire soupçonner que son éducation française n'avait pas été poussée très loin et que ses écrits publics furent revus et corrigés avant de voir le jour.

Voici un fragment de ces lettres qui suffira à faire juger du reste : il s'agit des orages qui éclataient trop souvent entre Marie-Joseph Chénier et sa maîtresse, Mme de La Bouchardie, qui le battait. La mère était obligée d'assister à ces scènes sans oser intervenir. Le 30 vendémiaire an VII, elle écrit au citoyen Mahérault, professeur à l'École centrale du Panthéon, une lettre dont nous extrayons ces lignes, où la pensée vaut mieux que l'orthographe : « Chere et digne ami de M.-J. Chénier, voyé le le plus souvent qu'il vous cera paussible. Persuadé lui que l'homme, pour devenir libre, il doit conssentir à se charger des chenes honorable du mariage. Il y a des incoveniant, mais il y an a à tout ; au moins celles de ce lien vertueu ne font pas rougir. Là où est la vertue se trouve le bonheur. Il n'y an a pas autremant. Il n'est plus si éloigné de l'idée du mariage. Il porte le même jugement que moi de cette famme sans aucune pudeur, mais l'abitude l'anporte encor. Nous le rameneron : son ame est née vertueuse. Edé moi. »

On peut bien juger par là que Guys lui servit de secrétaire pour les Lettres sur les Danses et les Enterrements, et cependant il n'est pas douteux qu'elle n'ait apporté

---

1. Septembre et octobre 1879.

quelque chose d'elle-même dans ces lettres. On y trouve une grâce et un sentiment poétique que l'écrivain du *Voyage de Grèce* n'a pas au même degré dans les pages qui lui sont personnelles. Elle avait su communiquer ses idées, ses impressions à son interprète soit dans ses notes, soit par sa causerie, et il faut toujours lui en faire honneur.

M. de Chénier, lui aussi, est un écrivain de mérite. Il a mis au jour deux ouvrages importants dont voici les titres : *Recherches historiques sur les Maures et histoire de l'Empire du Maroc*, par M. de Chénier, 1787, chez l'auteur, rue des Cultures Saint-Gervais, 3 volumes in-8°;

Et *Révolutions de l'Empire ottoman*, par M. de Chénier ; Paris, 1789, chez Bailly, libraire, rue Saint-Honoré, et chez l'auteur, rue du Sentier, n° 24, un volume in-8°;

Sans compter des Mémoires divers qui sont aux Archives du ministère des affaires étrangères, et dont M. de Bonnières a donné un double spécimen dans l'ouvrage précité.

André était donc issu de parents qui se distinguaient du commun dans l'ordre intellectuel. Ils avaient aussi dans le monde une situation qui n'était pas vulgaire. Leur adresse est dans l'« *Almanach de Paris*, contenant la demeure, les noms et qualités des personnes de condition », et plus tard dans celui indiquant « les demeures des ci-devant nobles résidant à Paris ». Mais peut-être leur état de fortune n'était-il pas en rapport avec le rang qu'ils tenaient et les goûts délicats qui régnaient dans la famille. De retour à Paris au mois d'octobre 1782, Louis de Chénier, ne pouvant se contenter de sa pension de retraite, se mit à solliciter avec une ténacité qui ne se relâcha point jusqu'en 1789.

André cependant était sorti du collège en 1781. Il s'était essayé déjà à des traductions en vers d'après les poètes anciens. On trouvera quelques-uns de ces premiers essais dans l'appendice qui termine notre deuxième volume, une imitation de quelques vers du quatrième chant de l'*Iliade*, datée de 1777, une autre de Virgile 1778. « A peine avais-je vu luire seize printemps, dit-il dans son élégie au marquis de Brazais[1], que Sapho des champs de Mitylène

> Avait daigné me suivre aux rives de la Seine,

c'est-à-dire qu'il avait traduit quelques-unes des poésies qui nous restent de Sapho. Seize ans, cela nous reporte également à cette année 1778. Trois ans plus tard il se proclame poète :

> Quand à peine Clothon, mère des destinées,
> A mes trois lustres pleins ajoute quatre années,
> Mon cœur s'ouvre avec joie à l'espoir glorieux
> De chanter à la fois les belles et les dieux...

Le 23 avril 1782, avant de se rendre à l'Opéra, il écrivit une pièce de quatre-vingt-dix vers et la fit suivre de quelques notes critiques[2]. Il est dès lors en pleine possession du rythme qui lui est propre, et qu'il perfectionnera par la suite.

Dès lors aussi il avait ressenti les atteintes de la maladie

1. T. Ier, p. 247.
2. Page 261.

(la gravelle) dont il souffrit toujours et dont il se plaignit souvent :

> Dans mes reins agités quand des sables brûlants
> S'ouvrent un dur passage et déchirent mes flancs...

dit-il, — je maudis mon sort[1]. » André n'avait point de gaieté. La pensée que la mort est meilleure que la vie se présentait déjà à lui, aux plus beaux jours de la jeunesse. Dans toute son œuvre, il n'y a pas un sourire. Aussi se trompa-t-il singulièrement, lorsqu'il s'essaya à composer des comédies, et ce qu'il a laissé en ce genre est-il d'une étonnante faiblesse.

André était cependant d'une constitution assez robuste. Il parle lui-même de sa jeunesse forte et fougueuse. Un des hommes qui l'ont connu a été frappé de ses larges épaules, de son apparence athlétique[2]. Le procès-verbal d'écrou en 1794 donne le signalement suivant : « Taille de cinq pieds deux pouces, cheveux et sourcils noirs, front large, yeux gris bleu, nez moyen, bouche moyenne, menton rond, visage carré. » Il est certain qu'il n'avait rien d'un Antinoüs, que sa tête était plus expressive que belle, et qu'il possédait, malgré cela, un charme que les contemporains attestent tous également. Le portrait de Suvée, peint à Saint-Lazare, le 27 messidor an II, est d'ailleurs d'une réalité saisissante et dispense de chercher une image toujours un peu vague, lorsque l'on n'a que des documents écrits.

1. T. II, p. 337.
2. « Ses traits fortement prononcés, sa taille athlétique sans être haute, son teint basané, ses yeux ardents fortifiaient, illuminaient sa parole. » (Lacretelle.)

II

ANNÉES DE TRAVAIL POÉTIQUE.

M. de Chénier songeait à pourvoir ses fils dont l'établissement n'était pas facile. Le premier, Constantin-Xavier, fut seul engagé dans la diplomatie. Les trois autres entrèrent successivement dans l'armée comme cadets gentilshommes, Louis-Sauveur en 1780, au régiment d'infanterie de Bassigny, André en 1782, au régiment d'infanterie d'Angoulême, Marie-Joseph en 1783, aux dragons de Montmorency. André, au mois d'octobre 1782, rejoignit son régiment en garnison à Strasbourg. Il y resta environ six mois. Mais la vocation militaire ne vint pas. Le temps lui parut long, quoiqu'il eût trouvé dans un officier de son régiment, le marquis de Brazais, un ami ayant les mêmes goûts poétiques. Il échangea des épîtres avec Ecouchard Lebrun, Lebrun-Pindare, qui, âgé déjà de cinquante-trois ans, jouissait de toute sa renommée. Le séjour à Strasbourg n'a point laissé dans l'œuvre de notre poète des traces profondes. De retour à Paris, au printemps de 1783, il reprit l'existence demi-mondaine, demi-studieuse, qui lui convenait mieux. Marie-Joseph persévéra un peu plus dans la carrière des armes, deux ans, puis il l'abandonna comme André. Louis-Sauveur seul demeura au service militaire.

Vers le milieu de l'année 1784, André partit avec ses

amis les frères Trudaine pour un grand voyage qui devait durer deux ans et comprendre non seulement la Suisse et l'Italie, mais la Grèce l'Orient et Constantinople. Nous verrons, dit-il,

> Nous verrons tous ces lieux dont les brillants destins
> Occupent la mémoire ou les yeux des humains :
> Marseille où l'Orient amène la fortune ;
> Et Venise élevée à l'hymen de Neptune ;
> Le Tibre, fleuve-roi ; Rome, fille de Mars,
> Qui régna par le glaive et règne par les arts ;
> Athènes qui n'est plus, et Byzance ma mère,
> Smyrne qu'habite encor le souvenir d'Homère.

Il préparait d'avance ses pinceaux ; d'avance il esquissait les impressions que la vue de ces lieux mémorables ferait naître en lui, se réservant de parfaire l'ébauche de verve et sur les lieux[1]. Les trois amis partirent ; ils se rendirent d'abord en Suisse, dont les montagnes et les paysages laissèrent à André des souvenirs qu'on retrouve dans l'élégie XXXIIIe et dans quelques autres endroits de ses œuvres. De la Suisse, ils passèrent en Italie. On a remarqué que cette partie du voyage n'est rappelée en aucun endroit de ses poésies ; elle n'en fut pas moins, comme il est permis de le supposer, favorable à ses études et au développement de son talent. Au bout d'une année, les trois amis revinrent, sans avoir poussé leur excursion au delà de la péninsule.

Les années 1785, 1786 furent des années consacrées au travail poétique, aux plaisirs aussi.

---

1. Voy. élégie LII.

Parmi les monuments qui restent de ces années paisibles et sans doute heureuses, M. Gabriel de Chénier a cité quelques vers espagnols du chevalier de Florian, au bas desquels André a écrit : « Ces vers du chevalier de Florian m'ont été donnés par lui, hier mardi, 7 février 1786, après dîner, chez le marquis de Moriolles[1]. »

Il avait fait connaissance avec M. et Mrs Cosway, artistes anglais très distingués tous deux, qui étaient venus passer à Paris l'hiver de 1785-1786. Mrs Cosway surtout produisit sur le jeune poète une vive impression. D'origine irlandaise, elle était née sur les bords de l'Arno, en 1765, et avait alors de vingt à vingt et un ans ; elle avait épousé en 1781 le miniaturiste déjà célèbre Richard Cosway. Cette jeune femme possédait tous les talents : elle était excellente musicienne. Elle peignait avec succès et ses tableaux, dont plusieurs ont été vulgarisés par la gravure, ont leur place dans la galerie de cette époque. Elle avait de plus tous les charmes du visage, ainsi qu'on en peut juger par les portraits qui nous ont transmis ses traits. Elle unissait la force d'âme à la grâce, et ses contemporains n'ont parlé d'elle que dans les termes les plus élogieux.

Quelques pièces de vers d'André Chénier lui sont ouvertement dédiées, ainsi la bucolique XVI intitulée l'*Esclave*[2], le fragment LIII[3], l'élégie XXVIII[4]. De plus M. Becq de Fouquières conjecture que c'est elle qui est désignée par les lettres : D. R. ou D. R. N., qu'il interprète d'Erin ou

1. T. II, p. 349.
2. Voy. p. 135.
3. Voy. p. 148.
4. Voy. p. 276. Le nom n'est pas sur l'original, mais les détails la désignent aussi clairement que si elle était nommée.

d'Arno (*d'Arno la figlia*, comme nous lisons dans les vers italiens qu'André a composés pour elle[1]). La conjecture n'est pas sans quelque vraisemblance, avons-nous dit[2], pourvu qu'on ne veuille point trop préciser ; il y a dans ces productions de l'imagination poétique une part à faire à la fantaisie qu'il n'est pas facile de déterminer. Où finit la vérité, où commence le mensonge, ou si vous voulez, le rêve? C'est une ligne de démarcation qui pour nous est insaisissable.

Parmi les admirateurs de Marie Cosway était le poète polonais Niemcewicz, qui a joué un si grand rôle dans l'histoire de son pays. Il a écrit pour elle des vers en français que M. Gabriel de Chénier a publiés le premier, et qu'on trouvera ci-après dans l'appendice du tome second[3]. La copie de ces vers, écrite de la main de l'auteur, fut donnée à André avec cette suscription affectueuse : « Niemcewicz sera toujours ami de Saint-André. » Nous avons dit qu'on appelait notre poète Chénier de Saint-André ou Saint-André tout court, pour le distinguer de ses frères.

Deux femmes apparaissent assez distinctement dans cette période de la jeunesse d'André Chénier : Mme de Bonneuil et Marie Cosway. Nous venons de parler de Marie Cosway; disons aussi quelques mots de la première qui, en certains endroits des œuvres, se cache sous le nom de Camille. Mme de Bonneuil, Michelle Santuary, née à l'île Bourbon, avait dix ans de plus qu'André. Elle avait épousé M. de Bonneuil, premier valet de chambre de

---

1. Voy. t. II, p. 412.
2. Voy. p. 154, note 5.
3. Voy. t. II, p. 420.

Monsieur, et fut la mère de Mme Arnault et de Mme Regnault de Saint-Jean d'Angely. C'était une femme extrêmement distinguée, citée pour sa grâce et son élégance. C'est son gendre Arnault qui, à propos de ces relations avec André Chénier, a donné l'éveil à la curiosité. Un soir d'Opéra, en l'an III, Arnault s'adressant à Marie-Joseph Chénier, lui désignait dans une loge Mme Regnault de Saint-Jean d'Angely, sa belle-sœur et la troisième fille de Mme de Bonneuil, comme la fille d'une dame que son frère André avait éperdument aimée[1]. Il semble qu'on puisse la reconnaître dans le fragment d'élégie LIII[2]; l'élégie II[3] contient aussi quelques indications qui se rapporteraient bien à elle. Mais il est certain que toutes les pièces où figure le nom de Camille ne sauraient avoir cette personne pour objet; il en est qui s'adressent à des beautés faciles et galantes, comme l'élégie XXXVI[4] ou l'élégie XXXVIII[5]. Le modèle a changé. Une seule personne ne figure pas sous ce nom, ou, si l'on veut, il a pu y avoir et la Camille réelle et la Camille imaginaire; il n'est guère possible de distinguer l'une de l'autre. La seconde, dans laquelle se confondent la courtisane grecque et la fille d'Opéra du XVIIIe siècle, se rencontre encore dans les élégies sous les noms de Lycoris, Amélie, Julie, etc.

Quelques événements marquèrent pour la famille de Chénier cette année 1786 ; ainsi le mariage de Mlle Hélène de Chénier, qui épousa le comte de Latour-Saint-Igest, qui

1. *Souvenirs d'un sexagénaire*, t. II, p. 178.
2. Voy. p. 319.
3. Voy. p. 210.
4. Voy. p. 294.
5. Voy. p. 300.

avait passé la soixantaine et qui avait été marié deux fois. Le comte était créole; il fallut que sa jeune femme l'accompagnât à l'Ile de France. En 1781, le père, revenant du Maroc, parlait déjà, dans ses suppliques au ministre, de sa fille qui serait déjà mariée s'il avait pu lui ménager une dot. La dot n'avait peut-être pas grossi beaucoup dans l'intervalle.

Marie-Joseph Chénier, plus pressé de débuter que son frère André, avait fait jouer, en cette même année 1786, deux pièces de théâtre : l'une au Théâtre-Français, intitulée *Edgar, ou le page supposé,* comédie en deux actes; l'autre devant la cour, à Fontainebleau, intitulée *Azémire,* tragédie en cinq actes. Ni l'une ni l'autre ne reçurent un favorable accueil. La première « fut sifflée dès la première scène, » dit La Harpe dans sa *Correspondance littéraire,* et l'auteur s'abstint de la faire imprimer. *Azémire* ne réussit pas mieux. Même à la cour, elle éprouva un cruel échec : « J'avais alors vingt ans (il en avait vingt-deux), dit l'auteur dans une lettre à M. de Pange; et, comme il faut encourager les jeunes gens, la pièce fut sifflée d'un bout à l'autre : jamais pareille aventure n'était arrivée à Fontainebleau. »

Représentée le surlendemain à Paris, elle n'eut pas une fortune beaucoup meilleure; elle eut quatre représentations. On constata, cependant, que, si l'invention était faible, il y avait dans cette pièce de beaux vers et des discours d'une mâle éloquence.

Marie-Joseph garda rancune à la cour de son excessive rigueur et probablement médita dès lors *Charles IX.*

Cela n'apportait pas de ressources à la famille. Le père

sollicitait toujours la protection du gouvernement. « J'ai quatre garçons à ma charge, disait-il (13 mars 1787) : un vice-consul à Alicante, qui aura encore besoin de mon secours ; un au service militaire, aspirant au génie, non encore reçu ; deux cadets, adonnés à la littérature, qui annoncent des espérances à venir et qui ont besoin de secours présents ». Ces démarches sans succès aigrissaient et troublaient sans doute la famille.

André, dans cette situation, accepta de suivre, en qualité de secrétaire particulier, le chevalier, ensuite marquis de la Luzerne, nommé vers la fin de 1787 ambassadeur à Londres. On croit généralement qu'à cette époque de sa vie il avait déjà exécuté la plus grande partie de ses œuvres poétiques telles que nous les possédons. Ainsi l'ensemble des Bucoliques et des Élégies était probablement à peu près au point où il est resté. Les poèmes : *l'Invention*, *Hermès*, *Suzanne*, les compositions purement littéraires, n'ont pas dû faire beaucoup de progrès depuis son départ de France. En Angleterre, il se trouva dans cet état d'esprit inquiet et mélancolique peu favorable au travail ; et, à son retour, il fut pris immédiatement par la politique.

Dans cette œuvre accomplie à vingt-cinq ans, il y a deux principaux points de vue à considérer : le point de vue artistique et poétique, qui est surtout remarquable dans les Bucoliques et les Élégies, et le point de vue philosophique, qui se révèle dans l'ébauche du poème d'*Hermès*.

Sous le rapport de l'art et du style poétique, André Chénier a été un novateur. Il a rajeuni le sentiment de l'antiquité gréco-latine. Je sais bien que les doctes hellé-

nistes, quand on leur parle du grec d'André Chénier, froncent le sourcil. Pour eux, André Chénier n'a qu'une connaissance superficielle de la langue ; il ne l'a apprise qu'en amateur et par simple amusement. « On le voit bien, disent-ils, aux vers grecs que M. Gabriel de Chénier a publiés[1]. »
Il est possible, en effet, qu'André n'eût point fait de la langue grecque une étude savante et approfondie. Mais il était familiarisé avec elle par sa mère, la Grecque moderne, et par un goût très vif qui apparaît dès sa jeunesse. Il n'est pas nécessaire de savoir une langue à fond pour apprécier les beautés de ses poètes : bien des Français, par exemple, n'ont pas étudié l'italien par principes, qui savent très bien admirer la haute et ferme allure des tercets dantesques, le charme des sonnets de Pétrarque ou la légèreté piquante des octaves de l'Arioste. On n'a pas disséqué la plante, on ne l'a pas analysée selon toutes les formules de la science botanique, mais on sent fort bien, on savoure parfaitement le parfum de la fleur. Combien André Chénier était familiarisé avec le grec, cela s'aperçoit à l'habitude de rattacher entre eux les fragments d'un même ouvrage ou les ouvrages du même genre par des lettres grecques ou par des mots grecs abrégés. De même lorsqu'il fut obligé par la suite de déguiser sa pensée, les mots grecs venaient tout naturellement sous sa plume remplacer les mots français. Il en faisait un usage constant.

Ce qu'il a le mieux saisi et goûté dans l'admirable

---

1. Voy. t. II, p. 409 et suiv. Il faut dire aussi que nous sommes obligé de reproduire tel quel le texte donné par M. G. de Chénier, les manuscrits n'ayant pas été mis à la disposition du public.

littérature que nous a laissée l'antiquité grecque, ce n'est peut-être pas la simplicité et la grandeur des œuvres de la belle époque, mais les grâces un peu plus fleuries, un peu plus apprêtées de l'époque alexandrine et byzantine. Comme le disait très bien Sainte-Beuve, en répondant à une attaque dirigée contre notre poète précisément au nom de la philologie dogmatique[1], André « a su marier le xviii° siècle de la Grèce au xviii° siècle de notre France ».

Ce qui est sorti de cette heureuse association c'est quelque chose de ravissant et d'exquis que tous ceux qui ont un peu d'aptitude à sentir la poésie conservent dans leur mémoire. L'Aveugle, le Malade, le Mendiant, Néère, la Jeune Tarentine, la Jeune Locrienne, sont de purs joyaux, artistement ciselés. Les élégies aussi ont un charme de passion jeune et hardie que tous les gens de goût reconnurent immédiatement, dès que le recueil de 1819 vit le jour. Il y a là d'aimables chefs-d'œuvre qui compteront à jamais dans notre littérature.

André attachait sans doute plus d'importance à ce poème d'*Hermès* dont nous avons le vaste plan. Il avait entrepris de donner à la France l'équivalent du *De Naturâ rerum* de Lucrèce. Il voulait y résumer toute la philosophie du siècle, le nouvel ordre de pensées inaugurées par l'Encyclopédie, les conquêtes de la science et du libre examen. L'entreprise était vaste, elle supposait une longue carrière, et l'on ne peut juger, par ce qui nous en est demeuré, de ce que l'œuvre serait devenue avec le temps. Mais les notes, les fragments qui nous restent té-

---

1. *Portraits contemporains*, t. V, p. 303.

moignent d'un ensemble de vues et de réflexions déjà remarquable chez un jeune homme. André Chénier était un esprit tout à fait émancipé, comme disent nos positivistes d'aujourd'hui, émancipé de toute croyance au surnaturel, de toute idée religieuse. Nous avons déjà dit que le sentiment religieux était visiblement absent de cette famille où la mère avait quitté le culte grec sans embrasser le culte romain.

On a souvent cité une phrase trouvée dans les papiers de Chênedollé, qui la tenait peut-être de l'un de ses compagnons d'émigration : « André Chénier, dit-il, était athée avec délices. » Il n'est pas certain, sans doute, que ce mot exprime la pensée réelle et surtout définitive du poète. Il a le caractère d'une boutade, d'une de ces forfanteries que se permet la jeunesse. On pourrait y voir aussi l'expression de la joie de s'abandonner sans retenue à ses penchants, l'équivalent du mot des maraudeurs : « Quelle chance! il n'y a point de gendarmes! » Mais encore faudrait-il savoir si le mot venait réellement d'André ou s'il n'était que l'appréciation d'un camarade.

Dans le poème de l'*Amérique*, conçu après l'*Hermès* et plus sommairement ébauché encore, il semble faire au sentiment religieux une plus large part que dans l'*Hermès*, mais c'est historiquement, et pour ne pas laisser un élément aussi considérable hors de son tableau. S'il y introduit le Dieu créateur et conservateur éternel, le Dieu personnel et vivant, c'est à titre de fiction poétique[1]. Même quand il sera enfermé dans les prisons de la Terreur,

1. Voy. t. II, p. 140.

André ne lèvera point les regards vers le ciel. Les divinités qu'il invoque, c'est la vérité, la justice. Quant au Tout-puissant, il le félicite d'avoir été rétabli sur son trône par Robespierre et les Jacobins, et il ne lui adresse que des prières ironiques[1]. Il était fils de Diderot, et non de Jean-Jacques. Cependant, quoiqu'il fût bien de son époque par son incrédulité religieuse, André montre une intelligence des grandeurs et des beautés de la Bible, qui manquait à beaucoup de ses contemporains. Il avait conçu le projet d'un poème de *Suzanne*, où le texte biblique aurait été interprété avec respect. Il n'éprouvait pas le besoin de jeter l'injure à ce qu'il n'adorait plus. Dans son poème de l'*Amérique*, il se proposait de peindre les cérémonies catholiques, la messe, les cendres, les fêtes de l'Église, sans les railler, sans les avilir ; ce qui est déjà quelque chose dans un temps où les disciples de Voltaire tâchaient d'enchérir encore sur la verve sarcastique de leur maître.

Ce à quoi il prétend, c'est à une sorte de vertu à la romaine, composée de fierté, d'indépendance, de générosité, de patriotisme. Il a horreur de tout ce qui est plat et vil. « Toujours dominé, dit-il, par l'amour de la poésie, des lettres et de l'étude ; souvent chagrin et découragé par la fortune ou par moi-même ; toujours soutenu par mes amis, je sentis au moins dans moi que mes vers et ma prose, goûtés ou non, seraient mis au rang du petit nombre d'ouvrages qu'aucune bassesse n'a flétris[2].

1. Voy. ïambe V, t. II, p. 316.
2. Voy. t. II, p. 350.

III

SÉJOUR EN ANGLETERRE. — COMMENCEMENTS DE LA RÉVOLUTION FRANÇAISE

André Chénier ayant accepté, sans doute pour soulager sa famille, l'emploi de secrétaire particulier auprès de M. de La Luzerne, partit pour l'Angleterre dans les premiers jours de décembre 1787, comme le témoigne la petite pièce qui commence par ces mots :

> Ainsi lorsque souvent le gouvernail agile [1]...

Il y devançait son ambassadeur, qui ne se rendit à son poste que vers le milieu du mois de janvier 1788. Marie-Joseph Chénier, répondant à son frère qui lui avait écrit le 4 janvier, lui disait : « Vous vous plaisez à Londres [2] ». Mais le premier mouvement de curiosité qu'avait sans doute éprouvé André dans la capitale anglaise passa vite. Dans une note en prose datée du 3 avril 1789, il laisse échapper sa mauvaise humeur [3]. Un court fragment qui commence par ces mots :

> Sans parents, sans amis et sans concitoyens [4]...

témoigne de la même disposition d'esprit.

---

1. Voy. t. II, p. 233.
2. Voy. t. II, p. 370.
3. Voy. t. II, p. 333.
4. Voy. t. II, p. 234.

Toutefois les vers grecs dont nous avons déjà parlé, vers accompagnant des dessins faits d'après nature et célébrant des nymphes britanniques complaisantes, attestent qu'André n'était pas sans prendre des distractions variées dans la nébuleuse Albion.

C'est de Londres qu'André vit se dessiner le mouvement révolutionnaire qui commença en 1789.

La famille de Chénier accueillit, comme la plus grande partie de la nation, ce mouvement d'affranchissement avec un enthousiasme plus ou moins vif. L'ancien consul général au Maroc se fit publiciste politique et mit au jour les *Réclamations d'un citoyen* et les *Idées pour un cahier du tiers état de la ville de Paris (18 avril 1789)*. Il devint membre du comité de surveillance de la ville de Paris. Son fils André paraît avoir partagé les opinions paternelles, qui étaient relativement sages et modérées. Louis-Sauveur, resté officier, se lança beaucoup plus avant dans la révolte. Dans une *Lettre* adressée à Mirabeau et imprimée en juin 1789, il provoquait une insurrection militaire, et plus tard il se faisait un titre d'avoir embauché les soldats pour la prise de la Bastille.

Marie-Joseph Chénier préparait *Charles IX*. La tragédie révolutionnaire fut représentée le 4 novembre, on sait avec quel bruit. André était revenu à Paris pour assister au succès de son frère, car on voit dans une lettre à son père[1] qu'il était de retour à Londres le 19.

Deux des principaux documents de son séjour en Angleterre sont une épître en vers italiens du poète Alfieri,

---

1. Voy. t. II, p. 377.

à la date du 29 avril 1789[1] et une lettre de la comtesse Alfieri du 5 mai 1790[2]. Cette dernière lettre donne un trait du tempérament d'André qu'il n'est pas indifférent de connaître : c'est son goût pour la bonne chère. La comtesse le lui reproche doucement et lui recommande la sobriété comme le remède le plus efficace aux maux dont il se plaint.

Cette lettre de la comtesse précède de peu le retour d'André à Paris. L'ambassadeur marquis de La Luzerne donna sa démission pour des raisons de santé, et peu de temps après il mourut. André, qui était simplement attaché à sa personne, n'avait plus de raison de demeurer en Angleterre. Il revint en France dans l'été de 1790. Déjà il s'était fait admettre dans la société de 1789, qui s'était fondée aux mois de mai et de juin. Dans une brochure imprimée vers cette époque et intitulée *Règlements de la société de 1789 et liste de ses membres,* après le nom de Chénier (Marie-Joseph), on lit : Chénier (André) en Angleterre ; et c'est même le seul membre dont la résidence soit indiquée à l'étranger. Cette société de 1789 comprenait une élite d'esprits distingués, qui étaient unis pour le moment dans la volonté des réformes constitutionnelles, mais qui ne devaient pas se trouver longtemps d'accord[3].

---

1. Voy. t. II, p. 419.
2. Voy. t. II, p. 380.
3. M. Becq de Fouquières a relevé sur la liste des quatre cent seize membres de cette société les noms les plus connus : Bailly, Barbantane, Barère, Beauharnais, Beaumetz, Bitaubé, Brissot, Broglie, rue Saint-Dominique, 42; Broglie, rue de Varennes, 66; Cabanis, Castellane, Chamfort, Chapelier, Château-Giron, Chénier, *rue de Corneille;* Chénier, *en Angleterre;* Collot, Condorcet, Crillon, Custine, David, Desmeuniers, Dupont de Nemours, Duquesnoy, Emmery, Franklin, Garat jeune, Girardin, Gramont,

On n'a point de peine à comprendre qu'André Chénier se trouvât enrôlé dans cette société, car on voit qu'elle comptait parmi ses membres plusieurs de ses meilleurs amis, plusieurs des personnages avec qui il a été notoirement en relations plus ou moins étroites. Ainsi les deux Trudaine, François de Pange, le peintre David, Pastoret et Piscatory. Cette société fonda un journal hebdomadaire qui paraissait tous les samedis. — André Chénier y fit ses débuts dans la politique par un article intitulé *Avis au peuple français sur ses véritables ennemis*, daté du 24 août 1790 et qui parut le 28 du même mois dans le n° XIII du journal. Cet article fut remarqué. Il frappa particulièrement le roi Stanislas-Auguste de Pologne, qui envoya une médaille d'or à l'auteur. On a, dans la Correspondance, la réponse que lui fit André le 18 octobre 1790 [1].

IV

LUTTES POLITIQUES

André Chénier, revenant d'Angleterre, était descendu chez son père, qui demeurait alors 24, rue du Sentier.

Grouvelle, Guillotin, Hassenfratz, Jaucourt, Kersaint, Lacépède, Lacretelle, rue Feydeau, 18; Lafayette, la Rochefoucault, la Trémouille, Lavoisier, plusieurs membres de la famille Lecoulteux, Mazzéi, Mirabeau l'aîné, Montmorency, Monge, Narbonne, Pange, *rue Vivienne*, 19; Pastoret, colonnade de la place Louis XV, Piscatory, Pitra, Ramond, Récamier, Rulhières, Rœderer, Sieyès, Staël, Suard, Thouret, Toulougeon, Tracy, Treilhard, Tronchin, Trudaine, place Louis XV; Trudaine de la Sablière, place Louis XV; Villette.

1. Voy. t. II, p. 385.

Il se fit inscrire à la section de la Fontaine-Montmorency, qui par la suite devint successivement la section de la Fontaine-Montmartre, la section de Molière et de La Fontaine, et enfin la section de Brutus.

Au commencement de 1791, André fit imprimer son poëme sur le Serment du jeu de paume, composé à l'occasion du célèbre tableau de David représentant cette grande scène. André y dessine non moins fermement son attitude politique que dans l'*Avis aux Français*. Il y répand sous la plus haute forme lyrique son enthousiasme pour la cause de la régénération nationale ; mais il s'élève avec non moins d'énergie contre les violences anarchiques et les excès populaires.

C'est en comparant cette première œuvre rendue publique par le jeune poëte aux productions de la même époque que l'on pourra constater les innovations qu'il introduisit dans le rythme et dans la langue même, les hautes et libres allures qu'il donnait à la poésie française, et qu'elle ne connaissait plus depuis le xvie siècle.

> Et de ces grands tombeaux la belle Liberté
>   Altière, étincelante, armée,
> Sort...

Ce dernier mot était rejeté d'une strophe à l'autre. A coup sûr, il y avait là de quoi scandaliser les contemporains, habitués encore à la facture régulière imposée par Malherbe et Boileau aux vers français.

Nul doute que ces hardiesses ne leur parussent excessives. Elles les empêchèrent peut-être d'accorder à ce remarquable début autant d'attention qu'il en méritait. On ne voit pas du moins que la publication d'André Chénier ait fait du bruit ; les journaux du temps la passent sous silence.

Une autre brochure en prose suivit de près le dithyrambe du *Jeu de paume*. C'est celle qui est intitulée *Réflexions sur l'esprit de parti* et qui fut publiée au mois d'avril. André, y attaque vigoureusement l'ouvrage d'Edmond Burke sur la Révolution de France, qui avait produit une sensation assez grande. On y peut remarquer deux ou trois phrases qui témoignent que l'harmonie entre lui et son frère Marie-Joseph n'était pas encore troublée : « Aucune chose, aucune personne, dit-il, n'a été à l'abri de ce débordement de fiel, et comme j'ai un frère qui s'est aussi vu en butte à l'insolente imbécillité de ses rêveries frénétiques[1], j'ai peur que quelques lecteurs et lui-même n'attribuent à cette cause, dont je ne rougirais pas, ma juste indignation contre son dégoûtant libelle ; mais je le prie, ainsi que mes lecteurs, de croire qu'ayant demeuré trois années en Angleterre, je n'avais nul besoin de son nouveau chef-d'œuvre pour connaître et apprécier l'intempérance désordonnée de sa bile, l'incurable perversité de son jugement et surtout sa prodigieuse fécondité à inventer des accusations atroces et à vomir de basses injures ».

André Chénier travailla beaucoup pendant cette année 1791. Outre un article sur les *Autels de la peur* qui resta alors inédit, il fit paraître dans le *Moniteur* (5 juin) une réponse à la fameuse lettre adressée par Guillaume-Thomas Raynal à l'Assemblée nationale ; dans le même journal

---

1. Burke, dans son ouvrage, avait parlé avec sévérité de la tragédie de *Charles IX*.

(du 9 août) des Observations sur l'acte constitutionnel ; dans le même journal (du 4 septembre) des Observations sur le choix des députés à la prochaine législature ; dans le même journal (du 22 octobre) un article sur les dissensions des prêtres, où il proteste énergiquement contre les persécutions qu'on voulait faire subir aux ecclésiastiques qui refusaient de prêter serment à la constitution civile du clergé. Enfin il prépara une sorte d'appel à la nouvelle assemblée nationale (octobre 1791), où ses instances en faveur de l'ordre et du respect des lois deviennent plus pressantes. Ses illusions durent toujours, mais ses craintes augmentent.

Une lettre de M. de Chénier à sa fille, Mme de Latour Saint-Igest, à la date du 14 décembre 1791, nous fait connaître la situation respective des esprits, dans la famille Chénier, à la fin de cette année 1791 : « Votre mère, écrit M. de Chénier, a renoncé à toute son aristocratie et est entièrement démagogue, ainsi que Joseph. Saint-André et moi, nous sommes ce qu'on appelle modérés, amis de l'ordre et des lois. G...[1] est employé dans la gendarmerie nationale, mais je ne sais ce qu'il pense, ni s'il pense[2]. Constantin trouve qu'on n'a rien changé et que, quoiqu'il n'y ait plus de parlements, c'est comme du temps qu'il y en avait ; il a raison, car on marche, on va, on vient, on boit, on mange et, par conséquent, il n'y a rien de changé. »

On sait ce qui s'était passé pendant cette funeste

---

1. C'est un surnom illisible de Sauveur.
2. Il avait obtenu cet emploi par une étrange pétition datée du 23 mai 1791, publiée dans le *Cabinet historique,* 8e année, mai 1862, p. 144-146.

année 1791 : l'évasion du roi au 21 juin et sa fuite arrêtée à Varennes, la tentative de répression du 17 juillet, tout de suite avortée, la constitution promulguée le 14 septembre et l'assemblée législative succédant à l'assemblée constituante. A la suite de l'affaire du Champ-de-Mars, le club des Jacobins se divisa et toute la partie modérée de ce club se réunit dans le bâtiment des Feuillants. Les Feuillants, ralliant tous les partisans de la Constitution, eurent un moment, bien court il est vrai, d'éclat et d'influence. La plupart des amis d'André Chénier : les Pastoret, Trudaine de Montigny, de Pange, Brunck, Lecoulteux, faisaient partie des Feuillants. Il y remplit un rôle qui ne fut pas sans importance. Lacretelle, qui avait été son collègue, trace de lui une image frappante, dont nous avons déjà cité quelques traits, mais qui mérite d'être reproduite entièrement : « Un homme, dit Lacretelle[1], y attira fortement mon attention par la double annonce d'un grand talent et d'un grand caractère : c'était André Chénier. Frère d'un poète dont la muse tragique avait voulu traduire sur la scène les principes de la Révolution et qui déjà s'engageait trop dans les voies républicaines, il n'avait pas voulu sacrifier à l'amitié la plus sincère des principes plus nobles, mieux médités, qui pouvaient conserver ou plutôt rendre à la Révolution un caractère plus digne à la fois de la liberté antique et de la philosophie du xviiie siècle. L'avis le plus énergique et le plus éloquemment exprimé partait toujours de sa bouche ; ses traits fortement prononcés, sa taille athlétique sans être haute,

---

1. *Dix années d'épreuves pendant la Révolution.* Paris, 1842.

son teint basané, ses yeux ardents fortifiaient, illuminaient sa parole... Chacun de nous regrettait que ce talent plein de force et d'éclat, échauffé par une âme intrépide, ne fût pas encore appelé à la tribune; lui seul eût pu disputer ou ravir la palme de l'éloquence à Vergniaud. »

Les *Amis de la Constitution*, comme s'appelaient ceux qu'on désignait plus communément du nom de Feuillants, eurent pour principal organe, dans le premier semestre de 1792, le *Journal de Paris*, dont Suard était le directeur depuis le mois de novembre 1791. Ce journal comptait parmi ses rédacteurs : Fr. de Pange, Roucher, Chéron, Dupont de Nemours, Lacretelle jeune, Pitra, Renaud de Saint-Jean d'Angely, Richer de Sérizy. André Chénier y fit paraître vingt et un articles, de novembre 1791 à juillet 1792, soit dans le corps du journal, soit, et plus ordinairement, dans les suppléments qui étaient mis à la disposition du public.

Le premier article important qu'il y publia (26 février 1792) fut celui qui a pour titre : « De la cause des désordres qui troublent la France et arrêtent le développement de la liberté, » et qui est une attaque véhémente contre le club des Jacobins. Cet article fit une grande sensation. Marie-Joseph Chénier était un des membres les plus assidus de ce club fameux. Aussi protesta-t-il immédiatement, pour bien séparer sa cause de celle de son frère, dans une lettre de quelques lignes qui parut dans le *Journal de Paris* du 28 février. Dans le *Cabinet de lecture*, qui était une feuille annexe du *Journal de Paris*, un anonyme railla avec un peu d'amertume la précaution qu'avait jugé à propos de prendre l'auteur de *Charles IX* et de

Caius Gracchus[1]. Marie-Joseph était alors un bien plus grand personnage que son frère André, quoique celui-ci ne fût pas aussi inconnu qu'on l'a dit ; il riposta vivement à l'anonyme, annonçant une réfutation de l'article de son frère. Cette réfutation fut écrite en effet à la date du 7 mars et ne parut dans le *Moniteur* que le 11 mai. La polémique se prolongea assez vive de part et d'autre et dut séparer profondément les deux frères.

La divergence des opinions s'était encore, dans l'intervalle, accusée fortement entre eux, à propos de l'espèce de triomphe décerné par les Parisiens aux soldats révoltés et amnistiés du régiment suisse de Châteauvieux. Les quarante soldats de ce régiment, envoyés aux galères au mois de septembre 1790, ayant reçu leur grâce, furent ramenés de Brest à Paris. Les agitateurs proposèrent de leur faire une entrée solennelle. A leur tête étaient Marie-Joseph Chénier, Théroigne de Méricourt, le peintre David, Collot d'Herbois ; ils allèrent, le 24 mars 1792, présenter à cet effet une pétition à la municipalité. La municipalité l'approuva et promit son concours à la cérémonie. L'annonce de ce projet provoqua une vigoureuse indignation chez André Chénier. Il rédigea d'abord, au nom d'un bataillon de la garde nationale, une adresse au directoire du département de Paris, pour protester contre la fête dont on parlait. Puis il fit paraître, le 29 mars, un article éloquent dans le *Journal de Paris*, un autre le 4 avril. Roucher, le poète des *Mois*, faisait campagne avec lui dans ce même

---

1. *Caïus Gracchus* venait d'être représenté le 9 février. Pendant l'année 1791, Marie-Joseph Chénier avait donné au théâtre *Henri VIII* et *Calas*.

journal. Ce même jour, 4 avril, ils furent tous deux violemment attaqués au club des Jacobins par Collot d'Herbois, qui qualifiait Chénier de « prosateur stérile » et Roucher de « versificateur et modéré faiseur d'hémistiches. »

Le 10 avril, dans le *Journal de Paris*, réponse d'André Chénier à Collot, réponse âpre et cruellement méprisante. Les Jacobins injuriaient de leur côté les journalistes du *Journal de Paris*. L'esprit public était vivement excité. Le maire de Paris, Pétion, crut devoir intervenir en faveur des promoteurs de la fête par une lettre qui fut affichée dans Paris. André Chénier riposta au maire (article du 13 avril), et comme Pétion avait qualifié d'intrigants ceux qui faisaient de l'opposition à cette fête civique, André lui répliquait : « Monsieur Pétion, les *intrigants* sont ceux qui se dévouent aux intérêts d'un parti pour obtenir des applaudissements et des dignités ; les *intrigants* sont ceux qui font plier ou qui laissent plier les lois sous les volontés des gens à qui ils se croient redevables ; les *intrigants* sont ceux qui, étant magistrats publics, flattent lâchement les passions de la multitude qui règne et les fait régner, et injurient, outragent et appellent intrigants les citoyens courageux qui ne veulent ni régner ni obéir à d'autres lois que les lois mêmes. »

Enfin, le 15 avril, l'entrée triomphale eut lieu, malgré tout ce que les constitutionnels avaient pu dire. Marie-Joseph Chénier était l'auteur des paroles d'une hymne à la liberté, qui se chanta durant la cérémonie sur la musique de Gossec. André Chénier publiait ce jour même, dans le *Journal de Paris*, ses premiers ïambes, ces vers d'une ironie sanglante contre la galère triomphale des suisses de Collot-d'Herbois[1].

On remarque encore, dans le *Journal de Paris* du 5 mai, un article sur l'indiscipline des armées, à propos de l'assassinat du général Dillon par ses troupes débandées.

Le 20 juin vint montrer à tous la situation véritable : c'était la royauté et, avec la royauté, la constitution de 91 qu'on voulait anéantir. L'attitude ferme et courageuse du roi fit avorter la manifestation. Les constitutionnels reprirent un instant courage à la suite de la réaction provoquée partout par les attentats populaires. André Chénier partagea ce moment d'illusion et d'espoir fugitif. Il publia, sur la journée du 20 juin et sur la nécessité de l'union, des pages qui contenaient d'énergiques et suprêmes appels à la nation. Ces appels ne pouvaient être entendus, parce que le gouvernement était, en réalité, brisé depuis longtemps et n'avait plus la force de faire exécuter les lois. André vit plus clair, dans sa prison, lorsqu'il jetait à la hâte sur le papier les ïambes qui commencent ainsi :

> J'ai lu qu'un batelier, entrant dans sa nacelle,
>   Jetait à l'eau son aviron ;
> J'ai lu qu'un écuyer, noble et fier sur la selle,
>   Bien armé d'un double éperon,
> D'abord ôtait la bride à son coursier farouche[2]...

Bientôt il comprit du reste la vanité de ses espérances : son anxiété, son découragement se trahissent dans les derniers morceaux qu'il écrivit pendant le mois de juillet,

---

1. Voy. p. 23.
2. Voy. t. II, p. 322.

sur l'aveuglement de l'assemblée nationale (10 juillet); dans un projet d'adresse à cette même assemblée où il disait : « Il est bien temps que cette horrible anarchie finisse. La France semble plongée dans une lente agonie. La plus scandaleuse impunité réveille toutes les passions antisociales. Il n'est presque aucun point de l'empire où les yeux des gens de bien puissent se reposer avec joie ; chaque jour amène son crime et sa honte. »

Enfin le 9 août il feignait, imaginait un discours du roi à l'assemblée, discours touchant et chimérique, qu'on peut considérer comme terminant la carrière politique d'André Chénier. Le lendemain, le trône était renversé, et la famille royale emprisonnée au Temple.

V

DÉFAITE ET RETRAITE
PROPOSITION POUR LA DÉFENSE DU ROI

Il avait quitté Paris un peu avant le 10 août, car un fragment bucolique[1] nous le montre à Catillon près Forges en Normandie, le 4 août, et à Gournay le 5. Il est possible qu'il soit revenu à Paris vers ce moment, mais pour repartir bientôt. Son absence paraît s'être assez prolongée. On trouve, en effet, dans la Correspondance, des lettres à son père datées du Havre, 24 septembre, de Rouen 29 du

---

1. N° XXXI.

même mois, de la même ville, 2 octobre. Il était de retour à Paris le 28 octobre, ainsi que le prouve une lettre écrite au citoyen Brodelet. Ce citoyen Brodelet était un administrateur des subsistances militaires. Il avait une fille résidant en Allemagne. Cette dame, dans un voyage en Saxe, s'était rencontrée avec Wieland, le célèbre auteur d'*Obéron*, et ce qui prouve que la notoriété d'André Chénier s'était répandue plus loin qu'on ne l'a longtemps supposé, c'est que le grand poète allemand avait demandé à la voyageuse « si André était encore en vie, et ce qu'il faisait dans ce monde et dans la Révolution. » Le citoyen Brodelet, ayant communiqué à celui-ci la lettre de sa fille, André y fit une réponse qui nous le montre revenu à ses chères études et n'aspirant plus qu'à l'oubli.

« Affligé des maux que je voyais et de ceux que je prévoyais, j'ai, dit-il, dans le cours de la Révolution, publié de temps en temps des réflexions que je croyais utiles, et je n'ai point changé d'opinion. Cette franchise, qui n'a rien empêché, ne m'a valu que beaucoup de haines, de persécutions et de calomnies. Aussi suis-je bien déterminé à me tenir toujours à l'écart, ne prenant aucune part active aux affaires publiques, et me bornant dans ma solitude à faire, pour la liberté, la tranquillité et le bonheur de la république, des vœux qui, à dire vrai, surpassent de beaucoup mes espérances. »

Pendant ce temps Marie-Joseph Chénier était resté, lui, dans le mouvement révolutionnaire : le *Moniteur* du 6 août, parlant d'une députation de la section de la Bibliothèque à l'assemblée, députation ayant pour but de protester contre une autre députation, laquelle avait protesté à son tour contre une adresse réclamant la déchéance du roi, le *Moniteur* du 6 août contient ces lignes faites pour étonner le lecteur : « Les commissaires de la section de la Bibliothèque, parmi lesquels se trouvent MM. André Chénier et Collot d'Herbois, sont introduits. » Il n'y avait là, on le pense bien, qu'une erreur typographique : l'associé de Collot d'Herbois, c'était Marie-Joseph Chénier et non André. Aussi le *Moniteur* du lendemain offre-t-il une rectification exigée sans doute par André : « Ce n'est point M. André Chénier qui a été introduit à la barre avec M. Collot d'Herbois et les autres commissaires de la section de la Bibliothèque. »

Marie-Joseph fut député à la Convention par le département de Seine-et-Oise. Il y joua un rôle du 21 septembre 1792 au 26 octobre 1795.

L'une des premières questions qu'agita la nouvelle assemblée fut celle du sort de Louis XVI. Il fut décidé que le roi serait jugé et qu'il serait jugé par la Convention (3 décembre 1792). Notre intention n'est nullement de revenir sur l'histoire de ce fameux procès qui se termina par la sentence du 17 janvier 1793 et par l'exécution capitale du 21. Chateaubriand, dans une des notes de son *Génie du christianisme*, parle de « la noble proposition que fit alors André Chénier à M. de Malesherbes[1] ». Chateaubriand était parent de Malesherbes et ne s'est pas exprimé ainsi sans être bien informé. Il n'est point douteux non plus qu'André Chénier, antérieurement à cette époque, n'ait eu avec cet ancien ministre quelques relations per-

---

1. Voy. t. II, p. 432.

sonnelles; Malesherbes était l'oncle du marquis de la Luzerne, ambassadeur d'Angleterre, dont André avait été le secrétaire particulier pendant trois ans. Au moins le vieillard et le jeune homme devaient-ils se connaître, pour avoir servi les mêmes principes. La preuve qu'André s'occupa activement de la défense du roi s'est trouvée dans ses papiers : trois pièces relatives à ce procès ont été publiées dans les œuvres en prose : André Chénier voulait que la cause fût soumise au peuple ; il écrivit, dans la prévision que ce parti serait adopté, un appel à tous les citoyens français et un projet de pétition ou de discours à la Convention, où sont exposées toutes les formalités du futur plébiscite. Après même que la condamnation eut été prononcée, il traça le projet d'une lettre de Louis XVI aux députés de la Convention, où le roi en appelait au peuple du jugement porté en son nom. Ces pièces étaient restées manuscrites, la dernière corrigée, dit-on, en plusieurs passages sur les avis de Malesherbes. On n'en fit point usage. Louis XVI se contenta d'écrire, lorsqu'on lui eut communiqué l'arrêt : « Je dois à mon honneur, je dois à ma famille, de ne point souscrire à un jugement qui m'inculpe d'un crime que je ne puis me reprocher. En conséquence, je déclare que j'interjette appel à la nation elle-même du jugement de ses représentants. » Ces quelques mots parurent préférables sans doute à la déclaration beaucoup plus développée préparée par André, et en effet ils disaient tout ce qu'il fallait dire. L'appel fut rejeté par l'assemblée.

Marie-Joseph vota la mort de Louis *Capet*. Il motiva son vote de la manière suivante : « J'aurais vivement désiré, je l'avoue, de ne prononcer jamais la mort de mon semblable ; et si je pouvais m'isoler un moment du devoir pénible qui m'est imposé, je voterais pour la loi la moins sévère. Mais la justice, qui est la raison d'État, l'intérêt du peuple me prescrivent de vaincre mon extrême répugnance. Je prononce la peine qu'a prononcée avant moi le code pénal. Je vote pour la mort. » Ces paroles embarrassées montrent que Marie-Joseph était, comme beaucoup de ses collègues, intimidé par les menaces des tribunes et des clubs. Il poursuivait, pendant ce temps-là, le cours de ses succès de théâtre : *Le camp de Grandpré*, divertissement lyrique, fut représenté à l'Opéra, le 27 janvier, et la tragédie de *Fénelon* le fut sur le théâtre de la République, le 9 février 1793.

Après ce qui avait été pour lui comme un dernier devoir, André chercha à s'effacer le plus complètement qu'il lui fut possible. Il se réfugia, vers le printemps de cette terrible année, dans une petite maison de la rue Satory à Versailles, celle qui porte aujourd'hui le n° 69[1]. Est-ce son frère Marie-Joseph qui lui procura cet asile ? comme le dit M. Gabriel de Chénier. Il est permis sans doute de le conjecturer. Rien ne le prouve cependant, et la qualité de représentant de Seine-et-Oise qu'avait Marie-Joseph a fait seule supposer son concours. André demeura dans cette retraite une partie de l'été et de l'automne de 1793, revenant de temps en temps à Paris, rue de Cléry, 97, pour paraître à sa section, sous la protection de son père qui

---

1. Voy. l'*Histoire des rues de Versailles et de ses places et avenues*, par M. J.-A. Le Roy, deuxième édition. Versailles, A. Montalant, 1861, 1 vol. in-8, p. 417.

était bien vu dans le quartier. Il fréquentait surtout à Luciennes, chez Mme Pourrat qui avait avec elle ses deux filles : la comtesse Hocquard et Mme Laurent-Lecoulteux : cette dernière a inspiré les dernières poésies amoureuses et les plus pures du poète malheureux.

André Chénier composa dans cette retraite l'ode à Versailles qui est un chef-d'œuvre, l'ode à Charlotte Corday, où son indignation se donne libre carrière, et quelques autres pièces que lui dicta l'horreur profonde de ce qui se passait alors en France. C'était le temps où le sang coulait à flots par toute la France, ici dans des exécutions quotidiennes, là dans des massacres en masse. Les classes des suspects comprenaient les neuf dixièmes de la population, et les prisons de Paris renfermaient à la fin de cette année 1793 près de cinq mille individus, dont l'activité du tribunal révolutionnaire et de la guillotine ne parvenait pas à diminuer le nombre. On voit par une note latine qu'André Chénier écrivit sur son exemplaire des *Arati phenomena,* qu'il était encore à Versailles le 11 novembre : « *Scribebam,* dit-il en terminant cette note, *scribebam Versaliæ, animo et corpore æger, mœrens, dolens, die novembris undecima* 1793. J'écrivais ceci à Versailles, d'âme et de corps malade, affligé, souffrant, le 11 novembre 1793. »

Le sol devenait de plus en plus brûlant pour lui. Collot d'Herbois était entré au Comité de salut public le 6 septembre, et il n'avait pas sans doute oublié les cruelles blessures que lui avaient infligées le publiciste et le poète. Ce ne fut pourtant point par mesure directe et personnelle, mais par simple accident qu'André Chénier fut arrêté.

VI

ARRESTATION. — LA PRISON DE SAINT-LAZARE.

Le 17 ventôse an II de la République (7 mars 1794), un nommé Gennot, agent du Comité de sûreté générale, porteur d'un mandat d'arrestation contre M. Pastoret, ex-législateur et administrateur du département de Paris, se rendit à Passy où il avait appris que M. Pastoret résidait parfois avec son beau-père M. Piscatory. Le mandat était daté du 14 ventôse. Il est évident qu'on avait cherché d'abord M. Pastoret à son domicile officiel à Paris qui était, comme on l'a vu ci-dessus dans la note 3 de la page 29, colonnade de la place Louis XV. Ne l'y ayant pas trouvé, on alla à Passy, sur de nouveaux renseignements. Gennot, chargé de l'expédition, se rendit, avec un agent inférieur nommé Duchesne, à Passy. Il requit deux membres du Comité de surveillance de Passy, qui devaient l'assister et l'aider au besoin en appelant la force armée. Ils s'appelaient Cramoisin et Boudgoust. Boudgoust était le secrétaire du Comité ; il était chaudronnier de son état. Tous quatre se rendirent à la maison habitée par M. et Mme Piscatory, à la porte du bois de Boulogne, en face du château de la Muette. La soirée était avancée ; il était plus de neuf heures quand ils frappèrent à la porte. Il paraît qu'André Chénier ne put s'esquiver ; car les quatre agents terroristes le trouvèrent dans la maison ainsi que Mme Piscatory et Mme Pastoret, sa fille : MM. Pastoret et Piscatory étaient absents.

Comment André était-il à cette heure chez Mme Piscatory ? C'est ce que ses réponses aux agents ne laissent point deviner : « Il accompagnait une citoyenne de Versailles, dit-il ; il devait la conduire à Versailles après avoir pris une voiture aux bureaux du coche ».

Les agents lui firent subir un interrogatoire fort pressant. Ses réponses ne les satisfirent point. Il était dix heures moins un quart. André fut mis en arrestation dans la maison même où on l'avait trouvé, jusqu'au lendemain. Le lendemain, ils lui firent subir un nouvel interrogatoire, dont ils rédigèrent le procès-verbal publié pour la première fois par Sainte-Beuve en 1860, et qui peut être considéré comme un document caractéristique de l'époque. Après quoi, sur un ordre du Comité de surveillance de Passy, André Chénier fut conduit par l'agent Duchesne à la prison du Luxembourg. Soit que cette prison fût trop pleine pour loger un nouvel hôte, soit que l'ordre ne fût point parfaitement en règle, le concierge du Luxembourg refusa de recevoir le suspect qu'on lui amenait. Duchesne le ramena à Gennot, qui le fit conduire à Saint-Lazare où on le reçut.

André Chénier à Saint-Lazare eut des compagnons d'infortune qu'il avait connus jadis : Roucher, l'auteur des *Mois*, son collaborateur au *Journal de Paris*, y était déjà. Les Trudaine y furent incarcérés, l'un le 19 prairial (7 juin), l'autre le 5 messidor (23 juin), et n'en sortirent que le lendemain du jour où en était sorti André et pour subir la même destinée. La fuite déroba seule François de Pange aux conséquences du mandat d'arrestation lancé contre lui le 24 ventôse (14 mars). Le peintre Suvée fit à Saint-Lazare le portrait de Trudaine l'aîné et celui d'André Chénier, le dernier daté du 27 messidor an II (15 juin 1794).

L'écrou d'André Chénier est du 19 ventôse (9 mars). André avait été arrêté en vertu d'un ordre général. Le Comité de sûreté générale ayant appris son arrestation, à la suite de quelque acte, démarche ou dénonciation qu'on ignore, la confirma par arrêté du 7 prairial (26 mai).

Pendant une détention qui dura quatre mois et vingt jours, André composa la *Jeune Captive*, l'ode à son frère, ses ïambes. La *Jeune Captive* fut inspirée par une de ses compagnes d'infortune, Mlle Aimée de Coigny, alors âgée de vingt-cinq ans, qui était mariée au duc de Fleury, et séparée de son mari. Elle était à Saint-Lazare avec M. de Montrond, qu'elle épousa quand elle fut sortie de prison après le 9 thermidor. Elle eut ensuite une existence assez orageuse. Divorcée d'avec le duc de Fleury, elle divorça aussi d'avec Montrond. « Elle fut exposée aux dangers qui menacent tous les êtres doués d'une imagination vive et d'une âme ardente, » comme dit Mme Vigée-Lebrun dans ses *Souvenirs*. Il paraît d'ailleurs que la jeune duchesse était charmante et que le vers d'André Chénier,

La grâce décorait son front et ses discours,

lui convenait admirablement. Le sentiment qui anime la ravissante pièce d'André Chénier est une douce sensibilité, et non point une impression plus vive, et M. Villemain a pu en dire que « c'est la plus pure des élégies tendres ».

Le poète en donna une copie manuscrite à l'antiquaire Millin, qui était comme lui à Saint-Lazare ; Millin le constate dans la cinquième année du *Magasin encyclopédique,* an VII (1798-1799). La pièce avait été imprimée antérieurement dans la *Décade* du 20 nivôse an III (9 janvier 1795).

L'ode à son frère, que le premier éditeur Henri de Latouche avait si profondément altérée, trahit, quoi qu'on en dise, un certain détachement, qui était la suite de leurs dissentiments politiques et aussi de l'inégalité de leur fortune. Que faisait Marie-Joseph Chénier pendant qu'André, et, nous le verrons tout à l'heure, un autre de ses frères étaient en prison ? A coup sûr, les ardents ennemis qui par la suite l'accusèrent de fratricide étaient injustes et calomniateurs. Il n'aurait pu sauver son frère. Lui-même était devenu, comme tout le monde, suspect au pouvoir ombrageux des dictateurs. Il ne fit rien, et sans doute c'était ce qu'il y avait de mieux à faire pour sauver le prisonnier. Mais par quelle rencontre bizarre s'occupa-t-il pendant cette douloureuse période d'un sujet de pièce où deux frères sont en rivalité, où l'un d'eux sacrifie l'autre à la liberté de sa patrie ? C'est une inspiration bien singulière qui fit écrire *Timoléon* à Marie-Joseph vers ce moment-là. Le trait d'histoire ancienne qui fait le sujet de cette tragédie est connu : « Timophane, jeune homme qui n'écoutait que son ambition et son goût pour les plaisirs, voulut être le tyran de Corinthe, sa patrie. Timoléon aurait pu partager avec lui la souveraine autorité; mais, loin d'entrer dans son infâme complot, il préféra le salut de ses compatriotes à celui de son propre sang. Après avoir employé, à plusieurs reprises, mais toujours en vain, ses remontrances et ses prières pour engager Timophane à rendre la liberté à ses concitoyens, le voyant inébranlable dans ses funestes desseins, il le fit poignarder ».

La première représentation était annoncée pour le 21 floréal an II (10 mai 1794), pendant qu'André était à Saint-Lazare et Sauveur à la Conciergerie. Étienne et Martainville ont raconté ce qui arriva[1]. Des partisans de Robespierre assistaient à la répétition générale. Marie-Joseph avait déjà une mauvaise note. Dans sa tragédie de *Caïus Gracchus*, représentée au commencement de 1792, il avait mis dans la bouche de son héros cet hémistiche :

. . . . Des lois, et non du sang!

qui à cette époque-là pouvait encore passer, mais qui était devenu, à mesure qu'avait grandi la Terreur, un mot de protestation et d'opposition, tellement qu'après l'esclandre fait un soir par un représentant du peuple qui avait riposté :

. . . . Du sang, et non des lois!

les comités avaient fait interdire la pièce. A la répétition générale de *Timoléon*, ce qui frappa les Jacobins, ce fut moins le républicanisme fratricide de Timoléon que les projets de tyrannie prêtés à Timophane. Le mot de tyran, dont ils avaient tant abusé, était ce qui à présent effarouchait le plus Robespierre et ses complices. Aussi ceux

---

1. *Histoire du Théâtre-Français*, depuis le commencement de la Révolution jusqu'à la réunion générale, t. III, p. 150.

d'entre eux qui entendirent répéter *Timoléon* au théâtre de la République furent-ils choqués surtout du personnage de l'usurpateur. Le conventionnel Julien de Toulouse l'interrompit avec éclat, et s'adressant à Chénier : « Ta pièce est un manifeste de révolte, s'écria-t-il, mais cela ne m'étonne point, tu n'as jamais été qu'un contre-révolutionnaire déguisé ». Ces citoyens enjoignirent aux acteurs de suspendre la première représentation, et, sur leur rapport, le Comité de salut public défendit l'ouvrage. « On assure que Chénier trembla pour sa tête, ajoutent les historiens du Théâtre-Français, et que la crainte du fatal couteau lui fit brûler sa pièce en présence de Barère et des autres décemvirs ».

Il est vrai que certains vers qui se voient dans la pièce imprimée, s'ils y étaient alors, ceux-ci, par exemple :

> La tyrannie altière, et de meurtres avide,
> D'un masque révéré couvrant son front livide,
> Usurpant sans pudeur le nom de liberté,
> Roule au sein de Corinthe un char ensanglanté...

offraient une évidente allusion, mais il n'est pas sûr qu'ils n'aient point été ajoutés après coup : la pièce ne fut imprimée que plus tard, en 1795. Quand Robespierre eut été abattu, la représentation put avoir lieu le 24 fructidor an II (10 septembre 1794), quarante-sept jours après le supplice d'André Chénier. *Timoléon* obtint un grand succès, d'autant plus grand que le public savait pourquoi la représentation en avait été naguère interdite. Mais on n'en fut pas moins étonné du sujet traité par le frère d'André, et ses ennemis lui en firent longtemps un reproche. On a beau dire, il n'y a point là la preuve d'un sens moral bien délicat ; si l'auteur de *Timoléon* n'a pas eu les intentions qu'on lui prêta, il aurait pu du moins, dans l'antagonisme public où la politique l'avait placé vis-à-vis de son frère, prévoir et deviner qu'on les lui prêterait.

Sauveur Chénier avait eu, de son côté, des mésaventures graves. Il avait été nommé adjudant général, chef de brigade à l'armée du Nord. Le général Houchard, celui qui gagna le 8 septembre 1793 la bataille d'Hondschoote, porta plainte contre lui au Comité de salut public, qui lui fit intimer l'ordre par le ministre de la guerre de s'éloigner à vingt lieues de l'armée du Nord, des frontières et de la ville de Paris. Sauveur Chénier se réfugia à Breteuil-sur-Noye, dans le département de l'Oise. Là il se mêla beaucoup de politique ; arrêté par les ordres d'André Dumont, le proconsul de Picardie, il fut emprisonné à Beauvais, puis de cette ville transféré à la Conciergerie de Paris. Le frère aîné Constantin-Xavier, l'ex-consul, est le seul dont le nom ne soit point prononcé au milieu de ce bouleversement général. Continuait-il à trouver qu'il n'y avait rien de changé en France, comme il le disait en 1791[1] ?

Revenons à André Chénier. L'œuvre la plus caractéristique, la plus personnelle qu'il produisit pendant sa détention, ce sont ses ïambes animés de tant d'indignation et de colère. Une angoisse concentrée s'y révèle ; l'expression lui manque parfois, parfois elle est d'une trivialité excessive : son goût si délicat est, pour ainsi dire, démonté ; les gros mots lui échappent malgré lui. Ce sont, du reste, des esquisses très rapides, des impressions notées sur le

---

1. Voy. p. xxxiii.

moment, des canevas que l'auteur aurait remplis plus tard. Ces compositions étaient très dangereuses : la moindre tombant sous les yeux d'un geôlier ou d'un guichetier envoyait sûrement leur auteur à l'échafaud. André ne pouvait les écrire qu'à la dérobée ; les mots les plus significatifs étaient déguisés soit sous une forme grecque, soit d'une autre façon. Tracées d'une écriture très fine sur des petites bandes d'un papier étroit, ces poésies parvenaient à M. Chénier père dans le linge qu'André lui renvoyait. Un gardien gagné servait de messager. C'est du moins ce que M. Gabriel de Chénier rapporte comme une tradition de la famille.

On n'a point d'autres détails sur sa captivité. Les deux ou trois anecdotes qu'on trouve dans les pseudo-*Souvenirs* de la marquise de Créquy ne sauraient inspirer de confiance. L'auteur de ces *Souvenirs* raconte qu'André Chénier avait imaginé de ne parler qu'en vers à un certain M. Clément, qui, à ce qu'il paraît, en était comme éperdu. « Tous les pinsons de notre volière, dit-il, avaient si bien adopté la même habitude qu'ils ne répondaient jamais à ses objections politiques ou à ses arguments républicains qu'au moyen de quelque belle tirade de théâtre ou de quelque fragment pindarique. Les citations fournies par les chansons, les sonnets, les rondeaux, les triolets et les autres menues poésies étaient réservées pour les affaires de second ordre et s'appliquaient particulièrement à toutes les questions ou les observations qui pouvaient concerner ou le jour du mois, l'heure du jour ou l'état du baromètre. Si M. Clément osait avancer que certains généraux de la République étaient d'illustres guerriers. — Illustres, s'écriait

Chénier, vous avez dit illustres ! Allons donc, citoyen Clément, commencez par mettre la gloire et l'illustration hors de cause.

> L'opprobre suit toujours le parti des rebelles.
> Leurs grandes actions sont les plus criminelles.
> Ils signalent leur crime en signalant leur bras,
> Et la gloire n'est point où les rois ne sont pas.

Si M. Clément parlait de la captivité du roi :

> — Oui, quand il serait vrai que l'absolu pouvoir
> Eût entraîné Louis par delà son devoir,
> Qu'il en eût trop suivi l'amorce enchanteresse,
> (Quel homme est sans erreur, et quel roi sans faiblesse?)
> Est-ce à vous à prétendre au droit de le punir,
> Vous tous nés ses sujets, vous, faits pour obéir?
> Un fils ne s'arme point contre un coupable père;
> Il détourne les yeux, le plaint et le révère.
> Les droits des souverains sont-ils moins précieux?
> Nous sommes leurs enfants, leurs juges sont les dieux.
> Si le ciel quelquefois les donne en sa colère,
> N'allez pas mériter un présent plus sévère,
> Trahir toutes les lois au lieu de les venger,
> Et renverser l'État au lieu de le changer.

« N'allez pas révéler à M. Clément, ajoutait Chénier, que ce sont des vers de Voltaire. »

L'auteur des *Souvenirs* paraît supposer, dans cette dernière citation, qu'André Chénier était en prison avant le jugement de Louis XVI, tandis qu'il ne fut arrêté que plus d'un an après.

« Cet excellent jeune homme, dit-il encore, allait panser tous les matins un vieux juif italien nommé Fioraventi, qui s'opiniâtrait à conserver deux vésicatoires derrière les oreilles et qui ne voulait jamais quitter son lit de sangles. Il apostrophait quelquefois rudement son jeune infirmier, qui n'en tenait compte et qui lui disait avec une patience admirable : « Je fais de mon mieux. Si vous vous fâchez contre moi, qui est-ce qui viendra vous soigner? » Il partageait ses aliments et son argent avec les nécessiteux ; il se dépouillait de ses vêtements pour couvrir les nus, et le plus beau de son affaire était de s'en cacher comme il aurait fait d'un vice ou d'un ridicule. Je n'ai jamais vu réunir un si tendre cœur à plus de fermeté de caractère, à plus de souplesse et d'originalité dans l'esprit. »

Nous ne disons pas le contraire, mais le témoignage manque d'autorité.

Il n'y avait pour le prisonnier qu'une chance de salut, c'était d'être oublié jusqu'au 9 thermidor. Son père fut peut-être imprudent en adressant un mémoire à la commission populaire instituée par décret du 23 ventôse pour examiner les motifs de détention de la foule de suspects enfermés dans les prisons. Il n'y avait aucun espoir que les membres de cette commission, choisis parmi les plus féroces jacobins, rendissent André à la liberté. M. Chénier fit aussi quelques démarches auprès de Barère ; la famille fut convaincue que Barère l'avait joué et trahi. M. de Chénier étant allé rendre visite à ce trop fameux personnage, le 4 thermidor, le décemvir lui aurait dit : « Votre fils sortira dans trois jours, » et il aurait fait envoyer le dossier d'André à l'accusateur public. Cette tradition pourrait bien être sans fondement réel. André périt en effet par suite de mesures générales qui ne laissent guère supposer une intervention personnelle quelconque.

VIII

JUGEMENT ET SUPPLICE

Il n'est aucun de nos lecteurs qui n'ait entendu parler de cette prétendue conspiration des prisons qui fut une des plus odieuses manœuvres du gouvernement terroriste. Les prisonniers étaient en tel nombre qu'il fallait s'en débarrasser d'une façon ou d'une autre. On avait d'abord songé à en rendre le plus qu'on pourrait à la liberté et l'on avait créé à cet effet la commission populaire chargée de l'examen des détentions, mais les membres de cette commission, les Trinchard, les Subleyras, les Thibaulot, étaient des jacobins trop purs pour consentir à trouver des innocents. Les prisons, loin de se vider, se remplissaient chaque jour davantage. Qu'imaginèrent alors les décemvirs? Ils résolurent de décimer les prisonniers par des exécutions en masse, et ils s'avisèrent de faire un crime à ceux-ci de leur emprisonnement même ou, si l'on veut, du mécontentement qu'ils en devaient naturellement éprouver. Des délateurs furent introduits dans les principales prisons de Paris; ils prirent note des plaintes, des paroles imprudentes, dénoncèrent quelques détenus, puis l'accusateur public se chargea de grossir l'affaire, d'ajouter aux premiers accusés tous ceux qu'il voulut, sous prétexte d'une conspiration imaginaire et d'un complot fabuleux. A l'aide de cette ingénieuse combinaison, ils envoyèrent au tribunal révolutionnaire, et du tribunal à l'échafaud, de nombreuses *fournées*.

C'est ainsi que les choses se passèrent à la prison du Luxembourg d'abord, puis à celle de Saint-Lazare. Les délateurs, à Saint-Lazare, furent un aventurier italien nommé Manini et un serrurier du nom de Coquery, qui servait les détenus pour subvenir à ses besoins. Ils recueillirent quelques propos imprudents échappés à des détenus obscurs, les nommés Allain, Scelle, Desisnards, Gauthier. Là-dessus, les comités envoyèrent des commissaires faire une enquête sur les faits révélés. Les commissaires Lanne, Faro, chargés de cette enquête, dressèrent une liste de prétendus conspirateurs contenant quatre-vingts noms, qui fut adressée à l'accusateur public Fouquier-Tinville. Les quatre-vingts prisonniers furent répartis en trois groupes. Vingt-cinq comparurent le 5 thermidor (23 juillet) devant le tribunal de sang; vingt-quatre périrent le 6 (24 juillet). Vingt-six comparurent le 7 (25 juillet); Roucher était le premier sur la liste, André Chénier le second.

Parmi les notes ajoutées, pendant la prétendue enquête, aux noms des suspects, on remarque celle-ci, due à un Belge nommé Robinet qui fut un des dénonciateurs :

« André Chénier avait recélé les papiers de l'ambassadeur d'Espagne et (les avait) soustraits aux recherches du Comité de sûreté générale depuis qu'il était à la maison Lazare. »

On ignore absolument ce qui pouvait avoir donné lieu à cette imputation qui, du reste, n'est pas reproduite dans l'acte d'accusation.

Fouquier-Tinville, en rédigeant l'acte d'accusation, commit une méprise singulière. Sauveur Chénier était toujours détenu à la Conciergerie. Fouquier s'était procuré son dossier et, le confondant avec le prisonnier de Saint-Lazare, il ne fit des deux personnes qu'une seule : André Chénier, âgé de trente et un ans, né à Constantinople, homme de lettres, ex-adjudant général, chef de brigade sous Dumouriez, demeurant rue de Cléry, etc.

Et après avoir rappelé quelques-uns des actes prétendus inciviques de l'écrivain, l'accusateur reprenait le dossier du frère de celui-ci et continuait imperturbablement :

« Depuis, Chénier, ayant cherché comme bien d'autres traîtres à se soustraire à la surveillance des autorités publiques, s'est confondu parmi ses défenseurs[1], où il a eu le grade d'adjudant général, chef de brigade de l'armée du Nord; il paraît qu'il a secondé le plus adroitement qu'il a pu les trahisons de l'infâme Dumouriez, avec lequel il a eu des liaisons les plus intimes; mais après la défection du traître Dumouriez, il s'est occupé de laisser ignorer la part qu'il y avait prise. Cependant les soupçons que sa conduite avait élevés déterminèrent le ministère à le suspendre et à lui ordonner de se retirer dans la commune de Breteuil. Là, il intrigue, il cherche à diviser les citoyens, à y jeter le ferment de la guerre civile; il calomnie les autorités constituées dans un Mémoire calomnieux qu'il fait signer par des citoyens qu'il trompe et qu'il égare; enfin il adresse ce Mémoire au Comité de sûreté générale, qui le renvoie au représentant du peuple commissaire dans le département de la Somme, pour en

1. Les défenseurs de la République.

vérifier le contenu ; mais à la lecture publique de ce Mémoire, le peuple indigné en confond l'auteur ; les signataires avouent qu'ils ont été trompés et surpris par Chénier et le représentant du peuple fait arrêter l'auteur de cette trame contre-révolutionnaire et le fait traduire au tribunal. »

Fouquier-Tinville, averti de la méprise probablement par André lui-même, se contenta de barrer ce qui concernait Sauveur.

Le procès-verbal de l'audience du tribunal où sont censées consignées les demandes du président et les réponses des accusés, contient, détail curieux et significatif, la prétendue réponse de Chénier à la demande de ses nom, âge, profession, demeure et lieu de naissance : « André Chénier, âgé de trente et un ans, né à Constantinople, homme de lettres, ex-adjudant général et chef de brigade sous Dumouriez, demeurant rue de Cléry, etc. » Ce qui prouve clair comme le jour que le procès-verbal était rédigé à l'avance et que les prévenus pouvaient dire tout ce qu'ils voulaient sans qu'il y fût rien changé. A quoi bon, en effet, prendre tant de précautions pour des individus dont la mort est impitoyablement décidée ? Le jugement était également rédigé à l'avance.

Sur les vingt-six prisonniers extraits de Saint-Lazare le 6 thermidor, en même temps qu'André Chénier, vingt-cinq furent condamnés ; un seul fut mis hors de cause par suite de confusion de personnes. Les vingt-cinq condamnés : Roucher, André Chénier, Créquy-Montmorency, Montalembert, Roquelaure, Montcrif, le baron de Trenck, dont les aventures avaient fait tant de bruit, le vieux Goezman, du parlement Maupou, connu par les Mémoires de Beaumarchais, Mme de Maillé... furent conduits sur des charrettes à la place de la barrière de Vincennes et montèrent l'un après l'autre sur l'échafaud. Roucher fut exécuté le premier, André Chénier le second. Les corps furent inhumés dans le cimetière de Picpus.

Des légendes ont eu cours sur ce trajet de la Conciergerie à la place que l'instrument du supplice en permanence inondait de sang. On a raconté que Roucher et André, attachés côte à côte sur la charrette, récitèrent la première scène de l'*Andromaque* de Racine :

> Oui, puisque je retrouve un ami si fidèle,
> Ma fortune va prendre une face nouvelle;
> Et déjà son courroux semble s'être adouci
> Depuis qu'elle a pris soin de nous rejoindre ici.

Cette tradition a peu de vraisemblance. D'autres ont dit que Roucher s'étourdissait par de bruyantes paroles, tandis qu'André, sombre, silencieux, concentré en lui-même, ne semblait pas voir ce qui se passait autour de lui. Il est probable que ce n'est là qu'un tableau conjectural. On peut retenir seulement le mot attribué au poète sur l'échafaud par Chateaubriand : « Mourir ! J'avais quelque chose là ! » S'il ne le prononça point, il le pensa bien certainement, car il dut sentir profondément le regret de mourir si jeune, laissant son œuvre ébauchée et qu'il pouvait croire à jamais perdue. Il avait dit, confiant dans l'avenir :

> Rien n'est fait aujourd'hui, tout sera fait demain[1].

1. Épitres, t. II, p. 17.

Et ce demain ne lui était pas donné! Tous les artistes ayant conscience de leur génie et foi dans leur œuvre comprendront sans peine ce que cette affreuse fin dut avoir pour lui de suprême amertume.

Le même jour, 7 thermidor,

Le messager de mort, noir recruteur des ombres[1],

emmenait de Saint-Lazare vingt-cinq prévenus, parmi lesquels les deux frères Trudaine, les amis d'André, destinés à la fournée du lendemain. Ils comparurent le 8 devant le tribunal; vingt-trois furent exécutés le même jour. La maison Lazare, comme on disait, avait fourni, en trois jours, soixante-quatorze victimes à l'échafaud.

VIII

LA FAMILLE CHÉNIER APRÈS LA MORT D'ANDRÉ

Le 9 thermidor renversait Robespierre et son atroce tyrannie. Les détenus que le couperet n'avait pas atteints recouvrèrent la liberté. Sauveur Chénier, l'ex-adjudant général chef de brigade, fut de ce nombre.

Le père d'André ne survécut pas une année à son fils; il mourut le 7 prairial an III (26 mai 1795), âgé de soixante-douze ans. On lui fit de pompeuses obsèques, dans lesquelles

---

1. Iambe XI.

on peut croire qu'il entra, de la part de ses concitoyens, une intention de réparation. M. Robert de Bonnières, dans le curieux ouvrage qu'il a publié en 1879 : *Lettres grecques de Madame de Chénier* précédées d'une étude sur sa vie », a réimprimé en partie, d'après la brochure du temps, le procès-verbal de ces honneurs funèbres :

« Les commissaires ont annoncé qu'ils avaient fait décorer la porte de la maison de L. Chénier[1] et que son corps était exposé, sous une draperie fond bleu parsemée d'étoiles d'argent, en signe d'immortalité.

« Des détachements armés des sections de la légion, désirant prendre part à la cérémonie, se présentent. La salle ne peut les contenir et l'on n'entend plus qu'un seul cri :

Exterminons le crime, honorons les vertus !

. . . .

« Il est 7 heures ; les commissaires invitent l'assemblée à se mettre en marche pour aller chercher le corps de Louis Chénier. Le cortège se forme dans l'ordre suivant : 1° un détachement de cavalerie ; 2° un détachement de troupe de ligne ; 3° un détachement armé de la section ; 4° un détachement des sections de la légion ; 5° une compagnie de canonniers ; 6° un citoyen portant un étendard entouré de cyprès, avec cette inscription : *Pompe funèbre d'un citoyen vertueux* ; 7° l'assemblée générale formant une double haie ; 8° un groupe de tambours ; 9° un groupe de musiciens exécutant des airs lugubres ; 10° un groupe de femmes vêtues en blanc, la tête ceinte d'un crêpe noir,

---

1. Rue de Cléry, 97.

et portant une branche de cyprès; 11° un groupe de vieillards; 12° le comité civil; 13° le comité de bienfaisance; 14° les citoyens portant les flammes des compagnies et le drapeau de la section; 15° les trois fils de Louis Chénier, accompagnés des présidents et secrétaires de l'assemblée générale; 16° l'état-major du bataillon; 17° un détachement des sections de la légion; 18° un détachement armé de la section; 19° un détachement de troupes de ligne; 20° un piquet de cavalerie.

« Le cortège étant arrivé à la porte de la maison de Louis Chénier, le corps a été enlevé par quatre citoyens et placé entre les membres du comité de Bienfaisance et la famille du décédé; les coins de la draperie qui couvrait son cercueil étaient soutenus par deux membres de chacun des comités, entourés des porte-flammes des compagnies.

« De retour au lieu des séances, la musique a exécuté des airs relatifs à la cérémonie, et, après que chaque citoyen a pris place, le citoyen Vigée s'est présenté à la tribune et a prononcé le panégyrique de Louis Chénier.

. . . .

« Le président a proposé ensuite que le nom de Louis Chénier fût mentionné honorablement dans les fastes de la section, et qu'au fond de la salle d'assemblée, au dessous du mot *talents*, on gravât cette inscription : *Louis Chénier, né à Montfort en 1723*[1], *écrivain utile, bon époux, bon père, bon ami, citoyen vertueux...*

« Cette motion a été unanimement adoptée. Le président a ensuite donné l'accolade fraternelle aux fils de

---

1. La copie de l'acte de naissance porte 1722. Voy. p. v.

Louis Chénier, et le cortège s'étant remis en marche dans le même ordre qu'auparavant, le corps a été conduit au champ de repos, où chaque citoyen, en pleurant sur la tombe que réclamait la terre, lui a dit un long et éternel adieu. *Vauchelet, ex-président; Chéry, Farmalguez, secrétaires.* »

Tel était un enterrement civique en l'an III. Élisabeth Santi Lomaca restait donc veuve à soixante-six ans. Elle demeura associée aux destinées de son fils de prédilection, de Marie-Joseph.

Le vaste coup de filet confusément jeté dans les prisons sous prétexte d'un complot imaginaire explique fort bien que Marie-Joseph n'ait rien pu pour empêcher André d'aller à la mort. Les accusations qui furent par la suite dirigées contre lui étaient assurément injustes. Mais il avait prêté à la calomnie par son attitude théâtrale, par quelques paroles déclamatoires. Les haines politiques les lui firent payer chèrement. Il fut attaqué à la fois par les anciens constitutionnels amis d'André et par les demeurants de la faction de Robespierre, et pendant plusieurs années Marie-Joseph entendit le cri : « Caïn, qu'as-tu fait de ton frère ? » retentir à ses oreilles.

L'indignation inspira à Marie-Joseph, dans son *Discours sur la Calomnie*, de beaux vers qu'il convient de rappeler :

> . . . . On ose m'accuser !
> Moi, jouet si longtemps de leur lâche insolence,
> Proscrit pour mon discours, proscrit pour mon silence,
> Seul, attendant la mort, quand leur coupable voix
> Demandait à grands cris *du sang et non des lois!*
> Ceux que la France a vus ivres de tyrannie,
> Ceux-là même, dans l'ombre armant la calomnie,

Me reprochent le sort d'un frère infortuné
Qu'avec la calomnie ils ont assassiné !
L'injustice agrandit une âme libre et fière.
Ces reptiles hideux, sifflant dans la poussière,
En vain sèment le trouble entre son ombre et moi ;
Scélérats ! contre vous elle invoque la loi.
Hélas ! pour arracher la victime aux supplices,
De mes pleurs chaque jour fatiguant vos complices,
J'ai courbé devant eux mon front humilié ;
Mais ils vous ressemblaient : ils étaient sans pitié.
Si le jour où tomba leur puissance arbitraire,
Des fers et de la mort je n'ai sauvé qu'un frère
Qu'au fond des noirs cachots Dumont avait plongé,
Et qui, deux jours plus tard, périssait égorgé,
Auprès d'André Chénier avant que de descendre,
J'élèverai la tombe où manquera sa cendre,
Mais où vivront du moins et son doux souvenir,
Et sa gloire, et ses vers dictés pour l'avenir.
Là, quand de thermidor la septième journée
Sous les feux du lion ramènera l'année,
O mon frère, je veux, relisant tes écrits,
Chanter l'hymne funèbre à tes mânes proscrits.
Là, souvent tu verras, près de ton mausolée,
Tes frères gémissants, ta mère désolée,
Quelques amis des arts, un peu d'ombre et de fleurs ;
Et ton jeune laurier grandira sous nos pleurs.

Mme Chénier prit la défense de son fils dans une lettre qu'elle écrivit à la *Sentinelle*, et qui parut dans ce journal le 30 frimaire an V (20 décembre 1796) :

Paris, ce 26 frimaire an V.

« Je viens de lire avec indignation dans un journal les atroces calomnies vomies contre mon plus jeune fils, Marie-Joseph Chénier, par l'infâme André Dumont, reste impur de ces brigands qui, sous le règne de la terreur, ont couvert la France de larmes et de sang.

« Dans ces temps affreux, quand deux de mes enfants gémissaient au fond des cachots, l'un par les ordres de Robespierre, l'autre par ceux d'André Dumont, Marie-Joseph Chénier, seule consolation de sa famille, ouvertement proscrit lui-même par Robespierre et ses complices, n'a cessé de faire des démarches pour ses frères infortunés, auprès d'une foule de membres des deux comités homicides : elles n'étaient que trop infructueuses, ainsi que celles de son père.

« Le vertueux André Chénier périt assassiné le 7 thermidor. Sauveur, son frère, eût péri de même sans le grand événement qui arriva deux jours après.

« Marie-Joseph, hautement menacé, les aurait suivis. Ses parents et ses amis savent qu'il s'était muni d'un poison violent pour ne pas tomber aux mains des tyrans sanguinaires, dont il ne parlait à toutes les époques qu'avec une profonde horreur. Un de ceux qu'il méprisait le plus, André Dumont, ose l'accuser aujourd'hui d'avoir abandonné sa mère.

« Ah! bien loin de l'avoir abandonnée, il lui donne chaque jour de nouvelles marques de sa tendresse filiale : c'est lui qui me tient lieu de tout, et je lui donne publiquement ce témoignage authentique, afin de soulager mon cœur maternel et de confondre ses calomniateurs.

E.-L. veuve Chénier. »

Marie-Joseph Chénier, à la suite du coup d'État de thermidor, était devenu un grand personnage politique.

Il présida plusieurs fois la Convention ; il fut des principaux comités. On le voit alors mener la vie tapageuse, fiévreuse du Directoire, jouant des sommes considérables, fastueusement amoureux d'une femme à la mode, Mme de La Bouchardie. C'est à l'occasion des déportements de cette femme qui, si l'on en croit Mme Chénier, battait son amant, qu'elle écrivit les deux lettres au citoyen Mahérault, que M. Charavay a publiées dans la *Revue des documents historiques*, et dont nous avons déjà parlé [1]. Mme de La Bouchardie épousa vers 1799 un M. de Lesparda de Maisonnave qui disparut complaisamment et se retira en province, pour laisser Marie-Joseph Chénier en possession tranquille de celle à qui il avait, on ne sait pourquoi, donné son nom.

Mme Ve de Chénier vécut jusqu'en 1808 ; elle décéda le 6 novembre de cette année, âgée de soixante-dix-neuf ans. Marie-Joseph est mort le 10 janvier 1811. Il était resté le gardien des manuscrits de son frère André, dont il ne fit point grand usage. Ce n'était pas qu'il méconnût le talent de son frère : il lui écrivait en 1788, alors que rien n'était venu troubler leur accord : « Un des grands plaisirs que je puisse avoir est de recevoir de temps en temps de ces beaux vers que vous savez faire [2] ». On a lu, dans les vers du *Discours sur la Calomnie* que nous avons cités, un autre hommage au génie fraternel. Toutefois, comme l'a remarqué M. Villemain, il y avait une grande dissidence de goût entre les deux frères. « Marie-Joseph Chénier, dit l'auteur du *Tableau de la littérature au XVIIIe siècle*, novateur illimité dans l'ordre politique, était presque

---

1. Voy. p. xii.
2. Voy. t. II, p. 371.

timide dans les lettres. Hardi à renverser un trône et une société tout entière, il eût craint de violer les bienséances de l'ancienne littérature monarchique. Ses tragédies, pour la forme, la pompe, le langage, sont jetées dans le moule connu. L'allusion en est violente et passionnée ; la poésie faible et sans couleur..... Au contraire, André Chénier, qui s'arrêta bien avant son frère dans la carrière des innovations politiques, avait bien plus d'audace de poète et d'écrivain. Las du faux goût d'élégance qui affadissait la littérature, il méditait à la fois la reproduction savante et naturelle des formes du génie antique et l'application de ce langage aux merveilles de la civilisation moderne. C'est ainsi qu'il voulait chanter la découverte du nouveau monde et célébrer, sous le titre d'*Hermès*, les grands progrès des sciences naturelles. En même temps il s'essayait à renouveler les grâces naïves de la poésie grecque dans de courtes *élégies*, admirable mélange d'étude et de passion où la simplicité a quelque chose d'imprévu, où l'art n'est pas sans négligence, et parfois sans effort, mais qui respirent un charme à peine égalé de nos jours. » M. Villemain parlait ainsi vers la fin de la Restauration et, dans ces derniers mots, il fait allusion aux poètes d'alors, et surtout à Lamartine.

Il est certain que Marie-Joseph Chénier, en lisant les vers d'André, devait, malgré lui, faire bien des réserves. Peut-être, s'il les avait mieux goûtés, les aurait-il livrés plus tôt qu'ils ne l'ont été à l'admiration du public. A sa mort, les manuscrits d'André passèrent entre les mains de son ami intime le savant M. Daunou, qui n'était peut-être pas très apte non plus à se rendre compte de la valeur de ce dépôt, et qui, sans aucun doute, attachait beaucoup plus de prix aux manuscrits de Marie-Joseph qui lui avaient été remis en même temps. Ce fut en 1819, vingt-cinq ans après la mort du poète que se fit, par les soins de Henri de Latouche, à titre d'essai, la première édition des œuvres d'André Chénier, ne contenant que des morceaux choisis. On verra dans la notice bibliographique, à la fin du tome second, comment toute l'œuvre d'André vint successivement au jour, et comment elle conquit peu à peu, et non pas tout d'un coup, le haut rang littéraire qu'elle occupe aujourd'hui.

CONCLUSION.

A présent que la divulgation en peut être considérée comme achevée et complète, on peut la juger en pleine connaissance de cause, et ce jugement n'est pas très différent de celui qui fut porté sur le premier recueil. Le premier éditeur Henri de Latouche disait, dans sa notice datée du 14 août 1819 :

« L'ensemble de la poésie d'André Chénier donne l'enchantement. Elle a ce qui est le caractère des œuvres du génie : le pouvoir de vous ravir à vos propres idées, et de vous transporter dans le monde de ses créations. Vous verrez partager cette ivresse enthousiaste aux esprits les plus difficiles et les plus accoutumés, par la réflexion, à calculer l'effet de la pensée. La plupart de ses Idylles sont des modèles dont Théocrite avouerait l'ordonnance ; et ses Élégies, des inspirations où Tibulle a jeté sa flamme, où La Fontaine a mêlé sa grâce. »

Et c'était bien dit. André est, en effet, un de ces poètes qui, comme La Fontaine, comme Alfred de Musset, avec les mots les plus simples, vous troublent le cœur ; qui vous jettent dans la mémoire de ces rimes, qui n'en sortent plus et qu'on va répétant, en errant seul dans la campagne, comme on fredonne des refrains familiers.

Un point de vue qui est devenu plus frappant, à mesure que l'œuvre s'est développée, c'est celui de la gradation historique qu'on observe dans ses diverses poésies. Elle est devenue un monument vraiment caractéristique de l'époque où elle a été composée. Elle donne fidèlement les impressions qui se succédèrent dans les âmes pendant cette fin du dernier siècle. Le jeune poète commence par s'abandonner aux conceptions purement gracieuses, aux chants passionnés et voluptueux : ce sont des églogues, ce sont des élégies qui sortent de sa plume. A l'approche de la Révolution, les grands rêves philosophiques et humanitaires tourmentent tous les cerveaux. André est envahi à son tour par ces hautes préoccupations, et il trace le plan de son *Hermés*. Lorsque la Révolution éclate, il la salue avec enthousiasme, il la célèbre par ses dithyrambes et par ses hymnes. Mais, à la vue des désordres et des crimes, l'enthousiasme se refroidit peu à peu, et bientôt fait place à l'indignation : désenchanté, le poète est tout à la colère et au désespoir. Une verve de malédiction et de haine le saisit; elle lui fait entreprendre de remplacer les ïambes perdus d'Archiloque ; c'est à elle que nous devons les dernières ébauches du prisonnier toutes frémissantes, et qui nous émeuvent comme des cris douloureux. Que d'âmes passèrent alors par ces alternatives! C'est l'histoire de tout ce qu'il y eut de cœurs généreux en France.

L'impression est d'autant plus forte que la première partie de l'œuvre est plus artistique et plastique. Le livre s'est fait ainsi sans qu'on y ait songé et tel il restera dans son dessein général.

André Chénier demeure désormais un des immortels représentants de la poésie française. Son œuvre a place de droit parmi nos chefs-d'œuvre littéraires; elle devait donc figurer dans notre collection et nous ne doutons pas qu'elle n'y soit accueillie avec faveur.

Louis Moland.

QUELQUES DOCUMENTS INÉDITS

SUR

ANDRÉ CHÉNIER

PAR

SAINTE-BEUVE

I

Voilà tout à l'heure vingt ans[1] que la première édition d'André Chénier a paru; depuis ce temps, il semble que tout a été dit sur lui; sa réputation est faite; ses œuvres, lues et relues, n'ont pas seulement charmé, elles ont servi de base à des théories plus ou moins ingénieuses ou subtiles, qui elles-mêmes ont déjà subi leur épreuve, qui ont triomphé par un côté vrai et ont été rabattues aux endroits contestables. En fait de raisonnement et d'*esthétique,* nous ne recommencerions donc pas

---

1. Ces pages ont été écrites en 1839.

à parler de lui. Mais il se trouve qu'une circonstance favorable nous met à même d'introduire sur son compte la seule nouveauté possible, c'est-à-dire quelque chose de positif.

L'obligeante complaisance et la confiance de son neveu, M. Gabriel de Chénier, nous ont permis de rechercher et de transcrire ce qui nous a paru convenable dans le précieux résidu de manusrits qu'il possède; c'est à lui donc que nous devons d'avoir pénétré à fond dans le cabinet de travail d'André, d'être entré dans cet *atelier du fondeur* dont il nous parle, d'avoir exploré les ébauches du peintre, et d'en pouvoir sauver quelques pages de plus, moins inachevées qu'il n'avait semblé jusqu'ici; heureux d'apporter à notre tour aujourd'hui un nouveau petit affluent à cette pure gloire !

Et d'abord rendons, réservons au premier éditeur l'honneur et la reconnaissance qui lui sont dus. M. de Latouche, dans son édition de 1819, a fait des manuscrits tout l'usage qui était possible et désirable alors ; en choisissant, en élaguant avec goût, en étant sobre surtout de fragments et d'ébauches, il a agi dans l'intérêt du poète et comme dans son intention, il a servi sa gloire. Depuis lors, dans l'édition de 1833, il a été jugé possible d'introduire de nouvelles petites pièces, de simples restes qui avaient été négligés d'abord : c'est ce genre de travail que nous venons poursuivre, sans croire encore l'épuiser. Il en est un peu avec les manuscrits d'André Chénier comme avec le panier de cerises de Mme de Sévigné : on prend d'abord les plus belles, puis les meilleures restantes, puis les meilleures encore, puis toutes.

La partie la plus riche et la plus originale des manuscrits porte sur les poèmes inachevés : *Suzanne, Hermès, l'Amérique*. On a publié dans l'édition de 1833 les morceaux en vers et les canevas en prose du poème de *Suzanne*. Je m'attacherai ici particulièrement au poème d'*Hermès*, le plus philosophique de ceux que méditait André, et celui par lequel il se rattache le plus directement à l'idée de son siècle.

André, par l'ensemble de ses poésies connues, nous apparaît, avant 89, comme le poète surtout de l'art pur et des plaisirs, comme l'homme de la Grèce antique et de l'élégie. Il semblerait qu'avant ce moment d'explosion publique et de danger où il se jeta si généreusement à la lutte, il vécût un peu en dehors des idées, des prédications favorites de son temps, et que, tout en les partageant peut-être pour les résultats et les habitudes, il ne s'en occupât point avec ardeur et préméditation. Ce serait pourtant se tromper beaucoup que de le juger un artiste si désintéressé ; et l'*Hermès* nous le montre aussi pleinement et aussi chaudement de son siècle, à sa manière, que pourraient l'être Raynal ou Diderot.

La doctrine du xviii° siècle était, au fond, le matérialisme, ou le panthéisme, ou encore le naturalisme, comme on voudra l'appeler ; elle a eu ses philosophes, et même ses poètes en prose, Boulanger, Buffon ; elle devait provoquer son Lucrèce. Cela est si vrai, et c'était tellement le mouvement et la pente d'alors de solliciter un tel poète, que, vers 1780 et dans les années qui suivent, nous trouvons trois talents occupés du même sujet et visant chacun à la gloire difficile d'un poème sur la nature des choses.

Le Brun tentait l'œuvre d'après Buffon; Fontanes, dans sa première jeunesse, s'y essayait sérieusement, comme l'attestent deux fragments, dont l'un surtout (tome Ier de ses Œuvres, p. 381) est d'une réelle beauté. André Chénier s'y poussa plus avant qu'aucun, et, par la vigueur des idées comme par celle du pinceau, il était bien digne de produire un vrai poème didactique dans le grand sens.

Mais la Révolution vint; dix années, fin de l'époque, s'écroulèrent brusquement avec ce qu'elles promettaient, et abîmèrent les projets ou les hommes; les trois *Hermès* manquèrent : la poésie du XVIIIe siècle n'eut pas son Buffon. Delille ne fit que rimer gentiment *les Trois Règnes*.

Toutes les notes et tous les papiers d'André Chénier, relatifs à son *Hermès*, sont marqués en marge d'un delta; un chiffre, ou l'une des trois premières lettres de l'alphabet grec, indique celui des trois chants auquel se rapporte la note ou le fragment. Le poème devait avoir trois chants, à ce qu'il semble : le premier, sur l'origine de la terre, la formation des animaux, de l'homme; le second, sur l'homme en particulier, le mécanisme de ses sens et de son intelligence, ses erreurs depuis l'état sauvage jusqu'à la naissance des sociétés, l'origine des religions; le troisième, sur la société politique, la constitution de la morale et l'invention des sciences. Le tout devait se clore par un exposé du système du monde selon la science la plus avancée.

Voici quelques notes qui se rapportent au projet du premier chant et le caractérisent.

« Il faut magnifiquement représenter la terre sous l'emblème métaphorique d'un grand animal qui vit, se meut et est sujet à des changements, des révolutions, des dérangements dans la circulation de son sang. »

« Il faut finir le chant 1ᵉʳ par une magnifique description de toutes les espèces végétales naissant; et, au printemps, la terre *prægnans*; et, dans les chaleurs de l'été, toutes les espèces animales et végétales se livrant aux feux de l'amour et transmettant à leur postérité les semences de vie confiées à leurs entrailles. »

Ce magnifique et fécond printemps, alors, dit-il,

<blockquote>Que la terre est nubile et brûle d'être mère,</blockquote>

devait être imité de celui de Virgile au livre II des *Géorgiques* : *Tum pater omnipotens*, etc., quand Jupiter,

<blockquote>De sa puissante épouse emplit les vastes flancs.</blockquote>

Ces notes d'André sont toutes semées ainsi de beaux vers tout faits, qui attendent leur place.

C'est là, sans doute, qu'il se proposait de peindre « toutes les espèces à qui la nature ou les plaisirs (*per Veneris res*) ont ouvert les portes de la vie ».

« Traduire quelque part, se dit-il, le *magnum crescendi immissis certamen habenis*. »

Il revient, en plus d'un endroit, sur ce système naturel des atomes, ou, comme il les appelle, des *organes secrets vivants*, dont l'infinité constitue

<blockquote>L'Océan éternel où bouillonne la vie.</blockquote>

« Ces atomes de vie, ces semences premières, sont toujours en égale quantité sur la terre et toujours en mouvement. Ils passent de corps en corps, s'alambiquent, s'élaborent, se travaillent, fermentent, se subtilisent dans leur rapport avec le vase où ils sont actuellement contenus. Ils entrent dans un végétal : ils en sont la sève, la force, les sucs nourriciers. Ce végétal est mangé par quelque animal ; alors ils se transforment en sang et en cette substance qui produira un autre animal et qui fait vivre les espèces... Ou, dans un chêne, ce qu'il y a de plus subtil se rassemble dans le gland.

« Quand la terre forma les espèces animales, plusieurs périrent par plusieurs causes à développer. Alors d'autres corps organisés (car les *organes vivants secrets* meuvent les végétaux, minéraux et tout) héritèrent de la quantité d'atomes de vie qui étaient entrés dans la composition de celles qui s'étaient détruites, et se formèrent de leurs débris. »

Qu'une élégie à Camille ou l'ode à la *Jeune Captive* soient plus flatteuses que ces plans de poésie physique, je le crois bien ; mais il ne faut pas moins en reconnaître et en constater la profondeur, la portée poétique aussi. En retournant à Empédocle, André est de plus ici le contemporain, et comme le disciple de Lamarck et de Cabanis [1].

Il ne l'est pas moins de Boulanger et de tout son siècle par l'explication qu'il tente de l'origine des religions, au

---

1. Qu'on ne s'étonne pas trop de voir le nom d'André ainsi mêlé à des idées physiologiques. Parmi les physiologistes, il en est un qui, par le brillant de son génie et la rapidité de son destin, fut comme l'André Chénier de la science ; et, dans la liste des jeunes illustres diversement ravis avant l'âge, je dis volontiers : Vauvenargues, Barnave, André, Hoche et Bichat.

second chant. Il n'en distingue pas même le nom de celui de la superstition pure, et ce qui se rapporte à cette partie du poème, dans ses papiers, est volontiers marqué en marge du mot flétrissant (δεισιδαιμονία). Ici l'on a peu à regretter qu'André n'ait pas mené plus loin ses projets; il n'aurait en rien échappé, malgré toute sa nouveauté de style, au lieu commun d'alentour, et il aurait reproduit, sans trop de variante, le fond de d'Holbach ou de l'*Essai sur les préjugés* :

« Tout accident naturel dont la cause était inconnue, un ouragan, une inondation, une éruption de volcan, étaient regardés comme une vengeance céleste...

« L'homme égaré de la voie, effrayé de quelques phénomènes terribles, se jeta dans toutes les superstitions, le feu, les démons... Ainsi le voyageur, dans les terreurs de la nuit, regarde et voit dans les nuages des centaures, des lions, des dragons, et mille autres formes fantastiques. Les superstitions prirent la teinture de l'esprit des peuples, c'est-à-dire des climats. Rapide multitude d'exemples. Mais l'imitation et l'autorité changent le caractère. De là souvent un peuple qui aime à rire ne voit que diable et qu'enfer. »

Il se réservait pourtant de grands et sombres tableaux à retracer : « Lorsqu'il sera question des sacrifices humains, ne pas oublier ce que partout on a appelé les jugements de Dieu, les fers rouges, l'eau bouillante, les combats particuliers. Que d'hommes dans tous les pays ont été immolés pour un éclat de tonnerre ou telle autre cause !...

> Partout sur des autels j'entends mugir Apis,
> Bêler le dieu d'Ammon, aboyer Anubis. »

Mais voici le génie d'expression qui se retrouve : « Des opinions puissantes, un vaste échafaudage politique et religieux, ont souvent été produits par une idée sans fondement, une rêverie, un vain fantôme,

> Comme on feint qu'au printemps, d'amoureux aiguillons
> La cavale agitée erre dans les vallons,
> Et, n'ayant d'autre époux que l'air qu'elle respire,
> Devient épouse et mère au souffle du Zéphire. »

J'abrège les indications sur cette portion de son sujet qu'il aurait aimé à étendre plus qu'il ne convient à nos directions d'idées et à nos désirs d'aujourd'hui; on a peine pourtant, du moment qu'on le peut, à ne pas vouloir pénétrer familièrement dans sa secrète pensée :

« La plupart des fables furent sans doute des emblèmes et des apologues des sages (expliquer cela comme Lucrèce au livre III). C'est ainsi que l'on fit tels et tels dieux... mystères... initiations. Le peuple prit au propre ce qui était dit au figuré. C'est ici qu'il faut traduire une belle comparaison du poète Lucile, conservée par Lactance (*Inst. div.*, liv. Ier, chap. XXII) :

> Ut pueri infantes credunt signa omnia ahena
> Vivere et esse homines, isti sic omnia ficta
> Vera putant [1]...

---

[1]. Comme les enfants prennent les statues d'airain au sérieux et

Sur quoi le bon Lactance, qui ne pensait pas se faire son procès à lui-même, ajoute, avec beaucoup de sens, que les enfants sont plus excusables que les hommes faits : *Illi enim simulacra homines putant esse, hi Deos* [1]. »

Ce second chant devait renfermer, du ton lugubre d'un Pline l'Ancien, le tableau des premières misères, des égarements et des anarchies de l'humanité commençante. Les déluges, qu'il s'était d'abord proposé de mettre dans le premier chant, auraient sans doute mieux trouvé leur cadre dans celui-ci :

« Peindre les différents déluges qui détruisirent tout... La mer Caspienne, lac Aral et mer Noire réunis... l'érup-

---

croient que ce sont des hommes vivants, ainsi les superstitieux prennent pour vérités toutes les chimères.

1. Car ils ne prennent ces images que pour des hommes, et les autres les prennent pour des Dieux. — L'opposition entre ces pensées d'André et celles que nous ont laissées Vauvenargues ou Pascal, s'offre naturellement à l'esprit; lui-même il n'est pas sans y avoir songé, et sans s'être posé l'objection. Je trouve cette note encore : « Mais quoi ? tant de grands hommes ont cru tout cela... Avez-vous plus d'esprit, de sens, de savoir ?... Non; mais voici une source d'erreur bien ordinaire: beaucoup d'hommes, invinciblement attachés aux préjugés de leur enfance, mettent leur gloire, leur piété, à prouver aux autres un système avant de se le prouver à eux-mêmes. Ils disent: Ce système, je ne veux point l'examiner pour moi. Il est vrai, il est incontestable, et, de manière ou d'autre, il faut que je le démontre. — Alors, plus ils ont d'esprit, de pénétration, de savoir, plus ils sont habiles à se faire illusion, à inventer, à unir, à colorer les sophismes, à tordre et à défigurer tous les faits pour en étayer leur échafaudage... Et pour ne citer qu'un exemple, et un grand exemple, il est bien clair que, dans tout ce qui regarde la métaphysique et la religion, Pascal n'a jamais suivi une autre méthode. » Cela est beaucoup moins clair pour nous aujourd'hui que pour André, qui ne voyait Pascal que dans l'atmosphère d'alors, et, pour ainsi dire, à travers Condorcet. — Dans les fragments de mémoires manuscrits de Chênedollé, qui avait beaucoup vécu avec des amis de notre poète, je trouve cette note isolée et sans autre explication: « André Chénier était athée avec délices ».

tion par l'Hellespont... Les hommes se sauvèrent au sommet des montagnes :

> Et vetus inventa est in montibus anchora summis.
> (Ovide, *Mét.,* liv. XV.)

La ville d'*Ancyre* fut fondée sur une montagne où l'on trouva une *ancre.* » Il voulait peindre les autels de pierre, alors posés au bord de la mer, et qui se trouvent aujourd'hui au-dessous de son niveau, les membres des grands animaux primitifs errant au gré des ondes, et leurs os déposés en amas immenses sur les côtes des continents. Il ne voyait dans les pagodes souterraines, d'après le voyageur Sonnerat, que les habitacles des Septentrionaux qui arrivaient dans le midi et fuyaient, sous terre, les fureurs du soleil. Il eût expliqué, par quelque chose d'analogue peut-être, la base impie de la religion des Éthiopiens et le vœu présumé de son fondateur :

> Il croit (aveugle erreur!) que de l'ingratitude
> Un peuple tout entier peut se faire une étude,
> L'établir pour son culte, et de Dieux bienfaisants
> Blasphémer de concert les augustes présents.

A ces époques de tâtonnements et de délires, avant la vraie civilisation trouvée, que de vies humaines en pure perte dépensées! « Que de générations, l'une sur l'autre entassées, dont l'amas

> Sur les temps écoulés invisible et flottant
> A tracé dans cette onde un sillon d'un instant! »

Mais le poète veut sortir de ces ténèbres, il en veut tirer l'humanité. Et ici se serait placée probablement son étude de l'homme, l'analyse des sens et des passions, la connaissance approfondie de notre être, tout le parti enfin qu'en pourront tirer bientôt les habiles et les sages. Dans l'explication du mécanisme de l'esprit humain gît l'esprit des lois.

André, pour l'analyse des sens, rivalisant avec le livre IV de Lucrèce, eût été le disciple exact de Locke, de Condillac et de Bonnet : ses notes à cet égard ne laissent aucun doute. Il eût insisté sur les langues, sur les mots : « Rapides Protées, dit-il, ils revêtent la teinture de tous nos sentiments. Ils dissèquent et étalent toutes les moindres de nos pensées, comme un prisme fait les couleurs ».

Mais les beautés d'idées ici se multiplient ; le moraliste profond se déclare et se termine souvent en poète :

« Les mêmes passions générales forment la constitution générale des hommes. Mais les passions, modifiées par la constitution particulière des individus, et prenant le cours que leur indique une éducation vicieuse ou autre, produisent le crime ou la vertu, la lumière ou la nuit. Ce sont mêmes plantes qui nourrissent l'abeille ou la vipère : dans l'une elles font du miel ; dans l'autre, du poison. Un vase corrompu aigrit la plus douce liqueur.

« L'étude du cœur de l'homme est notre plus digne étude :

> Assis au centre obscur de cette forêt sombre
> Qui fuit et se partage en des routes sans nombre,
> Chacune autour de nous s'ouvre ; et de toute par
> Nous y pouvons au loin plonger un long regard. »

Belle image que celle du philosophe ainsi dans l'ombre,

au carrefour du labyrinthe, comprenant tout, immobile. Mais le poète n'est pas immobile longtemps :

« En poursuivant dans toutes les actions humaines les causes que j'y ai assignées, souvent je perds le fil, mais je le retrouve :

> Ainsi dans les sentiers d'une forêt naissante
> A grands cris élancée, une meute pressante,
> Aux vestiges connus dans les zéphyrs errants,
> D'un agile chevreuil suit les pas odorants.
> L'animal, pour tromper leur course suspendue,
> Bondit, s'écarte, fuit, et la trace est perdue.
> Furieux, de ses pas cachés dans ces déserts
> Leur narine inquiète interroge les airs,
> Par qui bientôt frappés de sa trace nouvelle,
> Ils volent à grands cris sur sa route fidèle. »

La pensée suivante, pour le ton, fait songer à Pascal : la brusquerie du début nous représente assez bien André en personne causant :

« L'homme juge toujours les choses par les rapports qu'elles ont avec lui. C'est bête. Le jeune homme se perd dans un tas de projets comme s'il devait vivre mille ans. Le vieillard, qui a usé la vie, est inquiet et triste. Son importune envie ne voudrait pas que la jeunesse l'usât à son tour. Il crie : Tout est vanité ! — Oui, tout est vain sans doute, et cette manie, cette inquiétude, cette fausse philosophie, venue malgré toi lorsque tu ne peux plus remuer, est plus vaine encore que tout le reste. »

« La terre est éternellement en mouvement. Chaque chose naît, meurt et se dissout. Cette particule de terre a été du fumier, elle devient un trône, et, qui plus est, un roi. Le monde est une branloire perpétuelle, dit Montaigne (à cette occasion, les conquérants, les bouleversements successifs des invasions, des conquêtes, d'ici, de là...). Les hommes ne font attention à ce roulis perpétuel que quand ils en sont les victimes : il est pourtant toujours. L'homme ne juge les choses que dans le rapport qu'elles ont avec lui. Affecté d'une telle manière, il appelle un accident un bien ; affecté de telle autre manière, il l'appellera un mal. La chose est pourtant la même, et rien n'a changé que lui.

 Et si le bien existe, il doit seul exister! »

Je livre ces pensées hardies à la méditation et à la sentence de chacun, sans commentaire. André Chénier rentrerait ici dans le système de l'optimisme de Pope, s'il faisait intervenir Dieu ; mais comme il s'en abstient absolument, il faut convenir que cette morale va plutôt à l'éthique de Spinosa, de même que sa physiologie corpusculaire allait à la philosophie zoologique de Lamarck.

Le poète se proposait de clore le morceau des sens par le développement de cette idée : « Si quelques générations, quelques peuples, donnent dans un vice ou dans une erreur, cela n'empêche que l'âme et le jugement du genre humain tout entier ne soient portés à la vertu et à la vérité, comme le bois d'un arc, quoique courbé et plié un moment, n'en a pas moins un désir invincible d'être droit et ne s'en redresse pas moins dès qu'il le peut. Pourtant, quand une longue habitude l'a tenu courbé, il ne se redresse plus ; cela fournit un autre emblème :

 . . . . Trahitur pars longa catenæ. (Perse[1].)

---

1. Satire V : l'image, dans Perse, est celle du chien qui, après de violents efforts, arrache sa chaîne, mais en tire un long bout après lui.

> . . . . Et traîne
> Encore après ses pas la moitié de sa chaîne. »

Le troisième chant devait embrasser la politique et la religion utile qui en dépend, la constitution des sociétés, la civilisation enfin, sous l'influence des illustres sages, des Orphée, des Numa, auxquels le poète assimilait Moïse. Les fragments, déjà imprimés, de l'*Hermès*, se rapportent plus particulièrement à ce chant final : aussi je n'ai que peu à en dire.

« Chaque individu dans l'état sauvage, écrit Chénier, est un tout indépendant; dans l'état de société, il est partie du tout; il vit de la vie commune. Ainsi, dans le chaos des poètes, chaque germe, chaque élément est seul et n'obéit qu'à son poids; mais quand tout cela est arrangé, chacun est un tout à part, et en même temps une partie du grand tout. Chaque monde roule sur lui-même et roule aussi autour du centre. Tous ont leurs lois à part, et toutes ces lois diverses tendent à une loi commune et forment l'univers :

> Mais ces soleils assis dans leur centre brûlant,
> Et chacun roi d'un monde autour de lui roulant,
> Ne gardent point eux-même une immobile place :
> Chacun avec son monde emporté dans l'espace,
> Ils cheminent eux-même : un invincible poids
> Les courbe sous le joug d'infatigables lois
> Dont le pouvoir sacré, nécessaire, inflexible,
> Leur fait poursuivre à tous un centre irrésistible. »

C'était une bien grande idée à André que de consacrer ainsi ce troisième chant à la description de l'ordre dans la société d'abord, puis à l'exposé de l'ordre dans le système du monde, qui devenait l'idéal réfléchissant et suprême.

Il établit volontiers ses comparaisons d'un ordre à l'autre : « On peut comparer, se dit-il, les âges instruits et savants, qui éclairent ceux qui viennent après, à la queue étincelante des comètes. »

Il se promettait encore de « comparer les premiers hommes civilisés, qui vont civiliser leurs frères sauvages, aux éléphants privés qu'on envoie apprivoiser les farouches ; et par quels moyens ces derniers ». — Hasard charmant ! l'auteur du *Génie du Christianisme*, celui même à qui l'on a dû de connaître d'abord l'étoile poétique d'André et *la Jeune Captive*[1], a rempli comme à plaisir la comparaison désirée, lorsqu'il nous a montré les missionnaires du Paraguay remontant les fleuves en pirogues, avec les nouveaux catéchumènes qui chantaient de saints cantiques : « Les néophytes répétaient les airs, dit-il, comme des oiseaux privés chantent pour attirer dans les rets de l'oiseleur les oiseaux sauvages. »

Le poète, pour compléter ses tableaux, aurait parlé prophétiquement de la découverte du nouveau monde : « O Destins, hâtez-vous d'amener ce grand jour qui... qui... ; mais non, Destins, éloignez ce jour funeste, et, s'il se peut, qu'il n'arrive jamais ! » Et il aurait flétri les horreurs qui suivirent la conquête. Il n'aurait pas moins présagé Gama et triomphé avec lui des périls amoncelés que lui opposa en vain

Des derniers Africains le cap noir des Tempêtes !

1. M. de Chateaubriand tenait cette pièce de Mme de Beaumont, sœur de M. de la Luzerne, sous qui André avait été attaché à l'ambassade d'Angleterre : elle-même avait directement connu le poète. — La pièce de *la Jeune Captive* avait été déjà publiée dans *la Décade*, le 20 nivôse an III,

On a l'épilogue de l'*Hermès* presque achevé : toute la pensée philosophique d'André s'y exhale avec ferveur :

> O mon fils, mon *Hermès,* ma plus belle espérance;
> O fruit des longs travaux de ma persévérance,
> Toi, l'objet le plus cher des veilles de dix ans,
> Qui m'as coûté des soins et si doux et si lents;
> Confident de ma joie et remède à mes peines;
> Sur les lointaines mers, sur les terres lointaines,
> Compagnon bien-aimé de mes pas incertains,
> O mon fils, aujourd'hui quels seront tes destins?
> Une mère longtemps se cache ses alarmes;
> Elle-même à son fils veut attacher ses armes :
> Mais quand il faut partir, ses bras, ses faibles bras
> Ne peuvent sans terreur l'envoyer aux combats.
> Dans la France, pour toi, que faut-il que j'espère?
> Jadis, enfant chéri, dans la maison d'un père
> Qui te regardait naître et grandir sous ses yeux,
> Tu pouvais sans péril, disciple curieux,
> Sur tout ce qui frappait ton enfance attentive
> Donner un libre essor à ta langue naïve.
> Plus de père aujourd'hui! Le mensonge est puissant,
> Il règne : dans ses mains luit un fer menaçant.
> De la vérité sainte il déteste l'approche :
> Il craint que son regard ne lui fasse un reproche,
> Que ses traits, sa candeur, sa voix, son souvenir,
> Tout mensonge qu'il est, ne le fasse pâlir.
> Mais la vérité seule est une, est éternelle;
> Le mensonge varie, et l'homme trop fidèle
> Change avec lui : pour lui les humains sont constants,
> Et roulent de mensonge en mensonge flottants...

Ici, il y a une lacune; le canevas en prose y supplée : « Mais quand le temps aura précipité dans l'abîme ce qui est aujourd'hui sur le faîte, et que plusieurs siècles se seront écroulés l'un sur l'autre dans l'oubli, avec tout l'attirail

---

moins de six mois après la mort du poète; mais elle y était restée comme enfouie.

des préjugés qui appartiennent à chacun d'eux, pour faire place à des erreurs nouvelles...

> Le français ne sera dans ce monde nouveau
> Qu'une écriture antique, et non plus un langage;
> Oh! si tu vis encore, alors peut-être un sage,
> Près d'une lampe assis, dans l'étude plongé,
> Te retrouvant poudreux, obscur, demi-rongé,
> Voudra creuser le sens de tes lignes pensantes :
> Il verra si du moins tes feuilles innocentes
> Méritaient ces rumeurs, ces tempêtes, ces cris,
> Qui vont sur toi, sans doute, éclater dans Paris...;

alors, peut-être... on verra si... et si en écrivant, j'ai connu d'autre passion

> Que l'amour des humains et de la vérité! »

Ce vers final, qui est toute la devise, un peu fastueuse, de la philosophie du XVIIIe siècle, exprime aussi l'entière inspiration de l'*Hermès*. En somme, on y découvre André sous un jour assez nouveau, ce me semble, et à un degré de passion philosophique et de prosélytisme sérieux auquel rien n'avait dû faire croire, de sa part, jusqu'ici. Mais j'ai hâte d'en revenir à de plus riantes ébauches, et de m'ébattre avec lui, avec le lecteur, comme par le passé, dans sa renommée gracieuse.

Les petits dossiers restants, qui comprennent des plans et des esquisses d'idylles ou d'élégies, pourraient fournir matière à un triage complet; j'y ai glané rapidement, mais non sans fruit. Ce qu'on y gagne surtout, c'est de ne conserver aucun doute sur la manière de travailler d'André; c'est d'assister à la suite de ses projets, de ses lectures, et de saisir les moindres fils de la riche trame qu'en tous sens il préparait. Il voulait introduire le génie antique, le génie grec, dans la poésie française, sur des idées ou des sentiments modernes : tel fut son vœu constant, son but réfléchi ; tout l'atteste. *Je veux qu'on imite les anciens*, a-t-il écrit à la fin d'un petit fragment du poème d'Oppien sur *la chasse* [1] ; il ne fait pas autre chose ; il se reprend aux anciens de plus haut qu'on n'avait fait sous Racine et Boileau ; il y revient comme un jet d'eau à sa source, et par delà le Louis XIV : sans trop s'en douter, et avec plus de goût, il tente de nouveau l'œuvre de Ronsard [2]. Les *Analecta* de Brunck, qui avaient paru en 1775, et qui contiennent toute la fleur grecque en ce qu'elle a d'exquis, de simple, même de mignard ou de sauvage, devinrent la lecture la plus habituelle d'André ; c'était son livre de chevet et son bréviaire. C'est de là qu'il a tiré sa jolie épigramme traduite d'Évènus de Paros :

Fille de Pandion, ô jeune Athénienne, etc. [3] ;

et cette autre épigramme d'Anyté :

O sauterelle, à toi rossignol des fougères, etc. [4],

qu'il imite en même temps d'Argentarius. La petite épitaphe qui commence par ce vers :

Bergers, vous dont ici la chèvre vagabonde, etc. [5],

est traduite de Léonidas de Tarente. En comparant et en

1. Page 122.
2. M. Patin, dans sa leçon d'ouverture publiée le 16 décembre 1838 (*Revue de Paris*), a rapproché exactement la tentative de Chénier de l'œuvre d'Horace chez les Latins.
3. Page 105.
4. Page 124.
5. Page 103.

suivant de près ce qu'il rend avec fidélité, ce qu'il élude, ce qu'il rachète, on voit combien il était pénétré de ces grâces. Ses papiers sont couverts de projets d'imitations semblables. En lisant une épigramme de Platon sur Pan qui joue de la flûte, il en remarque le dernier vers où il est question des *Nymphes hydriades;* je ne connaissais pas encore ces nymphes, se dit-il ; et on sent qu'il se propose de ne pas s'en tenir là avec elles. Il copie de sa main une épigramme de Myro la Byzantine, qu'il trouve charmante, adressée aux *Nymphes hamadryades* par un certain Cléonyme, qui leur dédie des statues dans un lieu planté de pins. Ainsi il va quêtant partout son butin choisi. Tantôt, ce sont deux vers d'une petite idylle de Méléagre sur le printemps :

> L'alcyon sur les mers, près des toits l'hirondelle,
> Le cygne au bord du lac, sous le bois Philomèle[1];

tantôt, c'est un seul vers de Bion (épithalame d'Achille et de Déidamie) :

> Et les baisers secrets et les lits clandestins;

il les traduit exactement et se promet bien de les enchâsser quelque part un jour [2]. Il guettait de l'œil, comme une tendre proie, les excellents vers de Denys le Géographe, où celui-ci peint les femmes de Lydie dans leurs danses en l'honneur de Bacchus, et les jeunes filles qui

1. Page 176.
2. A mesure qu'il en augmente son trésor, il n'est pas toujours sûr de ne pas les avoir employés déjà : « Je crois, dit-il en un endroit, avoir déjà mis ce vers quelque part, mais je ne puis me souvenir où. »

sautent et bondissent *comme des faons nouvellement allaités,*

. . . Lacte mero mentes perculsa novellas,

et les vents, frémissant autour d'elles, agitent sur leurs poitrines leurs tuniques élégantes. Il voulait imiter l'idylle de Théocrite dans laquelle la courtisane Eunica se raille des hommages d'un pâtre ; chez André, c'eût été une contre-partie probablement ; on aurait vu une fille des champs raillant un *beau* de la ville, en lui disant : Allez, vous préférez

Aux belles de nos champs vos belles citadines.

La troisième élégie du livre IV de Tibulle, dans laquelle le poète suppose Sulpice éplorée, s'adressant à son amant Cérinthe et le rappelant de la chasse, tentait aussi André, et il en devait mettre une imitation dans la bouche d'une femme. Mais voici quelques projets plus esquissés sur lesquels nous l'entendrons lui-même :

« Il ne sera pas impossible de parler quelque part de ces mendiants charlatans qui demandaient pour la Mère des dieux, et aussi de ceux qui, à Rhodes, mendiaient pour la corneille et pour l'hirondelle ; et traduire les deux jolies chansons qu'ils disaient en demandant cette aumône et qu'Athénée a conservées. »

Il était si en quête de ces gracieuses chansons, de ces *noëls* de l'antiquité, qu'il en allait chercher d'analogues jusque dans la poésie chinoise, à peine connue de son temps ; il regrette qu'un missionnaire habile n'ait pas traduit en entier le *Chi-King,* le livre des vers, ou du moins ce qui en reste. Deux pièces, citées dans le treizième volume de la grande Histoire de la Chine qui venait de paraître, l'avaient surtout charmé. Dans une ode sur l'amitié fraternelle, il relève les paroles suivantes : « Un frère pleure son frère avec des larmes véritables. Son cadavre fût-il suspendu sur un abîme à la pointe d'un rocher ou enfoncé dans l'eau infecte d'un gouffre, il lui procurera un tombeau. »

« Voici, ajoute-t-il, une chanson écrite sous le règne d'Yao, 2350 ans avant Jésus-Christ. C'est une de ces petites chansons que les Grecs appellent *scholies :* Quand le soleil commence sa course, je me mets au travail; et quand il descend sous l'horizon, je me laisse tomber dans les bras du sommeil. Je bois l'eau de mon puits, je me nourris des fruits de mon champ. Qu'ai-je à gagner ou à perdre à la puissance de l'Empereur? »

Et il se promet bien de la traduire dans ses *Bucoliques*. Ainsi tout lui servait à ses fins ingénieuses; il extrayait de partout la Grèce.

Est-ce un emprunt, est-ce une idée originale que ces lignes riantes que je trouve parmi les autres, et sans plus d'indication? « O ver luisant lumineux... petite étoile terrestre... ne te retire point encore... prête-moi la clarté de ta lampe pour aller trouver ma mie qui m'attend dans le bois! »

Pindare, cité par Plutarque au *Traité de l'Adresse et de l'Instinct des animaux*, s'est comparé aux dauphins qui sont sensibles à la musique; André voulait encadrer l'image ainsi : « On peut faire un petit *quadro* d'un jeune enfant assis sur le bord de la mer, sous un joli paysage. Il jouera sur deux flûtes :

> Deux flûtes sur sa bouche, aux antres, aux naïades,
> Aux faunes, aux sylvains, aux belles oréades,
> Répètent ses amours. . . . .

Et les dauphins accourent vers lui. » En attendant, il avait traduit, ou plutôt développé, les vers de Pindare :

> Comme aux jours de l'été, quand d'un ciel calme et pur
> Sur la vague aplanie étincelle l'azur,
> Le dauphin sur les flots sort et bondit et nage,
> S'empressant d'accourir vers l'aimable rivage
> Où, sous des doigts légers, une flûte aux doux sons
> Vient égayer les mers de ses vives chansons;
> Ainsi[1]. . . . .

André, dans ses notes, emploie, à diverses reprises, cette expression : *j'en pourrai faire un* QUADRO; cela paraît vouloir dire un petit tableau peint ; car il était peintre aussi, comme il nous l'a appris dans une élégie :

> Tantôt de mon pinceau les timides essais
> Avec d'autres couleurs cherchent d'autres succès.

Et quel plus charmant motif de tableau que cet enfant nu, sous l'ombrage, au bord d'une mer étincelante, et les dauphins arrivant aux sons de sa double flûte divine ! En l'indiquant, j'y vois comme un défi que quelqu'un de nos jeunes peintres relèvera[2].

Ailleurs, ce n'est plus le gracieux enfant, c'est Andro-

---

1. Page 159.
2. Peut-être aussi le poète n'emploie-t-il, en certains cas, cette expression de *quadro* que métaphoriquement et par allusion à son petit cadre poétique.

mède exposée au bord des flots, qui appelle la muse d'André : il cite et transcrit les admirables vers de Manilius à ce sujet, au V*e* livre des *Astronomiques;* ce supplice d'où la grâce et la pudeur n'ont pas disparu, ce charmant visage confus, allant chercher une blanche épaule qui le dérobe :

> Supplicia ipsa decent; nivea cervice reclinis
> Molliter ipsa suæ custos est sola figuræ.
> Defluxere sinus humeris, fugitque lacertos
> Vestis, et effusi scopulis lusere capilli.
> Te circum alcyones pennis planxere volantes, etc.

André remarque que c'est en racontant l'histoire d'Andromède à la troisième personne que le poète lui adresse brusquement ce vers : *Te circum,* etc., sans la nommer en aucune façon. « C'est tout cela, ajoute-t-il, qu'il faut imiter. Le traducteur met les alcyons volants autour de *vous, infortunée princesse.* Cela ôte de la grâce. » Je ne crois pas abuser du lecteur en l'initiant ainsi à la rhétorique secrète d'André [1].

Nina, ou la Folle par amour, ce touchant drame de Marsollier, fut représenté, pour la première fois, en 1786; André Chénier put y assister; il dut être ému aux tendres sons de la romance de Dalayrac :

> Quand le bien-aimé reviendra
> Près de sa languissante amie, etc.

---

[1]. Il disait encore dans ce même exquis sentiment de la diction poétique : « La huitième épigramme de Théocrite est belle (Épitaphe de Cléonice); elle finit ainsi : Malheureux Cléonice, sous le propre coucher des Pléiades, *cum Pleiadibus, occidisti.* Il faut la traduire et rendre l'opposition de paroles... la mer t'a reçu avec elles (les Pléiades). »

Ceci n'est qu'une conjecture, mais que semble confirmer et justifier le canevas suivant, qui n'est autre que le sujet de Nina, transporté en Grèce, et où se retrouve jusqu'à l'écho des rimes de la romance :

« La jeune fille qu'on appelle *la Belle de Scio*... Son amant mourut... elle devint folle... Elle courait les montagnes (la peindre d'une manière antique). — (J'en pourrai, un jour, faire un tableau, un *quadro*)... et, longtemps après elle, on chantait cette chanson faite par elle dans sa folie :

> Ne reviendra-t-il pas ? Il reviendra sans doute.
> Non, il est sous la tombe : il attend, il écoute.
> Va, Belle de Scio, meurs ! il te tend les bras ;
> Va trouver ton amant : il ne reviendra pas ! »

Et, comme *post-scriptum*, il indique en anglais la chanson du quatrième acte d'*Hamlet*, que chante Ophélia dans sa folie : avide et pure abeille, il se réserve de pétrir tout cela ensemble [1] !

Fidèle à l'antique, il ne l'était pas moins à la nature ; si, en imitant les anciens, il a l'air souvent d'avoir senti avant eux, souvent, lorsqu'il n'a l'air que de les imiter, il a réellement observé lui-même. On sait le joli fragment :

> Fille du vieux pasteur, qui d'une main agile
> Le soir remplis de lait trente vases d'argile,
> Crains la génisse pourpre, au farouche regard [2]...

---

1. André était comme La Fontaine, qui disait :
> J'en lis qui sont du Nord et qui sont du Midi.

Il lisait tout. M. Piscatory père, qui l'a connu avant la Révolution, m'a raconté qu'un jour particulièrement, il l'avait entendu causer avec feu et se développer sur Rabelais. Ce qu'il en disait a laissé dans l'esprit de M. Piscatory une impression singulière de nouveauté et d'éloquence. Cette étude qu'il avait faite de Rabelais me justifierait, s'il en était besoin, de l'avoir autrefois rapproché longuement de Regnier. (S.-B.)

2. Page 115.

Eh bien! au bas de ces huit vers bucoliques, on lit sur le manuscrit : vu *et fait à Catillon près Forges, le 4 août 1792, et écrit à Gournay le lendemain.* Ainsi le poète se rafraîchissait aux images de la nature, à la veille du 10 août[1].

Deux fragments d'idylles, publiés dans l'édition de 1833, se peuvent compléter heureusement, à l'aide de quelques lignes de prose qu'on avait négligées; je les rétablis ici dans leur ensemble.

LES COLOMBES[2]

Deux belles s'étaient baisées... Le poète berger, témoin jaloux de leurs caresses, chante ainsi :

« Que les deux beaux oiseaux, les colombes fidèles,
Se baisent. Pour s'aimer les dieux les firent belles.
Sous leur tête mobile, un cou blanc, délicat,
Se plie, et de la neige effacerait l'éclat.
Leur voix est pure et tendre, et leur âme innocente,
Leurs yeux doux et sereins, leur bouche caressante.
L'une a dit à sa sœur : — Ma sœur. . . . . . .

(Ma sœur, en un tel lieu, croissent l'orge et le millet...)

L'autour et l'oiseleur, ennemis de nos jours,

---

[1]. On se plaît à ces moindres détails sur les grands poètes aimés. A la fin de l'idylle intitulée *La Liberté,* entre le chevrier et le berger, on lit sur le manuscrit : *Commencée le vendredi au soir,* 10, *et finie le dimanche au soir* 12 *mars* 1787. La pièce a un peu plus de cent cinquante vers. On a là une juste mesure de la verve d'exécution d'André : elle tient le milieu, pour la rapidité, entre la lenteur un peu avare des poètes sous Louis XIV et le train de Mazeppa d'aujourd'hui.

[2]. Page 125.

De ce réduit peut-être ignorent les détours ;
Viens. . . . .

(Je te choisirai moi-même les graines que tu aimes, et mon bec s'entrelacera dans le tien.)

. . . .
L'autre a dit à sa sœur : Ma sœur, une fontaine
Coule dans ce bosquet. . . . .

(L'oie ni le canard n'en ont jamais souillé les eaux, ni leurs cris... Viens, nous y trouverons une boisson pure, et nous y baignerons notre tête et nos ailes, et mon bec ira polir ton plumage. — Elles vont, elles se promènent en roucoulant au bord de l'eau ; elles boivent, se baignent, mangent ; puis, sur un rameau, leurs becs s'entrelacent : elles se polissent leur plumage l'une à l'autre.)

Le voyageur, passant en ces fraîches campagnes,
Dit[1] : O les beaux oiseaux ! ô les belles compagnes !
Il s'arrêta longtemps à contempler leurs jeux ;
Puis, reprenant sa route et les suivant des yeux,
Dit : Baisez, baisez-vous, colombes innocentes,
Vos cœurs sont doux et purs, et vos voix caressantes ;
Sous votre aimable tête, un cou blanc, délicat,
Se plie, et de la neige effacerait l'éclat. »

L'édition de 1833 (tome II, page 339) donne également cette épitaphe d'un amant ou d'un époux, que je reproduis, en y ajoutant les lignes de prose qui éclairent le dessein du poète :

« Mes mânes à Clytie. — Adieu, Clytie, adieu.
Est-ce toi dont les pas ont visité ce lieu ?

---

1. Ce voyageur est-il le même que le berger du commencement ? ou entre-t-il comme personnage dans la chanson du berger ? Je le croirais plutôt, mais ce n'est pas bien clair.

Parle, est-ce toi, Clytie, ou dois-je attendre encore?
Ah! si tu ne viens pas seule ici, chaque aurore,
Rêver au peu de jours où j'ai vécu pour toi,
Voir cette ombre qui t'aime et parler avec moi,
D'Élysée à mon cœur la paix devient amère,
Et la terre à mes os ne sera plus légère.
Chaque fois qu'en ces lieux un air frais du matin
Vient caresser ta bouche et voler sur ton sein,
Pleure, pleure, c'est moi; pleure, fille adorée;
C'est mon âme qui fuit sa demeure sacrée,
Et sur ta bouche encore aime à se reposer.
Pleure, ouvre-lui tes bras et rends-lui son baiser.

Entre autres manières dont cela peut être placé, écrit Chénier, en voici une : Un voyageur, en passant sur un chemin, entend des pleurs et des gémissements. Il s'avance, il voit au bord d'un ruisseau une jeune femme échevelée, tout en pleurs, assise sur un tombeau, une main appuyée sur la pierre, l'autre sur ses yeux. Elle s'enfuit à l'approche du voyageur, qui lit sur la tombe cette épitaphe. Alors il prend des fleurs et de jeunes rameaux, et les répand sur cette tombe en disant : O jeune infortunée... (quelque chose de tendre et d'antique); puis il remonte à cheval, et s'en va la tête penchée, et, mélancoliquement, il s'en va

Pensant à son épouse et craignant de mourir.

Ce pourrait être le voyageur qui conte lui-même à sa famille ce qu'il a vu le matin[1]. »

Mais c'est assez de fragments : donnons une pièce inédite entière, une perle retrouvée, *la Jeune Locrienne*, vrai pendant de *la Jeune Tarentine*. A son brusque début, on

---

1. Page 127.

l'a pu prendre pour un fragment, et c'est ce qui l'aura fait négliger; mais André aime ces entrées en matière imprévues, dramatiques; c'est la jeune Locrienne qui achève de chanter :

« Fuis, ne me livre point. Pars avant son retour;
« Lève-toi; pars, adieu; qu'il n'entre, et que ta vue
« Ne cause un grand malheur, et je serais perdue!
« Tiens regarde, adieu, pars : ne vois-tu pas le jour? »
— Nous aimions sa naïve et riante folie.
Quand soudain, se levant, un sage d'Italie,
Maigre, pâle, pensif, qui n'avait point parlé,
Pieds nus, la barbe noire, un sectateur zélé
Du muet de Samos qu'admire Métaponte,
Dit : « Locriens perdus, n'avez-vous pas de honte?
Des mœurs saintes jadis furent votre trésor.
Vos vierges, aujourd'hui riches de pourpre et d'or,
Ouvrent leur jeune bouche à des chants adultères.
Hélas! qu'avez-vous fait des maximes austères
De ce berger sacré que Minerve autrefois
Daignait former en songe à vous donner des lois? »
Disant ces mots, il sort... Elle était interdite;
Son œil noir s'est mouillé d'une larme subite;
Nous l'avons consolée, et ses ris ingénus,
Ses chansons, sa gaîté, sont bientôt revenus.
Un jeune Thurien[1], aussi beau qu'elle est belle
(Son nom m'est inconnu), sortit presque avec elle :
Je crois qu'il la suivit et lui fit oublier
Le grave Pythagore et son grave écolier[2].

Parmi les ïambes inédits, j'en trouve un dont le début rappelle, pour la forme, celui de la gracieuse élégie; c'est un brusque reproche que le poète se suppose adressé par

---

1. *Thurii*, colonie grecque fondée aux environs de Sybaris, dans le golfe de Tarente, par les Athéniens.
2. Page 106.

la bouche de ses adversaires, et auquel il répond soudain en l'interrompant :

« Sa langue est un fer chaud; dans ses veines brûlées
      Serpentent des fleuves de fiel. »
J'ai douze ans, en secret, dans les doctes vallées,
      Cueilli le poétique miel :

Je veux un jour ouvrir ma ruche tout entière;
      Dans tous mes vers on pourra voir
Si ma muse naquit haineuse et meurtrière.
      Frustré d'un amoureux espoir,

Archiloque aux fureurs du belliqueux ïambe
      Immole un beau-père menteur;
Moi, ce n'est point au col d'un perfide Lycambe
      Que j'apprête un lacet vengeur.

Ma foudre n'a jamais tonné pour mes injures.
      La patrie allume ma voix;
La paix seule aguerrit mes pieuses morsures,
      Et mes fureurs servent les lois.

Contre les noirs Pythons et les Hydres fangeuses,
      Le feu, le fer, arment mes mains;
Extirper sans pitié les bêtes venimeuses,
      C'est donner la vie aux humains[1].

Sur un petit feuillet, à travers une quantité d'abréviations et de mots grecs substitués aux mots français correspondants, mais que la rime rend possibles à retrouver, on arrive à lire cet autre ïambe écrit pendant les fêtes théâtrales de la Révolution après le 10 août; l'excès des précautions indique déjà l'approche de la Terreur :

Un vulgaire assassin va chercher les ténèbres;
      Il nie, il jure sur l'autel;

---

1. Voy. Iambes, n° 1.

Mais nous, grands, libres, fiers, à nos exploits funèbres,
  A nos turpitudes célèbres,
Nous voulons attacher un éclat immortel.

De l'oubli taciturne et de son onde noire
  Nous savons détourner le cours.
Nous appelons sur nous l'éternelle mémoire,
  Nos forfaits, notre unique histoire,
Parent de nos cités les brillants carrefours.

O gardes de Louis, sous les voûtes royales
  Par nos ménades déchirés,
Vos têtes sur un fer ont, pour nos bacchanales,
  Orné nos portes triomphales,
Et ces bronzes hideux, nos monuments sacrés.

Tout ce peuple hébété que nul remords ne touche,
  Cruel même dans son repos,
Vient sourire aux succès de sa rage farouche,
  Et, la soif encore à la bouche,
Ruminer tout le sang dont il a bu les flots.

Arts dignes de nos yeux! pompe et magnificence
  Dignes de notre liberté,
Dignes des vils tyrans qui dévorent la France,
  Dignes de l'atroce démence
Du stupide David qu'autrefois j'ai chanté[1]!

Depuis l'aimable enfant au bord des mers, qui joue de la double flûte aux dauphins accourus, nous avons touché tous les tons. C'est peut-être au lendemain même de ce dernier ïambe rutilant, que le poëte, en quelque secret voyage à Versailles, adressait cette ode heureuse à Fanny :

> Mai de moins de roses, l'automne
> De moins de pampres se couronne,
> Moins d'épis flottent en moissons,

---

1. Voy. Odes, n° XII.

Que sur mes lèvres, sur ma lyre,
Fanny, tes regards, ton sourire,
Ne font éclore de chansons.

Les secrets pensers de mon âme
Sortent en paroles de flamme,
A ton nom doucement émus :
Ainsi la nacre industrieuse
Jette sa perle précieuse,
Honneur des sultanes d'Ormuz.

Ainsi, sur son mûrier fertile,
Le ver du Cathay mêle et file
Sa trame étincelante d'or.
Viens, mes Muses pour ta parure
De leur soie immortelle et pure
Versent un plus riche trésor.

Les perles de la poésie
Forment, sous leurs doigts d'ambroisie,
D'un collier le brillant contour.
Viens, Fanny : que ma main suspende
Sur ton sein cette noble offrande...

La pièce reste ici interrompue ; pourtant je m'imagine qu'il n'y manque qu'un seul vers, et possible à deviner ; je me figure qu'à cet appel flatteur et tendre, au son de cette voix qui lui dit : *Viens,* Fanny s'est approchée en effet, que la main du poète va poser sur son sein nu le collier de poésie, mais que tout d'un coup les regards se troublent, se confondent, que la poésie s'oublie, et que le poète comblé s'écrie, ou plutôt murmure en finissant :

Tes bras sont le collier d'amour[1] !

---

1. Ou peut-être plus simplement :
Ton sein est le trône d'amour. (S.-B.)

— M. Becq de Fouquières croit que « la rime à *contour* ne devait point être *amour* ». Il propose ce vers :
Tendre marque d'un si beau jour.
Voy. ce que nous disons en note à la fin de cette ode, t. II, p. 285. (L. M.)

Il résulte, pour moi, de cette quantité d'indications et de glanures que je suis bien loin d'épuiser, il doit résulter pour tous, ce me semble, que, maintenant que la gloire de Chénier est établie et permet, sur son compte, d'oser tout désirer, il y a lieu véritablement à une édition plus complète et définitive de ses œuvres, où l'on profiterait des travaux antérieurs en y ajoutant beaucoup. J'ai souvent pensé à cet *idéal* d'édition pour ce charmant poète, qu'on appellera, si l'on veut, le classique de la décadence, mais qui est, certes, notre plus grand classique en vers depuis Racine et Boileau. Puisque je suis aujourd'hui dans les esquisses et les projets d'idylles et d'élégies, je veux esquisser aussi ce projet d'édition qui est parfois mon idylle. En tête donc se verrait, pour la première fois, le portrait d'André d'après le précieux tableau que possède M. de Cailleux, et qu'il vient, dit-on, de faire graver, pour en assurer l'image unique aux amis du poète. Puis on recueillerait les divers morceaux et les témoignages intéressants sur André, à commencer par les courtes, mais consacrantes paroles, dans lesquelles l'auteur du *Génie du Christianisme* l'a tout d'abord révélé à la France, comme dans l'auréole de l'échafaud. Viendrait alors la notice que M. de Latouche a mise dans l'édition de 1819, et d'autres morceaux écrits depuis, dans lesquels ce serait une gloire pour nous que d'entrer pour une part, mais où surtout il ne faudrait pas omettre quelques pages de M. Brizeux, insérées autrefois au *Globe,* sur le portrait, une lettre de M. de Latour sur une édition de Malherbe annotée en marge par André (*Revue de Paris,* 1834), le jugement porté ici même (*Revue des Deux Mondes*) par M. Planche, et enfin quelques pages, s'il se peut, détachées du poétique épisode de *Stello* par M. de Vigny. On traiterait, en un mot, André comme un *ancien*, sur lequel on ne sait que peu, et aux œuvres de qui on rattache pieusement et curieusement tous les jugements, les indices et témoignages. Il y aurait à compléter peut-être, sur plusieurs points, les renseignements biographiques ; quelques personnes qui ont connu André vivent encore ; son neveu, M. Gabriel de Chénier, à qui déjà nous devons tant pour ce travail, a conservé des traditions de famille bien précises. Une note qu'il me communique m'apprend quelques particularités de plus sur la mère de Chénier, cette spirituelle et belle Grecque, qui marqua à jamais aux mers de Byzance l'étoile d'André. Elle s'appelait Santi-l'Homaka ; elle était propre sœur (chose piquante!) de la grand'mère de M. Thiers. Il se trouve ainsi qu'André Chénier est oncle, à la mode de Bretagne, de M. Thiers par les femmes, et on y verra, si l'on veut, après coup, un pronostic. André a pris de la Grèce le côté poétique, idéal, rêveur, le culte chaste de la muse au sein des doctes vallées : mais n'y aurait-il rien, dans celui que nous connaissons, de la vivacité, des hardiesses et des ressources quelque peu versatiles d'un de ces hommes d'État qui parurent vers la fin de la guerre de Péloponèse, et, pour tout dire en bon langage, n'est-ce donc pas quelqu'un des plus spirituels princes de la parole athénienne ?

Mais je reviens à mon idylle, à mon édition oisive. Il serait bon d'y joindre un petit précis contenant, en deux pages, l'histoire des manuscrits. C'est un point à fixer (prenez-y garde), et qui devient presque douteux à l'égard d'André, comme s'il était véritablement un ancien. Il s'est accrédité, parmi quelques admirateurs du poète, un bruit, que l'édition de 1833 semble avoir consacré : on a parlé de trois portefeuilles, dans lesquels il aurait classé ses diverses œuvres par ordre de progrès et d'achèvement: les deux premiers de ces portefeuilles se seraient perdus, et nous ne posséderions que le dernier, le plus misérable, duquel pourtant on aurait tiré toutes ces belles choses. J'ai toujours eu peine à me figurer cela. L'examen des manuscrits restants m'a rendu cette supposition de plus en plus difficile à concevoir. Je trouve, en effet, sans sortir du résidu que nous possédons, les diverses manières des trois prétendus portefeuilles : par exemple, l'idylle intitulée *la Liberté* s'y trouve d'abord dans un simple canevas de prose, puis en vers, avec la date précise du jour et de l'heure où elle fut commencée et achevée. La préface que le poète aurait esquissée pour le portefeuille perdu, et qui a été introduite pour la première fois dans l'édition de 1833 (tome Ier, page 23), prouverait au plus un projet de choix et de copie au net, comme en méditent tous les auteurs. Bref, je me borne à dire, sur les *trois portefeuilles*, que je ne les ai jamais bien conçus : qu'aujourd'hui que j'ai vu l'unique, c'est moins que jamais mon impression de croire aux autres, et que j'ai en cela pour garant l'opinion formelle de M. G. de Chénier, dépositaire des traditions de famille, et témoin des premiers dépouillements. Je tiens de lui une note détaillée sur ce point ; mais je ne pose que l'essentiel, très peu jaloux de contredire. André Chénier voulait ressusciter la Grèce; pourtant il ne faudrait pas autour de lui, comme autour d'un manuscrit grec retrouvé au XVIe siècle, venir allumer, entre amis, des guerres de commentateurs : ce serait pousser trop loin la Renaissance[1].

Voilà pour les préliminaires; mais le principal, ce qui devrait former le corps même de l'édition désirée, ce qui, par la difficulté d'exécution, la fera, je le crains, longtemps attendre, je veux dire le commentaire courant qui y serait nécessaire, l'indication complète des diverses et multiples imitations, qui donc l'exécutera? L'érudition, le goût d'un Boissonade, n'y seraient pas de trop, et de plus il y aurait besoin, pour animer et dorer la scholie, de tout ce jeune amour moderne que nous avons porté à André. On ne se figure pas jusqu'où André a poussé l'imitation, l'a compliquée, l'a condensée; il a dit dans une belle épître :

> Un juge sourcilleux, épiant mes ouvrages,
> Tout à coup, à grands cris, dénonce vingt passages
> Traduits de tel auteur qu'il nomme; et, les trouvant,
> Il s'admire et se plaît de se voir si savant.
> Que ne vient-il vers moi? Je lui ferai connaître
> Mille de mes larcins qu'il ignore peut-être.
> Mon doigt sur mon manteau lui dévoile à l'instant
>   La couture invisible et qui va serpentant,
>   Pour joindre à mon étoffe une pourpre étrangère...

Eh bien! en consultant les manuscrits, nous avons été *vers lui*, et lui-même nous a étonné par la quantité de ces industrieuses coutures qu'il nous a révélées çà et là, *junctura callidus acri*. Quand il n'a l'air que de traduire un morceau d'Euripide sur Médée :

> Au sang de ses enfants, de vengeance égarée,
> Une mère plongea sa main dénaturée, etc.,

---

[1]. Pour certaines variantes du premier texte, on m'a parlé d'un curieux exemplaire de M. Jules Lefebvre qui serait à consulter, ainsi que le docte

il se souvient d'Ennius, de Phèdre, qui ont imité ce morceau; il se souvient des vers de Virgile (églogue VIII), qu'il a, dit-il, autrefois traduits étant au collège. A tout moment, chez lui, on rencontre ainsi de ces réminiscences à triple fond, de ces imitations à triple *suture*. Son Bacchus : *Viens, ô divin Bacchus, ô jeune Thyonée!* est un composé du Bacchus des *Métamorphoses*, de celui des *Noces de Thétis et de Pelée*; le Silène de Virgile s'y ajoute à la fin[1]. Quand on relit un auteur ancien, quel qu'il soit, et qu'on sait André par cœur, les imitations sortent à chaque pas. Dans ce fragment d'élégie :

Mais si Plutus revient, de sa source dorée,
Conduire dans mes mains quelque veine égarée,
A mes signes, du fond de son appartement,
Si ma blanche voisine a souri mollement...

possesseur. Je crois néanmoins qu'il ne faudrait pas, en fait de variantes, remettre en question ce qui a été un parti pris avec goût. Toute édition d'écrits posthumes et inachevés est une espèce de toilette qui a demandé quelques épingles : prenez garde de venir épiloguer après coup là-dessus.

1. Je trouve ces quatre beaux vers inédits sur Bacchus :

C'est le dieu de Nisa, c'est le vainqueur du Gange,
Au visage de vierge, au front ceint de vendange,
Qui dompte et fait courber sous son char gémissant
Du Lynx aux cent couleurs le front obéissant...

J'en joindrai quelques autres sans suite, et dans le gracieux hasard de l'atelier qu'ils encombrent et qu'ils décorent :

Bacchus, Hymen, ces dieux toujours adolescents...
Vous, du blond Anio Naïade au pied fluide;
Vous, filles du Zéphire et de la Nuit humide,
Fleurs...
Syrinx parle et respire aux lèvres du berger...
Et le dormir suave au bord d'une fontaine...
Et la blanche brebis de laine appesantie...

et celui-ci, tout d'un coup satirique, aiguisé d'Horace, à l'adresse prochaine de quelque sot :

Grand rimeur aux dépens de ses ongles rongés.

je croyais n'avoir affaire qu'à Horace :

> Nunc et latentis proditor intimo
> Gratus puellæ risus ab angulo;

et c'est à Perse qu'on est plus directement redevable :

> . . . . . . Visa est si forte pecunia, sive
> Candida vicini subrisit molle puella.
> Cor tibi rite salit. . . . . . . [1].

Au sein de cette future édition difficile, mais possible, d'André Chénier, on trouverait moyen de retoucher avec

---

[1]. On a quelquefois trouvé bien hardi ce vers du *Mendiant* :

> Le toit s'égaie et rit de mille odeurs divines ;

il est traduit des *Noces de Thétis et de Pelée* :

> Queis permulsa domus jucundo risit odore.

On est tenté de croire qu'André avait devant lui, sur sa table, ce poème entr'ouvert de Catulle, quand il renouvelait dans la même forme le poème mythologique. Puis, deux vers plus loin à peine, ce n'est plus Catulle; on est en plein Lucrèce :

> Sur leur base d'argent, des formes animées...
> Élèvent dans leurs mains des torches enflammées...

> Si non aurea sunt juvenum simulacra per ædes
> Lampadas igniferas manibus retinentia dextris.

Mais ce Lucrèce n'est lui-même ici qu'un écho, un reflet magnifique d'Homère (*Odyssée*, liv. VII, vers 100). André les avait tous présents à la fois. — Jusque dans les endroits où l'imitation semble le mieux couverte, on arrive à soupçonner le larcin de Prométhée. L'humble Phèdre a dit :

> . . . . Decipit
> Fons prima multos ; rara mens intelligit
> Quod *interiore* condidit cura *angulo*;

et Chénier :

> . . . . . . L'inventeur est celui...
> Qui, *fouillant* des objets les plus *sombres retraites*,
> Étale et fait briller leurs richesses secrètes.

N'est-ce là qu'une rencontre ? N'est-ce pas une heureuse traduction du prosaïque *interior angulus*, et *fouillant* pour *intelligit* ? — On a un échantillon de ce qu'il faudrait faire sur tous les points.

nouveauté les profils un peu évanouis de tant de poètes antiques; on ferait passer devant soi toutes les fines questions de la poétique française; on les agiterait à loisir. Il y aurait là, peut-être, une gloire de commentateur à saisir encore : on ferait son œuvre et son nom, à bord d'un autre, à bord d'un charmant navire d'ivoire. J'indique, je sens cela, et je passe. Apercevoir, deviner une fleur ou un fruit derrière la haie qu'on ne franchira pas, c'est là le train de la vie.

Ai-je trop présumé pourtant, en un moment de grandes querelles publiques et de formidables assauts, à ce qu'on assure [1], de croire intéresser le monde avec ces débris de mélodie, de pensée et d'étude, uniquement propres à faire mieux connaître un poète, un homme, lequel, après tout, vaillant et généreux entre les généreux, a su, au jour voulu, à l'heure du danger, sortir de ses doctes vallées, combattre sur la brèche sociale, et mourir?

1er février 1839.

1. C'était le moment de ce qu'on a appelé la *Coalition*, dans laquelle les gagnants de Juillet, sous prétexte qu'on n'avait pas le vrai gouvernement parlementaire, s'étaient mis à assiéger le ministère et à le vouloir renverser coûte que coûte, comme si la dynastie était assez fondée et de force à résister au contre-coup.

ŒUVRES PUBLIÉES
DU VIVANT DE L'AUTEUR

POÉSIES
D'ANDRÉ CHÉNIER

LE JEU DE PAUME[1]

A LOUIS DAVID, PEINTRE

I

Reprends ta robe d'or, ceins ton riche bandeau,
    Jeune et divine poésie :

---

1. Publié en 1791 avec le nom de l'auteur, chez Bleuet, rue Dauphine. Voici la lettre d'envoi de l'auteur à M. Le Brun, donnée par M. Gabriel de Chénier :

« L'auteur de ce poème, en l'envoyant à M. Le Brun, n'est pas sans quelque inquiétude pour son amour-propre. Il n'est pas assez sûr de lui-même pour se présenter le front levé devant un juge aussi éclairé, et qui a certes acquis le droit d'être difficile. Il espère cependant qu'il lira cet ouvrage avec quelque bienveillance. M. Le Brun y pourra remarquer, du moins, le désir de bien faire et de se rapprocher un peu de cette belle poésie grecque, que l'auteur a cherché à imiter même dans la forme des strophes. Il voudrait bien n'être pas resté entièrement au-dessous de ce noble genre lyrique, que M. Le Brun a fait revivre dans toute sa grandeur et sa majesté. Il n'oublie pas de compter, parmi les études qui lui ont été le plus utiles pour développer en lui le peu d'instinct poétique que la nature a pu lui donner, la lecture souvent répétée des odes et des autres

Quoique ces temps d'orage éclipsent ton flambeau,
Aux lèvres de David, roi du savant pinceau,
    Porte la coupe d'ambroisie[1].
La patrie, à son art indiquant nos beaux jours,
    A confirmé mes antiques discours :
Quand je lui répétais que la liberté mâle
    Des arts est le génie heureux ;
Que nul talent n'est fils de la faveur royale ;
    Qu'un pays libre est leur terre natale.
    Là, sous un soleil généreux,
Ces arts, fleurs de la vie et délices du monde,
    Forts, à leur croissance livrés,
    Atteignent leur grandeur féconde.
La palette offre l'âme aux regards enivrés.
Les antres de Paros de dieux peuplent la terre ;
L'airain coule et respire. En portiques sacrés
    S'élancent le marbre et la pierre.

II

Toi-même, belle vierge à la touchante voix,
    Nymphe ailée, aimable sirène,
Ta langue s'amollit dans le palais des rois,

---

sublimes poésies que M. Le Brun lui a communiquées autrefois, et dont le recueil, glorieux pour notre langue et pour notre siècle, est trop longtemps envié aux regards du public. Il le prie d'agréer ses très sincères compliments.

« Ce mercredi 2 mars 1791. »

1. Il y a *ambrosie* dans le texte original. André Chénier écrivait toujours ainsi.

Ta hauteur se rabaisse, et d'enfantines lois
    Oppriment ta marche incertaine ;
Ton feu n'est que lueur, ta beauté n'est que fard.
    La liberté du génie et de l'art
T'ouvre tous les trésors[1]. Ta grâce auguste et fière
    De nature et d'éternité
Fleurit. Tes pas sont grands. Ton front ceint de lumière
    Touche les cieux. Ta flamme agite, éclaire,
    Dompte les cœurs. La liberté,
Pour dissoudre en secret nos entraves pesantes,
    Arme ton fraternel secours.
    C'est de tes lèvres séduisantes
Qu'invisible elle vole, et par d'heureux détours
Trompe les noirs verrous, les fortes citadelles,
Et les mobiles ponts qui défendent les tours,
    Et les nocturnes sentinelles.

III

Son règne au loin semé par tes doux entretiens
    Germe dans l'ombre au cœur des sages.
Ils attendent son heure, unis par tes liens,
Tous, en un monde à part, frères, concitoyens,
    Dans tous les lieux, dans tous les âges.
Tu guidais mon David à la suivre empressé :
    Quand, avec toi, dans le sein du passé,
Fuyant parmi les morts sa patrie asservie,

---

1. Lisez : La liberté t'ouvre tous les trésors du génie et de l'art.

Sous sa main, rivale des dieux,
La toile s'enflammait d'une éloquente vie;
Et la ciguë, instrument de l'envie,
Portant Socrate dans les cieux ;
Et le premier consul, plus citoyen que père,
Rentré seul par son jugement,
Aux pieds de sa Rome si chère
Savourant de son cœur le glorieux tourment;
L'obole mendié seul appui d'un grand homme;
Et l'Albain terrassé dans le mâle serment
Des trois frères sauveurs de Rome[1].

IV

Un plus noble serment d'un si digne pinceau
Appelle aujourd'hui l'industrie.
Marathon, tes Persans et leur sanglant tombeau
Vivaient par ce bel art[2]. Un sublime tableau
Naît aussi pour notre patrie.
Elle expirait : son sang était tari; ses flancs
Ne portaient plus son poids. Depuis mille ans,
A soi-même inconnue, à son heure suprême,
Ses guides tremblants, incertains,
Fuyaient. Il fallut donc, dans le péril extrême,
De son salut la charger elle-même.

---

1. Le poète désigne la *Mort de Socrate,* le *Retour de Brutus dans ses foyers, Bélisaire* et le *Serment des Horaces,* tableaux de David.

2. Panœnus, frère de Phidias, avait peint le combat de Marathon sur le portique appelé le Pœcile (Ποικιλή). V. Pausanias, I, xv; Pline, *Hist. nat.*, XXXV, viii.

Longtemps, en trois races d'humains,
Chez nous l'homme a maudit ou vanté sa naissance :
　　Les ministres de l'encensoir,
　　Et les grands, et le peuple immense,
Tous à leurs envoyés confieront leur pouvoir.
Versailles les attend. On s'empresse d'élire ;
On nomme. Trois palais s'ouvrent pour recevoir
　　Les représentants de l'empire.

V

D'abord pontifes, grands, de cent titres ornés,
　　Fiers d'un règne antique et farouche,
De siècles ignorants à leurs pieds prosternés,
De richesses, d'aïeux vertueux ou prônés.
　　Douce Égalité, sur leur bouche,
A ton seul nom pétille un rire âcre et jaloux.
　　Ils n'ont point vu sans effroi, sans courroux,
Ces élus plébéiens, forts des maux de nos pères,
　　Forts de tous nos droits éclaircis,
De la dignité d'homme, et des vastes lumières
　　Qui du mensonge ont percé les barrières.
　　Le sénat du peuple est assis.
Il invite en son sein, où respire la France,
　　Les deux fiers sénats ; mais leurs cœurs
　　N'ont que des refus. Il commence :
Il doit tout voir ; créer l'État, les lois, les mœurs.
Puissant par notre aveu, sa main sage et profonde

Veut sonder notre plaie, et de tant de douleurs
　　Dévoiler la source féconde.

VI

On tremble. On croit, n'osant encor lever le bras,
　　Les disperser par l'épouvante.
Ils s'assemblaient; leur seuil méconnaissant leurs pas
Les rejette. Contre eux, prête à des attentats,
　　Luit la baïonnette insolente.
Dieu! vont-ils fuir? Non, non. Du peuple accompagnés,
　　Tous, par la ville, ils errent indignés :
Comme Latone enceinte, et déjà presque mère,
　　Victime d'un jaloux pouvoir,
Sans asile flottait, courait la terre entière,
　　Pour mettre au jour les dieux de la lumière[1].
　　Au loin fut un ample manoir
Où le réseau noueux[2], en élastique égide,
　　Armé d'un bras souple et nerveux,
　　Repoussant la balle rapide,
Exerçait la jeunesse en de robustes jeux.
Peuple, de tes élus cette retraite obscure
Fut la Délos. O murs! temple à jamais fameux!
　　Berceau des lois! sainte masure!

1. Apollon et Diane.
2. La raquette. L'école de la périphrase était encore souveraine.

VII

N'allons pas d'or, de jaspe, avilir à grands frais
    Cette vénérable demeure ;
Sa rouille est son éclat. Qu'immuable à jamais
Elle règne au milieu des dômes, des palais.
    Qu'au lit de mort tout Français pleure,
S'il n'a point vu ces murs où renaît son pays.
    Que Sion, Delphe, et la Mecque, et Saïs
Aient de moins de croyants attiré l'œil fidèle.
    Que ce voyage souhaité
Récompense nos fils. Que ce toit leur rappelle
    Ce tiers état à la honte rebelle,
    Fondateur de la liberté :
Comme en hâte arrivait la troupe courageuse[1],
    A travers d'humides torrents
    Que versait la nue orageuse ;
Cinq prêtres[2] avec eux ; tous amis, tous parents,
S'embrassant au hasard dans cette longue enceinte ;
Tous jurant de périr ou vaincre les tyrans ;
    De ranimer la France éteinte ;

1. Que ce toit leur rappelle *comme* ou comment en hâte arrivait, etc
2. Les curés Besse, Grégoire, Jallet, Lecesve et Ballard.

VIII

De ne se point quitter que nous n'eussions des lois
    Qui nous feraient libres et justes.
Tout un peuple, inondant jusqu'aux faîtes des toits,
De larmes, de silence, ou de confuses voix
    Applaudissait ces vœux augustes.
O jour! jour triomphant! jour saint! jour immortel!
    Jour le plus beau qu'ait fait luire le ciel
Depuis qu'au fier Clovis Bellone fut propice!
    O soleil! ton char étonné
S'arrêta. Du sommet de ton brûlant solstice[1]
    Tu contemplais ce divin sacrifice!
    O jour de splendeur couronné!
Tu verras nos neveux, superbes de ta gloire,
    Vers toi d'un œil religieux
    Remonter au loin dans l'histoire.
Ton lustre impérissable, honneur de leurs aïeux,
Du dernier avenir ira percer les ombres.
Moins belle la comète aux longs crins radieux
    Enflamme les nuits les plus sombres.

---

1. Le serment du Jeu de paume eut lieu le 20 juin, jour du solstice d'été.

IX

Que faisaient cependant les sénats séparés ?
　　Le front ceint d'un vaste plumage,
Ou de mitres, de croix, d'hermines décorés,
Que tentaient-ils d'efforts pour demeurer sacrés ?
　　Pour arrêter le noble ouvrage ?
Pour n'être point Français ? pour commander aux lois ?
　Pour ramener ces temps de leurs exploits,
Où ces tyrans, valets sous le tyran suprême,
　　Aux cris du peuple indifférents,
Partageaient le trésor, l'État, le diadème ?
　Mais l'équité dans leurs sanhédrins même
　　Trouve des amis. Quelques grands,
Et des dignes pasteurs une troupe fidèle[1],
　　Par ta céleste main poussés,
　　Conscience, chaste immortelle,
Viennent aux vrais Français, d'attendre enfin lassés[2],
Se joindre, à leur orgueil abandonnant des prêtres
D'opulence perdus, des nobles insensés
　　Ensevelis dans leurs ancêtres.

1. Cent quarante-neuf prêtres se réunirent au tiers état le 22 juin dans l'église Saint-Louis.

2. Il y a ici un peu d'amphibologie ; ce ne sont pas les vrais Français qui étaient « d'attendre enfin lassés », mais ceux qui vinrent se joindre à eux.

X

Bientôt ce reste même est contraint de plier.
  O raison ! divine puissance !
Ton souffle impérieux dans le même sentier
Les précipite tous. Je vois le fleuve entier
   Rouler en paix son onde immense,
Et dans ce lit commun tous ces faibles ruisseaux
  Perdre à jamais et leurs noms et leurs eaux.
O France ! sois heureuse entre toutes les mères.
   Ne pleure plus des fils ingrats,
Qui jadis s'indignaient d'être appelés nos frères ;
  Tous revenus des lointaines chimères,
   La famille est toute en tes bras.
Mais que vois-je ? ils feignaient ? Aux bords de notre Seine
   Pourquoi ces belliqueux apprêts ?
   Pourquoi vers notre cité reine
Ces camps, ces étrangers, ces bataillons français
Traînés à conspirer au trépas de la France ?
De quoi rit ce troupeau d'eunuques du palais ?
   Riez, lâche et perfide engeance !

XI

D'un roi facile et bon corrupteurs détrônés,
  Riez ; mais le torrent s'amasse.

Riez ; mais du volcan les feux emprisonnés
Bouillonnent. Des lions si longtemps enchaînés
    Vous n'attendiez plus tant d'audace !
Le peuple est réveillé. Le peuple est souverain.
    Tout est vaincu. La tyrannie en vain,
Monstre aux bouches de bronze, arme pour cette guerre
    Ses cent yeux, ses vingt mille bras,
Ses flancs gros de salpêtre, où mugit le tonnerre :
    Sous son pied faible elle sent fuir sa terre,
    Et meurt sous les pesants éclats
Des créneaux fulminants, des tours et des murailles
    Qui ceignaient son front détesté.
    Déraciné dans ses entrailles,
L'enfer de la Bastille, à tous les vents jeté,
Vole, débris infâme et cendre inanimée ;
Et de ces grands tombeaux, la belle Liberté,
    Altière, étincelante, armée,

XII

Sort. Comme un triple foudre éclate au haut des cieux,
    Trois couleurs dans sa main agile
Flottent en long drapeau. Son cri victorieux
Tonne. A sa voix, qui sait, comme la voix des dieux,
    En homme transformer l'argile,
La terre tressaillit. Elle quitta son deuil.
    Le genre humain d'espérance et d'orgueil
Sourit. Les noirs donjons s'écroulèrent d'eux-mêmes.
    Jusque sur les trônes lointains

Les tyrans ébranlés, en hâte à leurs fronts blêmes,
Pour retenir leurs tremblants diadèmes,
Portèrent leurs royales mains.
A son souffle de feu, soudain de nos campagnes
S'écoulent les soldats épars
Comme les neiges des montagnes,
Et le fer ennemi tourné vers nos remparts,
Comme aux rayons lancés du centre ardent d'un verre,
Tout à coup à nos yeux fondu de toutes parts,
Fuit et s'échappe sous la terre.

XIII

Il renaît citoyen ; en moisson de soldats
Se résout la glèbe aguerrie.
Cérès même et sa faux s'arment pour les combats.
Sur tous ses fils jurant d'affronter le trépas
Appuyée au loin, la patrie
Brave les rois jaloux, le transfuge imposteur[1],
Des paladins le fer gladiateur[2],
Des Zoïles verbeux l'hypocrite délire[3].
Salut, peuple français ! ma main
Tresse pour toi les fleurs que fait naître la lyre.
Reprends tes droits, rentre dans ton empire.
Par toi sous le niveau divin

1. Les émigrés.
2. Les duellistes étaient alors très nombreux et très insolents.
3. Il paraissait beaucoup d'écrits contre-révolutionnaires généralement fort prolixes.

La fière Égalité range tout devant elle.
Ton choix, de splendeur revêtu,
Fait les grands. La race mortelle
Par toi lève son front si longtemps abattu.
Devant les nations, souverains légitimes,
Ces fronts dits souverains s'abaissent. La vertu
Des honneurs aplanit les cimes.

XIV

O peuple deux fois né ! peuple vieux et nouveau !
Tronc rajeuni par les années !
Phénix sorti vivant des cendres du tombeau !
Et vous aussi, salut, vous, porteurs du flambeau
Qui nous montra nos destinées !
Paris vous tend les bras, enfants de notre choix !
Pères d'un peuple, architectes des lois !
Vous qui savez fonder, d'une main ferme et sûre,
Pour l'homme un code solennel,
Sur tous ses premiers droits sa charte antique et pure,
Ses droits sacrés, nés avec la nature,
Contemporains de l'Éternel[1].
Vous avez tout dompté. Nul joug ne vous arrête.
Tout obstacle est mort sous vos coups.
Vous voilà montés sur le faîte.
Soyez prompts à fléchir sous vos devoirs jaloux.
Bienfaiteurs, il vous reste un grand compte à nous rendre ;

1. La *Déclaration des droits de l'homme et du citoyen.*

Il vous reste à borner et les autres et vous ;
Il vous reste à savoir descendre.

XV

Vos cœurs sont citoyens. Je le veux. Toutefois
Vous pouvez tout. Vous êtes hommes.
Hommes, d'un homme libre écoutez donc la voix.
Ne craignez plus que vous. Magistrats, peuples, rois,
Citoyens, tous tant que nous sommes,
Tout mortel dans son cœur cache, même à ses yeux,
L'ambition, serpent insidieux,
Arbre impur que déguise une brillante écorce.
L'empire, l'absolu pouvoir
Ont, pour la vertu même, une mielleuse amorce.
Trop de désirs naissent de trop de force.
Qui peut tout pourra trop vouloir.
Il pourra négliger[1], sûr du commun suffrage,
Et l'équitable humanité,
Et la décence au doux langage.
L'obstacle nous fait grands. Par l'obstacle excité,
L'homme, heureux à poursuivre une pénible gloire,
Va se perdre à l'écueil de la prospérité,
Vaincu par sa propre victoire.

1. *Négliger*, n'observer pas, manquer à. Le mot latin *negligere* a cette force.

XVI

Mais au peuple surtout sauvez l'abus amer
    De sa subite indépendance.
Contenez dans son lit cette orageuse mer.
Par vous seuls dépouillé de ses liens de fer,
    Dirigez sa bouillante enfance.
Vers les lois, le devoir, et l'ordre, et l'équité,
    Guidez, hélas ! sa jeune liberté.
Gardez que nul remords n'en attriste la fête.
    Repoussant d'antiques affronts,
Qu'il brise pour jamais, dans sa noble conquête,
    Le joug honteux qui pesait sur sa tête
    Sans le poser sur d'autres fronts.
Ah ! ne le laissez pas, dans la sanglante rage
    D'un ressentiment inhumain,
    Souiller sa cause et votre ouvrage.
Ah ! ne le laissez pas, sans conseil et sans frein,
Armant, pour soutenir ses droits si légitimes,
La torche incendiaire et le fer assassin,
    Venger la raison par des crimes.

XVII

Peuple ! ne croyons pas que tout nous soit permis.
    Craignez vos courtisans avides,

O peuple souverain ! A votre oreille admis,
Cent orateurs bourreaux se nomment vos amis.
    Ils soufflent des feux homicides.
Aux pieds de notre orgueil prostituant les droits,
    Nos passions par eux deviennent lois.
La pensée est livrée à leurs lâches tortures.
    Partout cherchant des trahisons,
A nos soupçons jaloux, aux haines, aux parjures,
    Ils vont forgeant d'exécrables pâtures.
    Leurs feuilles, noires de poisons,
Sont autant de gibets affamés de carnage.
    Ils attisent de rang en rang
    La proscription et l'outrage.
Chaque jour dans l'arène ils déchirent le flanc
D'hommes que nous livrons à la fureur des bêtes.
Ils nous vendent leur mort. Ils emplissent de sang
    Les coupes qu'ils nous tiennent prêtes.

XVIII

Peuple, la Liberté, d'un bras religieux,
    Garde l'immuable équilibre
De tous les droits humains, tous émanés des cieux.
Son courage n'est point féroce et furieux,
    Et l'oppresseur n'est jamais libre.
Périsse l'homme vil ! périssent les flatteurs,
    Des rois, du peuple, infâmes corrupteurs !
L'amour du souverain, de la loi salutaire,
    Toujours teint leurs lèvres de miel.

Peur, avarice ou haine est leur dieu sanguinaire.
    Sur la vertu toujours leur langue amère
        Distille l'opprobre et le fiel.
Hydre en vain écrasé, toujours prompt à renaître[1],
    Séjans, Tigellins empressés
        Vers quiconque est devenu maître;
Si, voués au lacet, de faibles accusés
Expirent sous les mains de leurs coupables frères;
Si le meurtre est vainqueur, si des bras insensés
    Forcent des toits héréditaires;

XIX

C'est bien : fais-toi justice, ô peuple souverain,
    Dit cette cour lâche et hardie.
Ils avaient dit : C'EST BIEN, quand, la lyre à la main,
L'incestueux chanteur, ivre de sang romain,
    Applaudissait à l'incendie[2].
Ainsi de deux partis les aveugles conseils
    Chassent la paix. Contraires, mais pareils,
Dans un égal abîme, une égale démence
    De tous deux entraîne les pas.
L'un, Vandale stupide, dans son humble arrogance,
    Veut être esclave et despote, et s'offense
        Que ramper soit honteux et bas;
L'autre arme son poignard du sceau de la loi sainte;
    Il veut du faible sans soutien

---

1. *Hydre* est ordinairement féminin. En grec, le mot est des deux genres : ὕδρος et ὕδρα.
2. Néron.

Savourer les pleurs ou la crainte.
L'un, du nom de sujet, l'autre de citoyen,
Masque son âme inique et de vice flétrie;
L'un sur l'autre acharnés, ils comptent tous pour rien
　　　Liberté, vérité, patrie.

XX

De prière, d'encens prodigue nuit et jour,
　　　Le fanatisme se relève.
Martyrs, bourreaux, tyrans, rebelles tour à tour;
Ministres effrayants de concorde et d'amour
　　　Venus pour apporter le glaive[1],
Ardents contre la terre à soulever les cieux,
　　　Rivaux des lois, d'humbles séditieux,
De trouble et d'anathème artisans implacables...
　　　Mais où vais-je? L'œil tout-puissant
Pénètre seul les cœurs à l'homme impénétrables.
　　Laissons cent fois échapper les coupables
　　　Plutôt qu'outrager l'innocent.
Si plus d'un, pour tromper, étale un faux scrupule,
　　　Plus d'un, par les méchants conduit,
　　　N'est que vertueux et crédule.
De l'exemple éloquent laissons germer le fruit.
La vertu vit encore. Il est, il est des âmes

---

1. Ce vers rappelle une parole de l'Évangile : *Non veni mittere pacem, sed gladium.* (S. Matth. x, 34.)

Où la patrie aimée et sans faste et sans bruit
    Allume de constantes flammes.

XXI

Par ces sages esprits, forts contre les excès,
    Rocs affermis du sein de l'onde,
Raison, fille du temps, tes durables succès
Sur le pouvoir des lois établiront la paix;
    Et vous, usurpateurs du monde,
Rois, colosses d'orgueil, en délices noyés,
    Ouvrez les yeux, hâtez-vous. Vous voyez
Quel tourbillon divin de vengeances prochaines
    S'avance vers vous. Croyez-moi,
Prévenez l'ouragan et vos chutes certaines.
    Aux nations déguisez mieux vos chaînes;
    Allégez-leur le poids d'un roi.
Effacez de leur sein les livides blessures,
    Traces de vos pieds oppresseurs.
    Le ciel parle dans leurs murmures.
Si l'aspect d'un bon roi peut adoucir vos mœurs,
Ou si le glaive ami, sauveur de l'esclavage[1],
Sur vos fronts suspendu, peut éclairer vos cœurs
    D'un effroi salutaire et sage,

---

1. Lucain, livre IV de *la Pharsale*, dit, vers 579 :

    Ignoratque datos, ne quisquam serviat, enses.

M. Despois fait remarquer que l'on venait de graver ce vers, très légèrement modifié :

    Ignorantne...

sur les sabres d'officier de la garde nationale.

XXII

Apprenez la justice, apprenez que vos droits
    Ne sont point votre vain caprice.
Si votre sceptre impie ose frapper les lois,
Parricides, tremblez; tremblez, indignes rois.
    La Liberté législatrice,
La sainte Liberté, fille du sol français,
    Pour venger l'homme et punir les forfaits,
Va parcourir la terre en arbitre suprême.
    Tremblez! ses yeux lancent l'éclair.
Il faudra comparaître et répondre vous-même,
    Nus, sans flatteurs, sans cour, sans diadème,
    Sans gardes hérissés de fer.
La Nécessité traîne, inflexible et puissante[1],
    A ce tribunal souverain,
    Votre majesté chancelante :
Là seront recueillis les pleurs du genre humain;
Là, juge incorruptible, et la main sur sa foudre,
Elle entendra le peuple, et les sceptres d'airain
    Disparaîtront, réduits en poudre.

---

1. Ἀναγκαίη μεγάλη θεός. *Callimaque in Del.* (*Note manuscrite d'André Chénier.*)
C'est-à-dire Callimaque dans son hymne à Délos.

HYMNE

SUR

L'ENTRÉE TRIOMPHALE DES SUISSES RÉVOLTÉS
DU RÉGIMENT DE CHATEAUVIEUX
FÊTÉS A PARIS SUR UNE MOTION DE COLLOT D'HERBOIS [1]

Salut, divin triomphe ! entre dans nos murailles !
    Rends-nous ces guerriers illustrés
Par le sang de Désille et par les funérailles
    De tant de Français massacrés.
Jamais rien de si grand n'embellit ton entrée :
    Ni quand l'ombre de Mirabeau
S'achemina jadis vers la voûte sacrée
    Où la gloire donne un tombeau [2] ;
Ni quand Voltaire mort et sa cendre bannie
    Rentrèrent aux murs de Paris,
Vainqueurs du fanatisme et de la calomnie
    Prosternés devant ses écrits [3].
Un seul jour peut atteindre à tant de renommée,
    Et ce beau jour luira bientôt:

---

1. Publié pour la première fois dans le *Journal de Paris* du 15 avril 1792, le jour même de la fête.
2. La translation du corps de Mirabeau au Panthéon eut lieu le 4 avril 1791.
3. La translation du corps de Voltaire au Panthéon avait eu lieu le 12 juillet 1791.

HYMNE SUR L'ENTRÉE DES SUISSES.

C'est quand tu conduiras Jourdan[1] à notre armée[2],
    Et Lafayette à l'échafaud!
Quelle rage à Coblentz! quel deuil pour tous ces princes,
    Qui, partout diffamant nos lois,
Excitent contre nous et contre nos provinces
    Et les esclaves et les rois!
Ils voulaient nous voir tous à la folie en proie;
    Que leur front doit être abattu!
Tandis que parmi nous, quel orgueil, quelle joie,
    Pour les amis de la vertu,
Pour vous tous, ô mortels, qui rougissez encore
    Et qui savez baisser les yeux,
De voir des échevins que la Râpée honore[3]
    Asseoir sur un char radieux
Ces héros que jadis sur les bancs des galères
    Assit un arrêt outrageant,
Et qui n'ont égorgé que très peu de nos frères,
    Et volé que très peu d'argent!
Eh bien, que tardez-vous, harmonieux Orphées?
    Si sur la tombe des Persans
Jadis Pindare, Eschyle, ont dressé des trophées,
    Il faut de plus nobles accents.
Quarante meurtriers, chéris de Robespierre,
    Vont s'élever sur nos autels.
Beaux-arts, qui faites vivre et la toile et la pierre,
    Hâtez-vous, rendez immortels

---

1. Mathieu-Jouve Jourdan, surnommé Coupe-Tête.
2. Le manuscrit porte cette variante:

    C'est quand tu *porteras* Jourdan à notre armée.
                (*Note de G. de Chénier.*)

3. Pétion et ses collègues de la Commune avaient paru se faire honneur, dans les journaux de leur parti, d'une petite débauche qu'ils avaient faite dans un cabaret de la Râpée (avril 1792).

HYMNE SUR L'ENTRÉE DES SUISSES.

Le grand Collot d'Herbois, ses clients helvétiques,
 Ce front que donne à des héros
La vertu, la taverne, et le secours des piques!
 Peuplez le ciel d'astres nouveaux.
O vous, enfants d'Eudoxe, et d'Hipparque[1], et d'Euclide,
 C'est par vous que les blonds cheveux,
Qui tombèrent du front d'une reine timide,
 Sont tressés en célestes feux[2];
Par vous, l'heureux vaisseau des premiers Argonautes[3]
 Flotte encor dans l'azur des airs;
Faites gémir Atlas sous de plus nobles hôtes,
 Comme eux dominateurs des mers.
Que la Nuit de leurs noms embellisse ses voiles,
 Et que le nocher aux abois
Invoque en leur galère, ornement des étoiles,
 Les Suisses de Collot d'Herbois.

Au reste, puisque tous les magistrats de la capitale nous assurent que cette fête n'est rien qu'une fête privée et particulière, et qu'elle n'a *aucun des caractères d'une fête publique*, on ne peut rien faire de mieux que de les croire. Ainsi, il faut soigneusement prévenir tous les citoyens qui pourraient s'égarer en s'abandonnant imprudemment à un peu de logique, il faut, dis-je, les prévenir de ne point manquer de foi; et que, malgré toutes les apparences, les ordres qui interrompent le cours habituel des choses, comme celui de ne point sortir en carrosse, de ne point porter d'armes, etc., ne sont point des *caractères de fête publique*.

Les discussions au sujet de cette fête, outre quelques lettres d'un magistrat[4] qui égayeront un jour les lecteurs par

---

1. Astronomes de l'antiquité. Euclide est un mathématicien.
2. La constellation de Bérénice.
3. La constellation Argo.
4. Pétion, maire de Paris.

leur bon sens et leur dialectique, ont du moins produit ce bien-ci : c'est de faire connaître, par la franchise et la vigueur avec lesquelles plusieurs citoyens ont défendu l'honnêteté publique, que des siècles d'esclavage, et les efforts sans nombre qu'on met tous les jours en œuvre pour corrompre et anéantir toutes les idées morales dans l'esprit de la nation, n'ont pas pu réussir à nous ôter le sentiment de ce qui est bon et vrai.

Il est bien fâcheux que l'on ne se soit pas arrêté dès l'origine à une fête en l'honneur de la liberté ; fête avec laquelle les Suisses de Châteauvieux n'auraient rien eu de commun. Alors cette fête n'aurait point dû être et n'aurait point été une fête privée, mais publique. L'allégresse générale, l'assentiment de tous les citoyens, le concours de toutes les autorités, les talents de David et des autres artistes, alors bien employés, lui auraient donné tout ce qu'elle devait avoir de grand et d'auguste ; et tous les bons Français, en adorant la statue de leur déesse, n'auraient pas eu le chagrin de la voir en pareille compagnie.

ANDRÉ CHÉNIER[1].

---

1. Cette signature courageuse, omise par les précédents éditeurs, était essentielle à conserver.

Ces deux pièces ont seules été publiées du vivant de l'auteur. Tout ce qui va suivre n'a paru qu'après sa mort.

ŒUVRES POSTHUMES

BUCOLIQUES[1]

OARISTYS [2]

DAPHNIS, NAÏS

DAPHNIS.

Hélène daigna suivre un berger ravisseur;
Berger comme Pâris, j'embrasse mon Hélène.

NAÏS.

C'est trop t'enorgueillir d'une faveur si vaine.

DAPHNIS.

Ah! ces baisers si vains ne sont pas sans douceur.

---

1. Le poète a employé le mot abrégé Βουκ. (Βουκολικά) *Bucoliques*, pour désigner les pièces classées sous ce titre. Les précédents éditeurs ont employé tantôt le mot d'*Idylles*, tantôt celui d'*Églogues* et *Idylles* tout à la fois. Il n'est pas certain sans doute qu'André Chénier eût employé le mot *Bucoliques* dans la publication de ses poésies. Mais puisqu'il n'a pas eu l'occasion de manifester sa préférence pour un autre, il est juste de conserver celui dont il a fait spontanément usage.

2. Édition de 1819. Le mot *Oaristys* (ὀαριστύς, conversation familière) est emprunté de Théocrite, XXVIIe idylle. La XXVIIe idylle de ce poète, imitée par A. Chénier, est intitulée: Ὀαριστύς Δαφνίδος καί κόρης.

NAÏS.

Tiens, ma bouche essuyée en a perdu la trace.

DAPHNIS.

Eh bien! d'autres baisers en vont prendre la place.

NAÏS.

Adresse ailleurs ces vœux dont l'ardeur me poursuit :
Va, respecte une vierge.

DAPHNIS.

Imprudente bergère,
Ta jeunesse te flatte; ah! n'en sois point si fière :
Comme un songe insensible elle s'évanouit.

NAÏS.

Chaque âge a ses honneurs, et la saison dernière
Aux fleurs de l'oranger fait succéder son fruit.

DAPHNIS.

Viens sous ces oliviers; j'ai beaucoup à te dire.

NAÏS.

Non; déjà tes discours ont voulu me tenter.

DAPHNIS.

Suis-moi sous ces ormeaux; viens, de grâce, écouter
Les sons harmonieux que ma flûte respire :
J'ai fait pour toi des airs, je te les veux chanter;
Déjà tout le vallon aime à les répéter.

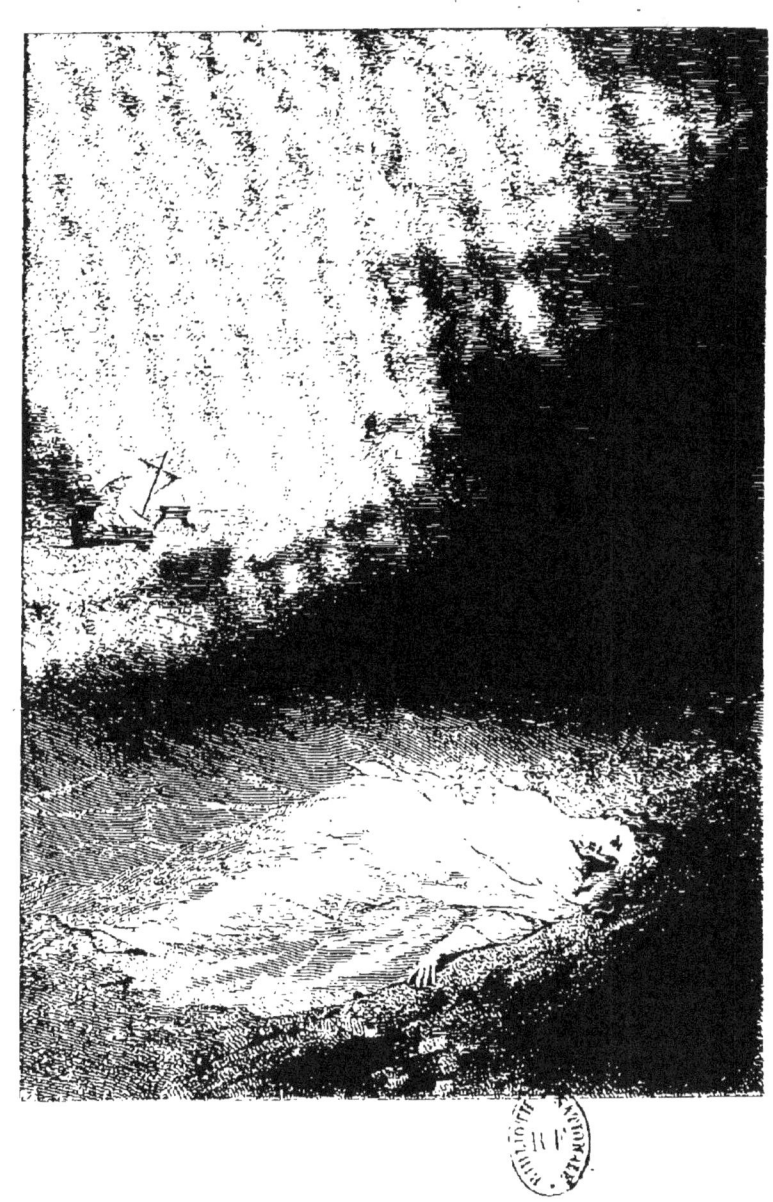

BUCOLIQUE XV — LA JEUNE TARENTINE

Elle est au sein des flots, la jeune Tarentine !
Son beau corps a roulé sous le reflux marine.

Garnier frères Editeurs

BUCOLIQUE Ire OARISTYS

*Suis-moi sous ces ormeaux; viens de grâce, écouter
les sons harmonieux que ma flûte respire.*

Garnier frères Éditeurs

NAÏS.

Va, tes airs langoureux ne sauraient me séduire.

DAPHNIS.

Eh quoi! seule à Vénus penses-tu résister?

NAÏS.

Je suis chère à Diane; elle me favorise.

DAPHNIS.

Vénus a des liens qu'aucun pouvoir ne brise.

NAÏS.

Diane saura bien me les faire éviter.
Berger, retiens ta main... berger, crains ma colère.

DAPHNIS.

Quoi! tu veux fuir l'Amour! l'Amour, à qui jamais
Le cœur d'une beauté ne pourra se soustraire?

NAÏS.

Oui, je veux le braver... Ah!... si je te suis chère...
Berger... retiens ta main... laisse mon voile en paix.

DAPHNIS.

Toi-même, hélas! bientôt livreras ces attraits
A quelque autre berger bien moins digne de plaire.

NAÏS.

Beaucoup m'ont demandée, et leurs désirs confus
N'obtinrent, avant toi, qu'un refus pour salaire.

DAPHNIS.

Et je ne dois comme eux attendre qu'un refus ?

NAÏS.

Hélas ! l'hymen aussi n'est qu'une loi de peine ;
Il n'apporte, dit-on, qu'ennuis et que douleurs.

DAPHNIS.

On ne te l'a dépeint que de fausses couleurs :
Les danses et les jeux, voilà ce qu'il amène.

NAÏS.

Une femme est esclave...

DAPHNIS.

Ah ! plutôt elle est reine.

NAÏS.

Tremble près d'un époux et n'ose lui parler.

DAPHNIS.

Eh ! devant qui ton sexe est-il fait pour trembler ?

NAÏS.

A des travaux affreux Lucine nous condamne.

DAPHNIS.

Il est bien doux alors d'être chère à Diane[1].

---

1. Les poètes anciens confondent souvent Diane et Lucine.

NAÏS.

Quelle beauté survit à ces rudes combats?

DAPHNIS.

Une mère y recueille une beauté nouvelle :
Des enfants adorés feront tous tes appas;
Tu brilleras en eux d'une splendeur plus belle.

NAÏS.

Mais, tes vœux écoutés, quel en serait le prix?

DAPHNIS.

Tout : mes troupeaux, mes bois et ma belle prairie;
Un jardin grand et riche, une maison jolie,
Un bercail spacieux pour tes chères brebis.
Enfin, tu me diras ce qui pourra te plaire;
Je jure de quitter tout pour te satisfaire :
Tout pour toi sera fait aussitôt qu'entrepris.

NAÏS.

Mon père...

DAPHNIS.

Oh! s'il n'est plus que lui qui te retienne,
Il approuvera tout dès qu'il saura mon nom.

NAÏS.

Quelquefois il suffit que le nom seul prévienne :
Quel est ton nom?

DAPHNIS.

Daphnis. Mon père est Palémon.

NAÏS.

Il est vrai, ta famille est égale à la mienne.

DAPHNIS.

Rien n'éloigne donc plus cette douce union.

NAÏS.

Montre-les-moi, ces bois qui seront mon partage.

DAPHNIS.

Viens; c'est à ces cyprès de leurs fleurs couronnés.

NAÏS.

Restez, chères brebis, restez sous cet ombrage.

DAPHNIS.

Taureaux, paissez en paix; à celle qui m'engage
Je vais montrer les biens qui lui sont destinés.

NAÏS.

Satyre, que fais-tu? Quoi! ta main ose encore...

DAPHNIS.

Eh! laisse-moi toucher ces fruits délicieux...
Et ce jeune duvet...

NAÏS.

      Berger... au nom des dieux...
Ah!... je tremble...

DAPHNIS.

   Et pourquoi? que crains-tu? Je t'adore.
Viens.

NAÏS.

Non: arrête... Vois, cet humide gazon
Va souiller ma tunique, et je serais perdue;
Mon père le verrait.

DAPHNIS.

   Sur la terre étendue,
Saura te garantir cette épaisse toison.

NAÏS.

Dieux! quel est ton dessein? tu m'ôtes ma ceinture.

DAPHNIS.

C'est un don pour Vénus; vois, son astre nous luit.

NAÏS.

Attends... si quelqu'un vient. Ah! dieux! j'entends du bruit.

DAPHNIS.

C'est ce bois qui de joie et s'agite et murmure.

NAÏS.

Tu déchires mon voile!... Où me cacher? Hélas!
Me voilà nue! où fuir?

DAPHNIS.

   A ton amant unie,

De plus riches habits couvriront tes appas.

NAÏS.

Tu promets maintenant, tu préviens mon envie,
Bientôt à mes regrets tu m'abandonneras.

DAPHNIS.

Oh! non! jamais. Pourquoi, grands dieux! ne puis-je pas
Te donner et mon sang, et mon âme, et ma vie?

NAÏS.

Ah!... Daphnis! je me meurs... Apaise ton courroux,
Diane.

DAPHNIS.

Que crains-tu? L'Amour sera pour nous.

NAÏS.

Ah! méchant, qu'as-tu fait?

DAPHNIS.

J'ai signé ma promesse.

NAÏS.

J'entrai fille en ce bois et chère à ma déesse.

DAPHNIS.

Tu vas en sortir femme et chère à ton époux [1].

---

1. Il y a encore, dans Théocrite, cinq vers qu'André Chénier n'a pas traduits.

II[1]

L'AVEUGLE[2]

Des petits garçons rencontrent dans la forêt un aveugle... ils lui donnent l'un son pain, l'autre ses pommes, l'autre ses olives et du pain à son chien... ils le font chanter... il leur chante... et puis ils le ramènent au village, qui vient au-devant de l'aveugle et lui fait fête. C'est Homère.

Avant de chanter, il caresse les petits garçons. Il leur dit : Sans doute... vos visages sont doux autant que votre voix... venez ici que je vous tâte...

Toi, le plus grand de tous, je me confie à toi,
Assieds-moi sur la pierre et veille auprès de moi.

Prends soin du vieil aveugle. Sophocl. v. 21. *OEdipus in Colono.*

« Dieu dont l'arc est d'argent[3], dieu de Claros, écoute ;
O Sminthée-Apollon[4], je périrai sans doute,
Si tu ne sers de guide à cet aveugle errant[5]. »

---

1. Édition 1819.
2. Ce morceau a été, selon toute apparence, inspiré au poète par l'anecdote de l'arrivée d'Homère aveugle à Chio chez Glaucus, dans la *Vie d'Homère* faussement attribuée à Hérodote.
3. Ἀργυρότοξ', en grec.
4. Apollon était surnommé *Sminthée*, de Sminthe, en Troade. On donnait aussi à ce surnom le sens de tueur de rats, Apollon ayant tué les rats (σμίνθοι) qui ravageaient les champs de Crinis, grand prêtre.
5. L'aveugle se désigne ainsi ; c'est une tournure familière à la langue grecque.

C'est ainsi qu'achevait l'aveugle en soupirant
Et près des bois marchait, faible, et sur une pierre
S'asseyait. Trois pasteurs, enfants de cette terre,
Le suivaient, accourus aux abois turbulents
Des molosses, gardiens de leurs troupeaux bêlants.
Ils avaient, retenant leur fureur indiscrète,
Protégé du vieillard la faiblesse inquiète ;
Ils l'écoutaient de loin, et s'approchant de lui :
« Quel est ce vieillard blanc, aveugle et sans appui?
Serait-ce un habitant de l'empire céleste?
Ses traits sont grands et fiers ; de sa ceinture agreste
Pend une lyre informe, et les sons de sa voix
Émeuvent l'air et l'onde, et le ciel et les bois. »

. . .

Mais il entend leurs pas, prête l'oreille, espère,
Se trouble, et tend déjà les mains à la prière.
« Ne crains point, disent-ils, malheureux étranger
(Si plutôt, sous un corps terrestre et passager,
Tu n'es point quelque dieu protecteur de la Grèce,
Tant une grâce auguste ennoblit ta vieillesse!);
Si tu n'es qu'un mortel, vieillard infortuné,
Les humains près de qui les flots t'ont amené
Aux mortels malheureux n'apportent point d'injures.
Les destins n'ont jamais de faveurs qui soient pures.
Ta voix noble et touchante est un bienfait des dieux ;
Mais aux clartés du jour ils ont fermé tes yeux[1].

— Enfants, car votre voix est enfantine et tendre,
Vos discours sont prudents plus qu'on n'eût dû l'attendre.
Mais, toujours soupçonneux, l'indigent étranger

---

1. C'est ce que dit Homère de l'aède Demodocus, *Odyssée*, VIII, 64.

Croit qu'on rit de ses maux et qu'on veut l'outrager.
Ne me comparez point à la troupe immortelle :
Ces rides, ces cheveux, cette nuit éternelle,
Voyez; est-ce le front d'un habitant des cieux?
Je ne suis qu'un mortel, un des plus malheureux !
Si vous en savez un pauvre, errant, misérable,
C'est à celui-là seul que je suis comparable ;
Et pourtant je n'ai point, comme fit Thamyris,
Des chansons à Phébus voulu ravir le prix[1] ;
Ni, livré comme OEdipe à la noire Euménide,
Je n'ai puni sur moi l'inceste parricide ;
Mais les dieux tout-puissants gardaient à mon déclin
Les ténèbres, l'exil, l'indigence et la faim.

— Prends, et puisse bientôt changer ta destinée ! »
Disent-ils. Et tirant ce que, pour leur journée,
Tient la peau d'une chèvre aux crins noirs et luisants,
Ils versent à l'envi, sur ses genoux pesants,
Le pain de pur froment, les olives huileuses,
Le fromage et l'amande, et les figues mielleuses,
Et du pain à son chien entre ses pieds gisant,
Tout hors d'haleine encore, humide et languissant,
Qui, malgré les rameurs, se lançant à la nage,
L'avait loin du vaisseau rejoint sur le rivage.

« Le sort, dit le vieillard, n'est pas toujours de fer.
Je vous salue, enfants venus de Jupiter[2].
Heureux sont les parents qui tels vous firent naître !
Mais venez, que mes mains cherchent à vous connaître ;

---

1. Voy. *Iliade*, chant II, vers 594-600. Thamyris avait prétendu vaincre les Muses et non Phœbus.

2. Διογενεῖς, bien nés, d'origine céleste.

Je crois avoir des yeux. Vous êtes beaux tous trois.
Vos visages sont doux, car douce est votre voix.
Qu'aimable est la vertu que la grâce environne!
Croissez, comme j'ai vu ce palmier de Latone,
Alors qu'ayant des yeux je traversai les flots;
Car jadis, abordant à la sainte Délos,
Je vis près d'Apollon, à son autel de pierre,
Un palmier, don du ciel, merveille de la terre.
Vous croîtrez, comme lui, grands, féconds, révérés,
Puisque les malheureux sont par vous honorés.
Le plus âgé de vous aura vu treize années :
A peine, mes enfants, vos mères étaient nées
Que j'étais presque vieux. Assieds-toi près de moi,
Toi, le plus grand de tous; je me confie à toi.
Prends soin du vieil aveugle. — O sage magnanime!
Comment, et d'où viens-tu? car l'onde maritime[1]
Mugit de toutes parts sur nos bords orageux.

— Des marchands de Cymé[2] m'avaient pris avec eux.
J'allais voir, m'éloignant des rives de Carie,
Si la Grèce pour moi n'aurait point de patrie,
Et des dieux moins jaloux, et de moins tristes jours;
Car jusques à la mort nous espérons toujours.
Mais pauvre, et n'ayant rien pour payer mon passage,
Ils m'ont, je ne sais où, jeté sur le rivage.

— Harmonieux vieillard, tu n'as donc point chanté?

1. *Maritime,* pour *marine,* l'onde de la mer.
2. On a proposé de lire *Symé,* petite île sur la côte de Carie. Le poète vouant un peu plus loin ce lieu à l'obscurité (vers 116), on a pensé que Cymé était une ville trop célèbre pour qu'il fût question d'elle ici. Mais il y a une *épigramme aux Cyméens* attribuée à Homère, qui a probablement fait choisir ce nom par le poète.

Quelques sons de ta voix auraient tout acheté.

— Enfants! du rossignol la voix pure et légère
N'a jamais apaisé le vautour sanguinaire;
Et les riches, grossiers, avares, insolents,
N'ont pas une âme ouverte à sentir les talents.
Guidé par ce bâton[1], sur l'arène glissante,
Seul, en silence, au bord de l'onde mugissante,
J'allais, et j'écoutais le bêlement lointain
De troupeaux agitant leurs sonnettes d'airain.
Puis j'ai pris cette lyre, et les cordes mobiles
Ont encor résonné sous mes vieux doigts débiles.
Je voulais des grands dieux implorer la bonté,
Et surtout Jupiter, dieu d'hospitalité,
Lorsque d'énormes chiens à la voix formidable
Sont venus m'assaillir; et j'étais misérable,
Si vous (car c'était vous), avant qu'ils m'eussent pris,
N'eussiez armé pour moi les pierres et les cris.

— Mon père, il est donc vrai, tout est devenu pire :
Car jadis, aux accents d'une éloquente lyre,
Les tigres et les loups, vaincus, humiliés,
D'un chanteur comme toi[2] vinrent baiser les pieds.

— Les barbares! J'étais assis près de la poupe.
« Aveugle vagabond, dit l'insolente troupe,
« Chante : si ton esprit n'est point comme tes yeux,
« Amuse notre ennui; tu rendras grâce aux dieux... »
J'ai fait taire mon cœur, qui voulait les confondre;
Ma bouche ne s'est point ouverte à leur répondre.

---

1. *Baculo prætentans iter.* Sénèque, OEdipe, 657.
2. Orphée.

Ils n'ont pas entendu ma voix, et sous ma main
J'ai retenu le dieu courroucé dans mon sein.
Cymé, puisque tes fils dédaignent Mnémosyne,
Puisqu'ils ont fait outrage à la muse divine,
Que leur vie et leur mort s'éteignent dans l'oubli ;
Que ton nom dans la nuit demeure enseveli !

— Viens, suis-nous à la ville ; elle est toute voisine,
Et chérit les amis de la muse divine.
Un siège aux clous d'argent te place à nos festins ;
Et là les mets choisis, le miel et les bons vins,
Sous la colonne où pend une lyre d'ivoire,
Te feront de tes maux oublier la mémoire.
Et si, dans le chemin, rapsode ingénieux,
Tu veux nous accorder tes chants dignes des cieux,
Nous dirons qu'Apollon, pour charmer les oreilles,
T'a lui-même dicté de si douces merveilles.

— Oui, je le veux ; marchons. Mais où m'entraînez-vous ?
Enfants du vieil aveugle, en quel lieu sommes-nous ?
— Syros est l'île heureuse où nous vivons, mon père.

— Salut, belle Syros, deux fois hospitalière !
Car sur ses bords heureux je suis déjà venu ;
Amis, je la connais. Vos pères m'ont connu :
Ils croissaient comme vous ; mes yeux s'ouvraient encore
Au soleil, au printemps, aux roses de l'aurore ;
J'étais jeune et vaillant. Aux danses des guerriers,
A la course, aux combats, j'ai paru des premiers.
J'ai vu Corinthe, Argos, et Crète, et les cent villes,
Et du fleuve Égyptus[1] les rivages fertiles ;
Mais la terre et la mer, et l'âge et les malheurs,

---

1. *Ægyptus*, ancien nom du Nil.

Ont épuisé ce corps fatigué de douleurs.
La voix me reste. Ainsi la cigale innocente,
Sur un arbuste assise, et se console et chante.
Commençons par les dieux : Souverain Jupiter[1];
Soleil qui vois, entends, connais tout; et toi, mer;
Fleuves, terre, et noirs dieux des vengeances trop lentes,
Salut! Venez à moi de l'Olympe habitantes,
Muses! vous savez tout, vous déesses; et nous,
Mortels, ne savons rien qui ne vienne de vous. »

Il poursuit; et déjà les antiques ombrages[2]
Mollement en cadence inclinaient leurs feuillages;
Et pâtres oubliant leur troupeau délaissé,
Et voyageurs quittant leur chemin commencé,
Couraient. Il les entend, près de son jeune guide,
L'un sur l'autre pressés, tendre une oreille avide;
Et nymphes et sylvains sortaient pour l'admirer,
Et l'écoutaient en foule, et n'osaient respirer :
Car en de longs détours de chansons vagabondes
Il enchaînait de tout les semences fécondes,
Les principes du feu, les eaux, la terre et l'air,
Les fleuves descendus du sein de Jupiter,
Les oracles, les arts, les cités fraternelles,
Et depuis le chaos les amours immortelles;
D'abord le roi divin, et l'Olympe, et les cieux,
Et le monde, ébranlés d'un signe de ses yeux,
Et les dieux partagés en une immense guerre,
Et le sang plus qu'humain venant rougir la terre.
Et les rois assemblés, et sous les pieds guerriers
Une nuit de poussière, et les chars meurtriers,

1. *Iliade*, III, 276.
2. Virg., Eglog. VI, 27.

Et les héros armés, brillant dans les campagnes,
Comme un vaste incendie aux cimes des montagnes,
Les coursiers hérissant leur crinière à longs flots,
Et d'une voix humaine excitant les héros[1];
De là, portant ses pas dans les paisibles villes,
Les lois, les orateurs, les récoltes fertiles;
Mais bientôt de soldats les remparts entourés,
Les victimes tombant dans les parvis sacrés,
Et les assauts mortels aux épouses plaintives,
Et les mères en deuil, et les filles captives;
Puis aussi les moissons joyeuses[2], les troupeaux
Bêlants ou mugissants, les rustiques pipeaux,
Les chansons, les festins, les vendanges bruyantes
Et la flûte et la lyre, et les noces dansantes[3].
Puis, déchaînant les vents à soulever les mers,
Il perdait les nochers sur les gouffres amers.
De là, dans le sein frais d'une roche azurée,
En foule il appelait les filles de Nérée[4],
Qui bientôt, à ses cris s'élevant sur les eaux,
Aux rivages troyens parcouraient les vaisseaux;
Puis il ouvrait du Styx la rive criminelle,
Et puis les demi-dieux et les champs d'asphodèle[5],
Et la foule des morts; vieillards seuls et souffrants,
Jeunes gens emportés aux yeux de leurs parents,

1. Au dix-neuvième chant de l'*Iliade*, v. 405, Xanthe et Balie, chevaux d'Achille, adressent la parole à leur maître, mais non pour l'exciter. Xanthe lui prédit un prochain trépas.
2. *Lœtas segetes;* Virg. Georg. I, 1.
3. *Noces*, pour *notes*, qu'on lisait dans tous les textes, est une correction de M. Reinhold Dezeimeris.
4. *Iliade*, XVIII, v. 35 à 70.
5. *Les champs* ou mieux peut-être *le champ d'asphodèle*, les auteurs grecs employant toujours le singulier : ἀσφόδελος λειμών, la prairie asphodèle, où erraient les ombres. L'asphodèle, consacrée à Proserpine, est une plante qui vient en abondance sur les sépultures.

Enfants dont au berceau la vie est terminée,
Vierges dont le trépas suspendit l'hyménée.
Mais, ô bois, ô ruisseaux, ô monts, ô durs cailloux,
Quels doux frémissements vous agitèrent tous
Quand bientôt à Lemnos, sur l'enclume divine,
Il forgeait cette trame irrésistible et fine
Autant que d'Arachné les pièges inconnus,
Et dans ce fer mobile emprisonnait Vénus[1] !
Et quand il revêtit[2] d'une pierre soudaine
La fière Niobé, cette mère thébaine[3].
Et quand il répétait en accents de douleurs
De la triste Aédon l'imprudence et les pleurs,
Qui, d'un fils méconnu marâtre involontaire[4],
Vola, doux rossignol, sous le bois solitaire ;
Ensuite, avec le vin, il versait aux héros
Le puissant népenthès, oubli de tous les maux[5] ;
Il cueillait le moly, fleur qui rend l'homme sage[6] ;
Du paisible lotos il mêlait le breuvage[7].
Les mortels oubliaient, par ce philtre charmés,
Et la douce patrie et les parents aimés.
Enfin, l'Ossa, l'Olympe et les bois du Pénée
Voyaient ensanglanter les banquets d'hyménée[8],

1. *Odyssée*, VIII, 274. — Ovide, *Métamorphoses*, livre IV, v. 175.
2. Les premiers éditeurs ont mis *revêtit*. M. Becq de Fouquières croit qu'il faut *revêtait*, et a imprimé ainsi dans sa dernière édition (1882).
3. *Iliade*, 24, 602.
4. *Odyssée*, XIX, 518. — Virgile, Eglog. VI, 78.
5. *Odyssée*, IV, 220.
6. *Odyssée*, X, 304. C'est grâce à cette fleur qu'Ulysse échappe aux enchantements de Circé, dont ses compagnons sont victimes.
7. *Odyssée*, IX, 94.
8. M. Gabriel de Chénier donne dans son texte :

> C'est ainsi que l'Olympe et les bois du Pénée
> Virent ensanglanter les banquets d'hyménée.

M. Becq de Fouquières nous paraît expliquer d'une manière très plau-

Quand Thésée, au milieu de la joie et du vin,
La nuit où son ami reçut à son festin
Le peuple monstrueux des enfants de la nue[1],
Fut contraint d'arracher l'épouse demi-nue
Au bras ivre et nerveux du sauvage Eurytus[2].
Soudain, le glaive en main, l'ardent Pirithoüs :
« Attends ; il faut ici que mon affront s'expie,
Traître ! » Mais, avant lui, sur le centaure impie
Dryas a fait tomber, avec tous ses rameaux,
Un long arbre de fer hérissé de flambeaux.
L'insolent quadrupède en vain s'écrie ; il tombe,
Et son pied bat le sol qui doit être sa tombe.
Sous l'effort de Nessus, la table du repas
Roule, écrase Cymèle, Évagre, Périphas.
Pirithoüs égorge Antimaque, et Pétrée,
Et Cyllare aux pieds blancs, et le noir Macarée,
Qui de trois fiers lions, dépouillés par sa main,
Couvrait ses quatre flancs, armait son double sein.
Courbé, levant un roc choisi pour leur vengeance,
Tout à coup, sous l'airain d'un vase antique, immense,
L'imprudent Bianor, par Hercule surpris,
Sent de sa tête énorme éclater les débris.
Hercule et sa massue entassent en trophée
Clanis, Démoléon, Lycotas, et Riphée
Qui portait sur ses crins, de taches colorés,
L'héréditaire éclat des nuages dorés.
Mais d'un double combat Eurynome est avide,
Car ses pieds, agités en un cercle rapide,

sible, dans ses *Documents nouveaux*, p. 190, l'origine de cette variante, qui ne doit pas être admise dans le texte.

1. Les Centaures étaient fils d'Ixion et de la Nue.
2. *Odyssée*, XXI, 295 ; *Iliade*, I, 266, et II, 742. — Ovide, *Métam.* XII, 210.

Battent à coups pressés l'armure de Nestor ;
Le quadrupède Hélops fuit ; l'agile Crantor,
Le bras levé, l'atteint ; Eurynome l'arrête.
D'un érable noueux il va fendre sa tête ;
Lorsque le fils d'Égée, invincible, sanglant,
L'aperçoit, à l'autel prend un chêne brûlant,
Sur sa croupe indomptée, avec un cri terrible,
S'élance, va saisir sa chevelure horrible,
L'entraîne, et quand sa bouche, ouverte avec effort,
Crie, il y plonge ensemble et la flamme et la mort.
L'autel est dépouillé. Tous vont s'armer de flamme,
Et le bois porte au loin des hurlements de femme[1],
L'ongle[2] frappant la terre, et les guerriers meurtris,
Et les vases brisés, et l'injure, et les cris.

Ainsi le grand vieillard, en images hardies,
Déployait le tissu des saintes mélodies.
Les trois enfants, émus à son auguste aspect,
Admiraient, d'un regard de joie et de respect,
De sa bouche abonder les paroles divines,
Comme en hiver la neige aux sommets des collines[3].
Et, partout accourus, dansant sur son chemin,
Hommes, femmes, enfants, les rameaux à la main,
Et vierges et guerriers, jeunes fleurs de la ville,
Chantaient : « Viens dans nos murs, viens habiter notre île ;

---

1. Le texte de M. Gabriel de Chénier porte :
  Et le bois porte aux cieux les hurlements de femme.
2. L'*ongle*, le sabot.
  Quatit ungula campum.
   (*Énéide*, VIII, 596.)
3. Le texte de M. Gabriel de Chénier porte :
  . . . . au sommet des collines.

Viens, prophète éloquent, aveugle harmonieux,
Convive du nectar, disciple aimé des dieux;
Des jeux, tous les cinq ans, rendront saint et prospère
Le jour où nous avons reçu le grand HOMÈRE[1]. »

VARIANTE PROBABLE DE L'AVEUGLE[2]

Ulysse, rentré dans son palais après avoir tendu l'arc et fait passer une flèche au travers des douze piliers de fer troués, qui ont été alignés dans la cour, supporte d'abord les insultes de chacun des prétendants à la main de son épouse, puis se fait connaître.

. . . .
Se tait, baisse les yeux, et sous un front paisible,
Lui garde dans son cœur sa réponse terrible.

. . . .
Sourit; mais d'un sourire amer et meurtrier.

. . . .
Il se dépouille alors, prêt à parler en maître,
De ces lambeaux trompeurs qui l'ont fait méconnaître;
S'élance sur le seuil, l'arc en main; à ses pieds
Verse au carquois fatal tous les traits confiés;
Et là : « Nous achevons un jeu lent et pénible,
Princes, tentons un but plus neuf, plus accessible,
Et si les dieux encor me gardent leur faveur... »
Et la flèche aussitôt, docile à l'arc vengeur,

---

1. Remarquez que ce nom ne vient qu'au dernier vers du poème.
2. Édition Gabriel de Chénier. Ces vers sont la traduction des quarante et un premiers vers du XXIIe chant de *l'Odyssée*. M. Becq de Fouquières suppose qu'ils ont été faits pour occuper d'abord la place où l'on trouve le fragment: *Enfin l'Ossa, l'Olympe,* etc.

BUCOLIQUE IV LE MALADE

*La jeune belle aussi, rouge et le front baissé
tient .*

Va sur Antinoüs se fixer d'elle-même.
Le fier Antinoüs, dans cet instant suprême,
Tenait en main sa coupe, ouvrage précieux,
Où pétillait dans l'or un vin délicieux.
La crainte, le trépas sont loin de sa pensée,
Et qu'un seul homme, aux yeux d'une troupe empressée,
Plus que vingt bras armés quand son bras serait fort,
Pût oser l'attaquer et lui porter la mort.
Sur ses lèvres déjà la coupe reposée
Du nectar écumant lui versait la rosée,
Quand le fer, qu'à grand bruit fait voler l'arc nerveux,
Vient lui percer la gorge et sort dans ses cheveux.
Sa tête se renverse et l'entraîne et succombe.
La coupe de sa main fuit. Il expire. Il tombe.
Sa bouche, tous ses traits en longs et noirs torrents
Jaillissent. Sous ses pieds agités et mourants,
Table, vases, banquet, tout tombe, tout s'écroule;
Tout est souillé de sang. De leurs sièges en foule,
Ils s'élancent soudain. Confus, tumultueux,
Ils errent. Leurs regards sur les murs somptueux
Cherchent, fouillent partout; et rien à leur vengeance
Ne présente une épée ou le fer d'une lance.
Ils entourent Ulysse, et d'un œil de courroux :
« Malheureux étranger, si peu sûr de tes coups,
Tremble, tu paieras cher ton erreur homicide;
Ta main ne sera plus imprudente et perfide;
Du premier de nos Grecs elle tranche les jours;
Mais, malheureux, ton corps va nourrir les vautours. »
Insensés! d'une erreur ils le croyaient coupable;
Ils ne présumaient pas que ce coup formidable,
Pour eux d'un même sort était l'avant-coureur.
Ulysse, sur eux tous roulant avec fureur

Un regard enflammé d'une sanglante joie :
« Vous ne m'attendiez plus des campagnes de Troie,
Lâches, qui, loin de moi, dévorant ma maison,
De tous mes serviteurs payant la trahison,
Osiez porter vos vœux au lit de mon épouse,
Sans redouter des dieux la vengeance jalouse,
Ou qu'aucun bras mortel osât me secourir?
Tremblez, lâches, tremblez : vous allez tous mourir. »

Et portent à mon lit une envie adultère.

III[1]

LA LIBERTÉ

Un jeune berger libre et un esclave se rencontrent...
L'homme libre fait à l'autre avec ravissement la peinture des
beautés de la nature dont ils jouissent... L'esclave répond
qu'il ne les voit point... le brusque... et oppose des malédictions contre lui-même à toutes les extases de l'autre. Le
style de l'un est doux et fleuri, celui de l'autre dur et sauvage.

UN CHEVRIER, UN BERGER

LE CHEVRIER.

Berger, quel es-tu donc? qui t'agite? et quels dieux
De noirs cheveux épars enveloppent tes yeux?

1. Édition 1819.

BUCOLIQUES.

LE BERGER.

Blond pasteur de chevreaux, oui, tu veux me l'apprendre;
Oui, ton front est plus beau, ton regard est plus tendre.

LE CHEVRIER.

Quoi! tu sors de ces monts où tu n'as vu que toi,
Et qu'on n'approche point sans peine et sans effroi!

LE BERGER.

Tu te plais mieux sans doute aux bois, à la prairie;
Tu le peux. Assieds-toi parmi l'herbe fleurie;
Moi, sous un antre aride, en cet affreux séjour,
Je me plais sur le roc à voir passer le jour.

LE CHEVRIER.

Mais Cérès a maudit cette terre âpre et dure;
Un noir torrent pierreux y roule une onde impure
Tous ces rocs, calcinés sous un soleil rongeur,
Brûlent et font hâter les pas du voyageur.
Point de fleurs, point de fruits, nul ombrage fertile
N'y donne au rossignol un balsamique asile.
Quelque olivier au loin, maigre fécondité,
Y rampe et fait mieux voir leur triste nudité.
Comment as-tu donc su d'herbes accoutumées
Nourrir dans ce désert tes brebis affamées?

LE BERGER.

Que m'importe? est-ce à moi qu'appartient ce troupeau?
Je suis esclave.

LE CHEVRIER.
Au moins un rustique pipeau

A-t-il chassé l'ennui de ton rocher sauvage?
Tiens, veux-tu cette flûte? Elle fut mon ouvrage.
Prends : sur ce buis, fertile en agréables sons,
Tu pourras des oiseaux imiter les chansons.

LE BERGER.

Non, garde tes présents. Les oiseaux de ténèbres,
La chouette et l'orfraie, et leurs accents funèbres :
Voilà les seuls chanteurs que je veuille écouter;
Voilà quelles chansons je voudrais imiter.
Ta flûte sous mes pieds serait bientôt brisée :
Je hais tous vos plaisirs. Les fleurs et la rosée,
Et de vos rossignols les soupirs caressants,
Rien ne plaît à mon cœur, rien ne flatte mes sens;
Je suis esclave.

LE CHEVRIER.

Hélas! que je te trouve à plaindre!
Oui, l'esclavage est dur; oui, tout mortel doit craindre
De servir, de plier sous une injuste loi,
De vivre pour autrui, de n'avoir rien à soi.
Protège-moi toujours, ô Liberté chérie!
O mère des vertus, mère de la patrie!

LE BERGER.

Va, patrie et vertu ne sont que de vains noms.
Toutefois tes discours sont pour moi des affronts :
Ton prétendu bonheur et m'afflige, et me brave;
Comme moi, je voudrais que tu fusses esclave.

LE CHEVRIER.

Et moi, je te voudrais libre, heureux comme moi.

Mais les dieux n'ont-ils point de remède pour toi?
Il est des baumes doux, des lustrations pures
Qui peuvent de notre âme assoupir les blessures,
Et de magiques chants qui tarissent les pleurs.

LE BERGER.

Il n'en est point; il n'est pour moi que des douleurs :
Mon sort est de servir, il faut qu'il s'accomplisse.
Moi, j'ai ce chien aussi qui tremble à mon service;
C'est mon esclave aussi. Mon désespoir muet
Ne peut rendre qu'à lui tous les maux qu'on me fait.

LE CHEVRIER.

La terre, notre mère, et sa douce richesse
Ne peut-elle, du moins, égayer ta tristesse?
Vois combien elle est belle! et vois l'été vermeil,
Prodigue de trésors, brillants fils du soleil,
Qui vient, fertile amant d'une heureuse culture,
Varier du printemps l'uniforme verdure;
Vois l'abricot naissant, sous les yeux d'un beau ciel[1],
Arrondir son fruit doux et blond comme le miel;
Vois la pourpre des fleurs dont le pêcher se pare
Nous annoncer l'éclat des fruits qu'il nous prépare.
Au bord de ces prés verts regarde ces guérets,
De qui les blés touffus, jaunissantes forêts,
Du joyeux moissonneur attendent la faucille.
D'agrestes déités quelle noble famille!
La Récolte et la Paix, aux yeux purs et sereins,

---

1. Le texte de M. Gabriel de Chénier donne :
Vois le jeune abricot, sous les yeux d'un beau ciel.

Les épis sur le front¹, les épis dans les mains,
Qui viennent, sur les pas de la belle espérance,
Verser la corne d'or où fleurit l'Abondance.

LE BERGER.

Sans doute qu'à tes yeux elles montrent leurs pas;
Moi, j'ai des yeux d'esclave, et je ne les vois pas.
Je n'y vois qu'un sol dur, laborieux, servile,
Que j'ai, non pas pour moi, contraint d'être fertile;
Où, sous un ciel brûlant, je moissonne le grain
Qui va nourrir un autre, et me laisse ma faim.
Voilà quelle est la terre. Elle n'est point ma mère,
Elle est pour moi marâtre; et la nature entière
Est plus nue à mes yeux, plus horrible à mon cœur,
Que ce vallon de mort qui te fait tant d'horreur.

LE CHEVRIER.

Le soin de tes brebis, leur voix douce et paisible,
N'ont-ils donc rien qui plaise à ton âme insensible?
N'aimes-tu point à voir les jeux de tes agneaux?
Moi, je me plais auprès de mes jeunes chevreaux;
Je m'occupe à leurs jeux, j'aime leur voix bêlante;
Et quand sur la rosée et sur l'herbe brillante

---

1. Outre le vers de Tibulle

        At nobis, pax alma, veni spicamque teneto,

Spanheim, sur Callimaque, p. 748, cite des médailles où la paix est représentée couronnée d'épis; mais ce n'est pas *in* Βουκ., c'est *in* Δ à la fin du deuxième chant qu'il faut employer cet emblème. (*Note d'André Chénier.*) — André Chénier devait employer cet emblème à la fois *in* Βουκ., c'est-à-dire dans ses Bucoliques, et *in* Δ, c'est-à-dire dans son *Hermès*, à la fin du IIe chant.

Le vers de Tibulle se trouve dans l'élégie XI, liv. I, v. 67.

Vers leur mère en criant je les vois accourir.
Je bondis avec eux de joie et de plaisir.

LE BERGER.

Ils sont à toi; mais moi, j'eus une autre fortune:
Ceux-ci de mes tourments sont la cause importune.
Deux fois, avec ennui, promenés chaque jour,
Un maître soupçonneux nous attend au retour.
Rien ne le satisfait : ils ont trop peu de laine;
Ou bien ils sont mourants, ils se traînent à peine;
En un mot, tout est mal. Si le loup quelquefois
En saisit un, l'emporte et s'enfuit dans les bois,
C'est ma faute; il fallait braver ses dents avides.
Je dois rendre les loups innocents et timides.
Et puis, menaces, cris, injure, emportements,
Et lâches cruautés qu'il nomme châtiments.

LE CHEVRIER.

Toujours à l'innocent les dieux sont favorables;
Pourquoi fuir leur présence, appui des misérables?
Autour de leurs autels, parés de nos festons,
Que ne viens-tu danser, offrir de simples dons,
Du chaume, quelques fleurs, et, par ces sacrifices,
Te rendre Jupiter et les nymphes propices?

LE BERGER.

Non : les danses, les jeux, les plaisirs des bergers,
Sont à mon triste cœur des plaisirs étrangers.
Que parles-tu de dieux, de nymphes et d'offrandes?
Moi, je n'ai pour les dieux ni chaume ni guirlandes :
Je les crains, car j'ai vu leur foudre et leurs éclairs;
Je ne les aime pas, ils m'ont donné des fers.

LE CHEVRIER.

Eh bien! que n'aimes-tu? Quelle amertume extrême
Résiste aux doux souris d'une vierge qu'on aime?
L'autre jour, à la mienne, en ce bois fortuné,
Je vins offrir le don d'un chevreau nouveau-né.
Son œil tomba sur moi, si doux, si beau, si tendre!...
Sa voix prit un accent!... Je crois toujours l'entendre.

LE BERGER.

Eh! quel œil virginal voudrait tomber sur moi?
Ai-je, moi, des chevreaux à donner, comme toi?
Chaque jour, par ce maître inflexible et barbare,
Mes agneaux sont comptés avec un soin avare.
Trop heureux quand il daigne à mes cris superflus
N'en pas redemander plus que je n'en reçus.
O juste Némésis! si jamais je puis être
Le plus fort à mon tour, si je puis me voir maître,
Je serai dur, méchant, intraitable, sans foi,
Sanguinaire, cruel, comme on l'est avec moi!

LE CHEVRIER.

Et moi, c'est vous qu'ici pour témoins j'en appelle,
Dieux! de mes serviteurs la cohorte fidèle
Me trouvera toujours humain, compatissant,
A leurs justes désirs facile et complaisant,
Afin qu'ils soient heureux et qu'ils aiment leur maître,
Et bénissent en paix l'instant qui les vit naître.

LE BERGER.

Et moi, je le maudis, cet instant douloureux
Qui me donna le jour pour être malheureux;

Pour agir quand un autre exige, veut, ordonne;
Pour n'avoir rien à moi, pour ne plaire à personne;
Pour endurer la faim, quand ma peine et mon deuil
Engraissent d'un tyran l'indolence et l'orgueil.

LE CHEVRIER.

Berger infortuné! ta plaintive détresse
De ton cœur dans le mien fait passer la tristesse.
Vois cette chèvre mère et ces chevreaux, tous deux
Aussi blancs que le lait qu'elle garde pour eux;
Qu'ils aillent avec toi, je te les abandonne.
Adieu. Puisse du moins ce peu que je te donne
De ta triste mémoire effacer tes malheurs
Et, soigné par tes mains, distraire tes douleurs!

LE BERGER.

Oui, donne et sois maudit; car si j'étais plus sage,
Ces dons sont pour mon cœur d'un sinistre présage;
De mon despote avare ils choqueront les yeux.
Il ne croit pas qu'on donne : il est fourbe, envieux;
Il dira que chez lui j'ai volé le salaire
Dont j'aurai pu payer les chevreaux et la mère;
Et, d'un si bon prétexte ardent à se servir,
C'est à moi que lui-même il viendra les ravir.

Commencé le vendredi au soir 10, et fini le dimanche au soir 12 mars 1787 [1].

---

[1]. Il y a ici une erreur du poète : le 10 mars 1787 fut un samedi, et le 12 un lundi.

IV[1]

LE MALADE[2]

O Apollon, dieu des plantes, sauveur tout-puissant, prends pitié de mon fils, de mon unique enfant ; prends pitié de sa vieille mère. Guéris cette fièvre brûlante qui lui creuse le tombeau... S'il retourne garder jamais les chèvres à la montagne... ma belle coupe sera suspendue au pied de ta statue, et tous les ans[3] je t'immolerai un chevreau blanc... O mon fils, qu'as-tu? mon cher fils, ne veux-tu point dire quel mal te consume? veux-tu mourir? veux-tu laisser ta mère seule avec ses cheveux blancs? Faudra-t-il que j'unisse ta cendre à celle de ton père? — Ma mère, adieu, je meurs, et tu n'as plus de fils. Une plaie incurable me consume, un mal implacable me dévore... je suis affaibli... mes couvertures me pèsent... Aide-moi... Je me meurs. Tourne-moi sur le flanc... Ah ! j'expire ! ô douleurs ! — O mon unique enfant, tiens, prends ce breuvage tout chaud, il te rendra des forces... il est composé de telles et telles herbes... et des larmes de ta mère... Il y a tant de jours que tu n'as rien pris !... Ne veux-tu point

---

1. Édition 1819.
2. Ce morceau est imité d'un épisode du petit roman grec de Théodore Prodrome, intitulé : « Aventures de Rhodanthe et de Cosiclès. » — Cette source a été découverte et signalée par M. Reinhold Dezeimeris.
3. On trouve en cet endroit du canevas cette variante :

Et tous les ans :

    . . . . . D'un jeune taureau blanc,
La hache à tes autels fera couler le sang.

Le manuscrit de la pièce en vers porte :

    Et, chaque été nouveau, d'un jeune taureau blanc
La hache à ton autel fera couler le sang.

te laisser consoler par ta mère?... Dans ton enfance, quand tu souffrais, quand les dents te faisaient pleurer, ta mère venait te caresser; tu lui souriais et tu étais consolé. Tiens, mon unique enfant, prends ce vase, presse-le de tes lèvres comme tu as autrefois pressé mon sein. Que ce breuvage te nourrisse, comme mon lait t'a nourri. — Il est un lieu au bord de l'Érymanthe, où les jeunes filles viennent danser, il ne produit pas de poisons ni de serpents, il n'y a point d'aussi beau lieu dans toute la nature. Il y a trois jours que j'y ai vu danser les jeunes filles, je ne les reverrai plus. Oh! porte-moi au pied de l'Érymanthe, que je le revoie encore..., que je voie la fumée sortir du toit de cette cabane où elle est assise auprès de son vieux père, et charme ses derniers jours; que je la voie par-dessus la haie se promener en silence dans son jardin auprès du tombeau de sa mère... oh! que tes yeux sont doux, etc. (deux vers). — Mon fils, c'est l'amour qui t'a si cruellement blessé... oui, c'est toujours l'amour qui cause les tourments des humains. Quelle vierge as-tu vue danser au pied de l'Érymanthe? Mais, mon fils, mais dis-moi, quelle belle dansante, quelle vierge as-tu vue, etc... Tu es beau et riche, il n'en est point qui puisse te refuser. Est-ce une telle?... une telle?... ou bien ce sera celle qui... est-ce cette belle Daphné? — Dieux! ma mère, tais-toi, tais-toi, je veux mourir, je veux mourir... Cette belle Daphné est fière... elle a refusé tous les amants, elle m'eût refusé sans doute... non, je ne veux point qu'elle sache... mais, ma mère, vole s'il en est temps encore, va, cours, va chez elle, prends cette corbeille de fruits. Prends ceci, prends cela... jette tout à ses pieds, apprends-lui qui je suis, dis-lui que je me meurs, que tu n'as plus de fils, pleure aux pieds du vieillard... pars, et si tu reviens sans les avoir fléchis, adieu, ma mère, adieu, tu n'auras plus de fils... Elle part courbée sur un bâton... puis revient en criant de loin : Mon cher fils, tu vivras... Elle entre suivie du vieillard et de la jeune fille qui, timide et rougissant, jette un coup d'œil sur le lit du jeune homme, s'approche et dit : Ami, depuis trois jours tu manquais à nos fêtes, je ne te voyais plus. Pourquoi veux-tu mourir? tu souffres? On me dit que je peux te guérir. Vis, formons tous ensemble une seule famille. Que mon père ait un fils et ta mère une fille.

« Apollon, Dieu sauveur, dieu des savants mystères,
Dieu de la vie, et dieu des plantes solitaires,
Dieu vainqueur de Python, dieu jeune et triomphant,
Prends pitié de mon fils, de mon unique enfant!
Prends pitié de sa mère aux larmes condamnée,
Qui ne vit que pour lui, qui meurt abandonnée,
Qui n'a pas dû rester pour voir mourir son fils;
Dieu jeune, viens aider sa jeunesse. Assoupis,
Assoupis dans son sein cette fièvre brûlante
Qui dévore la fleur de sa vie innocente.
Apollon, si jamais, échappé du tombeau,
Il retourne au Ménale avoir soin du troupeau,
Ces mains, ces vieilles mains orneront ta statue
De ma coupe d'onyx à tes pieds suspendue;
Et, chaque été nouveau, d'un jeune taureau blanc[1]
La hache à ton autel fera couler le sang.
Eh bien! mon fils, es-tu toujours impitoyable?
Ton funeste silence est-il inexorable?
Enfant, tu veux mourir? Tu veux, dans ses vieux ans,
Laisser ta mère seule avec ses cheveux blancs?
Tu veux que ce soit moi qui ferme ta paupière?
Que j'unisse ta cendre à celle de ton père?
C'est toi qui me devais ces soins religieux,
Et ma tombe attendait tes pleurs et tes adieux.
Parle, parle, mon fils, quel chagrin te consume?
Les maux qu'on dissimule en ont plus d'amertume.

---

1. Le premier éditeur, de La Touche, avait mis :
        Et chaque été nouveau d'un taureau mugissant,
correction qui n'était pas heureuse.

Ne lèveras-tu point ces yeux appesantis?

— Ma mère, adieu; je meurs, et tu n'as plus de fils.
Non, tu n'as plus de fils, ma mère bien-aimée.
Je te perds. Une plaie ardente, envenimée,
Me ronge; avec effort je respire, et je crois
Chaque fois respirer pour la dernière fois.
Je ne parlerai pas. Adieu; ce lit me blesse;
Ce tapis[1] qui me couvre accable ma faiblesse,
Tout me pèse et me lasse. Aide-moi, je me meurs.
Tourne-moi sur le flanc. Ah! j'expire! ô douleurs!

— Tiens, mon unique enfant, mon fils, prends ce breuvage,
Sa chaleur te rendra ta force et ton courage.
La mauve, le dictame[2] ont, avec les pavots,
Mêlé leurs sucs puissants qui donnent le repos :
Sur le vase bouillant, attendrie à mes larmes,
Une Thessalienne a composé des charmes.
Ton corps débile a vu trois retours du soleil
Sans connaître Cérès[3], ni tes yeux le sommeil.
Prends, mon fils, laisse-toi fléchir à ma prière;
C'est ta mère, ta vieille inconsolable mère
Qui pleure; qui jadis te guidait pas à pas,
T'asseyait sur son sein, te portait dans ses bras;
Que tu disais aimer, qui t'apprit à le dire;
Qui chantait; et souvent te forçait à sourire
Lorsque tes jeunes dents, par de vives douleurs,

---

1. *Tapis*, étoffe de laine, couverture; c'est le sens du mot latin *tapes* et du mot grec τάπης.
2. Le dictame est la plante que Vénus va cueillir sur l'Ida pour guérir les blessures d'Énée. Il faisait partie de la flore médicinale de l'antiquité, qui n'est plus tout à fait la nôtre.
3. C'est-à-dire sans prendre de nourriture.

De tes yeux enfantins faisaient couler des pleurs.
Tiens, presse de ta lèvre, hélas! pâle et glacée,
Par qui cette mamelle était jadis pressée;
Que ce suc te nourrisse et vienne à ton secours,
Comme autrefois mon lait nourrit tes premiers jours[1].

— O coteaux d'Érymanthe! ô vallons! ô bocage!
O vent sonore et frais qui troublais le feuillage,
Et faisais frémir l'onde, et sur leur jeune sein

---

[1]. Le premier éditeur avait cru devoir mettre une virgule au lieu d'un point, qui est dans le manuscrit ; et, continuant la pensée, il avait arrangé ainsi ces quatre vers :

> Tiens, presse de ta lèvre, hélas! pâle et glacée,
> Par qui cette mamelle était jadis pressée,
> Un suc qui te nourrisse et vienne à ton secours,
> Comme autrefois mon lait nourrit tes premiers jours.

Presser un suc de sa lèvre offre une idée qu'André n'a point eue, car le manuscrit laisse voir ces deux vers rayés par l'auteur :

> Presse, mon fils, ce vase en tes lèvres fidèles
> Comme elles ont pressé mes fécondes mamelles.

Mais le poète y substitua les deux vers :

> Tiens, presse de ta lèvre, hélas! pâle et glacée,
> Par qui cette mamelle était jadis pressée.

Il en résulte que : Tiens, presse de ta lèvre, etc., se rapporte au vase qu'elle lui présente en lui disant :

> Tiens, mon unique enfant, mon fils, prends ce breuvage ;

elle insiste, elle le prie de boire le breuvage, et enfin elle lui dit de presser de ses lèvres le vase qu'elle lui offre ; puis vient cette pensée qui contient tout à la fois un souhait et une espérance :

> Que ce suc te nourrisse et vienne à ton secours
> Comme autrefois mon lait nourrit tes premiers jours.

(*Note de G. de Chénier.*)

M. Dezeimeris propose de lire :

> Tiens, présente ta lèvre...

M. Becq de Fouquières estime que le poète n'a pas achevé une correction qu'il avait l'intention de faire, et qu'il faudrait dès lors revenir pour les deux premiers vers à la rédaction primitive :

> Presse, mon fils, ce vase en tes lèvres fidèles
> Comme elles ont pressé mes fécondes mamelles.

BUCOLIQUES.

Agitais les replis de leur robe de lin !
De légères beautés troupe agile et dansante...
Tu sais, tu sais, ma mère? aux bords de l'Érymanthe...
Là, ni loups ravisseurs, ni serpents, ni poisons...
O visage divin! ô fêtes! ô chansons !
Des pas entrelacés, des fleurs, une onde pure,
Aucun lieu n'est si beau dans toute la nature.
Dieux! ces bras et ces flancs, ces cheveux, ces pieds nus[1],
Si blancs, si délicats!... Je ne te verrai plus !
Oh! portez, portez-moi sur les bords d'Érymanthe ;
Que je la voie encor, cette vierge dansante !
Oh! que je voie au loin la fumée à longs flots
S'élever de ce toit au bord de cet enclos...
Assise à tes côtés, ses discours, sa tendresse,
Sa voix, trop heureux père! enchante ta vieillesse.
Dieux! par-dessus la haie élevée en remparts,
Je la vois, à pas lents, en longs cheveux épars,
Seule, sur un tombeau, pensive, inanimée,
S'arrêter et pleurer sa mère bien-aimée.
Oh! que tes yeux sont doux! que ton visage est beau !
Viendras-tu point aussi pleurer sur mon tombeau?
Viendras-tu point aussi, la plus belle des belles,
Dire sur mon tombeau : « Les Parques sont cruelles! »

— Ah! mon fils, c'est l'amour, c'est l'amour insensé
Qui t'a jusqu'à ce point cruellement blessé?
Ah! mon malheureux fils! Oui, faibles que nous sommes,
C'est toujours cet amour qui tourmente les hommes.
S'ils pleurent en secret, qui lira dans leur cœur

---

1. Le premier éditeur avait mis

   Dieux! ces bras et ces fleurs.

Verra que c'est toujours cet amour en fureur.
Mais, mon fils, mais dis-moi, quelle belle dansante,
Quelle vierge as-tu vue au bord de l'Érymanthe?
N'es-tu pas riche et beau, du moins quand la douleur
N'avait point de ta joue éteint la jeune fleur?
Parle. Est-ce cette Églé, fille du roi des ondes,
Ou cette jeune Irène aux longues tresses blondes?
Ou ne sera-ce point cette fière beauté
Dont j'entends le beau nom chaque jour répété,
Dont j'apprends que partout les belles sont jalouses?
Qu'aux temples, aux festins, les mères, les épouses,
Ne sauraient voir, dit-on, sans peine et sans effroi?
Cette belle Daphné?... — Dieux! ma mère, tais-toi,
Tais-toi. Dieux! Qu'as-tu dit! Elle est fière, inflexible;
Comme les immortels, elle est belle et terrible!
Mille amants l'ont aimée; ils l'ont aimée en vain.
Comme eux j'aurais trouvé quelque refus hautain.
Non, garde que jamais elle soit informée...
Mais, ô mort! ô tourment! ô mère bien-aimée!
Tu vois dans quels ennuis dépérissent mes jours.
Ma mère bien-aimée, ah! viens à mon secours :
Je meurs; va la trouver : que tes traits, que ton âge,
De sa mère à ses yeux offrent la sainte image.
Tiens, prends cette corbeille et nos fruits les plus beaux,
Prends notre Amour d'ivoire, honneur de ces hameaux;
Prends la coupe d'onyx à Corinthe ravie,
Prends mes jeunes chevreaux, prends mon cœur, prends ma vie,
Jette tout à ses pieds; apprends-lui qui je suis;
Dis-lui que je me meurs, que tu n'as plus de fils.
Tombe aux pieds du vieillard, gémis, implore, presse;
Adjure cieux et mers, dieu, temple, autel, déesse;
Pars; et si tu reviens sans les avoir fléchis

Adieu, ma mère, adieu, tu n'auras plus de fils[1].
— J'aurai toujours un fils ; va, la belle espérance
Me dit... » Elle s'incline, et, dans un doux silence,
Elle couvre ce front, terni par les douleurs,
De baisers maternels entremêlés de pleurs.
Puis elle sort en hâte, inquiète et tremblante,
Sa démarche est de crainte et d'âge chancelante.
Elle arrive ; et bientôt revenant sur ses pas,
Haletante, de loin : « Mon cher fils, tu vivras,
Tu vivras. » Elle vient s'asseoir près de la couche :
Le vieillard la suivait, le sourire à la bouche.
La jeune belle aussi, rouge et le front baissé,
Vient, jette sur le lit un coup d'œil. L'insensé
Tremble ; sous ses tapis[2] il veut cacher sa tête.
« Ami, depuis trois jours tu n'es d'aucune fête,
Dit-elle ; que fais-tu ? pourquoi veux-tu mourir ?
Tu souffres. On me dit que je peux te guérir.
Vis, et formons ensemble une seule famille :
Que mon père ait un fils, et ta mère une fille. »

Dans une autre (pièce) tous deux ils se diront... L'un peindra ce que la vue de sa maîtresse, lorsqu'il la vit entrer et s'approcher de son lit, produisit sur lui (très poétiquement) Boux... Elle répondra qu'elle l'aimait, qu'elle était malheureuse, qu'elle n'avait été heureuse que lorsque la mère de son époux était venue chez elle faire la proposition ; qu'auparavant elle pleurait, et que son père la rassurait en lui disant (une sentence en un vers) : dix vers.

1. Comparez Racine, *Phèdre*, III, i.
2. Voyez la note de la page 61. Le premier éditeur avait mis :
Sous ses tissus...

V[1]

LE MENDIANT

La fille de Lycus, âgée de huit ans[2], va mangeant un gâteau le long du bois... Il en sort un pauvre qui lui demande l'aumône. A cette voix, effrayée, elle s'enfuit en courant... mais il la presse... en deux ou trois vers touchants. Elle se rassure, revient et lui donne son gâteau, et lui dit : Ne pleure pas... viens ce soir à la maison de mon père, c'est Lycus... et je te donnerai encore des gâteaux... A ce nom de Lycus, le mendiant se relève et contemple avec avidité cette jeune fille qui s'enfuit... Il arrive le soir... il entre dans la salle du festin... dit quelques vers touchants... Lycus lui apporte des viandes et du vin... Étranger, mange et bois... je te donnerai un lit... Le sommeil, le vin, la bonne chère font oublier les maux et raniment l'espérance... espère, ô étranger... Je n'ai pas toujours été le riche Lycus... moi aussi, j'ai tendu la main pour recevoir les dons de Cléotas... Périssent les ingrats ! de tous les coupables qu'enferme le Tartare il n'en est point de plus haïs des hommes et des dieux... Puisse toujours Cléotas vivre dans la prospérité !... O mon hôte, hôte des malheureux, dit le mendiant, tes vœux ne sont point exaucés... Cléotas est dans l'abîme... un tel malheur l'a réduit à la misère et a semé d'amertume ses derniers jours... Étranger, ce discours est cruel pour moi... plus de joie, plus de festin... ô Cléotas !... Hôte de l'indigent, sache que tous les humains sont nés pour souffrir... tu as perdu ton ami... j'eus un ami aussi... Le seul bien qui me soit resté est le signe d'hospitalité

---

1. Édition 1819. Ce morceau avait paru, par fragments, en 1816, dans le recueil intitulé *Mélanges littéraires*, etc., édité par M. Fayolle.
  Le sujet est tiré du VIe livre de l'*Odyssée :* Ulysse chez les Phéaciens.
2. Le manuscrit en vers dit 12 ans. Le premier édit. avait mis 10 ans.

qu'il m'avait donné... vois si tu le connais... Il le regarde... le reconnaît pour le sien... envisage l'étranger, reconnaît Cléotas... détache son manteau de pourpre, le met sur les épaules du respectable indigent,.. et la jeune fille s'approche de lui et lui prend la main en souriant.

C'était quand le printemps a reverdi les prés.
La fille de Lycus, vierge aux cheveux dorés,
Sous les monts Achéens, non loin de Cérynée,
. . . .
. . . .
Errait à l'ombre, aux bords du faible et pur Crathis;
Car les eaux du Crathis, sous des berceaux de frêne,
Entouraient de Lycus le fertile domaine.
. . . . Soudain, à l'autre bord,
Du fond d'un bois épais, un noir fantôme sort,
Tout pâle, demi-nu, la barbe hérissée :
Il remuait à peine une lèvre glacée;
Des hommes et des dieux implorait le secours,
Et dans la forêt sombre errait depuis deux jours.
Il se traîne, il n'attend qu'une mort douloureuse;
Il succombe. L'enfant, interdite et peureuse,
A ce hideux aspect[1] sorti du fond du bois,
Veut fuir; mais elle entend sa lamentable voix.
Il tend les bras, il tombe à genoux; il lui crie
Qu'au nom de tous les dieux il la conjure, il prie,
Et qu'il n'est point à craindre, et qu'une ardente faim
L'aiguillonne et le tue, et qu'il expire enfin.

« Si, comme je le crois, belle dès ton enfance,
C'est le dieu de ces eaux qui t'a donné naissance,

---

1. Le premier éditeur a mis :
    A ce spectre hideux...

Nymphe, souvent les vœux des malheureux humains
Ouvrent des immortels les bienfaisantes mains.
Ou si c'est quelque front porteur d'une couronne
Qui te nomme sa fille et te destine au trône,
Souviens-toi, jeune enfant, que le ciel quelquefois
Venge les opprimés sur la tête des rois.
Belle vierge, sans doute enfant d'une déesse,
Crains de laisser périr l'étranger en détresse ;
L'étranger qui supplie est envoyé des dieux. »
Elle reste. A le voir elle enhardit ses yeux,
. . . . et d'une voix encore
Tremblante : « Ami, le ciel écoute qui l'implore.
Mais ce soir, quand la nuit descend sur l'horizon,
Passe le pont mobile, entre dans la maison ;
J'aurai soin qu'on te laisse entrer sans méfiance.
Pour la douzième fois célébrant ma naissance,
Mon père doit donner une fête aujourd'hui.
Il m'aime, il n'a que moi ; viens t'adresser à lui,
C'est le riche Lycus. Viens ce soir ; il est tendre,
Il est humain : il pleure aux pleurs qu'il voit répandre. »
Elle achève ces mots, et, le cœur palpitant,
S'enfuit ; car l'étranger sur elle, en l'écoutant,
Fixait de ses yeux creux l'attention avide.
Elle rentre, cherchant dans le palais splendide
L'esclave près de qui toujours ses jeunes ans
Trouvent un doux accueil et des soins complaisants.
Cette sage affranchie avait nourri sa mère ;
Maintenant sous des lois de vigilance austère,
Elle et son vieil époux, au devoir rigoureux
Rangent des serviteurs le cortège nombreux.
Elle la voit de loin dans le fond du portique,
Court, et posant ses mains sur ce visage antique :

« Indulgente nourrice, écoute; il faut de toi
Que j'obtienne un grand bien. Ma mère, écoute-moi.
Un pauvre, un étranger, dans la misère extrême,
Gémit sur l'autre bord, mourant, affamé, blême...
Ne me décèle point. De mon père aujourd'hui
J'ai promis qu'il pourrait solliciter l'appui.
Fais qu'il entre; et surtout, ô mère de ma mère!
Garde que nul mortel n'insulte à sa misère.

— Oui, ma fille; chacun fera ce que tu veux,
Dit l'esclave en baisant son front et ses cheveux;
Oui, qu'à ton protégé ta fête soit ouverte.
Ta mère, mon élève (inestimable perte!)
Aimait à soulager les faibles abattus :
Tu lui ressembleras autant par tes vertus
Que par tes yeux si doux et tes grâces naïves. »

Mais cependant la nuit assemble les convives :
En habits somptueux, d'essences parfumés,
Ils entrent. Aux lambris d'ivoire et d'or formés,
Pend le lin d'Ionie en brillantes courtines;
Le toit s'égaye et rit de mille odeurs divines.
La table au loin circule, et d'apprêts savoureux
Se charge. L'encens vole en longs flots vaporeux;
Sur leurs bases d'argent, des formes animées
Élèvent dans leurs mains des torches enflammées;
Les figures, l'onyx, le cristal, les métaux
En vases hérissés d'hommes ou d'animaux,
Partout sur les buffets, sur la table étincellent;
Plus d'une lyre est prête; et partout s'amoncellent
Et les rameaux de myrte et les bouquets de fleurs.
On s'étend sur les lits teints de mille couleurs;

Près de Lycus, sa fille, idole de la fête,
Est admise. La rose a couronné sa tête.
Mais, pour que la décence impose un juste frein,
Lui-même est par eux tous élu roi du festin.
Et déjà vins, chansons, joie, entretiens sans nombre,
Lorsque, la double porte ouverte, un spectre sombre
Entre, cherchant des yeux l'autel hospitalier.
La jeune enfant rougit. Il court vers le foyer;
Il embrasse l'autel, s'assied parmi la cendre;
Et tous, l'œil étonné, se taisent pour l'entendre.

« Lycus, fils d'Événon [1], que les dieux et le temps
N'osent jamais troubler tes destins éclatants!
Ta pourpre, tes trésors, ton front noble et tranquille,
Semblent d'un roi puissant, l'idole de sa ville.
A ton riche banquet un peuple convié
T'honore comme un dieu de l'Olympe envoyé.
Regarde un étranger qui meurt dans la poussière,
Si tu ne tends vers lui la main hospitalière.
Inconnu, j'ai franchi le seuil de ton palais :
Trop de pudeur peut nuire à qui vit de bienfaits.
Lycus, par Jupiter, par ta fille innocente
Qui m'a seule indiqué ta porte bienfaisante!...
Je fus riche autrefois : mon banquet opulent
N'a jamais repoussé l'étranger suppliant.
Et pourtant aujourd'hui la faim est mon partage,
La faim qui flétrit l'âme autant que le visage,
Par qui l'homme, souvent importun, odieux,
Est contraint de rougir et de baisser les yeux!

---

1. M. Becq de Fouquières propose de lire Evœmon, Evenon n'étant pas un nom grec, tandis que Evœmon est un nom grec et un nom Thessalien. Voy. *Iliade,* livre II, v. 736.

— Étranger, tu dis vrai, le hasard téméraire
Des bons ou des méchants fait le destin prospère.
Mais sois mon hôte. Ici l'on hait plus que l'enfer
Le public ennemi, le riche au cœur de fer,
Enfant de Némésis, dont le dédain barbare
Aux besoins des mortels ferme son cœur avare.
Je rends grâce à l'enfant qui t'a conduit ici.
Ma fille, c'est bien fait; poursuis toujours ainsi.
Respecter l'indigence est un devoir suprême.
Souvent les immortels (et Jupiter lui-même)
Sous des haillons poudreux, de seuil en seuil traînés,
Viennent tenter le cœur des humains fortunés. »

D'accueil et de faveur un murmure s'élève.
Lycus descend, accourt, tend la main, le relève :
« Salut, père étranger; et que puissent tes vœux
Trouver le ciel propice à tout ce que tu veux!
Mon hôte, lève-toi. Tu parais noble et sage;
Mais cesse avec ta main de cacher ton visage.
Souvent marchent ensemble Indigence et Vertu;
Souvent d'un vil manteau le sage revêtu,
Seul, vit avec les dieux et brave un sort inique.
Couvert de chauds tissus, à l'ombre du portique,
Sur de molles toisons, en un calme sommeil,
Tu peux, ici dans l'ombre, attendre le soleil.
Je te ferai revoir tes foyers, ta patrie,
Tes parents, si les dieux ont épargné leur vie.
Car tout mortel errant nourrit un long amour
D'aller revoir le sol qui lui donna le jour.
Mon hôte, tu franchis le seuil de ma famille
A l'heure qui jadis a vu naître ma fille.
Salut! Vois, l'on t'apporte et la table et le pain :

Sieds-toi. Tu vas d'abord rassasier ta faim.
Puis, si nulle raison ne te force au mystère,
Tu nous diras ton nom, ta patrie et ton père. »

Il retourne à sa place après que l'indigent
S'est assis. Sur ses mains de l'aiguière d'argent
Par une jeune esclave une eau pure est versée.
Une table de cèdre, où l'éponge est passée,
S'approche, et vient offrir à son avide main
Et les fumantes chairs sur le disque d'airain,
Et l'amphore vineuse, et la coupe aux deux anses.
« Mange et bois, dit Lycus ; oublions les souffrances.
Ami, leur lendemain est, dit-on, un beau jour. »

. . . .

Bientôt Lycus se lève et fait emplir sa coupe,
Et veut que l'échanson verse à toute la troupe :
« Pour boire à Jupiter qui nous daigne envoyer
L'étranger devenu l'hôte de mon foyer. »
Le vin de main en main va coulant à la ronde ;
Lycus lui-même emplit une coupe profonde,
L'envoie à l'étranger. « Salut, mon hôte, bois.
De ta ville bientôt tu reverras les toits,
Fussent-ils par delà les glaces du Caucase. »
Des mains de l'échanson l'étranger prend le vase,
Se lève et sur eux tous il invoque les dieux.
On boit ; il se rassied. Et jusque sur les yeux
Ses noirs cheveux toujours ombrageant son visage,
De sourire et de plainte il mêle son langage.

« Mon hôte, maintenant que sous tes nobles toits
De l'importun besoin j'ai calmé les abois,

Oserai-je à ma langue abandonner les rênes?
Je n'ai plus ni pays, ni parents, ni domaines.
Mais écoute : le vin, par toi-même versé,
M'ouvre la bouche. Ainsi, puisque j'ai commencé,
Entends ce que peut-être il eût mieux valu taire.
Excuse enfin ma langue, excuse ma prière;
Car du vin, tu le sais, la téméraire ardeur
Souvent à l'excès même enhardit la pudeur.
Meurtri de durs cailloux ou de sables arides,
Déchiré de buissons ou d'insectes avides,
D'un long jeûne flétri, d'un long chemin lassé,
Et de plus d'un grand fleuve en nageant traversé,
Je parais énervé, sans vigueur, sans courage;
Mais je suis né robuste et n'ai point passé l'âge.
La force et le travail, que je n'ai point perdus,
Par un peu de repos me vont être rendus.
Emploie alors mes bras à quelques soins rustiques.
Je puis dresser au char tes coursiers olympiques,
Ou sous les feux du jour, courbé vers le sillon,
Je puis même, tournant la meule nourricière,
Broyer le pur froment en farine légère.
Je puis, la serpe en main, planter et diriger
Et le cep et la treille, espoir de ton verger.
Je tiendrai la faucille ou la faux recourbée,
Et devant mes pas l'herbe ou la moisson tombée
Viendra remplir ta grange en la belle saison;
Afin que nul mortel ne dise en ta maison,
Me regardant d'un œil insultant et colère :
O vorace étranger, qu'on nourrit à rien faire!

— Vénérable indigent, va, nul mortel chez moi
N'oserait élever sa langue contre toi.

Tu peux ici rester, même oisif et tranquille,
Sans craindre qu'un affront ne trouble ton asile.
— L'indigent se méfie. — Il n'est plus de danger.
— L'homme est né pour souffrir. — Il est né pour changer.
— Il change d'infortune! — Ami, reprends courage :
Toujours un vent glacé ne souffle point l'orage.
Le ciel d'un jour à l'autre est humide ou serein,
Et tel pleure aujourd'hui qui sourira demain.

— Mon hôte, en tes discours préside la sagesse.
Mais quoi! la confiante et paisible richesse
Parle ainsi. L'indigent espère en vain du sort;
En espérant toujours il arrive à la mort.
Dévoré de besoins, de projets, d'insomnie,
Il vieillit dans l'opprobre et dans l'ignominie.
Rebuté des humains durs, envieux, ingrats,
Il a recours aux dieux qui ne l'entendent pas.
Toutefois ta richesse accueille mes misères;
Et puisque ton cœur s'ouvre à la voix des prières,
Puisqu'il sait, ménageant le faible humilié,
D'indulgence et d'égards tempérer la pitié,
S'il est des dieux du pauvre, ô Lycus! que ta vie
Soit un objet pour tous et d'amour et d'envie.

— Je te le dis encore, espérons, étranger.
Que mon exemple au moins serve à t'encourager.
Des changements du sort j'ai fait l'expérience.
Toujours un même éclat n'a point à l'indigence
Fait du riche Lycus envier le destin :
J'ai moi-même été pauvre et j'ai tendu la main.
Cléotas de Larisse, en ses jardins immenses,
Offrit à mon travail de justes récompenses.

« Jeune ami, j'ai trouvé quelques vertus en toi ;
Va, sois heureux, dit-il, et te souviens de moi. »
Oui, oui, je m'en souviens : Cléotas fut mon père ;
Tu vois le fruit des dons de sa bonté prospère.
A tous les malheureux je rendrai désormais
Ce que dans mes malheurs je dus à ses bienfaits.
Dieux, l'homme bienfaisant est votre cher ouvrage ;
Vous n'avez point ici d'autre visible image ;
Il porte votre empreinte, il sortit de vos mains
Pour vous représenter aux regards des humains.
Veillez sur Cléotas ! Qu'une fleur éternelle,
Fille d'une âme pure, en ses traits étincelle ;
Que nombre de bienfaits, ce sont là ses amours,
Fassent une couronne à chacun de ses jours ;
Et quand une mort douce et d'amis entourée
Recevra sans douleur sa vieillesse sacrée,
Qu'il laisse avec ses biens ses vertus pour appui
A des fils, s'il se peut, encor meilleurs que lui.

— Hôte des malheurs, le sort inexorable
Ne prend point les avis de l'homme secourable.
Tous, par sa main de fer en aveugles poussés,
Nous vivons ; et tes vœux ne sont point exaucés.
Cléotas est perdu ; son injuste patrie
L'a privé de ses biens, elle a proscrit sa vie.
De ses concitoyens dès longtemps envié,
De ses nombreux amis en un jour oublié,
Au lieu de ces tapis qu'avait tissus l'Euphrate,
Au lieu de ces festins brillants d'or et d'agate
Où ses hôtes, parmi les chants harmonieux,
Savouraient jusqu'au jour les vins délicieux,
Seul maintenant, sa faim, visitant les feuillages,

Dépouille les buissons de quelques fruits sauvages;
Ou, chez le riche altier apportant ses douleurs,
Il mange un pain amer tout trempé de ses pleurs,
Errant et fugitif, de ses beaux jours de gloire
Gardant, pour son malheur, la pénible mémoire,
Sous les feux du midi, sous le froid des hivers,
Seul, d'exil en exil, de déserts en déserts,
Pauvre et semblable à moi, languissant et débile,
Sans appui qu'un bâton, sans foyer, sans asile,
Revêtu de ramée ou de quelques lambeaux,
Et sans que nul mortel attendri sur ses maux
D'un souhait de bonheur le flatte et l'encourage;
Les torrents et la mer, l'aquilon et l'orage,
Les corbeaux et des loups les tristes hurlements
Répondant seuls la nuit à ses gémissements;
N'ayant d'autres amis que les bois solitaires,
D'autres consolateurs que ses larmes amères,
Il se traîne; et souvent sur la pierre il s'endort
A la porte d'un temple, en invoquant la mort.
— Que m'as-tu dit? La foudre a tombé sur ma tête.
Dieux! ah! grands dieux! partons. Plus de jeux, plus de fête,
Partons. Il faut vers lui trouver des chemins sûrs;
Partons. Jamais sans lui je ne revois ces murs.
Ah! dieux! quand dans le vin, les festins, l'abondance,
Enivré des vapeurs d'une folle opulence,
Celui qui lui doit tout chante, et s'oublie, et rit,
Lui peut-être il expire, affamé, nu, proscrit,
Maudissant, comme ingrat, son vieil ami qui l'aime.
Parle : était-ce bien lui? le connais-tu toi-même?
En quels lieux était-il? où portait-il ses pas?
Il sait où vit Lycus, pourquoi ne vient-il pas?
Parle : était-ce bien lui? parle, parle, te dis-je;

Où l'as-tu vu? — Mon hôte, à regret je t'afflige.
C'était lui, je l'ai vu. . . . .
. . . .
. . . . Les douleurs de son âme
Avaient changé ses traits. Ses deux fils et sa femme,
A Delphes, confiés au ministre du dieu,
Vivaient de quelques dons offerts dans le saint lieu.
Par des sentiers secrets fuyant l'aspect des villes,
On les avait suivis jusques aux Thermopyles.
Il en gardait encore un douloureux effroi.
Je le connais; je fus son ami comme toi.
D'un même sort jaloux une même injustice
Nous a tous deux plongés au même précipice.
Il me donna jadis (ce bien seul m'est resté)
Sa marque d'alliance et d'hospitalité.
Vois si tu la connais. » De surprise immobile,
Lycus a reconnu son propre sceau d'argile;
Ce sceau, don mutuel d'immortelle amitié,
Jadis à Cléotas par lui-même envoyé.

Il ouvre un œil avide, et longtemps envisage
L'étranger. Puis enfin sa voix trouve un passage.
« Est-ce toi, Cléotas? toi qu'ainsi je revoi?
Tout ici t'appartient. O mon père! est-ce toi?
Je rougis que mes yeux aient pu te méconnaître.
Cléotas! ô mon père! ô toi qui fus mon maître,
Viens; je n'ai fait ici que garder ton trésor,
Et ton ancien Lycus veut te servir encor.
J'ai honte à ma fortune en regardant la tienne. »
Et, dépouillant soudain la pourpre tyrienne
Que tient sur son épaule une agrafe d'argent,
Il l'attache lui-même à l'auguste indigent.

Les convives levés l'entourent ; l'allégresse
Rayonne en tous les yeux. La famille s'empresse ;
On cherche des habits, on réchauffe le bain.
La jeune enfant approche ; il rit, lui tend la main :
« Car c'est toi, lui dit-il, c'est toi qui la première,
Ma fille, m'as ouvert la porte hospitalière. »

VI[1]

MNAZILE ET CHLOÉ

CHLOÉ.

Fleurs, bocage sonore, et mobiles roseaux
Où murmure Zéphyre au murmure des eaux,
Parlez, le beau Mnazile est-il sous vos ombrages ?
Il visite souvent vos paisibles rivages.
Souvent j'écoute, et l'air qui gémit dans vos bois
A mon oreille au loin vient apporter sa voix.

MNAZILE.

Onde, mère des fleurs, naïade transparente
Qui pressez mollement cette enceinte odorante,
Amenez-y Chloé, l'amour de mes regards.
Vos bords m'offrent souvent ses vestiges épars.
Souvent ma bouche vient, sous vos sombres allées,
Baiser l'herbe et les fleurs que ses pas ont foulées.

CHLOÉ.

Oh ! s'il pouvait savoir quel amoureux ennui

1. Édition 1819.

Me rend cher ce bocage où je rêve de lui!
Peut-être je devais d'un souris favorable
L'inviter, l'engager à me trouver aimable.

MNAZILE.

Si pour m'encourager quelque dieu bienfaiteur
Lui disait que son nom fait palpiter mon cœur!
J'aurais dû l'inviter, d'une voix douce et tendre,
A se laisser aimer, à m'aimer, à m'entendre.

CHLOÉ.

Ah! je l'ai vu; c'est lui. Dieux! je vais lui parler!
O ma bouche! ô mes yeux! gardez de vous troubler.

MNAZILE.

Le feuillage a frémi. Quelque robe légère...
C'est elle! ô mes regards! ayez soin de vous taire

CHLOÉ.

Quoi! Mnazile est ici? Seule, errante, mes pas
Cherchaient ici le frais et ne t'y croyaient pas.

MNAZILE.

Seul, au bord de ces flots que le tilleul couronne,
J'avais fui le soleil et n'attendais personne...

―――

Vous du blond Anio[1] naïade au pied fluide[2],

―――

1. Au-dessus du mot *Anio*, l'auteur a écrit *ou autre*. (G. DE CH.)
2. Ce court fragment, donné par Sainte-Beuve dans la notice de 1839, semble bien se rattacher au commencement de la pièce qu'on vient de lire.

Vous, filles du Zéphyre et de la Nuit humide,
Fleurs.....

VII[1]

LYDÉ

« Mon visage est flétri des regards du soleil[2].
Mon pied blanc sous la ronce est devenu vermeil.
J'ai suivi tout le jour le fond de la vallée;
Des bêlements lointains partout m'ont appelée*.
J'ai couru : tu fuyais sans doute loin de moi;
C'étaient d'autres pasteurs. Où te chercher, ô toi
Le plus beau des humains? Dis-moi, fais-moi connaître
Où sont donc tes troupeaux, où tu les mènes paître[3],
Pour que je cesse enfin de courir sur les pas
Des troupeaux étrangers que tu ne conduis pas[4].

Une femme, une poétesse, chante ainsi :

O jeune adolescent! tu rougis devant moi.
Vois mes traits sans couleur; ils pâlissent pour toi :

---

* VAR. *Des bêlements confus partout m'ont appelée.*

1. Édition 1819.
2. « *Nolite me considerare quod fusca sim, quia decoloravit me sol.* »
(*Canticum canticorum*, I, 5.)
3. *Indica mihi, quem diligit anima mea, ubi pascas, ubi cubes in meridie, ne vagari incipiam post greges sodalium tuorum.*
(*Ibid.* 6.)
4. Ces deux vers, supprimés par les premiers éditeurs, ont été rétablis par M. G. de Chénier.

C'est ton front virginal, ta grâce, ta décence ;
Viens. Il est d'autres jeux que les jeux de l'enfance.
O jeune adolescent, viens savoir que mon cœur
N'a pu de ton visage oublier la douceur.
Bel enfant, sur ton front la volupté réside.
Ton regard est celui d'une vierge timide.
Ton sein blanc, que ta robe ose cacher au jour,
Semble encore ignorer qu'on soupire d'amour.
Viens le savoir de moi. Viens, je veux te l'apprendre ;
Viens remettre en mes mains ton âme vierge et tendre,
Afin que mes leçons, moins timides que toi,
Te fassent soupirer et languir comme moi ;
Et qu'enfin rassuré, cette joue enfantine
Doive à mes seuls baisers cette rougeur divine.

Dans cet âge où le jeune adolescent ressemble encore à une vierge, qu'il a une voix argentine... qu'il est incertain, et peut devenir un homme ou une fille (peindre cela le mieux possible).

Oh! je voudrais qu'ici tu vinsses un matin
Reposer mollement ta tête sur mon sein !
Je te verrais dormir, retenant mon haleine,
De peur de t'éveiller, ne respirant qu'à peine.
Mon écharpe de lin que je ferais flotter [1],
Loin de ton beau visage aurait soin d'écarter

---

[1]. L'auteur avait d'abord fait ce cinquième vers de cette manière :

Le lin qu'autour de toi ma main ferait flotter ;

puis il le marqua d'un astérisque, et écrivit au-dessous de cette petite pièce :

« Si je mets cela dans la bouche d'une femme, le 5ᵉ vers sera ainsi :

Mon écharpe de lin que je ferais flotter. »

(G. DE CH.)

Les insectes volants dont les ailes bruyantes
Aiment à se poser sur les lèvres dormantes. »

La nymphe l'aperçoit, et l'arrête et soupire.
Vers un banc de gazon, tremblante, elle l'attire;
Elle s'assied. Il vient, timide avec candeur,
Ému d'un peu d'orgueil, de joie et de pudeur.
Les deux mains de la nymphe errent à l'aventure.
L'une, de son front blanc, va de sa chevelure
Former les blonds anneaux. L'autre de son menton
Caresse lentement le mol et doux coton[1].
« Approche, bel enfant, approche, lui dit-elle,
Toi si jeune et si beau, près de moi jeune et belle.
Viens, ô mon bel ami, viens, assieds-toi sur moi.
Dis, quel âge, mon fils, s'est écoulé pour toi?
Aux combats du gymnase as-tu quelque victoire?
Aujourd'hui, m'a-t-on dit, tes comgagnons de gloire,
Trop heureux! te pressaient entre leurs bras glissants,
Et l'olive a coulé sur tes membres luisants.
Tu baisses tes yeux noirs? Bienheureuse la mère
Qui t'a formé si beau, qui t'a nourri pour plaire.
Sans doute elle est déesse. Eh quoi! ton jeune sein
Tremble et s'élève? Enfant, tiens, porte ici ta main.
Le mien plus arrondi s'élève davantage.
Ce n'est pas (le sais-tu? déjà dans le bocage
Quelque voile de nymphe est-il tombé pour toi?)
Ce n'est pas cela seul qui diffère chez moi.

---

1. Le duvet de l'adolescence.
> Ce jouvencel à qui le blond coton,
> Première fleur, sort encor du menton.
> (RONSARD, *Franc.*, II.)
>
> Qu'autant que le premier coton
> Qui de jeunesse est le message.
> (MALHERBE.)

Tu souris? tu rougis? Que ta joue est brillante!
Que ta bouche est vermeille et ta peau transparente!
N'es-tu pas Hyacinthe au blond Phébus si cher?
Ou ce jeune Troyen ami de Jupiter[1]?
Ou celui qui, naissant pour plus d'une immortelle,
Entr'ouvrit de Myrrha l'écorce maternelle[2]?
Ami, qui que tu sois, oh! tes yeux sont charmants,
Bel enfant, aime-moi. Mon cœur de mille amants
Rejeta mille fois la poursuite enflammée;
Mais toi seul, aime-moi, j'ai besoin d'être aimée. »

Vois-tu sur la colline, vois-tu ceci, vois-tu cela?... Si tu
veux m'aimer, tout cela sera à toi.

Mon amour, aime-moi... Sur l'herbe chaque soir,
Au coucher du soleil, nous viendrons nous asseoir.

Je ferai ceci et cela pour te plaire.

« Laisse, ô blanche Lydé, toi par qui je soupire[3],
Sur ton pâle berger tomber un doux sourire[*].

[*] Var.: *Sur ce pâle berger tomber un doux sourire.*

1. Ganymède. Voy. Ovide, *Métam.*, X, 155.
2. Adonis. Voy. au même livre des *Métamorphoses.* Changée en l'arbre d'où découle la myrrhe. Myrrha était mère. Le terme arriva, l'écorce s'entr'ouvrit, et Adonis vint au jour.
3. Ce fragment fut inspiré à l'auteur par ces deux vers de Properce, liv. II, élég. xxv, vers 45 et 46 :

> *Tu non Antimacho, non tutior ibis Homero :*
> *Despicit et magnos recta puella deos.*

A cet endroit du Properce que possédait André, et que je garde comme

Et, de ton grand œil noir daignant chercher ses pas,
Dis-lui : Pâle berger, viens, je ne te hais pas.

— Pâle berger aux yeux mourants, à la voix tendre,
Cesse, à mes doux baisers cesse enfin de prétendre.
Non, berger, je ne puis; je n'en ai point pour toi.
Ils sont tous à Mœris, ils ne sont plus à moi[1]. »

une relique, il a placé un petit morceau de papier contenant une note que je transcris littéralement :

« *Antimaque avait aimé Lydé : il avait fait pour elle des poésies (non élégiaques), à ce que je crois (voyez Athénée, lib. VI), et il en avait intitulé le recueil* LYDÉ, *suivant l'usage des poètes anciens.*

« *Outre le fragment d'Hermesianax (car c'est ainsi qu'il s'appelle, et non pas Hegesianax), voici une épigramme d'Asclépiade qui n'était pas imprimée lorsque cette édition de Properce a paru.* α. C'est Lydé qui parle :

« Λύδη καὶ γένος εἰμί καὶ οὔνομα, τῶν δ'ἀπὸ Κόδρου
σεμνοτέρη πασῶν εἰμὶ δι' Ἀντίμαχον.
τίς γὰρ ἔμ' οὐκ ἤεισε; τίς οὐκ ἀνελέξα τὸ Λύδην,
τὸ ξυνὸν Μουσῶν γράμμα καὶ Ἀντιμάχου. β. »

Ovide, le contemporain de Properce, mais plus jeune que ce dernier de neuf années, a aussi parlé de Lydé dans ses *Tristes*. La cinquième élégie, liv. I, édit. de 1670, et la sixième, édit. de Beurmann, 1727, in-4, commence ainsi :

Nec tantum clario Lyde dilecta poetæ.

Mais les commentateurs d'Ovide se trompent en pensant que le poète, au lieu d'Antimaque, a voulu désigner Callimaque, ainsi qu'ils l'indiquent dans leurs notes, où ils mettent le nom de Callimaque. (G. DE CH.).

1. Ces divers fragments ne se lient qu'imparfaitement entre eux.

α. C'est l'édition donnée par Broukhusius, à Amsterdam, en 1727, 1 vol. in-4.

β. Les observations que contient cette note d'André, et l'épigramme d'Asclépiade se retrouvent dans les fragments d'Antimaque, publiés dans la collection grecque de Didot; — fragments à la suite des poésies d'Hésiode, page 40.

Hermesianax et Plutarque ont raconté les amours d'Antimaque pour Lydé, et sa douleur lorsqu'il la perdit. André croyait qu'il avait composé pour elle des poésies non élégiaques et que le recueil était intitulé *Lydé*.

D'après Plutarque (*de Consolat. ad Appollonium*, p. 106, B), Antimaque n'aurait publié qu'un recueil d'élégies sous le nom de *Lydé*. Athénée confirme cette opinion; il dit, livre XIII, page 159 de l'édition de Schweighauser, qu'Antimaque fit pour Lydé des poésies élégiaques et que Lamynthius, de Milet, qui aima une autre Lydé, fit pour celle-ci des poésies lyriques. Voilà sans doute ce qui amena la confusion et fit croire à André que les poésies d'Antimaque en l'honneur de Lydé n'étaient point élégiaques. (G. DE CH.).

VIII[1]

ARCAS ET PALÉMON[2]

PALÉMON.

Tu poursuis Damalis ; mais cette blonde tête
Pour le joug de Vénus n'est point encore prête.
C'est une enfant encore ; elle fuit tes liens,
Et ses yeux innocents n'entendent pas les tiens.
Ta génisse naissante au sein du pâturage
Ne cherche au bord des eaux que le saule et l'ombrage,
Sans répondre à la voix des époux mugissants,
Elle se mêle aux jeux de ses frères naissants.
Le fruit encore vert, la vigne encore acide
Tentent de ton palais l'inquiétude avide.
Và, l'automne, bientôt succédant à des fleurs,
Saura mûrir pour toi leurs mielleuses liqueurs.
Tu la verras bientôt, lascive et caressante,
Tourner vers les baisers sa tête languissante.
Attends. Le jeune épi n'est point couronné d'or ;
Le sang du doux mûrier ne jaillit point encor ;
La fleur n'a point percé sa tunique sauvage ;
Le jeune oiseau n'a point encore de plumage.
Qui prévient le moment l'empêche d'arriver.

1. Édition 1819.
2. Le poète a désigné les deux interlocuteurs par A et B. Les précédents éditeurs ont substitué à ces lettres, tantôt Arcas et Palémon, tantôt Arcas et Bacchylis. — Nous adoptons les deux noms sous lesquels la pièce est le plus anciennement connue.

ARCAS.

Qui le laisse échapper ne peut le retrouver.
Les fleurs ne sont plus tout, le verger vient d'éclore,
Et l'automne a tenu les promesses de Flore.
Le fruit est mûr, et garde en sa douce âpreté
D'un fruit à peine mûr l'aimable crudité.
L'oiseau d'un doux plumage enveloppe son aile.
Du milieu des bourgeons le feuillage étincelle.
La rose et Damalis de leur jeune prison
Ont ensemble percé la jalouse cloison.
Effrayée et confuse, et versant quelques larmes,
Sa mère en souriant a calmé ses alarmes.
L'hyménée a souri quand il a vu son sein
Pouvoir bientôt remplir une amoureuse main.
Sur le coing parfumé le doux printemps colore
Une molle toison intacte et vierge encore.
La grenade entr'ouverte au fond de ses réseaux
Nous laisse voir l'éclat de ses rubis nouveaux.
La châtaigne, longtemps cachée et dangereuse,
Veut se montrer et fend son écorce épineuse[1].

---

1. Ces deux derniers vers ont été omis par le premier éditeur. Il est possible, en effet, qu'ils ne soient qu'un premier essai ou qu'une variante.

IX[1]

BACCHUS

IMITÉ D'OVIDE (*Métamorphoses*)[2].

Viens, ô divin Bacchus, ô jeune Thyonée,
O Dyonise, Évan, Iacchus et Lénée ;
Viens, tel que tu parus aux déserts de Naxos,
Quand tu vins rassurer la fille de Minos[3].
Le superbe éléphant, en proie à ta victoire,
Avait de ses débris formé ton char d'ivoire.
De pampres, de raisins mollement enchaîné,
Le tigre aux larges flancs de taches sillonné,
Et le lynx étoilé, la panthère sauvage,
Promenaient avec toi ta cour sur ce rivage.
L'or reluisait partout aux axes de tes chars.
Les Ménades couraient en longs cheveux épars
Et chantaient Évoë, Bacchus et Thyonée,
Et Dyonise, Évan, Iacchus et Lénée,
Et tout ce que pour toi la Grèce eut de beaux noms.
Et la voix des rochers répétait leurs chansons,
Et le rauque tambour, les sonores cymbales,
Les hautbois tortueux, et les doubles crotales
Qu'agitaient en dansant sur ton bruyant chemin
Le faune, le satyre et le jeune sylvain,

1. Édition 1819.
2. Livre IV, II et suiv.
3. Ariane.

Au hasard attroupés autour du vieux Silène,
Qui, sa coupe à la main, de la rive indienne,
Toujours ivre, toujours débile, chancelant,
Pas à pas cheminait sur son âne indolent.

C'est le dieu de Niza, c'est le vainqueur du Gange,
Au visage de vierge, au front ceint de vendange[1],
Qui dompte et fait courber sous son char gémissant
Du lynx aux cent couleurs le front obéissant[2].

Bacchus, Hymen, ces dieux toujours adolescents[3].

Apollon et Bacchus, un crin noir et sauvage
N'a hérissé jamais votre jeune visage.
Apollon et Bacchus, vous seuls entre les dieux,
D'un éternel printemps vous êtes radieux.
Sous le tranchant du fer vos chevelures blondes
N'ont jamais vu tomber leurs tresses vagabondes[4]....

X[5]

EUPHROSINE

Ah! ce n'est point à moi qu'on s'occupe de plaire.
Ma sœur plus tôt que moi dut le jour à ma mère.

---

1. Le mot *vendange* signifie ici le raisin lui-même.
2. Addition de Sainte-Beuve, notice de 1839.
3. Addition du même.
4. Addition de G. de Chénier.
5. Édition de 1819. Le manuscrit n'indique pas de nom.

Si quelques beaux bergers apportent une fleur,
Je vois qu'en me l'offrant ils regardent ma sœur.
S'ils vantent les attraits dont brille mon visage,
Ils disent à ma sœur : « C'est ta vivante image. »
Ah! pourquoi n'ai-je encor vu que douze moissons?
Nul amant ne me flatte en ses douces chansons;
Nul ne dit qu'il mourra si je suis infidèle.
Mais j'attends. L'âge vient. Je sais que je suis belle.
Je sais qu'on ne voit point d'attraits plus désirés
Qu'un visage arrondi, de longs cheveux dorés,
Dans une bouche étroite un double rang d'ivoire,
Et sur de beaux yeux bleus une paupière noire.

XI[1]

HYLAS[2]

Le navire éloquent, fils des bois du Pénée,
Qui portait à Colchos la Grèce fortunée,
Craignant près de l'Euxin les menaces du Nord,
S'arrête, et se confie au doux calme d'un port.
Aux regards des héros le rivage est tranquille;

1. Édition 1819. Le manuscrit ne porte pas de titre. Il commence par trois vers que l'auteur avait en partie effacés.

. . . . . . Vous savez ou bien venez apprendre
. . . .
Quels doux larcins, d'Hercule insidieux rivaux,
jeune et bel Hylas firent un dieu des eaux.

Au-dessus de l'hémistiche : *d'Hercule insidieux rivaux,* le poète a écrit : maniéré.

2. Le sujet est tiré de Virgile, VIe églogue, et de Théocrite, idylle XIII.

Ils descendent. Hylas prend un vase d'argile,
Et va, pour leurs banquets sur l'herbe préparés,
Chercher une onde pure en ces bords ignorés.
Reines, au sein d'un bois, d'une source prochaine,
Trois naïades l'ont vu s'avancer dans la plaine.
Elles ont vu ce front de jeunesse éclatant,
Cette bouche, ces yeux. Et leur onde à l'instant
Plus limpide, plus belle, un plus léger zéphire,
Un murmure plus doux l'avertit et soupire :
Il accourt. Devant lui l'herbe jette des fleurs ;
Sa main errante suit l'éclat de leurs couleurs ;
Elle oublie, à les voir, l'emploi qui la demande,
Et s'égare à cueillir une belle guirlande.
Mais l'onde encor soupire et sait le rappeler.
Sur l'immobile arène il l'admire couler,
Se courbe, et, s'appuyant à la rive penchante,
Dans le cristal sonnant plonge l'urne pesante.
De leurs roseaux touffus les trois nymphes soudain
Volent, fendent leurs eaux, l'entraînent par la main
En un lit de joncs frais et de mousses nouvelles.
Sur leur sein, dans leurs bras, assis au milieu d'elles,
Leur bouche, en mots mielleux où l'amour est vanté,
Le rassure et le loue, et flatte sa beauté.
Leurs mains vont caressant sur sa joue enfantine
De la jeunesse en fleur la première étamine,
Ou sèchent en riant quelques pleurs gracieux
Dont la frayeur subite avait rempli ses yeux.

« Quand ces trois corps d'albâtre atteignaient le rivage,
D'abord j'ai cru, dit-il, que c'était mon image
Qui, de cent flots brisés prompte à suivre la loi,
Ondoyante, volait et s'élançait vers moi. »

Mais Alcide, inquiet, que presse un noir augure,
Va, vient, le cherche, crie auprès de l'onde pure :
« Hylas! Hylas! » Il crie et mille et mille fois.
Le jeune enfant de loin croit entendre sa voix,
Et du fond des roseaux, pour le tirer de peine,
Lui répond une voix non entendue et vaine[1].

XII[2]

A F. DE PANGE[3]

De Pange, c'est vers toi qu'à l'heure du réveil
Court cette jeune idylle au teint frais et vermeil.
Va trouver mon ami, va, ma fille nouvelle,
Lui disais-je. Aussitôt, pour te paraître belle,
L'eau pure a ranimé son front, ses yeux brillants ;
D'une étroite ceinture elle a pressé ses flancs,
Et des fleurs sur son sein, et des fleurs sur sa tête,
Et sa flûte à la main, sa flûte qui s'apprête
A défier un jour les pipeaux de Segrais[4],
Seuls connus parmi nous aux nymphes des forêts.

1. Latouche avait imprimé :
>Et du fond des roseaux, pour adoucir sa peine,
>Lui répond une voix inentendue et vaine.

2. Édition 1819.

3. Le poète a indiqué qu'il avait l'intention de terminer une idylle (il ne dit pas laquelle) par les vers à F. de Pange, que nous plaçons ici. Les précédents éditeurs, sauf M. G. de Chénier, les ont rattachés arbitrairement, mais sans inconvénient d'ailleurs, à la pièce d'Hylas.

4. On pourrait trouver qu'André Chénier fait trop bon marché de Racan, antérieur à Segrais. On répond à cela que Racan imita la pastorale italienne, tandis que Segrais revint aux traditions de l'antiquité, et prit

XIII

NÉÈRE

. . . .
Mais telle qu'à sa mort[1], pour la dernière fois,
Un beau cygne soupire, et de sa douce voix,
De sa voix qui bientôt lui doit être ravie,
Chante, avant de partir, ses adieux à la vie :
Ainsi, les yeux remplis de langueur et de mort,
Pâle, elle ouvrit sa bouche en un dernier effort :

« O vous, du Sébethus[2] naïades vagabondes,
Coupez sur mon tombeau vos chevelures blondes.
Adieu, mon Clinias! moi, celle qui te plus,
Moi, celle qui t'aimai, que tu ne verras plus.
O cieux, ô terre, ô mer, prés, montagnes, rivages,
Fleurs, bois mélodieux, vallons, grottes sauvages,
Rappelez-lui souvent, rappelez-lui toujours
Néère tout son bien, Néère ses amours;
Cette Néère, hélas! qu'il nommait sa Néère,
Qui, pour lui criminelle, abandonna sa mère;
Qui, pour lui fugitive, errant de lieux en lieux,

Théocrite et Virgile pour modèles. — Racan à cette époque avait conservé moins de réputation que Segrais.

1. Ainsi sur le manuscrit. La plupart des éditeurs ont corrigé :
    ....Tel qu'à sa mort....

2. Le Sébethus traverse Naples. On l'appelle à présent *Fiume della Maddalena*.

BUCOLIQUES.

Aux regards des humains n'osa lever les yeux.
Oh! soit que l'astre pur des deux frères d'Hélène
Calme sous ton vaisseau la vague ionienne;
Soit qu'aux bords de Pœstum, sous ta soigneuse main,
Les roses deux fois l'an couronnent ton jardin,
Au coucher du soleil, si ton âme attendrie
Tombe en une muette et molle rêverie,
Alors, mon Clinias, appelle, appelle-moi.
Je viendrai, Clinias; je volerai vers toi.
Mon âme vagabonde, à travers le feuillage,
Frémira; sur les vents ou sur quelque nuage
Tu la verras descendre, ou du sein de la mer,
S'élevant comme un songe, étinceler dans l'air,
Et ma voix, toujours tendre et doucement plaintive,
Caresser, en fuyant, ton oreille attentive. »

Néère, ne va plus te confier aux flots,
De peur d'être déesse, et que les matelots,
N'invoquent, au milieu de la tourmente amère,
La blanche Galatée et la blanche Néère[1].

XIV[2]

SUR UN GROUPE DE JUPITER ET D'EUROPE

Des nymphes et des satyres chantent dans une grotte qu'il faut peindre bien romantique[3], pittoresque, divine, en

1. Le nom de Néère rattache seul ces quatre vers au morceau précédent.
2. Édition 1819.
3. J.-J. Rousseau avait déjà employé ce mot dans les *Rêveries d'un Solitaire*.

soupant avec des coupes ciselées. Chacun chante le sujet représenté sur la coupe ; l'un : « Étranger, ce taureau...[1] » l'autre, Pasiphaé[2] ; d'autres, d'autres...

Étranger[3], ce taureau que tu vois fendre les flots et nager vers Crète, avec une jeune fille qui tient sa corne, qui tremble, qui cherche à voir sa patrie, qui appelle ses compagnes, *tactumque vereri assilientis aquæ timidasque reducere plantas* (Ovid., VI, v. 106), ce nageur mugissant, ce taureau, c'est un dieu... Dans ses traits de taureau, tu reconnais les traits de Jupiter amoureux d'Europe, de la fille d'Agénor ; il est descendu au rivage de Phénicie, beau, délicat, l'objet des vœux de toutes les génisses ; la fille d'Agénor a osé s'asseoir sur lui, il s'est lancé dans les flots, il nage, il a déjà passé Chypre et Rhodes...

Étranger, ce taureau qu'au sein des mers profondes
D'un pied léger et sûr tu vois fendre les ondes,
Est le seul que jamais Amphitrite ait porté.
Il nage aux bords crétois. Une jeune beauté
Dont le vent fait voler l'écharpe obéissante
Sur ses flancs est assise, et d'une main tremblante
Tient sa corne d'ivoire, et, les pleurs dans les yeux,
Appelle ses parents, ses compagnes, ses jeux;
Et, redoutant la vague et ses assauts humides,
Retire et veut sous soi cacher ses pieds timides[4].

L'art a rendu l'airain fluide et frémissant.
On croit le voir flotter. Ce nageur mugissant,

---

1. C'est la pièce qui suit.
2. C'est probablement le morceau qu'on trouvera un peu plus loin, n° XXVIII.
3. Esquisse du morceau suivant.
4.   *Sæpe puellares subduxit ab æquore plantas*
     Et metuit tactus assilientis aquæ.
           (Ovid., *Fastes*, V, 611.)

Ce taureau, c'est un dieu ; c'est Jupiter lui-même.
Dans ses traits déguisés, du monarque suprême
Tu reconnais encore et la foudre et les traits.
Sidon l'a vu descendre au bord de ses guérets,
Sous ce front emprunté couvrant ses artifices*,
Brillant objet des vœux de toutes les génisses.

La vierge tyrienne, Europe, son amour,
Imprudente, le flatte : il la flatte à son tour,
Et se fiant à lui, la belle désirée
Ose asseoir sur son flanc cette charge adorée.
Il s'est lancé dans l'onde ; et le divin nageur,
Le taureau roi des dieux, l'humide ravisseur**,
A déjà passé Chypre et ses rives fertiles ;
Il s'approche de Crète, et va voir les cent villes.

AUTRE FRAGMENT SUR L'ENLÈVEMENT D'EUROPE [1]

. . . .
Telle éclate Vénus au milieu des trois sœurs.
Mais son sort n'était pas de n'aimer que les fleurs,
Et de garder toujours sa pudique ceinture.
Le roi des dieux l'a vue. Une active blessure
Le dévore, dompté sous l'arc insidieux

---

* Var. :   .... voilant ses artifices.
** Var. :   .... l'humide voyageur.

1. Cet autre fragment est une traduction de Moschus. Il est d'un art beaucoup moins parfait que le précédent et remonte sans doute à la jeunesse de Chénier.

Du dieu qui peut dompter même le roi des dieux.
Mais, voulant la séduire, et de sa fière épouse
Éviter cependant la colère jalouse,
Il sut cacher le dieu sous le front d'un taureau
Non ressemblant à ceux qui, sous un lourd fardeau,
Rampent, traînant d'un char les axes difficiles,
Ou préparent la terre à des moissons fertiles.
Sur tout son corps s'étend un blond et pur éclat,
Une étoile d'argent sur son front délicat
Luit. D'amour, dans ses yeux, brille la flamme ardente;
Un double ivoire enfin sur sa tête élégante
Se recourbe; la nuit tel est le beau croissant
Que Phœbé, dans les cieux, allume en renaissant.
Il va sur la prairie, et de frayeur atteinte
Nulle vierge ne fuit. Elles courent, sans crainte,
Vers l'animal paisible, et qui, plus que les fleurs,
De l'ambroisie au loin exhale les odeurs.
Il s'avance à pas lents trouver la jeune reine.
Sur ses pieds délicats sa langue se promène.
Europe, de sa bouche, en le voyant si beau,
Vient essuyer l'écume, et baise le taureau.
Il mugit doucement; la flûte de Lydie
Chante une moins suave et tendre mélodie.
Il s'incline à ses pieds; tient sur elle les yeux,
Lui montre la beauté de son flanc spacieux.
Soudain : « Venez, venez, ô mes chères compagnes,
Dit-elle; de nos jeux égayons ces campagnes.
Sur ce taureau si doux nous allons nous asseoir;
Son large dos pourra toutes nous recevoir,
Toutes nous emporter comme un vaste navire.
C'est un esprit humain qui sans doute l'inspire.
Nul autre ne s'est vu qui pût lui ressembler.

Il lui manque une voix : il voudrait nous parler. »
Elle dit, et s'assied. La troupe à l'instant même
Vient; mais, se relevant sous le fardeau qu'il aime,
Le dieu fuit vers la mer. L'imprudente soudain
Les appelle à grands cris, pleure, leur tend la main :
Elles courent; mais lui, qui de loin les devance,
Comme un léger dauphin dans les ondes s'élance.
En foule, sur les flancs de leurs monstres nageurs,
Les filles de Nérée autour des voyageurs
Sortent. Le roi des eaux, calmant la vague amère,
Fraye, agile pilote, une voie à son frère;
D'hyménée, auprès d'eux, les humides Tritons
Sur leurs conques d'azur répètent les chansons*.
Sur le front du taureau la belle palpitante**
S'appuie, et l'autre main tient sa robe flottante
Qu'à bonds impétueux souillerait l'eau des mers.
Autour d'elle son voile épandu dans les airs,
Comme le lin qui pousse une nef passagère,
S'enfle, et sur son amant la soutient plus légère.
Mais, dès que nul rivage, à son timide effroi,
Nul mont ne s'offrit plus, qu'elle n'eut devant soi
Rien qu'une mer immense et le ciel sur sa tête,
Promenant autour d'elle une vue inquiète :
« Dieu taureau, quel es-tu? Parle, taureau trompeur,
Où me vas-tu porter? N'en as-tu point de peur,
De ces flots? Car ces flots aux poupes vagabondes
Cèdent***, mais les troupeaux craignent les mers profondes.

* Var.: *Autour d'eux répandus les humides Tritons*
 Sur leurs conques d'hymen répètent les chansons.
** Var.: *Sur la corne du dieu la belle palpitante.*
*** Var.: *Où me vas-tu porter? Ne te font-ils point peur,*
 Ces flots? car leurs chemins aux poupes vagabondes
 S'ouvrent...

Où sera la pâture et l'eau douce pour toi*?
Es-tu dieu? mais des dieux que ne suis-tu la loi?
La terre aux dauphins, l'onde aux taureaux est fermée ;
Mais toi seul sur la terre et sur l'onde animée
Cours. Tes pieds sont la rame ouvrant le sein des mers ;
Et bientôt des oiseaux peut-être dans les airs
Iras-tu joindre aussi la volante famille**.
O palais de mon père! ô malheureuse fille,
Qui, pour tenter sur l'onde un voyage nouveau,
Seule, errante, ai suivi ce perfide taureau!
Et toi, maître des flots, favorise ma route!
Mon invisible appui se montrera sans doute ;
Sans doute ce n'est pas sans un pouvoir divin
Que s'aplanit sous moi cet humide chemin. »
Elle dit. A ces mots, pour la tirer de peine
Du quadrupède amant sort une voix humaine :
« O vierge, ne crains point les fureurs de la mer ;
Dans ce taureau nageur tu presses Jupiter.
Je me choisis en maître une forme, un visage ;
Mon amour, ta beauté, m'ont sous ce corps sauvage
Fait mesurer des flots cet empire inconstant[1].
La Crète, île fameuse, est le bord qui t'attend.
Il m'a nourri moi-même. Et là, ta destinée
Te promet de grands rois, fils de notre hyménée. »
Il dit ; le bord paraît. Les Heures, en ce lieu,

---

* Var. : *Où sera ta pâture et ta douce boisson ?*
Es-tu dieu? mais des dieux tu suis mal la leçon.

** Var. : *Cours. Tes pieds sont la rame ; ils font céder les eaux ;*
Et bientôt dans les airs peut-être des oiseaux
Iras-tu joindre encor la volante famille.

1. Ces trois derniers vers portent sur le manuscrit une radiation verticale, indiquant que l'auteur n'en était pas content et se proposait de les refaire.

Ont préparé son lit... Il se relève dieu,
Détache la ceinture à la belle étrangère*,
Et la vierge en ses bras devient épouse et mère.

XV[1]

LA JEUNE TARENTINE

Pleurez, doux alcyons! ô vous oiseaux sacrés!
Oiseaux chers à Téthys! doux alcyons, pleurez!

Elle a vécu, Myrto, la jeune Tarentine!
Un vaisseau la portait aux bords de Camarine[2] :
Là, l'hymen, les chansons, les flûtes, lentement**
Devaient la reconduire au seuil de son amant.
Une clef vigilante a, pour cette journée,
Dans le cèdre enfermé[3] sa robe d'hyménée,
Et l'or dont au festin ses bras seraient parés***,
Et pour ses blonds cheveux les parfums préparés.
Mais, seule sur la proue, invoquant les étoiles,
Le vent impétueux qui soufflait dans les voiles

* VAR.: *Ont préparé son lit... Il redevient un dieu;*
    Il ôte la ceinture à la belle étrangère.
** VAR.: *Là de l'autel d'hymen un cortège charmant.*
*** VAR.: *Et tout l'or dont ses bras doivent être parés.*

1. Édition 1819. Ce morceau avait paru, par les soins de Marie-Joseph Chénier, dans le *Mercure* du 1er germinal an IX (22 mars 1801). M. G. de Chénier, dans son édition, a donné quelques rectifications dont nous tenons compte.
2. Camarine, ville de Sicile.
3. Le premier éditeur a mis: Sous le cèdre.

L'enveloppe : étonnée et loin des matelots,
Elle crie, elle tombe, elle est au sein des flots.

Elle est au sein des flots, la jeune Tarentine!
Son beau corps a roulé sous la vague marine.
Téthys, les yeux en pleurs, dans le creux d'un rocher
Aux monstres dévorants eut soin de le cacher.
Par ses ordres bientôt les belles Néréides*
L'élèvent au-dessus des demeures humides,
Le portent au rivage, et dans ce monument
L'ont au cap du Zéphyr déposé mollement ;
Puis de loin, à grands cris appelant leurs compagnes,
Et les nymphes des bois, des sources, des montagnes,
Toutes, frappant leur sein et traînant un long deuil,
Répétèrent, hélas! autour de son cercueil :

« Hélas! chez ton amant tu n'es point ramenée,
Tu n'as point revêtu ta robe d'hyménée,
L'or autour de tes bras n'a point serré de nœuds,
Les doux parfums n'ont point coulé sur tes cheveux[1]. »

* Var. : *Sur leurs bras à l'envi les belles Néréides.*

1. Le premier éditeur avait mis :
    Et le bandeau d'hymen n'orna point tes cheveux,
ce qui semble préférable.

XVI[1]

CHRYSÉ

IMITÉ DE PROPERCE [2]

Pourquoi, belle Chrysé[3], t'abandonnant aux voiles,
T'éloigner de nos bords sur la foi des étoiles?
Dieux! je t'ai vue en songe; et, de terreur glacé,
J'ai vu sur des écueils ton vaisseau fracassé,
Ton corps flottant sur l'onde, et tes bras avec peine
Cherchant à repousser la vague ionienne.
Les filles de Nérée ont volé près de toi.
Leur sein fut moins troublé de douleur et d'effroi
Quand, du bélier doré qui traversait leurs ondes,
La jeune Hellé[4] tomba dans leurs grottes profondes.
Oh! que j'ai craint de voir à cette mer, un jour,
Typhis[5] donner ton nom et plaindre mon amour!
Que j'adressai de vœux aux dieux de l'onde amère!
Que de vœux à Neptune, à Castor, à son frère!
Glaucus ne te vit point; car sans doute avec lui,
Déesse, au sein des mers tu vivrais aujourd'hui.

1. Édition 1833.
2. Liv. II, él. 20 :

    Vidi ego te in somnis fracta, mea vita, carina, etc.

3. Chrysé est le nom d'une des filles de l'Océan, *una Oceanidum*.
4. Fille d'Athamas et de Néphélé, Hellé donna son nom à l'Hellespont.
5. Le pilote du navire Argo. Il est mis ici pour les pilotes, les navigateurs en général.

Déjà tu n'élevais que des mains défaillantes;
Tu me nommais déjà de tes lèvres mourantes,
Quand, pour te secourir, j'ai vu fendre les flots
Au dauphin qui sauva le chanteur de Lesbos[1].

XVII[2]

AMYMONE[3]

Salut, belle Amymone! et salut, onde amère
A qui je dois la belle à mes regards si chère!
Assise dans sa barque, elle franchit les mers.
Son écharpe à longs plis serpente dans les airs.
Ainsi l'on vit Thétis[4] flottant vers le Pénée,
Conduite à son époux par le blond Hyménée*,
Fendre la plaine humide, et, se tenant au frein,
Presser le dos glissant d'un agile dauphin.
Si tu fusses tombée en ces gouffres liquides,
La troupe aux cheveux noirs des fraîches Néréides
A ton aspect sans doute aurait eu de l'effroi,

---

* Var.: *Ainsi l'on vit Thétis que le blond Hyménée*
    Guidait à son époux vers les bords du Pénée.

1. Arion.
2. Édition 1833. Tiré aussi de la vingtième élégie du liv. II de Properce:
    Testis Amymone, latices quum ferret in Argis,
    Compressa, et Lernæ pulsa tridente palus.
3. Amymone est une des cinquante Danaïdes.
4. Thétis, l'une des Néréides, femme de Pélée et mère d'Achille, doit toujours être bien distinguée de Téthys, fille d'Uranus, sœur et femme de l'Océan.

Mais pour te secourir n'eût point volé vers toi.
Près d'elles descendue, à leurs yeux exposée,
Opis et Cymodoce et la blanche Nésée[1]
Eussent rougi d'envie, et sur tes doux attraits
Cherché, non sans dépit, quelques défauts secrets;
Et loin de toi chacune, avec un soin extrême,
Sous un roc de corail menant le dieu qu'elle aime*,
L'eût tourmenté de cris amers, injurieux,
S'il avait en partant jeté sur toi les yeux.

XVIII[2]

MNAÏS[3]

« Bergers, vous dont ici la chèvre vagabonde,
La brebis se traînant sous sa laine féconde,
Au dos de la colline accompagnent les pas,
A la jeune Mnaïs rendez, rendez, hélas!
Par Cérés, par sa fille et la terre sacrée[4],

---

* Var.: *Dans son antre d'azur menant le dieu qu'elle aime.*

1. *Et tibi ob invidiam Nereides increpitarent*
   Candida Nesœe, cœrula Cymothoe.
                    (Properce. Lib. II, el. XX, v. 15 et 16.)
   Opis est aussi une Néréide, citée par Hygin dans la généalogie qui précède ses fables.

2. *Revue de Paris*, 1830.

3. Traduction de la 98ᵉ épigramme de Léonidas de Tarente. *Anal.*, t. Iᵉʳ, p. 246. (*Note d'André Chénier.*)
   Les abréviations signifient: *Analecta veterum poetarum grœcorum*, publ. par Brunck, en 3 vol.

4. Il n'y avait que les femmes qui jurassent par Cérès et par Proserpine. Spanheim *in* Callimaque, p. 655. (*Note d'André Chénier.*)

Une grâce légère autant que désirée.
Ah! près de vous jadis elle avait son berceau,
Et sa vingtième année a trouvé le tombeau.
Que vos agneaux du moins viennent près de ma cendre
Me bêler les accents de leur voix douce et tendre,
Et paître au pied d'un roc où, d'un son enchanteur,
La flûte parlera sous les doigts du pasteur.
Qu'au retour du printemps, dépouillant la prairie,
Des dons du villageois ma tombe soit fleurie;
Puis, d'une brebis mère et docile à sa main,
En un vase d'argile il pressera le sein,
Et sera chaque jour d'un lait pur arrosée
La pierre en ce tombeau sur mes mânes posée.
Morts et vivants, il est encor pour nous unir
Un commerce d'amour et de doux souvenir. »

C'est en songe que la jeune Mnaïs est venue leur dire cela :

. . . .
Et la blanche brebis de laine appesantie[1]
. . . .
Syrinx parle et respire aux lèvres du pasteur.

1. Ce vers et le suivant, recueillis par Sainte-Beuve dans la notice de 1839, ont été rattachés, comme variantes probables, à la pièce précédente.

XIX[1]

TRADUCTION

DE LA

JOLIE ÉPIGRAMME D'ÉVÉNUS DE PAROS

Ἀτθὶ κόρα, μελίθρεπτε... [2]

Fille de Pandion, ô jeune Athénienne,
La cigale est ta proie, hirondelle inhumaine,
Et nourrit tes petits qui, débiles encor,
Nus, tremblants, dans les airs n'osent prendre l'essor.
Tu voles ; comme toi la cigale a des ailes.
Tu chantes ; elle chante. A vos chansons fidèles
Le moissonneur s'égaye, et l'automne orageux
En des climats lointains vous chasse toutes deux.
Oses-tu donc porter dans ta cruelle joie
A ton nid sans pitié cette innocente proie [3] ?
Et faut-il voir périr un chanteur sans appui
Sous la morsure, hélas ! d'un chanteur comme lui ?

1. Édition 1833.
2. *Anal.* t. I, p. 166. (*Note d'André Chénier.*) — Voy. page 103, note 3.
3. *Ore ferunt dulcem nidis immitibus escam.*
(VIRG. *Georg.*, IV, 17.)

La Fontaine dit :

> La sœur de Philomèle, attentive à sa proie,
> Malgré le bestion happait mouches dans l'air
> Pour ses petits, pour elle, impitoyable joie.
> (Fabl. X, VII.)

XX[1]

LA JEUNE LOCRIENNE

« Fuis, ne me livre point. Pars avant son retour ;
Lève-toi, pars, adieu ; qu'il n'entre, et que ta vue
Ne cause un grand malheur, et je serais perdue !
Tiens, regarde, adieu, pars : ne vois-tu pas le jour[2] ? »

Nous aimions sa naïve et riante folie*,
Quand soudain, se levant, un sage d'Italie,
Maigre, pâle, pensif, qui n'avait point parlé,
Pieds nus, la barbe noire, un sectateur zélé
Du muet de Samos qu'admire Métaponte[3],
Dit : « Locriens perdus, n'avez-vous pas de honte** ?
Des mœurs saintes jadis furent votre trésor.
Vos vierges, aujourd'hui riches de pourpre et d'or,
Ouvrent leur jeune bouche à des chants adultères.
Hélas ! qu'avez-vous fait des maximes austères***
De ce berger sacré que Minerve autrefois
Daignait former en songe à vous donner des lois[4] ? »
Disant ces mots, il sort... Elle était interdite****,

* Var.: *Nous aimons son aimable et riante folie.*
** Var.: *Dit : « Locriens pervers, n'avez-vous pas de honte ?*
*** Var.: *Vous ne les suivez plus, les maximes austères.*
**** Var.: *Disant ces mots, il part... Elle était interdite.*

1. Notice de Sainte-Beuve, 1839. Le titre n'est pas de la main de l'auteur.
2. Ces vers sont la traduction d'une de ces chansons appelées Locriennes, si répandues dans l'antiquité, qui célébraient l'amour et souvent l'adultère. Ce fragment a été conservé par Athénée, XV, p. 697, c. Cette remarque a été faite par M. Léo Joubert, qui l'a communiquée à M. Becq de Fouquières.
3. Pythagore.
4. Zaleucus.

Son œil noir s'est mouillé d'une larme subite ;
Nous l'avons consolée, et ses ris ingénus,
Ses chansons, sa gaîté, sont bientôt revenus.
Un jeune Thurien, aussi beau qu'elle est belle,
(Son nom m'est inconnu), sortit presque avec elle :
Je crois qu'il la suivit et lui fit oublier
Le grave Pythagore et son grave écolier.

XXI[1]

Il faut en finir une[2] ainsi :

Voilà ce que chantait aux naïades prochaines
Ma muse jeune et fraîche, amante des fontaines,
Assise au fond d'un antre aux nymphes consacré,
D'acanthe et d'aubépine et de lierre entouré.
L'Amour, qui l'écoutait caché dans le feuillage,
Sortit, la salua sirène du bocage.
Ses blonds cheveux flottants par lui furent pressés
D'hyacinthe et de myrte en couronne tressés :
« Car ta voix, lui dit-il, est douce à mon oreille
Comme le doux cytise à la mielleuse abeille[3]. »

1. Édition 1833.
2. Une bucolique, une idylle.
3. André avait d'abord écrit :

>   Car ta voix, lui dit-il, était à mon oreille
>   Ce qu'est le doux cytise à la mielleuse abeille.

Il corrigea ensuite de cette manière :

>   Car ta voix, lui dit-il, est douce à mon oreille
>   Autant que le cytise à la mielleuse abeille.

Enfin il fit cette dernière correction :

>   Car ta voix, lui dit-il, est douce à mon oreille
>   Comme le doux cytise à la mielleuse abeille.

XXII[1]

HERCULE[2]

OEta, mont ennobli par cette nuit ardente,
Quand l'infidèle époux d'une épouse imprudente
Reçut de son amour un présent trop jaloux,
Victime du centaure immolé par ses coups;
Il brise tes forêts : ta cime épaisse et sombre
En un bûcher immense amoncelle sans nombre
Les sapins résineux que son bras a ployés.
Il y porte la flamme; il monte : sous ses pieds
Étend du vieux lion la dépouille héroïque.
Et l'œil au ciel, la main sur la massue antique,
Attend sa récompense et l'heure d'être un dieu.
Le vent souffle et mugit. Le bûcher tout en feu
Brille autour du héros, et la flamme rapide
Porte aux palais divins l'âme du grand Alcide!

Les poisons de Nessus ont souillé ses présents[3].

1. Édition 1819.
2. Ce titre a été mis par le premier éditeur. Imit. d'Ovid., liv. IX des *Métam.*, v. 229 et suiv.
3. Vers isolé, que M. G. de Chénier rattache au morceau précédent.

BUCOLIQUE XXIII

Et les bergers disaient, me voyant triomphant :
« oh ! que de biens perdus ! ô trop heureux enfant ! »

Garnier Frères Éditeurs

XXIII[1]

Un jeune homme dira :

J'étais un faible enfant qu'elle était grande et belle;
Elle me souriait et m'appelait près d'elle.
Debout sur ses genoux, mon innocente main
Parcourait ses cheveux, son visage, son sein,
Et sa main quelquefois, aimable et caressante,
Feignait de châtier mon enfance imprudente.
C'est devant ses amants, auprès d'elle confus,
Que la fière beauté me caressait le plus.
Que de fois (mais, hélas! que sent-on à cet âge?)
Les baisers de sa bouche ont pressé mon visage!
Et les bergers disaient, me voyant triomphant :
« Oh! que de biens perdus! O trop heureux enfant! »

XXIV[2]

Toujours ce souvenir m'attendrit et me touche,
Quand lui-même, appliquant la flûte sur ma bouche,
Riant et m'asseyant sur lui, près de son cœur,
M'appelant son rival et déjà son vainqueur,

1. Édition 1819.
2. Édition 1819.

Il façonnait ma lèvre inhabile et peu sûre
A souffler une haleine harmonieuse et pure,
Et ses savantes mains prenaient mes jeunes doigts,
Les levaient, les baissaient, recommençaient vingt fois,
Leur enseignant ainsi, quoique faibles encore,
A fermer tour à tour les trous du buis sonore.

XXV[1]

TRADUCTION DE PLATON

Là reposait l'Amour, et sur sa joue en fleur
D'une pomme odorante éclatait la couleur*.
Je vis, dès que j'entrai sous cet épais bocage,
Son arc et son carquois suspendus au feuillage.
Sur des monceaux de rose au calice embaumé
Il dormait. Un souris sur sa bouche formé
L'entr'ouvrait mollement, et de jeunes abeilles
Venaient cueillir le miel de ses lèvres vermeilles.

XXVI[2]

J'apprends, pour disputer un prix si glorieux,

---

* VAR.: *D'une pomme brillante éclatait la couleur.*
 Le poète a corrigé :
   D'une pomme odorante...
Mais il aurait pu revenir à la première leçon.

1. Édition 1819. *Anthologie, Pl.* 210. Ἄλσος δ'ὡς ἱκόμεθα....
2. Édition 1819.

Le bel art d'Érichthon[1], mortel prodigieux
Qui sur l'herbe glissante, en longs anneaux mobiles,
Jadis homme et serpent, traînait ses pieds agiles.
Élevé sur un axe, Érichthon le premier
Aux liens du timon attacha le coursier,
Et vainqueur, près des mers, sur les sables arides,
Fit voler à grand bruit les quadriges rapides.
Le Lapithe hardi dans ses jeux turbulents,
Le premier, des coursiers osa presser les flancs.
Sous lui, dans un long cercle achevant leur carrière,
Ils surent aux liens livrer leur tête altière,
Blanchir un frein d'écume, et, légers, bondissants,
Agiter, mesurer leurs pas retentissants[2].

XXVII[3]

Je sais, quand le midi leur fait désirer l'ombre,
Entrer à pas muets sous le roc frais et sombre,
D'où parmi le cresson et l'humide gravier
La naïade se fraye un oblique sentier.
Là j'épie à loisir la nymphe blanche et nue
Sur un banc de gazon mollement étendue,
Qui dort, et sur sa main, au murmure des eaux,
Laisse tomber son front couronné de roseaux.

1. Érichthon, quatrième roi d'Athènes, fils de Vulcain et de la Terre, inventa le quadrige.
2. Ovid., *Métam.*, liv. II, v. 552 et suiv. — Virg. *Géorg.*, liv. III, v. 113 et suiv.
3. Édition 1819.

XXVIII[1]

PASIPHAÉ[2]

Tu gémis sur l'Ida, mourante, échevelée,
O reine! ô de Minos épouse désolée!
Heureuse si jamais, dans ses riches travaux,
Cérès n'eût pour le joug élevé des troupeaux!
Certe, aux antres d'Amnise, assez votre Lucine[3]
Donnait de beaux neveux aux mères de Gortyne;
Certes, vous élevez, aux gymnases crétois,
D'autres jeunes troupeaux plus dignes de ton choix[4].
Tu voles épier sous quelle yeuse obscure,
Tranquille, il ruminait son antique pâture;
Quel lit de fleurs reçut ses membres nonchalants;
Quelle onde a ranimé l'albâtre de ses flancs.
« O nymphes, entourez, fermez, nymphes de Crète,
De ces vallons, fermez, entourez la retraite,
Si peut-être vers lui des vestiges épars

---

1. Édition 1819. Le titre a été mis par le premier éditeur. — Voy. p. 94, note 2.

2. Voyez Virgile, égl. VI, v. 45 et suiv.

3. Amnise, fleuve de Crète où est l'antre de Lucine. Voy. Homère, *Odyssée*, liv. XIII, 188 — (c'est liv. XIX, v. 188, collect. Didot) — et Meursius, *Crit.* liv. I, ch. vi. (*Note d'André Chénier.*)

4. Les troupes de jeunes gens, en Crète, s'appelaient ἀγέλη, et le chef ἀγελήτης. Comme à Lacédémone βοῦαι et le chef βούαγορ. — Voy. Meursius, *Crit.*, liv. II, ch. xi, et *Miscellan. Lacon.*, liv. II, ch. iii, et Valken, *In Adon.*, p. 274. (*Note d'André Chénier.*)

Le premier éditeur a supprimé ces quatre vers.

Ne viendront point guider mes pas et mes regards[1]. »
Insensée, à travers ronces, forêts, montagnes,
Elle court. O fureur! dans les vertes campagnes,
Une belle génisse à son superbe amant
Adressait devant elle un doux mugissement.
La perfide mourra. Jupiter la demande.
Elle-même à son front attache la guirlande,
L'entraîne, et sur l'autel prenant le fer vengeur :
« Sois belle maintenant, et plais à mon vainqueur. »
Elle frappe. Et sa haine, à la flamme lustrale[2],
Rit de voir palpiter le cœur de sa rivale.

XXIX[3]

TIRÉ DE THOMSON

Ah! prends un cœur humain, laboureur trop avide,
Lorsque d'un pas tremblant l'indigence timide
De tes larges moissons vient, le regard confus,
Recueillir après toi les restes superflus.
Souviens-toi que Cybèle est la mère commune.
Laisse la probité, que trahit la fortune,
Comme l'oiseau du ciel, se nourrir à tes pieds
De quelques grains épars sur la terre oubliés.

---

1. C'est-à-dire : Afin que nous cherchions si les traces du taureau ne s'offriront pas à nous. Virgile donne ce sens.
Le premier éditeur a corrigé ainsi ces deux vers :
Oh! craignez que vers lui des vestiges épars
Ne viennent à guider ses pas et ses regards.
2. La flamme du sacrifice, la flamme qui purifie.
3. Edition 1819.

XXX[1]

TRADUIT D'EURIPIDE

Il faut joindre à la traduction que je fis autrefois étant encore au collège, je m'en souviens, des vers de Virgile sur Médée[2], la traduction du magnifique début de la *Médée* d'Euripide, qui nous reste traduit en latin par Ennius et par Phèdre[3].

Au sang de ses enfants, de vengeance égarée,
Une mère plongea sa main dénaturée;
Et l'Amour, l'Amour seul avait conduit sa main.
Mère, tu fus impie, et l'Amour inhumain.
Mère! Amour! qui des deux eut plus de barbarie?
L'Amour fut inhumain; mère, tu fus impie.
Plût aux dieux que la Thrace aux rameurs de Jason
Eût fermé le Bosphore, orageuse prison;
Que, Minerve abjurant leur fatale entreprise,
Pélion n'eût jamais, au bord du bel Amphryse,
Vu le chêne, le pin, ses plus antiques fils,

---

1. Édition 1819.
2. En effet, les six premiers vers qui suivent sont détachés d'une pièce qu'André Chénier avait composée au collège et qui commence par ces mots:

      Hâte-toi, Lucifer, que ta marche trop lente, etc.

On la trouvera à la fin du tome second.
3. Voy. Ennius, p. 197, édition d'Amsterdam, 1708, in-4°. — Voy. Phèdre, lib. IV, fab. VI, v. 6 et seq., p. 155, édition donnée par Beurmann, Hagæ comitum, 1718, in-8°.

Former, lancer aux flots, sous la main de Tiphys,
Ce navire éloquent, fier conquérant du Phase,
Qui vint ravir au bois du nébuleux Caucase
L'or du bélier divin, présent de Néphélé,
Téméraire nageur qui fit périr Hellé!

———

Et Dodone agitant sous la noire tempête
De ses chênes sacrés le feuillage prophète[1].

XXXI[2]

(Βουκ. αἰπ.[3])

Fille du vieux pasteur, qui d'une main agile
Le soir emplis de lait trente vases d'argile,
Crains la génisse pourpre, au farouche regard,
Qui marche toujours seule et qui paît à l'écart.
Libre, elle lutte et fuit intraitable et rebelle;
Tu ne presseras point sa féconde mamelle,
A moins qu'avec adresse un de ses pieds lié
Sous un cuir souple et lent[4] ne demeure plié.

Vu et fait à Catillon, près Forges, le 4 août 1792, et écrit à Gournay le lendemain.

---

1. Deux vers annexés, par M. Gabriel de Chénier, au morceau précédent.
2. Édition 1819.
3. Βουκολικὰ αἰπολικὰ, c'est-à-dire Bucoliques relatives aux chevriers.
4. Le mot *lentus* en latin a le sens de flexible.

XXXII[1]

TIRÉ DE MOSCHUS

Nouveau cultivateur, armé d'un aiguillon,
L'Amour guide le soc et trace le sillon ;
Il presse sous le joug les taureaux qu'il enchaîne*.
Son bras porte le grain qu'il sème dans la plaine.
Levant le front, il crie au monarque des dieux :
« Toi, mûris mes moissons, de peur que loin des cieux
Au joug d'Europe encor ma vengeance puissante
Ne te fasse courber ta tête mugissante**. »

 L'autre répond :
L'Amour vendangeur... porte les paniers sur son dos. Il dit à Jupiter : Pourquoi la vendange n'a-t-elle pas été plus abondante ? crois-tu donc que pour toi je n'aurai point encore quelque forme nouvelle, or, ou flamme, ou plumage, où je puisse te réduire en esclavage.

XXXIII[2]

. . . .

Accours, jeune Chromis ; je t'aime, et je suis belle,
Blanche comme Diane et légère comme elle !

---

* Var. : *Il courbe sous le joug les taureaux qu'il enchaîne.*
** Var. : *Ne te fasse plier ta tête mugissante.*

1. Édition 1819.
2. Édition 1819. Ce fragment avait paru auparavant dans une note du *Génie du Christianisme* (2ᵉ part., liv. III, ch. vi), 1802.

Comme elle grande et fière ; et les bergers, le soir,
Quand, le regard baissé, je passe sans les voir¹,
Doutent si je ne suis qu'une simple mortelle
Et, me suivant des yeux, disent : « Comme elle est belle*! »

XXXIV

Les nymphes dansent au clair de la lune.

Le satyre joyeux, au regard enflammé,
Crie, en des bonds légers les lance, les entraîne,
Et de son pied fendu fait retentir l'arène².

———

De nuit, la nymphe errante à travers le bois sombre
Aperçoit le satyre, et, le fuyant dans l'ombre,
De loin, d'un cri perfide elle va l'appelant.
Le pied-de-chèvre accourt, sur sa trace volant,
Et dans une eau stagnante, à ses pas opposée,
Tombe, et sa plainte amère excite leur risée³.

———

L'impur et fier époux que la chèvre désire
Baisse le front, se dresse et cherche le satyre.

* Var. : *Regarde, disent-ils tout bas, comme elle est belle !*

1. Le premier éditeur (c'est Chateaubriand cette fois) a mis :
        Lorsque, les yeux baissés, je passe sans les voir.
2. Édition G. de Chénier.
3. *Ibid.*

Le satyre, averti de cette inimitié,
Affermit sur le sol la corne de son pié;
Et leurs obliques fronts lancés tous deux ensemble
Se choquent; l'air frémit, le bois s'agite et tremble[1].

— — —

. . . . . . Joue et folâtre et tire
Les longs crins hérissés sur les pieds du satyre[2].

XXXV[3]

Toi, de Mopsus ami! Non loin de Bérécynthe
Certain satyre un jour trouva la flûte sainte
Dont Hyagnis calmait ou rendait furieux
Le cortège énervé de la mère des dieux.
Il appelle aussitôt, du Sangar au Méandre,
Les nymphes de l'Asie, et leur dit de l'entendre;
Que tout l'art d'Hyagnis n'était que dans ce bui;
Qu'il a, grâce au destin, des doigts tout comme lui.
On s'assied. Le voilà qui se travaille et sue,
Souffle, agite ses doigts, tord sa lèvre touffue[*],
Enfle sa joue épaisse, et fait tant qu'à la fin
Le buis résonne et pousse un cri rauque et chagrin.
L'auditoire étonné se lève, non sans rire.
Les éloges railleurs fondent sur le satyre,

[*] VAR. : *Souffle, agite ses doigts, tend sa lèvre touffue.*

1. Édition 1833.
2. Édition G. de Chénier.
3. Édition 1819.

Qui pleure, et des chiens même, en fuyant vers le bois,
Évite comme il peut les dents et les abois[1].

A

Tu sais, tu te souviens dans quels nobles combats
Quel animal bourbeux vint défier Pallas[2].

B

Tu sais, tu te souviens dans quel plaisant délire
Quel animal bruyant* chanta contre la lyre[3]?

. . . .

Ne te souvient-il plus que les bois de Célène**
Virent punir jadis une audace aussi vaine?
Si Marsyas aussi n'eût bravé ses vainqueurs,
Ni son père Hyagnis, ni les nymphes ses sœurs,
Olympe son ami[4], les satyres ses frères,
N'auraient pleuré des dieux les victoires sévères,

---

* Var. : *Quel animal glouton vint défier Pallas?*
** Var. : *Ne te souvient-il plus que les pins de Célène.*
Φρυγίην πιτυοτρόφον
(Alcée, X, *Analecta*, t. Ier, p. 488.)

1. A ce fragment, M. G. de Chénier a rattaché les fragments qui suivent.
2. Ὗς ποτ' Ἀθαναίαν ἔριν ἤρισεν... (Théocr., idyl. V. v. 23.)
3. Ὄνος πρὸς λύραν.
4. Olympe était son ami (de Marsyas) et son giton. (*Note d'André Chénier*.)

Et ne l'auraient point vu, ceint d'humides roseaux,
Errer dans la Phrygie en transparentes eaux[1],

———

. . . .

Soit que son souffle anime un simple chalumeau,
Ou qu'il fasse courir sa lèvre harmonieuse
Sur neuf roseaux que joint la cire industrieuse,
Soit quand la flûte droite où voltigent ses doigts
Vient puiser dans sa bouche une facile voix,
Ou quand il fait parler, sur ses lèvres pressée,
La flûte oblique, chère aux grottes du Lycée[2].

. . . .

Syrinx, que tes roseaux, à mordre insidieux[3],
Gardent bien d'outrager ses doigts industrieux.

1. Célène, ville de Phrygie. *Insignes satyro pendente Celænæ*. Stat. lib. 4.
 La flûte, invention phrygienne, fut attribuée à Minerve, Hyagnis, Marsyas, Olympe, etc. Voyez Spanheim *sur Callimaque,.* et Casaubon *sur Athénée*, liv. XIV, c. 2. Les autres vers sont imités d'Ovide, liv. VI (*Métamorphoses*), et d'Antipater, épigr. XXIX, *Analecta*, vol. II, p. 116. (*Note d'André Chénier*.)

2. Σύριγξ, *fistula*, la flûte à neuf roseaux. Αὐλός, flûte droite, hautbois, clarinette, etc. Invention de Minerve selon quelques-uns; δόναξ, roseau, simple chalumeau. Πλαγίαυλος, flûte oblique, invention de Pan. Les flûtes se faisaient avec des os de jambes de faon, du buis, du lotos, des roseaux, de l'ivoire. Voy. Spanheim, p. 294.
 La flûte de Minerve et de Marsyas était d'os de faon, suivant Hygin; de buis, suivant Ovide, à la fin des *Fastes;* de roseaux, δονάκων, suivant Alcée le Messénien, épigr. X, *Analecta*, vol. Ier, p. 488; de lotos, selon Antipater de Thessalonique, épigr. XXVIII et XXIX, *Analecta*, vol. II, p. 116.
 Les flûtes faites avec des cornes :

Βαρυφθόγγων τ' ἀλαλητὺν
αὐλῶν, οὕς μόσχου λοξὸν ἔκαμψε κέρας.

(*Note d'André Chénier.*)

3. La tige des roseaux est armée de petites côtes longitudinales dentées comme une scie, qui coupent facilement la peau lorsqu'on y passe la main sans précaution. (G. DE CH.)

XXXVI[1]

IMITÉ DE SAPHO

« Virginité chérie ! ô compagne innocente !
Où vas-tu ? Je te perds ; ah ! tu fuis loin de moi !
— Oui, je pars loin de toi ; pour jamais je m'absente,
Adieu. C'est pour jamais. Je ne suis plus à toi. »

XXXVII[2]

TIRÉ D'OPPIEN[3]

Comme aux bords d'Eurotas. . . . . .
Lorsqu'une épouse est près du terme de Lucine,
On suspend devant elle, en un riche tableau,
Ce que l'art de Zeuxis anima de plus beau :
Apollon et Bacchus, Hyacinthe, Nirée[4],

1. Édition 1833.
2. Édition 1833.
3. *Cyneg.*, I, 357 et suiv.
4. Nirée était un prince de l'île de Syma dont parlent Homère, *Iliade*, liv. II, v. 671 et suiv. ; — Quintus de Smyrne, liv. VI, v. 372, 382, 392, 440, 445, puis liv. VII, v. 7 et 11, — enfin liv. XI, v. 61. — Tzetzès, dans la première partie de son poème, parle aussi de Nirée, v. 278.

Comme Nirée passait pour le plus beau des Grecs, voilà pourquoi Oppien, et d'après lui André, citent Nirée avec Apollon, Bacchus, Hyacinthe et les deux frères Castor et Pollux. (G. DE CH.)

Avec les deux Gémeaux leur sœur tant désirée[1].
L'épouse les contemple ; elle nourrit ses yeux
De ces objets, honneur de la terre et des cieux ;
Et de son flanc, rempli de ces formes nouvelles,
Sort un fruit noble et beau comme ces beaux modèles.

Ainsi je veux qu'on imite les anciens.

O toi, divin Platon,
Un archevêque russe ose porter ton nom !

XXXVIII[2]

PANNYCHIS

Plusieurs jeunes filles entourent un petit enfant... le caressent... « On dit que tu as fait une chanson pour Pannychis, ta cousine ?... — Oui, je l'aime, Pannychis... elle est belle ; elle a cinq ans comme moi... Nous avons arrondi en berceau ces buissons de roses... Nous nous promenons sous cet ombrage... On ne peut pas nous y troubler, car il est trop bas pour qu'on y puisse entrer. Je lui ai donné une statue de Vénus que mon père m'a faite avec du buis : elle l'appelle sa fille, elle la couche sur des feuilles de rose dans une écorce de grenade... Tous les amants font toujours des chansons pour leur bergère... et moi aussi, j'en ai fait une pour elle... — Eh bien ! chante-nous ta chanson, et nous te donnerons des raisins, des figues mielleuses... — Donnez-les-moi d'abord, et puis je vais chanter... »

1. Hélène, sœur de Castor et Pollux.
2. *Revue de Paris*, 1829.

Il tend ses deux mains... on lui donne... et puis, d'une voix claire et douce il se met à chanter :

« Ma belle Pannychis, il faut bien que tu m'aimes ;
Nous avons même toit, nos âges sont les mêmes.
Vois comme je suis grand, vois comme je suis beau.
Hier je me suis mis auprès de mon chevreau ;
Par Pollux et Minerve ! il ne pouvait qu'à peine
Faire arriver sa tête au niveau de la mienne.
D'une coque de noix j'ai fait un abri sûr
Pour un beau scarabée étincelant d'azur ;
Il couche sur la laine, et je te le destine.
Ce matin j'ai trouvé parmi l'algue marine
Une vaste coquille aux brillantes couleurs ;
Nous l'emplirons de terre, il y viendra des fleurs.
Je veux, pour te montrer une flotte nombreuse,
Lancer sur notre étang des écorces d'yeuse.
Le chien de la maison est si doux ! chaque soir
Mollement sur son dos je veux te faire asseoir ;
Et, marchant devant toi jusques à notre asile,
Je guiderai les pas de ce coursier docile. »

..... Il s'en va bien baisé, bien caressé... Les jeunes beautés le suivent de loin. Arrivées aux rosiers, elles regardent par-dessus le berceau, sous lequel elles les voient occupés à former avec des buissons de myrte et de roses un temple de verdure autour d'un petit autel, pour leur statue de Vénus. Elles rient. Ils lèvent la tête, les voient et leur disent de s'en aller. On les embrasse... et, en s'en allant, la jeune Myro dit : « O heureux âge !... Mes compagnes, venez voir aussi chez moi les monuments de notre enfance... J'ai entouré d'une haie, pour le conserver, le jardin que j'avais alors... Une chèvre l'aurait brouté tout entier en une heure...

C'est là que je vivais avec.....; il m'appelait déjà sa femme, et je l'appelais mon époux... Nous n'étions pas plus hauts que telle plante... Nous nous serions perdus dans une forêt de thym... Vous y verrez encore les romarins s'élever en berceau comme des cyprès autour du tombeau de marbre où sont écrits les vers d'Anyté[1]... Mon bien-aimé m'avait donné une cigale et une sauterelle; elles moururent, je leur élevai ce tombeau parmi le romarin. J'étais en pleurs... La belle Anyté passa, sa lyre à la main : « Qu'as-tu ? me demanda-t-elle. — Ma cigale et ma sauterelle sont mortes... — Ah ! me dit-elle, nous devons tous mourir... » (Cinq ou six vers de morale.) Puis elle écrivit sur la pierre[2] :

« O sauterelle, à toi, rossignol des fougères,
A toi, verte cigale, amante des bruyères,
Myro de cette tombe élève les honneurs,
Et sa joue enfantine est humide de pleurs;
Car l'avare Achéron, les Sœurs impitoyables
Ont ravi de ses jeux ces compagnes aimables[3]. »

XXXIX[4]

(Κουρος δωδεκαταῖος [5].)

A compter nos brebis je remplace ma mère;
Dans nos riches enclos j'accompagne mon père,

---

1. Anyté de Tégée, poétesse ayant vécu 300 ans avant notre ère.
2. Traduction de la quatorzième épigramme d'Anyté, p. 200, t. Ier (de l'Anthologie). — Voyez aussi la vingt-neuvième d'Argentarius, t. II, p. 273. (*Note d'André Chénier.*)
3. Épigr. d'Anyté dans l'Anthologie, VII, 190.
4. *Revue de Paris*, 1830.
5. C'est-à-dire que ces vers devaient être mis dans la bouche d'un garçon de douze ans.

J'y travaille avec lui. C'est moi de qui la main,
Au retour de l'été, fait résonner l'airain
Pour arrêter bientôt d'une ruche troublée,
Avec ses jeunes rois, la jeunesse envolée.
Une ruche nouvelle à ces peuples nouveaux
Est ouverte; et l'essaim, conduit dans les rameaux
Qu'un olivier voisin présente à son passage,
Pend en grappe bruyante à son amer feuillage.

XL[1]

LES COLOMBES

Deux belles s'étaient baisées... Le poète-berger, témoin jaloux de leurs caresses, chante ainsi :

Que les deux oiseaux blancs...

« Que les deux beaux oiseaux, les colombes fidèles,
Se baisent. Pour s'aimer les dieux les firent belles.
Sous leur tête mobile, un cou blanc, délicat,
Se plie, et de la neige effacerait l'éclat.
Leur voix est pure et tendre, et leur âme innocente.
Leurs yeux doux et sereins, leur bouche caressante.
L'une a dit à sa sœur : « Ma sœur, ...

En un tel lieu croissent l'orge et le millet...

---

1. Vers, édition 1833. Prose, notice Sainte-Beuve, 1839. — Le titre les *Colombes* a été ajouté par le premier éditeur.

L'autour et l'oiseleur, ennemis de nos jours,
De ce réduit, peut-être, ignorent les détours;
Viens...

Je te choisirai moi-même les graines que tu aimes, et mon bec s'entrelacera dans le tien. »

. . . .
L'autre a dit à sa sœur : « Ma sœur, une fontaine
Coule dans ce bosquet. . . . .

L'oie ni le canard n'en ont jamais souillé les eaux, ni leurs cris... Viens, nous y trouverons une boisson pure, et nous y baignerons notre tête et nos ailes, et mon bec ira polir ton plumage. » — Elles vont, elles se promènent en roucoulant au bord de l'eau ; elles boivent, se baignent, mangent ; puis, sur un rameau, leurs becs s'entrelacent; elles se polissent leur plumage l'une à l'autre.

Le voyageur, passant en ces fraîches campagnes,
Dit : « Oh! les beaux oiseaux! oh! les belles compagnes*! »
Il s'arrêta longtemps à contempler leurs jeux;
Puis, reprenant sa route et les suivant des yeux :
« Baisez-vous, baisez-vous, colombes innocentes!
Vos cœurs sont doux et purs, et vos voix caressantes;
Sous votre aimable tête, un cou blanc, délicat,
Se plie, et de la neige effacerait l'éclat. »

* VAR. : *Dit: « Oh! les beaux ramiers ! oh! les belles compagnes !*

XLI[1]

CLYTIE

Entre autres manières dont cela peut être placé, en voici une : Un voyageur, en passant sur un chemin, entend des pleurs et des gémissements. Il s'avance ; il voit au bord d'un ruisseau une jeune femme échevelée, tout en pleurs, assise sur un tombeau, une main appuyée sur la pierre, l'autre sur ses yeux.

Ce pourrait être le voyageur qui conte lui-même à sa famille ce qu'il a vu le matin.

Ah! tu ne m'entends point[2]. Vois, reconnais ce sein.
Vois, j'embrasse ton urne et je te parle en vain.
Mes soupirs et les pleurs d'une paupière aimée
Ne peuvent réchauffer ta cendre inanimée.
Portes d'enfer, cessez de me le retenir!
Une heure, un seul instant, laissez-le revenir,
La nuit, voir cette couche, hélas! qui fut la sienne!
Que je n'embrasse plus l'ombre invisible et vaine!
Qu'un instant je le voie! Ah! tu n'es plus à moi,
Et l'éternelle nuit me sépare de toi,
Et je suis seule au monde! ô déités jalouses!
O dieux! dieux de la mort ennemis des épouses,
Que vous avais-je fait? A peine étais-je à lui!...
Trois mois coulaient à peine! O solitaire ennui!

---

1. Vers, *Revue de Paris*, 1830. Prose, not. de Sainte-Beuve, 1839.
2. C'est Clytie qui parle.

O tombe, ouvre tes bras à la veuve expirante[1] !
Eh ! puisqu'il ne vit plus, comment suis-je vivante ?
— Elle pleurait ainsi, haletante, et ses mots
Expiraient sur sa bouche étouffés de sanglots.
Ses yeux, gros d'amertume, inondaient son visage.
J'aurai peut-être alors agité le feuillage ;
Elle lève la tête, elle voit un témoin ;
Elle crie, elle fuit. Elle était déjà loin.

Elle s'enfuit à l'approche du voyageur, qui lit sur la tombe cette épitaphe.

Mes Mânes à Clytie. « Adieu, Clytie, adieu.
Est-ce toi dont les pas ont visité ce lieu ?
Parle, est-ce toi, Clytie, ou dois-je attendre encore ?
Ah ! si tu ne viens pas seule ici, chaque aurore,
Rêver au peu de jours où je vivais pour toi,
Voir cette ombre qui t'aime et parler avec moi,
D'Élysée à mon cœur la paix devient amère,
Et la terre à mes os ne sera plus légère.
Chaque fois qu'en ces lieux un air frais du matin
Vient caresser ta bouche et voler sur ton sein,
Pleure, pleure, c'est moi ; pleure, fille adorée ;
C'est mon âme qui fuit sa demeure sacrée,
Et sur ta bouche encor aime à se reposer.
Pleure, ouvre-lui tes bras et rends-lui son baiser. »

Alors il prend des fleurs et de jeunes rameaux, et les répand sur cette tombe en disant : « O jeune infortuné... » (quelque chose de tendre et d'antique).

---

1. L'auteur avait voulu changer l'épithète *expirante ;* il a rayé ce mot, mais ne l'a pas remplacé.

« Dans les chants bienheureux dors et repose en paix!
Ta Clytie était là, pleurante, échevelée;
Dans ses pleurs, malgré moi, c'est moi qui l'ai troublée.
. . . .
Je n'ose te verser et le miel et le lait;
Car votre amour jaloux verrait avec colère,
. . . . une main étrangère.... »
. . . .
. . . .
Écrit ces mots : « O jeune et belle infortunée,
L'étranger dont l'aspect t'a fait fuir aujourd'hui
A pleuré sur ton sort.... Adieu, pardonne-lui. »

Puis il remonte à cheval, et s'en va la tête penchée et mélancoliquement ; il s'en va

Pensant à son épouse et craignant de mourir.

Il faut, dans une autre pièce, parler de l'inscription aux Dieux mânes, *Dis Manibus*. Dans une autre ou dans la même, il ne faut pas oublier de parler des roses dont on couvrait les tombeaux.

> Molliter et tenera poneret ossa rosa.
> (Propert., lib. I, élég. xvii, vers 22.)

Plusieurs inscriptions antiques font voir qu'on l'exigeait quelquefois par testament.

> Nostraque quod petale tulit ad monumenta corollas.
> (Propert., lib. IV, élég. vii, vers 39.)

Les anciens avaient grand'peur qu'on ne fît des imprécations sur leur tombe ou qu'on n'y jetât des pierres.

> Quisquis amas, scabris hoc bustum cædite saxis,
>   Mixtaque cum saxis addite verba mala.
> (Propert., *in Lenam*, lib. IV, élég. v, v 75 et 76.)

Une inscription antique finit ainsi :

> Quod quisque vestrum optaverit mihi,
> Illi semper eveniat vivo et mortuo.

Et une autre :

> Quidquid mihi feceris idem tibi speres.

L'ombre de Cinthie dit à Properce, livre IV, élégie VII, vers 79 :

> Pelle hederam tumulo, mihi quæ pugnante corymbo
> Mollia contortis adligat ossa comis.

Une femme, dans une inscription antique, demande aux dieux infernaux d'être très indulgents pour son mari...

> Horis. nocturnis.
> Ut. eum. videam.

Ils mettaient souvent dans leurs épitaphes : *delicio meo, suo...*

Il y a sur un tombeau antique deux mains levées vers le ciel avec cette inscription :

> PROCOPE. MANUS.
> LEBO. CONTRA.
> DEUM. QUI.
> ME. INNOCEN.
> TEM. SUSTULIT.
> QUÆ. VIXI.
> ANN. XX.

XLII[1]

Il va chanter ; courons, car les dieux l'ont aimé.
De lait, d'ambre, de miel son génie est formé,

1. *Revue de Paris*, 1830 où ce morceau était placé parmi les élégies, et édition G. de Chénier.

Et ses vers, par la main des sœurs de Melpomène,
Sont trempés dans les fleurs et dans l'onde hippocrène*,

Un berger-poète dira :

Mes chants savent tout peindre; accours, viens les entendre.
Ma voix plaît, Astérie, elle est flexible et tendre.
Philomèle, les bois, les eaux, les pampres verts,
Les muses, le printemps, habitent dans mes vers.
Le baiser dans mes vers étincelle et respire.
La source aux pieds d'argent qui m'arrête et m'inspire
Y roule en murmurant son flot léger et pur;
Souvent avec les cieux il se pare d'azur.
Le souffle insinuant, qui frémit sous l'ombrage,
Voltige dans mes vers comme dans le feuillage.
Mes vers sont parfumés et de myrte et de fleurs,
Soit les fleurs dont l'été ranime les couleurs,
Soit celles que seize ans, été plus doux encore,
Sur une belle joue ont l'art de faire éclore.

XLIII[1]

« Les esclaves d'amour ont tant versé de pleurs !
S'il a quelques plaisirs, il a tant de douleurs !
Qu'il garde ses plaisirs. Dans un vallon tranquille,
Les muses contre lui nous offrent un asile;
Les muses, seul objet de mes jeunes désirs,
Mes uniques amours, mes uniques plaisirs.

* VAR. : *Sont trempés dans les fleurs et dans l'eau d'Hippocrène.*

1. Édition 1819, parmi les élégies, et édition G. de Chénier.

L'amour n'ose troubler la paix de ce rivage.
Leurs modestes regards ont, loin de leur bocage,
Fait fuir ce dieu cruel, leur légitime effroi.
Chastes muses, veillez, veillez toujours sur moi. »

. . . .

(Traduction de Bion[1].)

— « Non, non, le dieu d'amour n'est point l'effroi des muses.
Elles cherchent ses pas, elles aiment ses ruses.
Le cœur qui n'aime rien a beau les implorer,
Leur troupe qui s'enfuit ne veut pas l'inspirer.
Qu'un amant les invoque, et sa voix les attire.
C'est ainsi que toujours elles montent ma lyre.
Si je chante les dieux, ou les héros, soudain
Ma langue balbutie et se travaille en vain[*].
Si je chante l'amour, ma chanson d'elle-même
S'écoule de ma bouche et vole à ce que j'aime. »

« O crédules amants, écoutez donc au moins
De vos baisers secrets ces mobiles témoins,
Ces flots d'azur errants sous vos belles Dryades,
Byblis, OEnone, Alphée et tant d'autres naïades,
Qui murmurent encor de doux gémissements.
Tous furent autrefois de crédules amants
Qui, se fondant en pleurs, et changés en fontaines,
Par la pitié des dieux serpentent dans vos plaines[**]. »

---

[*] Var. : *Ma langue balbutie et demeure en chemin.*
[**] Var. : *Qui, se fondant en pleurs, aujourd'hui dans vos plaines,*
Par la pitié des dieux s'écoulent en fontaines.

1. C'est la IVe idylle de ce poète, dans les *Ano'.cta* de Brunck, et la VIe dans l'édition de Didot (poètes bucoliques et didactiques, p. 72, où le texte grec est plus correct. (G. DE CH.).

XLIV[1]

CHANSON DES YEUX

Le commencement est imité de Shak. f. p. of Henri IV[2].

Viens : là, sur des joncs frais ta place est toute prête.
Viens, viens, sur mes genoux viens reposer ta tête.
Les yeux levés sur moi, tu resteras muet[*].
Et je te chanterai la chanson qui te plaît.
Comme on voit, au moment où Phœbus va renaître,
La nuit prête à s'enfuir, le jour prêt à paraître,
Je verrai tes beaux yeux, les yeux de mon ami,
En un demi-sommeil se fermer à demi.
Tu me diras : « Adieu, je dors, adieu, ma belle.
— Adieu, dirai-je, adieu, dors, mon ami fidèle,
Car le... aussi dort le front vers les cieux »,
Et j'irai te baiser et le front et les yeux.

. . . .
. . . .

Ne me regarde point, cache, cache tes yeux[3];
Mon sang en est brûlé ; tes regards sont des feux.

[*] VAR. : *Les yeux levés vers moi tu resteras muet.*

1. Édition 1833.
2. Scène première, acte III.
3. Cette fin est également imitée de Shakespeare, *Mesure pour mesure*, acte IV, sc. 1; mais l'imitation est moins directe. C'est à ce dernier morceau que le titre *Chanson des yeux* est appliqué par l'auteur.

Viens, viens. Quoique vivant, et dans ta fleur première,
Je veux avec mes mains te fermer la paupière,
Ou, malgré tes efforts, je prendrai tes cheveux
Pour en faire un bandeau qui te cache les yeux.

XLV[1]

Blanche et douce colombe, aimable prisonnière,
Quel injuste ennemi te cache à la lumière?
Je t'ai vue aujourd'hui (que le ciel était beau!)
Te promener longtemps sur le bord du ruisseau,
Au hasard, en tous lieux, languissante, muette,
Tournant tes doux regards, et tes pas et ta tête.
Caché dans le feuillage, et n'osant l'agiter,
D'un rameau sur un autre à peine osant sauter,
J'avais peur que le vent décelât mon asile.
Tout seul je gémissais, sur moi-même immobile,
De ne pouvoir aller, le ciel était si beau!
Promener avec toi sur le bord du ruisseau.

Car, si j'avais osé, sortant de ma retraite,
Près de ta tête amie aller porter ma tête,
Avec toi murmurer et fouler sous mes pas
Le même pré foulé sous tes pieds délicats,
Mes ailes et ma voix auraient frémi de joie,
Et les noirs ennemis, les deux oiseaux de proie,
Ces gardiens envieux qui te suivent toujours,

---

1. Édition 1833, où ce morceau était placé parmi les odes, dédié à Mlle de Coigny, et daté de Saint-Lazare; ce qui n'était pas justifié.

Auraient connu soudain que tu fais mes amours.
Tous les deux à l'instant, timide prisonnière,
T'auraient, dans ta prison, ravie à la lumière,
Et tu ne viendrais plus, quand le ciel sera beau,
Te promener encor sur le bord du ruisseau.

Blanche et douce brebis à la voix innocente,
Si j'avais, pour toucher ta laine obéissante,
Osé sortir du bois et bondir avec toi,
Te bêler mes amours et t'appeler à moi,
Les deux loups soupçonneux qui marchaient à ta suite
M'auraient vu. Par leurs cris ils t'auraient mise en fuite,
Et pour te dévorer eussent fondu sur toi
Plutôt que te laisser un moment avec moi.

XLVI[1]

L'ESCLAVE

Voici comme il faut arranger cela :
Dire en quatre vers que, sur le rivage de telle île (la plus près de Délos), un jeune esclave délien venait dire ceci chaque jour :

Ah! vierge infortunée! était-ce la douleur
Qui devait de ton front cueillir la jeune fleur*!

---

* Var. : *Qui de ton front si beau devait cueillir la fleur.*

1. Édition G. de Chénier.

Mais, oh oui! que ton cœur soit nourri d'amertume,
Que des pâles regrets la langueur te consume,
Plutôt que si, crédule à de nouveaux amants,
Ils égaraient ta bouche en de nouveaux serments,
Et de vœux et d'amour enivrant ton oreille,
Ranimaient de ton front l'allégresse vermeille.
Ah dieux! quand je péris! quand l'absence et l'amour
Me versent du poison sur chaque instant du jour,
Quand les rides d'ennui flétrissent ma jeunesse,
Si quelque audacieux et t'assiège et te presse*,
Si sa main se promet de posséder ta main,
Si, sans voir dans tes yeux ni courroux ni dédain,
Il dit : « C'est donc aux morts que tu vis enchaînée?
Vierge, un deuil solitaire est donc ton hyménée?
Est-ce à toi de vieillir en des pleurs superflus?
Il ne reviendra pas; sans doute il ne vit plus! »
Il vit, il vit encore. Il revient. Tremble! Arrête.
Crains que mon désespoir n'invoque sur ta tête
Les dieux persécuteurs de qui manque à sa foi!
Cette main, ces serments, ces baisers sont à moi.
Gardez-la-moi, Gémeaux, fils et rois de notre île!
Notre amour, sous vos yeux, croissait dans votre asile,
Et Junon Illythie, et vous tous, dieux témoins,
Qui du lit nuptial prenez d'augustes soins,
N'oubliez point l'absent que les humains oublient!
Je la confie à vous. Que les nœuds qui nous lient,
Les ordres maternels, ma voix, nos premiers ans,
Vos foudres, le remords toujours, toujours présents,
M'environnant son cœur d'une garde éternelle...
. . . .

---

* Var. : *Quelque rival présent et t'assiège et te presse.*

Si de quelque entretien l'insidieux détour
Voulait lui déguiser quelque amorce d'amour,
Tonnez et qu'elle fuie. Au sein des nuits peureuses,
Faites entrer la foule aux ailes ténébreuses
Des songes messagers de terreur et d'effroi,
Pour me remplir ce lit qui n'est permis qu'à moi[1].
Agitez son sommeil de lugubres images,
Montrez-lui, montrez-lui, sur de lointains rivages,
Seul, son nom à la bouche, et pâle et furieux,
Ce malheureux qui meurt en attestant les dieux!
Qui crie et son sang bouillonne, etc. . . . .
Nourrice d'Apollon, etc. . . . .
Mer vaste . . . .
. . . . . Et tes flots qui brisent les vaisseaux
Sont, auprès de mon cœur, et calmes et tranquilles.

Vient ensuite ce morceau[2] :

Triste vieillard, depuis que pour tes cheveux blancs
Il n'est plus de soutien de tes jours chancelants.
Que ton fils orphelin n'est plus à son vieux père,
Renfermé sous ton toit et fuyant la lumière,
Un sombre ennui t'opprime et dévore ton sein.
Sur ton siège de hêtre, ouvrage de ma main,
Sourd à tes serviteurs, à tes amis eux-mêmes,
Le front baissé, l'œil sec, et le visage blême,

1. Le manuscrit porte cette variante:

> Pour me garder ce lit qui n'est permis qu'à moi.

C'était la première pensée du poète, qui a ensuite remplacé le mot *garder* par le mot *remplir* (G. DE. CHÉNIER).

2. Ce fragment avait paru dans l'édition de 1833, jusqu'à : *Elle a perdu son fils.* Il avait été placé dans les *Dernières Poésies,* mais il est bien antérieur à la détention du poète.

Tout le jour en silence, à ton foyer assis,
Tu restes pour attendre ou la mort ou ton fils.
Et toi, toi, que fais-tu, seule et désespérée,
De ton faon dans les fers lionne séparée?
J'entends ton abandon lugubre et gémissant,
Sous tes mains en fureur ton sein retentissant ;
Ton deuil pâle, éploré, promené par la ville,
Tes cris, tes longs sanglots remplissant toute l'île.
Les citoyens de loin reconnaissent tes pleurs.
« La voîci, disent-ils, la femme de douleurs! »
L'étranger, te voyant mourante, échevelée,
Demande : « Qu'as-tu donc, ô femme désolée! »
Ce qu'elle a? tous les dieux contre elle sont unis :
La femme désolée, elle a perdu son fils.
Son fils esclave meurt loin de sa main chérie.
Nourrice d'Apollon. . . . .

Après son discours il se lève... mais la jeune... qui l'avait suivi, et, cachée, l'avait écouté, avant qu'il eût fini, tout en larmes, courut à son père... O mon père, tu m'as promis de m'unir bientôt à... Celui-ci pleure son amante, son amante à qui ses parents ont promis sans doute, dès longtemps, de l'unir à lui... ô mon père! mon père!... viens le voir au rivage, il est pâle, la mort est sur tout son visage, il invoque la mort, il pleure. Ah! sans pitié tu ne pourras l'entendre... mon père, rends-lui sa liberté, rends-lui sa vertu ; car je le sais de toi, que le poète a dit :

Que le premier instant qui fait un homme esclave, etc.

Une larme vient humecter la paupière du vieillard... Il prend, sans dire un mot, les choses nécessaires pour affranchir un esclave, et il marche avec sa fille...

« Eh bien, dit-il, enfant, puisqu'ainsi tu le veux,
Marchons. Ce jeune esclave est donc bien malheureux?
Quel mortel est heureux? Nous souffrons tous. Il pleure?
J'ai pleuré. Jupiter dans sa haute demeure,
Dit encor le poète, a deux grands vases pleins
Des destins de la terre et du sort des humains.
L'un contient les plaisirs, les succès, l'allégresse;
L'autre les durs revers, les larmes, la tristesse.
Jupiter, à l'instant que nous venons au jour,
Dans ces vases, par nous, va puisant tour à tour,
Et nous mêle une vie, hélas! souvent amère.
Plus d'un mortel n'a part qu'au vase de misère;
Mais le dieu ne veut pas que nul mortel jamais
S'abreuve sans mélange au vase des bienfaits.
Et ceux-là sont heureux et sont dignes d'envie
Qui pleurent seulement la moitié de leur vie. »

Ils trouvent le malheureux qui errait à grands pas, défait, s'arrachant les cheveux, se meurtrissant le visage et remplissant le rivage de ses gémissements. Sois libre, Hermias, lui crie de loin la jeune fille*. — Oui, dit le père...

Il s'approche, et mettant les deux mains sur sa tête :

---

* VAR. : Un tel, tu es libre, lui crie de loin la jeune fille. — Oui, dit le père... et s'approchant et lui mettant les mains sur la tête... O Jupiter libérateur, ô Apollon conservateur, je vous prends à témoin qu'un tel est libre. Sois libre, un tel...

> Je vous prends à témoin qu'Hermias de Délos
> Est libre. Va, mon fils, et repasse les flots.
> Revois de ta Délos la rive fortunée;
> Dis à ta belle amante aux autels d'Hyménée
> Que Théon (de telle île) est un vieillard pieux,
> Qui porte un cœur humain et respecte les dieux.

Puis, reprenant la formule de l'affranchissement, l'auteur a refait ces vers tels qu'on les trouve dans le texte. (G. DE CH.)

« Oui, sois libre, Hermias!... Phœbus conservateur,
Jupiter protecteur, sauveur, libérateur,
Et vous, dieux infernaux, et vous, sœurs vengeresses[1],
Et qui que vous soyez, hommes, dieux et déesses,
Je vous prends à témoin qu'Hermias de Délos
Est libre. Va, mon fils, et repasse les flots.
Revois de ta Délos la rive fortunée;
Dis à ta belle amante, aux autels d'Hyménée,
Qu'Ariston de Thénos est un vieillard pieux*,
Qui porte un cœur humain et respecte les dieux. »

DÉDICACE A MILADY COSWAI[2]

Un frais zéphyr d'été, promené sur les eaux,
Émeut moins doucement l'ombrage et les roseaux;
Sur une mer brillante, un ciel semé d'étoiles
A s'approcher de terre enhardit moins les voiles**;
Vers l'ardente Clytie un regard du soleil

* VAR. : *Que Théon de Mycone est un vieillard pieux.*
** VAR. : *Sait moins à fuir le port encourager les voiles.*

1. L'auteur avait eu la pensée d'invoquer Neptune, dans la formule de l'affranchissement, à la place des dieux infernaux, et il avait commencé ce vers :
Neptune, notre appui.
Mais, s'apercevant de l'hiatus et voulant conserver le dernier hémistiche du vers où les furies sont prises à témoin, il n'a pas donné suite à la correction qu'il avait d'abord eu l'idée de faire.

2. Cécilia-Louisa-Maria Hadfield, d'une famille irlandaise, mais née sur les bords de l'Arno, en Italie, en 1765, — mariée au célèbre miniaturiste anglais Richard Coswai.

André Chénier avait connu Mme Coswai et sa famille à Paris, dans l'hiver de 1785-1786.

Voici, dit M. Gabriel de Chénier, la note qu'écrivait mon père (Louis-Sauveur de Chénier) sur Mme Coswai en 1819 :

« Milady Coswai était alors une jeune dame anglaise, pleine de grâce

BUCOLIQUES.

La fait moins se pencher sur son disque vermeil
Que l'éloquent regard d'une belle attentive
N'émeut et n'encourage une muse craintive.

. . . .
. . . .

Brillante comme vous, comme vous calme et belle,
Les yeux, avec amour, se porteraient sur elle.

. . . .
. . . .

Dirait : « Que cette muse est belle et séduisante!
Que son éclat est doux! que sa grâce est décente!
Dans sa simplicité que de charmes secrets!
Qu'une fierté modeste ennoblit tous ses traits!
Qu'on la quitte avec peine! et que sa voix aimable
Vous laisse, au loin, dans l'âme, une trace durable! »

et de candeur, qui joignait à la beauté l'amour des beaux-arts et un talent assez distingué pour la peinture, qu'elle pratiquait assidûment. Elle a gravé à l'eau-forte, avec esprit et légèreté, divers sujets de sa composition ou tirés des tableaux de Raphaël, Rubens et autres artistes célèbres. Bartolozzi a gravé à la manière du crayon son portrait peint par elle-même. L'enthousiasme des beaux-arts et la beauté du climat déterminèrent cette femme intéressante à se fixer à Rome, où l'on croit qu'elle existe encore (1819), et qu'elle continue à cultiver la peinture. »

Les huit vers italiens qui suivent, écrits à la louange de Mme Coswai, sont d'André.

Le petit manuscrit, qui fut plié en quatre, porte pour suscription : *Mrs Coswai, Pall Mall, London;* mais cette suscription n'est pas de la main de l'auteur.

Voici ces huit vers :

> Senna e Tamigi, unite al fine sorelle,
> D'Arno la figlia ammirano, aurea lira
> Cui diè il Febo toscan; cui lascio Apelle
> Vivo pennel per cui la tela spira;
> Che dolce canta, e sulle chiavicelle
> La dotta mano, e sulle corde gira.
> Tue son le muse, o Coswai in Pindo amata;
> Tu grata a Senna, a Tamigi tu grata.

Tel serait leur langage; et mes vers répétés
Encore après mille ans, seraient lus et vantés.
. . . .
Au moins daignez souffrir que cette main suspende
A votre belle image une rustique offrande;
Accueillez mon Esclave . . . .
. . . .
. . . .
Il pleure loin de lui sa famille éplorée.
Vos parents loin de vous, vous, leur bien, leur orgueil,.
Feraient couler vos pleurs et vivraient dans le deuil.
Il aime, et de regrets son âme est consumée.
Amour profond, brûlant; comme vous eût aimée
Tout mortel dont l'aspect serait doux à vos yeux*,
Dont vos regrets suivraient l'absence et les adieux,
Dont le nom remplirait vos pensers solitaires.
. . . . Ah! si le sort jaloux!...
Mais quels désirs ont droit de monter jusqu'à vous?
Toutefois . . . .
. . . .
Et de l'humble mortel un vœu religieux
S'élance impunément jusqu'au trône des dieux.

* Var. : *Tout mortel dont l'aspect serait cher à vos yeux.*

XLVII[1]

LA POÉSIE

Vierge au visage blanc, la jeune Poésie,
En silence attendue au banquet d'ambroisie,
Vint sur un siège d'or s'asseoir avec les dieux,
Des fureurs des Titans enfin victorieux.
La bandelette auguste, au front de cette reine,
Pressait les flots errants de ses cheveux d'ébène ;
La ceinture de pourpre ornait son jeune sein.
L'amiante et la soie, en un tissu divin,
Répandaient autour d'elle une robe flottante,
Pure comme l'albâtre et d'or étincelante.
Creux en profonde coupe, un vaste diamant
Lui porta du nectar le breuvage écumant.
Ses belles mains volaient sur la lyre d'ivoire.
Elle leva ses yeux où les transports, la gloire[2],
Et l'âme et l'harmonie éclataient à la fois.
Et, de sa belle bouche, exhalant une voix
Plus douce que le miel ou les baisers des Grâces,
Elle dit des vaincus les coupables audaces,
Et les cieux raffermis et sûrs de notre encens,
Et sous l'ardent Etna les traîtres gémissants.

---

1. Édition G. de Chénier.
2. L'auteur a passé deux traits, transversalement, sur ces deux vers, comme s'il n'en était pas content ; cependant il ne les a pas refaits.

Nymphe tendre et vermeille, ô jeune Poésie !
Quel bois est aujourd'hui ta retraite choisie ?
Quelles fleurs, près d'une onde où s'égarent tes pas,
Se courbent mollement sous tes pieds délicats ?
Où te faut-il chercher ? Vois la saison nouvelle !
Sur son visage blanc quelle pourpre étincelle !
L'hirondelle a chanté. Zéphire est de retour :
Il revient en dansant ; il ramène l'amour ;
L'ombre ; les prés, les fleurs, c'est sa douce famille,
Et Jupiter se plaît à contempler sa fille,
Cette terre où partout, sous tes doigts gracieux,
S'empressent de germer des vers mélodieux.
Le fleuve qui s'étend dans les vallons humides
Roule pour toi des vers doux, sonores, liquides[1].
Des vers, s'ouvrant en foule aux regards du soleil,
Sont ce peuple de fleurs au calice vermeil.
Et les monts, en torrents qui blanchissent leurs cimes,
Lancent des vers brillants dans le fond des abîmes[2].

Ici le poète a écrit :

Le Pinde harmonieux.

O Poésie, nymphe aux ailes dorées, à la voix..., qui habites sur les sommets de..., qui voltiges dans les bocages du..., toi qui viens dorer mes pensées et embellir mes imaginations...

---

1. Le manuscrit porte cette variante :

Roule des vers brillants, clairs, faciles, liquides.

Le poète a ensuite refait ce vers tel qu'il est.

2. Le manuscrit indique cette première version :

En torrents écumeux qui blanchissent leurs cimes,
Les monts lancent des vers dans le fond des abîmes.

L'auteur a également corrigé ces deux vers.

XLVIII[1]

. . . .
Ma muse fuit les champs abreuvés de carnage,
Et ses pieds innocents ne se poseront pas
Où la cendre des morts gémirait sous ses pas.
Elle pâlit d'entendre et le cri des batailles,
Et les assauts tonnants qui frappent les murailles;
Et le sang qui jaillit sous les pointes d'airain
Souillerait la blancheur de sa robe de lin.

XLIX[2]

Un jeune berger dira :

Ma muse échevelée, amante des Naïades,
Suit leurs pas sous l'abri des obscures Dryades,
Et, sa flûte à la main, va de ses doux concerts,
De vallons en vallons, réjouissant les airs.
Tout à coup les vallons, les airs, la grotte sombre,
De joie, à ses concerts, poussent des cris sans nombre,
Car de ses doux accents, de ses vives chansons,
Faunes, nymphes, pasteurs, ont reconnu les sons.
Soudain, de toutes parts volent à son passage

1. Édition G. de Chénier. Ce fragment est traduit de Gessner.
2. *Ibid.*

Les nymphes au front blanc couronné de feuillage,
Le Satyre au pied double, et Faunes et Sylvains,
Et vierges et pasteurs, et tous frappant leurs mains :
« La voilà », disent-ils; en tumulte ils accourent;
Ils s'appellent l'un l'autre; ils la fêtent, l'entourent;
Se plaignent qu'elle ait pu si longtemps les quitter.
Elle rit; on la suit pour l'entendre chanter.

L[1]

En commencer une autre ainsi :

Allons, muse rustique, enfant de la nature,
Détache ces cheveux, ceins ton front de verdure,
Va de mon cher de Pange égayer les loisirs.
Rassemble autour de toi tes champêtres plaisirs;
Ton cortège dansant de légères Dryades,
De nymphes au sein blanc, de folâtres Ménades.
Entrez dans son asile aux muses consacré,
Où de sphères, d'écrits, de beaux-arts entouré,
Sur les doctes feuillets sa jeunesse prudente
Pâlit au sein des nuits près d'une lampe ardente.
Hélas! de tous les dieux il n'eut point les faveurs.
Souvent son corps débile est en proie aux douleurs.
Muse, implore pour lui la santé secourable,
Cette reine des dieux sans qui rien n'est aimable[2],

---

1. Édition G. de Chénier.
2. Le manuscrit offre pour variante cette première pensée de l'auteur:
   Reine des immortels, sans qui rien n'est aimable.

Qui partout fait briller le sourire, les jeux,
Les grâces, le printemps. Qu'indulgente à tes vœux,
Le dictame à la main, près de lui descendue,
Elle vienne avec toi présenter à sa vue
Cette jeunesse en fleur, et ce teint pur et frais,
Et le baume et la vie épars dans tous ses traits.
Dis-lui : « Belle santé, déesse des déesses,
Toi sans qui rien ne plaît, ni grandeurs, ni richesses,
Ni chansons, ni festins, ni caresses d'amour,
Viens, d'un mortel aimé viens embellir les jours.
Touche-le de ta main qui répand l'ambroisie.
Ainsi tu nous verras, troupe agreste et choisie,
Les hymnes à la bouche, entourer tes autels,
Santé, reine des dieux, nourrice des mortels. »

(Ce morceau sur la santé est légèrement imité de la belle hymne à la Santé, d'Ariphron le Sicyonien, que beaucoup d'anciens ont citée et qui reste dans Athénée. Tous les monuments qui me sont connus mettent dans les mains de cette déesse un serpent qui était le symbole de la vie, mais cette image n'eût pas été agréable.)

LI[1]

Des vallons de Bourgogne, ô toi, fille limpide,
Qui pares de raisins ton front pur et liquide,
Belle Seine, à pas lents, de ton berceau sacré
Descends, tandis qu'assise en cet antre azuré,

---

1. Édition G. de Chénier.

D'un vers syracusain la muse de Mantoue
Fait résonner ton onde où le cygne se joue.

LII[1]

A UNE ANGLAISE

Si ton âme a goûté la voix pure et facile
Dont Pope répétait les accents de Virgile;
Si quelques doux tableaux et quelques sons touchants
De l'antique Spenser te font aimer les chants[2],
Viens voir aussi comment, aux bords de notre Seine,
La muse de Sicile et chante et se promène;
Les tableaux qu'elle invente, et les accents nouveaux
Que répètent nos bois, nos nymphes, nos coteaux.

LIII[3].

Après en avoir commencé une par quatre ou six vers qui en exposent le sujet, avant de la poursuivre, la dédier ainsi :

Docte et jeune Cosway[4], des neuf sœurs honorée,
Au Pinde, à tous les arts par elles consacrée,

---

1. Édition G. de Chénier.
2. Edmond Spenser, poète anglais (de 1550 à 1599). C'est du *Calendrier des Bergers* de ce poète qu'il s'agit ici.
L'Anglaise dont il est question dans ce fragment était milady Coswaï, à laquelle le poète voulait dédier l'églogue qui suit. (G. DE CH.)
3. Édition G. de Chénier.
4. Voy. la note 2 de la p. 140.

Mes bergers en dansant t'appellent à leurs jeux,
Donne-leur un regard. Tu trouveras chez eux
Ce qu'en toi chaque jour tu trouves dès l'enfance,
Le calme et les plaisirs qui suivent l'innocence.
Accueille mes hameaux. Leurs chansons, leur bonheur,
Sont doux comme tes yeux et purs comme ton cœur.
Mes chants, aimés de Flore et de ses sœurs divines,
N'ont point l'ambre et le fard des muses citadines.
Je ne viens point t'offrir, dans mes vers ingénus,
De ces bergers français à Palès inconnus.
Ma muse grecque et simple, et de fleurs embellie,
Visitant son Alphée et ta noble Italie,
A retenu les airs qu'en ces lieux séducteurs
Souvent à son oreille ont chantés les pasteurs.
Souvent près d'une grotte, au bord d'une fontaine,
Elle va se cacher dans l'écorce d'un chêne,
Et sans bruit elle écoute, elle apprend à chanter
Ce qu'aux dieux des forêts elle entend répéter.

LIV[1]

En commencer une par ces vers, qui sont une légère imitation d'un sonnet de Zappi[2].

Près des bords où Venise est reine de la mer,
Le gondolier nocturne, au retour de Vesper,

---

1. En partie dans l'édition de 1826, plus complètement dans l'édition de G. de Chénier.
2. Zappi (Jean-Baptiste-Félix), né à Imola en 1664. Ses poésies, auxquelles sont ordinairement jointes celles de sa femme Faustina Maratti, fille

D'un aviron léger bat la vague aplanie,
Chantant Renaud, Tancrède et la belle Erminie.
Il aime les chansons, il chante. Sans désir,
Sans gloire, sans projets, sans craindre l'avenir,
Il chante, et, cheminant sur le liquide abîme,
Sait égayer ainsi sa route maritime.
. . . . . Comme lui je me plais à chanter.
Les rustiques chansons que j'aime à répéter
Adoucissent pour moi la route de la vie,
Route amère et souvent de naufrages suivie.

Viens donc, tu vas ouïr, ami, ce qu'Alexis
Écoute et puis répond à son tour à Daphnis.
Alexis et Daphnis, de campagnes voisines,
Se trouvèrent ensemble au penchant des collines,
Tous deux jeunes, tous deux ornés de blonds cheveux*,
Tous deux nés aux chansons, à la flûte tous deux.

LV[1]

Tiré d'Ovide, liv. VIII[2], à la fin.

Allons chanter, assis dans les saintes forêts,
Sous ce chêne orgueilleux, favori de Cérès,
Qui loin autour de lui porte un immense ombrage.
Tu vois, de tous côtés pendent à son feuillage

---

* VAR. : *Tous deux jeunes, tous deux ayant de blonds cheveux.*

du peintre Carlo Maratti, ont été imprimées à Venise en 1748 et en 1770, 2 vol. petit in-12. Ce sonnet se trouve au t. Ier, p. 29. (G. DE CH.).

1. Édition G. de Chénier.
2. Des *Métam.*, v. 743.

Couronnes et bandeaux et bouquets entassés,
Doux monuments des vœux par Cérès exaucés.
A son ombre souvent les nymphes bocagères
Viennent former les pas de leurs danses légères;
Pour mesurer ses flancs et leur vaste contour,
Leurs mains s'entrelaçant serpentent à l'entour :
Et, les bras étendus, vingt Dryades à peine
Pressent ce tronc noueux et dont Cérès est vaine.

———

. . . . La faim,
L'aride faim par qui ne fut point impunie
L'insolente fureur du tyran d'Hémonie,
L'impie Érisichthon qui, sans craindre Cérès,
Osa porter la hache à ces saintes forêts[1].

LVI[2]

Bacchus se déguisait sous un moins beau visage,
Quand de Tyrrhéniens une troupe sauvage
Vint le ravir plongé dans un profond sommeil.
Leur vaisseau le reçoit; on part; à son réveil,
Il s'étonne. On lui jure, au moment qu'il les prie,
De voguer vers Naxos qu'il nomme sa patrie.
Il dissimule, et puis, l'œil errant sur les flots :
« O ciel! ah! malheureux! ce n'est point là Naxos...

---

1. Même livre des *Métam.*, v. 790 et 814.
2. Édition G. de Chénier.

Dieux! grands dieux! » et ses mains, dans ses feintes alarmes,
Déchirent ses cheveux, et ses yeux sont en larmes.
« Jeune homme, lui dit l'un, que nous font tes malheurs?
Tu viendras nous servir; et laisse là tes pleurs. »
Il dit. — Le vaisseau tremble. Et des formes terribles
De tigres, de lions, de panthères horribles
Fondent sur eux. En foule et n'ayant plus de voix,
Les traîtres du vaisseau s'élancent à la fois,
O prodige! et, couverts d'une écaille étrangère,
Se vont, légers dauphins, cacher sous l'onde amère[1].

LVII[2]

.... O mes brebis...

Et vos blanches toisons par le fer moissonnées,
En tissus précieux mollement façonnées,
Pour presser, quand l'hiver soufflera les frimas,
De nos fières beautés les membres délicats,
Iront, passant au loin l'onde phénicienne,
Emprunter au murex sa pourpre tyrienne.

Parler des étoffes de Milet et de Cos.

1. Liv. III des *Métam.* d'Ovide.
2. Édition G. de Chénier.

LVIII[1]

Bubul.

Reste ici, Pardalis ; . . . . . vagabonde[2],
Qu'il ne me faille encor, dans la forêt profonde,
Suivre pour te chercher. . . . la cloche d'argent
Dont j'ai su te parer. . . . .
Reste, ma Pardalis. Viens, ma belle génisse.
Ici croît. . . . . le narcisse.
Reste ; si tu me fuis, tu n'auras plus ma main
Pour y venir trouver ou du sel ou du pain.
Tu ne bondiras plus aux chants de ma musette.
Un ivoire élégant se courbe sur ta tête.
. . . .
Ton regard est serein, tu mugis doucement,
Ton lait est le plus doux qu'un sein pur et fertile
Ait jamais fait couler dans mon vase d'argile.
La fille d'Inachus, quand le maître des dieux
La fit mugir aussi près du pâtre aux cent yeux[3],
Était moins que toi belle et de grâces ornée ;
Et pourtant, près du Nil, de lotos couronnée,
Elle voit aujourd'hui, dans son temple divin,
Ses prêtres revêtir des tuniques de lin.

1. Édition G. de Chénier. — Le poète a indiqué que ces vers seraient mis dans la bouche d'un bouvier (*bubulcus*).
2. M. Becq de Fouquières supplée : [Prends garde,] vagabonde.
3. Argus.

Caprar[1].

O ma belle chèvre... tu es la plus belle... quoique... la chèvre Amalthée.

> ... Insana capræ sidera[2].
> Oleniæ sidus pluviale capellæ[3].

Mon jeune agneau, si tu veux venir avec moi, je peignerai moi-même ta laine blanche... et je te nourrirai de lait dans ma propre coupe.

LIX[4]

En commencer ou finir une ainsi :

Enfant ailé, seul dieu de mes jeunes travaux,
A qui fais-tu ce don de mes bouquets nouveaux?
A toi, belle D'. R[5]... Pour toi mes mains rustiques
Ont formé le tissu de ces fleurs bucoliques.
Viens voir dans nos hameaux quel encens t'est plus doux,
Quelle déesse enfin tu veux être pour nous.
Soit que ta main, tenant la faucille et l'eau pure,
Veuille aux roses tes sœurs prodiguer leur culture,
Ou bien de fruits dorés couronner les rameaux;
Ou soit que ton beau corps, caché dans les roseaux,
Aime mieux habiter sous les ondes limpides;

---

1. C'est un chevrier qui aurait parlé.
2. Horace, *Odes*, liv. III, ode vii, v. 6.
3. Ovide, *Métam.*, liv. III, v. 594.
4. Édition G. de Chénier.
5. Il y a contestation sur ces initiales. M. Becq de Fouquières lit : *D'. R.*; ailleurs *D'. R. N.* Il estime qu'elles cachent Maria Coswai, et qu'il faut lire : *d'Arno* ou *d'Érin*, c'est-à-dire fille d'Arno ou d'Érin. M. G. de Chénier a lu partout *D'. Z., D'. Z. N.* Nous avons adopté cette leçon dans notre édition in-18; mais, après réflexion, les conjectures de M. Becq de Fouquières nous paraissent avoir assez de vraisemblance pour être au moins provisoirement accueillies.

Soudain Flore et Pomone et Naïades humides
Souscrivent à ton choix, et laissent en tes mains
L'empire des vergers, des eaux ou des jardins.
Moi, pontife, à tes pieds, en des fêtes chéries,
J'apporte des pasteurs les offrandes fleuries;
Je les vois sur ton front étaler leur éclat;
Plus d'éclat luit encor sur ton front délicat;
De plus fraîches couleurs ta joue est animée;
Leurs parfums sont moins purs que ta bouche embaumée;
Mourantes sur ton sein, je les vois se flétrir :
Il est bien doux d'y vivre et bien doux d'y mourir.

En terminer une ainsi : -

O nymphe du ruisseau, sors de ton onde, sors[1];
Prends ces chants de berger médités sur tes bords,
Porte-les à D'. R. N., cette belle insulaire.
A leurs sons amoureux puisse-t-elle se plaire!
Et, le ris sur la bouche, au-devant de tes pas,
Venir les recevoir de ses doigts délicats!
Le matin d'un beau jour frais, calme, sans nuage,
Est moins fleuri, moins pur, moins doux que son visage.
Dis-lui, car tu le sais, oh! dis-lui quel amour,
Dis-lui quel souvenir me poursuit chaque jour.
Dis-lui pour qui ma voix, en soupirs égarée,
Fait gémir les détours de ta grotte azurée;
Dis-lui quel nom ma bouche, au sein de tes roseaux,
Enseigne à répéter à ton peuple d'oiseaux.

1. Le manuscrit offre cette variante :
O nymphe du vallon, sors de ton onde, sors.

LX[1]

Je fais paître tant de brebis... j'ai un chien qui...

Mais l'amour, l'amour seul est le pasteur suprême
Du chien et des brebis et du pasteur lui-même.

Viens et sois mon amour... peut-on ne pas vouloir être aimée? etc...
Deux jeunes filles au bain... et aussi deux jeunes amants au bain, en imitant quelque chose de Daphnis et Chloé.

LXI[2]

Chante-nous les deux enfants... ils chantent ἀμοιϐ. (ἀ μοι-ϐηδην, alternativement).

Deux enfants... leur père et leur mère sont morts, ils n'en savent rien... ils sont égarés dans la forêt... ils disent : j'ai faim... où irons-nous ?... les bêtes nous mangeront... suivons le cours du ruisseau, il nous mènera dans des pays où il y aura ceci et cela, et nous y trouverons ma mère, qui nous donnera à manger *et du pain dans du lait*[3].

. . . .

Mais j'ai faim, je suis las, je ne puis plus marcher;

---

1. Édition G. de Chénier.
2. *Ibid.*
3. Une gravure de Bartolozzi, publiée en 1784 et intitulée les *Enfants dans les bois,* a probablement suggéré à André Chénier l'idée de cette esquisse. (*Lettres critiques,* p. 184.)

BUCOLIQUES.

Dormons ici, demain nous marcherons encore.
Maintenant sous cet arbre il vaut mieux nous coucher.
Tous deux, sous un ormeau, les mains entrelacées,
Ils tombent, et bientôt ils fermèrent les yeux.
L'Olympe vit monter leurs âmes embrassées,
. . . . . *et les plaça parmi les enfants* des dieux[1].
Le feuillage poussa des plaintes . . . .
La lune se couvrit d'un voile de douleurs.
L'aurore pleura leur enfance . . . . . .
D'une rosée amère elle inonda les fleurs.
La hache sur le dos. . . . .
Le bûcheron s'arrêta pour les contempler.
Il crut voir sommeiller deux enfants de déesse.
Il n'osait faire un pas de peur de les troubler.
Hélas! ils étaient morts! Le chien, triste et fidèle,
Léchait leurs pieds glacés et gémissait sans bruit;
Et le doux rossignol, en agitant son aile,
Avait, sur un rameau, pleuré toute la nuit[2].

1. Nous soulignons ce qui n'a pas la forme du vers.
2. Les deux derniers vers sont un souvenir de Manilius: André en avait pris note ailleurs:

> *Te circum halcyones pennis planxere volantes*
> *Fleveruntque tuos miserando carmine casus*
> . . . .
> *Extulit et nitido nereis ab aequore vultus*
> *Et casus miserata tuos, etc.*
> *Ipsa levi flatu refovens pendentia membra*
> *Aura per extremos resonavit flebile rupes.*
> (Manil. *Astron.* l. V, v. 558, 563, 565.)

« C'est en racontant l'histoire d'Andromède, fait observer André Chénier, qu'il lui adresse brusquement ces vers, sans la nommer en aucune façon. C'est tout cela qu'il faut imiter. Le traducteur met les alcyons volant autour de *vous, infortunée princesse...* cela ôte de la grâce... »

LXII[1]

PASIPHAE AD AMOREM.
> Εἴ ποθέειν μ' ἐδιδάξας ἐν οὔρεσι ταῦρον ἀλήτην,
> μυκηθμόν με δίδαξον, ὅπως φίλον ἄνδρα καλέσσω.
> (*Analect.*, t. III, ép. 141, p. 3).

Cette reine de Crète, incestueuse amante,
Qui demande un prodige au dieu qui la tourmente,
Veut apprendre à mugir, sûre qu'à cette voix
Son amant vagabond la suivrait dans les bois.
Sa main royale, osant l'arrêter au passage,
Souvent jette des fleurs sur sa tête sauvage,
Descend sur sa poitrine aux longs replis tremblants,
Le flatte, l'applaudit, fait résonner ses flancs.

A

Cette île chèrë aux dieux, mère de Jupiter,
Aux cent belles cités maîtresses de la mer,
Où, pour punir Athène, un épais labyrinthe
Recèle un double monstre en son obscure enceinte,
Fruit coupable et cruel de perverses amours.
Lorsque (si les Crétois ne mentent point toujours)
Leur reine dans un temple, incestueuse amante,
Demandant un prodige au dieu qui la tourmente,
Veut apprendre à mugir, sûre qu'à cette voix

---

1. Édition G. de Chénier.

Son amant mugissant la suivrait dans les bois.
Sa main royale, osant l'arrêter au passage,
Souvent jette des fleurs sur sa tête sauvage,
Descend sur sa poitrine aux longs replis tremblants,
Le flatte, l'applaudit, fait résonner ses flancs.
Bientôt pour le tromper un savant artifice
Creuse un bois imposteur d'une feinte génisse;
Elle entre, elle revêt, aussi bien que les yeux,
Les membres, et la force, et le front tortueux.

B — Les Crétois sont menteurs... puis il raconte plusieurs fables intéressantes et finit ainsi : Voilà quelles histoires m'apprennent les Muses.

Non, si Gnosse jamais vit sa reine inquiète
Se soumettre à l'orgueil du taureau de la Crète,
Et son fils monstrueux, son opprobre éternel,
Garder la voix farouche et le front paternel...

Les dieux pour se venger envoient quelquefois la folie.

C'est ainsi qu'autrefois, dans leurs délires vains,
Courant au pâturage et fuyant les humains,
Les filles de Prœtus, vagabondes compagnes,
De faux mugissements remplirent les campagnes.
L'aspect du soc leur fit chercher les bois profonds,
Tremblantes que le joug ne menaçât leurs fronts;
Et leur main crut sentir, peureuse et mensongère,
Se dresser sur leur tête une armure étrangère[1].

1. Voy. Virg. *Égl.* VI.

LXIII[1]

Là, du sage Minos cette fille si belle,
Le fil en main, formait une danse nouvelle,
Quand du grand labyrinthe un jeune séducteur
Eut vaincu, par ses soins, l'inextricable erreur.
Le blond Thésée admire à sa brillante fête
Et les vierges d'Athène et les vierges de Crète.
Toutes, près d'Ariadne, en des détours légers,
Errent, du noir palais retraçant les dangers;
Et leurs pas tortueux d'un confus labyrinthe
Feignent de parcourir la ténébreuse enceinte.

LXIV[2]

UN JEUNE HOMME FOU PAR AMOUR

A. — Il est fou ; il est la fable de tous les jeunes Cnidiens.

Pour lui, ce Praxitèle a, de sa main savante,
Des antres de Paros fait sortir une amante;
Car, malheureux rival d'Anchise et de Pâris,
Il aime ce beau marbre, image de Cypris.

1. Édition G. de Chénier.
2. *Ibid.* — Ce trait est dans les *Amours* de Lucien.

BUCOLIQUES.

Il a su, se cachant au fond du sanctuaire,
Passer toute une nuit près de l'idole chère,
Dont les contours divins ont laissé voir au jour
La trace des fureurs d'un fol et vain amour.
Il est toujours au temple avec son immortelle ;
Et là, seul, il la flatte ; il lui dit qu'elle est belle ;
L'appelle par des noms mielleux, tendres, brûlants,
Et parcourt à plaisir et son sein et ses flancs.
D'autres fois il arrive inquiet, irascible ;
La gronde, la nommant dure, froide, insensible ;
Lui dit qu'elle est de pierre et qu'elle est sans appas ;
Puis lui pardonne, pleure, et la tient dans ses bras.
« Baise-moi », lui dit-il, et sa bouche insensée
Baise et presse longtemps cette bouche glacée,
D'un doux reproche encor la caresse ; et sa main
La punit mollement d'un injuste dédain.

B. — Peut-être espère-t-il qu'elle fera pour lui ce qu'elle fit pour Pygmalion.

Conter la chose comme Ovide (voyez *Métamorphoses*, liv. X, vers 243 à 297).

Elle vit à la fois le ciel et son amant.

LXV[1]

DIANE[2]

O vierge de la chasse, ô quel que soit ton nom,
Salut, reine des nuits, blanche sœur d'Apollon,

1. Édition G. de Chénier.
2. C'est un titre que nous ajoutons pour relier ces fragments.

Salut, Trivie, Hécate, ou Cynthie, ou Lucine,
Lune, Phœbé, Diane, Artémis ou Dictyne,
Qui gouvernes les bois, les îles, les étangs,
Et les ports, et les monts et leurs noirs habitants!

Callim. Span[1].

O toi, sœur d'Apollon, ô déesse, ô Dictyne,
Qui, pressant tes cheveux sur ta tête divine,
T'avances dans les flots, et poursuis de tes rets
De la mer des Crétois les habitants muets.

Viens, soit que, retenant ton écharpe mobile,
Tu presses d'un taureau le flanc large et docile,
Soit qu'en longue tunique, une torche à la main,
D'un cerf aux cornes d'or tu diriges le frein.

Je verrai, descendus dans les bruyants vallons,
Diane et son cortège errer au pied des monts;
La dépouille des lynx est leur riche parure;
Leur sein jeune et brillant fuit hors de leur ceinture;
Les plis de leurs habits ne gênent point leurs pas
Et laissent découverts leurs genoux délicats;
Là, s'arrêtent en foule, auprès d'une fontaine,
Anticlée et Procris, Aréthuse et Cyrène,
Vierges comme Diane et qui vont dans les bois[2]
Sur les loups dévorants épuiser leurs carquois.
Je les verrai, déesse, avec leurs doigts faciles,
Dételer de ton char tes cerfs aux flancs agiles,

---

1. C'est-à-dire Spanheim, notes sur Callimaque.
2. Le manuscrit porte cette variante, qui était la première pensée de l'auteur:

D'autres vierges encor qui vionnent dans les bois.

Détacher le frein d'or trempé de leurs sueurs,
Caresser leur poitrine et les nourrir de fleurs.
Mais si le doux ruisseau roulant des ondes claires
Vous invite à quitter vos tuniques légères,
Déesse, je fuirai ; car ton chaste courroux
Est terrible et mortel. Je fuirai loin de vous,
De peur qu'à te venger ta meute toute prête
Ne voie un bois rameux s'élever sur ma tête.
Callim. in Dian., εἰς Ἄρτεμιν, hymne III.
Analecta de Brunck, t. Ier, p. 431.

Quand d'Alphée avec elle ou du frais Érymanthe,
Des nymphes de sa suite une troupe brillante,
D'un jeune chœur dansant vient égayer les bois,
Son épaule divine agite son carquois :
La plus belle du chœur, quoique toutes soient belles,
Elle marche, et son front s'élève au-dessus d'elles.
Latone la contemple. A cet aspect divin,
Un orgueil maternel vient chatouiller son sein[1].

Tel, lorsque, n'ayant plus de traits dans son carquois,
Diane se repose et dort au sein d'un bois,
Haletant sous ses pas, son jeune chien fidèle,
L'œil sur elle attaché, vient s'asseoir auprès d'elle ;
Muet, l'oreille droite, il attend son réveil ;
Et si la chaste reine, au milieu du sommeil,
Laisse vers lui tomber une main nonchalante,
Il y va promener sa langue caressante.
De Callimaque in D.

---

1. Ce fragment est imité de Virgile.

LXVI[1]

PROSERPINE[2]

Après avoir conté en peu de mots l'enlèvement de Proserpine (dans les fêtes de Proserpine) :

Sois donc propice aux tiens, vierge, épouse sacrée,
O Junon des enfers, qu'une mère éplorée,
Sur un axe rapide attelé de serpents,
Les flambeaux à la main, rechercha si longtemps.
Déesse, tu n'es pas étrangère à cette île.
N'es-tu pas, comme nous, enfant de la Sicile?
Que de fois, retournant de leurs bruyants travaux,
Les cyclopes d'Etna chargés de leurs marteaux
Te trouvaient, les pieds nus, assise dans la plaine,
Ramassant des cailloux au sein d'une fontaine!
Ils aimaient tour à tour, et tu ne fuyais pas,
A porter ton enfance en leurs robustes bras.
Si jamais dans les cieux quelque enfant immortelle
Est au vœu maternel indocile et rebelle,
On appelle un cyclope, et Mercure à l'instant
Vient, imite leur voix; il fait peur à l'enfant,
Qui, ses mains sur les yeux, plus doux et moins colère,
Se rejette en criant vers le sein de sa mère[3].

1. Édition G. de Chénier.
2. C'est un titre que nous ajoutons pour relier ces fragments.
3. L'auteur a signalé ainsi ces huit vers en disant: *Ces huit vers ne valent rien. Il faut les mieux faire et les transporter ailleurs.* (G. DE CH.)

Souvent sur les genoux de ces frères nerveux[1],
Tranquille, tu jouais avec leurs noirs cheveux.
Ils riaient de te voir, de ta main enfantine,
Arracher la toison de leur vaste poitrine.

Callim. in Di. (Callimaque, *hymne à Diane.*)

Cette idée de Proserpine enfant suggéra celle-ci :

Une petite fille
Tressant quelques joncs frais, prison d'une cigale.

Après avoir mis dans la bouche d'une poétesse un chant pour Proserpine, le lui faire terminer ainsi :

Salut, reine des morts, femme du dieu d'enfer,
Souterraine Junon, fille de Jupiter !
Et lorsque le tombeau m'ouvrira ton empire,
De silence et d'oubli n'accuse point ma lyre,
Comme au sage Thébain, divin chantre des dieux.
Mon ombre, pour venir en songe harmonieux
Dicter des vers tardifs consacrés à ta gloire,
N'aura point à sortir de la porte d'ivoire[2].

(V. Pausanias[3].)

1. Le manuscrit porte pour variante ce vers, qui était la première idée de l'auteur :

Mais toi, sur les genoux de ces frères nerveux.

2. Pausanias raconte le songe de Pindare qui avait oublié Proserpine dans les hymnes qu'il composa en l'honneur des dieux, et ensuite le songe de la vieille qui écrit l'hymne que le poète mort lui dicte en l'honneur de la déesse.

3. M. France, dans l'*Intermédiaire des chercheurs et curieux*, 10 août 1864, a publié d'autres vers où il est question de Proserpine, d'après une

LXVII[1]

VÉNUS[2]

TRADUCTION DE LA PREMIÈRE ÉPIGRAMME DE NOSSIS[3]

Rien n'est doux que l'amour, aucun bien n'est si cher.
Près de lui le miel même à la bouche est amer.
Celle qui n'aime point Vénus sur toutes choses,
Elle ne connaît pas quelles fleurs sont les roses....

―――

Vénus, quelle déesse a le cœur plus docile
Aux vœux de son guerrier ne fut point difficile.
Leur bonheur, cependant, que soupçonnaient les dieux,
. . . . et fuyait tous les yeux.

copie faite, dit-il, sur un manuscrit même d'André. Voici ces vers, dont
M. G. de Chénier a contesté l'authenticité :

> Proserpine incertaine...
> Sur sa victime encor suspendait ses ciseaux,
> Et le fer, respectant ses longues tresses blondes,
> Ne l'avait pas vouée aux infernales ondes.
> Iris, du haut des cieux, sur ses ailes de feu,
> Descend vers Proserpine : « Oui, qu'à l'infernal dieu
> Didon soit immolée; emporte enfin ta proie. »
> . . . .
> Elle dit; sous le fer soudain le crin mortel
> Tombe ; son œil se ferme au sommeil éternel,
> Et son souffle s'envole à travers les nuages.

Ces vers sont traduits du IVe chant de l'*Énéide*.

1. Édition G. de Chénier.
2. C'est un titre que nous ajoutons pour relier ces fragments.
3. Poétesse dont Brunck a recueilli douze épigrammes.(*Analecta*, t. Ier,
p. 194.

Le Soleil, qui voit tout, a vu ce doux mystère;
Il vole; et de l'époux enflammant la colère,
Bientôt un dur réseau sait, par l'art de Vulcain,
Ceindre ce lit trompeur d'un invisible airain,
Et, dans les bras de Mars enchaînant la parjure,
Tout le ciel appelé vient et voit son injure.
Chacun rit; on voudrait comme eux être surpris.
L'insensé! qu'ont produit et ses fers et ses cris?
Jusqu'alors son épouse à feindre disposée
Sans honte désormais le livre à la risée.
Et tandis qu'à Lemnos ses noirs cyclopes nus,
Faisant taire la nuit leurs travaux assidus*,
Partagent des bons vins sa table abandonnée.
Elle, à des dieux polis dans l'Olympe amenée,
Les voit, en un banquet et moins triste et meilleur
Qu'anime du nectar le breuvage railleur,
Faisant honte à l'Hymen d'un lien ridicule,
Sur l'époux forgeron s'égayer sans scrupule.
. . . .
. . . .
. . . .
Leur imite son port et sa marche inégale,
Et, comme lui, d'un pas oblique et chancelant
Court et s'agite et traîne un pied boiteux et lent.

.... Tel était le blond fils de Cyniras et de Myrrha, que les belles Naïades d'Arabie avaient élevé couché dans telles et telles fleurs; lorsqu'il fut aimé de Vénus... Souvent cette belle immortelle nue, ayant comme Diane un arc à la main, l'accompagna à la chasse... Souvent elle retint par un lien un agile

---

*Var.: *Faisant taire la nuit leurs marteaux suspendus.*

chien de Laconie... Souvent elle essuya le front de son beau chasseur en le couvrant de baisers...

> Sic ait : et mediis interserit oscula verbis.
> (Ovide, *Métam.*, liv. X, v. 559.)

LXVIII[1]

MINERVE

Parmi les fables à employer, Tirésias aveugle pour avoir vu Minerve toute nue. Properce en parle. Il reste là-dessus une belle élégie de Callimaque.

Tirésias voudrait que jamais l'Hippocrène[2]
N'eût reçu dans ses eaux la déesse d'Athène,
Et, négligé des rois[3], ignorer le destin[4],
Et le vol des oiseaux[5], de l'avenir certain.
Il paya cher[6] de voir cette vierge invincible
Dépouiller et le casque et la gorgone horrible[7].
Ce sein, ces flancs sacrés[8], inconnus même aux dieux,
Sont les derniers objets que purent voir ses yeux[9].

---

1. Édition G. de Chénier. Le titre est ajouté par nous.
2. André a indiqué ainsi les sources où il a puisé : Callim., hymne v, v. 70.
3. Callim., v. 125.
4. *Ibid.*, v. 121.
5. *Ibid.*, v. 123.
6. *Ibid.*, v. 102. Propert., lib. IV, eleg. ix.
7. Propert., *ibid.*
8. Callim., v. 88.
9. *Ibid.*, v. 54.

BUCOLIQUES.

Quoique chère à Pallas[1], les plaintes de sa mère[2]
Essayèrent en vain[3] de rouvrir sa paupière.

LXIX[4]

Sous le roc sombre et frais d'une grotte ignorée
D'où coule une onde pure aux nymphes consacrée,
Je suivis l'autre jour un doux et triste son,
Et d'un faune plaintif j'ouïs cette chanson :
« Amour, aveugle enfant, quelle est ton injustice!
Hélas! j'aime Naïs; je l'aime sans espoir.
Comme elle me tourmente, Hylas fait son supplice.
Écho plaît au berger, il vole pour la voir;
Écho loin de ses pas suit les pas de Narcisse,
Qui la fuit pour baiser un liquide miroir. »
. . . .
. . . .
Tu l'aimes; on le sait : crois-tu qu'elle l'ignore?
Tout l'univers le sait; tu l'as dit si souvent.
Les roseaux de Midas le répètent au vent.

C'est un ancien proverbe grec pour exprimer combien une chose a été rebattue. On le trouve employé ainsi dans une épigramme de Sosipater :

μάρτυρές εἰσι
Τῆς ἀθυροστομίης οἱ Μίδεω κάλαμοι.
(*Analecta*, t. Ier, p. 504.)

1. *Callim.*, v. 57.
2. *Ibid.*, v. 85.
3. *Ibid.*, v. 97.
4. Édition G. de Chénier. — Ce fragment a été placé par M. de Chénier dans les Élégies.

LXX[1]

— Tu le sais? et quel dieu, par tes présents séduit,
Pour toi de l'avenir a dissipé la nuit?
Est-ce Delphe ou Claros? tes yeux l'ont-ils su lire
Dans le vol des oiseaux qu'Apollon même inspire?
Ou le vaisseau parleur qui chercha la toison
A-t-il été pour toi ce qu'il fut pour Jason?

LXXI[2]

MYSIS

Mysis (enfant)... « Lycas, donne-moi des fruits... — Je n'en ai point... laisse-moi aller, je suis pressé... — Oh! oui, je sais bien où tu vas. Tu vas trouver Chloé... — Chloé? — Oui, je te vois tous les jours avec elle... Je sais bien que tu l'aimes... moi, je l'aime aussi... — Toi aussi?... — Oui, elle me donne des fruits... Hier, elle était à se promener à tel endroit (site), elle me vit passer et me demanda si je voulais des amandes. Je tendis mes deux mains et je lui dis : Chloé, je t'aime. Elle sourit, m'en donna davantage, et promenant sa main autour de mon visage, me dit : ... Enfant, sais-tu déjà ce que c'est que d'aimer? puis elle me leva dans ses bras et me donna plusieurs baisers... — Dieux! elle t'a bai-

---

1. Édition G. de Chénier.
2. Édition G. de Chénier. Le titre n'est pas de la main de l'auteur.

sé !... — Sans doute. — Oh ! je voudrais être à ton âge, je serais toujours avec elle comme toi... — Et moi je voudrais bien être au tien. — Elle m'offrirait des amandes et des caresses... au lieu qu'elle ne m'offre rien et ne me baise pas !... — Puis m'en allant, je me cachai et la regardai... elle se croyait seule et je vis qu'elle soupirait et baisait une écharpe qui lui couvrait le sein. Pourquoi la baisait-elle ? à quoi bon caresser une écharpe insensible ? — Adieu, Mysis, adieu, je ne puis m'arrêter... demain, je te donnerai des fruits et tout ce que tu me demanderas... » Le jeune Lycas s'éloigne à ces mots... Il traverse à grands pas la prairie et va trouver Chloé, palpitant de joie ; car l'écharpe qu'elle avait baisée était un don qu'elle tenait de lui.

LXXII[1]

LES SAISONS[2]

L'hiver sous ses frimas tient la terre enchaînée.
Le printemps les dissipe, et lui-même il s'enfuit.
L'été vient, il s'écoule, et Pomone le suit ;
Et bientôt aux frimas ils ramènent l'année.

L'hiver vole et s'étend sur la contrée, et, à son passage, ses ailes humides, froides, glacées, sèchent et flétrissent l'herbe, les fleurs, etc.

Déjà l'hiver expire, et Phœbus dans son cours
Partage également et les nuits et les jours.

---

1. Édition G. de Chénier.
2. C'est un titre que nous ajoutons pour relier ces fragments.

Nos champs verront bientôt revenir l'hirondelle.
Que j'aime à contempler. . . . .
Ces arbres nus encor de nouveaux feux dorés,
Et des toits d'alentour les faîtes colorés!
Et là, cet humble toit, que des chaumes composent!
Deux pigeons, au soleil, ensemble s'y reposent;
Leurs yeux et leurs baisers s'unissent mollement.
Leur plumage s'agite et frémit doucement.
Hélas! je sens couler dans mon âme inquiète
Une mélancolie et profonde et muette;
Quelque chose me manque, et je ne sais quels vœux...
Ah! faut-il être seul et témoin de leurs jeux!

On dit que l'on a vu, de roses couronné,
Le jeune et beau printemps sur nos bords ramené.
C'est aux autres amants dont l'amante est fidèle
De chanter les douceurs de la saison nouvelle.
Thestilis m'abandonne; elle a trahi sa foi;
Il n'est plus de printemps ni de roses pour moi.

                     Primavera per me piu non è mai.
                     (Petrarq., sonnet 9.)

Tout aime pendant l'été... sur la terre... dans l'air... dans la mer... les poissons... c'est alors que les jeunes Néréides soupirent et que la fraîcheur des eaux n'empêche pas leurs joues d'être enflammées... c'est alors que les Tritons et les dieux marins les poursuivent dans les vallons maritimes à travers les rocs, les bancs de perles, les grottes de stalactites, les arrêtent par leurs beaux cheveux, les couvrent de baisers, et de leurs bras nerveux les renversent sur les bancs de corail...

    Viens, Galathée, fille de Nérée, sors de la mer... viens sur le rivage... viens poser tes mains fraîches et humides sur mon visage brûlant, tandis que mes mains feront découler l'eau de tes beaux cheveux.

Je veux peindre un groupe maritime comme celui de Virgile... des grottes de roc... des bancs de perles... et *cæsariem effusæ nitidam per candida colla*[1].
Les grottes sous-marines.

Son épaule pliait sous une outre vineuse[2].

La Vendange paraît, déesse aux yeux humides, à la marche vive et un peu chancelante, et, les flancs ceints de sarments et de pampres verts, et le front couronné de grappes odorantes, le thyrse à la main, danse et chante.

LXXIII[3]

. . . .
Salut, aube au teint frais, jeune sœur de Zéphyre!
Descends, muse, chantons, apporte-moi ma lyre.
L'oiseau, sur son rameau, mélodieux réveil!
De l'abri de son aile, asile du sommeil,
A retiré sa tête, et de sa voix légère
Va chanter tout le jour. Qu'aurait-il mieux à faire?

———

O quel que soit ton nom, soit Vesper, soit Phosphore,
Messager de la nuit, messager de l'aurore,

1. Virg. *Georg.*, lib. IV, v. 337.
2. L'Automne.
3. Édition G. de Chénier.

Cruel astre au matin, le soir astre si doux!
Phosphore, le matin, loin de nos bras jaloux,
Tu fais fuir nos amours tremblantes, incertaines;
Mais le soir, en secret, Vesper, tu les ramènes.
La vierge qu'à l'hymen la nuit doit présenter
Redoute que Vesper se hâte d'arriver.
Puis, aux bras d'un époux, elle accuse Phosphore
De rallumer trop tôt les flambeaux de l'aurore.
— Brillante étoile, adieu, le jour s'avance, cours,
Ramène-moi bientôt la nuit et mes amours.

―――

Et le dormir suave au bord d'une fontaine[1]
Le soir. . . . .

Et cette chanson que tu chantais... ô belle, n'es-tu point honteuse de te faire attendre... accours, Vesper a paru... nous parlerons d'amour le long de la prairie.

O ver luisant lumineux... petite étoile terrestre... ne te retire point encore... prête-moi la clarté de ta lampe pour aller trouver ma mie qui m'attend dans le bois.

LXXIV[2]

Secrets observateurs, leur studieuse main
En des vases d'argile et de verre et d'airain

―――

1. Ce vers avait été recueilli dans la notice de Sainte-Beuve, de 1839, ainsi que la petite invocation au ver luisant.
2. Édition G. de Chénier.

Enferme la nature et les riches campagnes.
Ce sont là leurs vallons, leurs forêts, leurs montagnes.
Barbares possesseurs, Procustes furieux,
Sous le niveau jaloux leur fer injurieux
Mutile sans pitié les plaintives Dryades.
Le plomb, les murs de pierre enchaînant les Naïades,
De bassins en bassins, de degrés en degrés,
Guident leur chute esclave et leurs pas mesurés.
Là, quelle muse libre et naïve et fidèle
Peut naître? Loin du bois, comme si Philomèle
Sous leurs treillages peints dont la main du sculpteur
A ciselé l'acanthe ou le lierre imposteur,
Allait chercher ces sons dont le printemps s'honore,
Délices de la nuit, délices de l'aurore!

LXXV[1]

Vous, habitants ailés de l'ombre et des bocages,

    Jeunes oiseaux... venez... A cette muraille tournée vers l'orient, et le long de laquelle coule une source... j'ai attaché pour vous le grillage d'une volière... Venez... Voulez-vous passer l'année à chercher un peu de grain pour vous nourrir?.. ici vous aurez de la nourriture à foison... J'ai couvert le mur de coquillages... La fontaine descendra en cascades dans les bassins faits avec de plus grandes coquilles, où, le matin, vous baignerez votre tête et vous tremperez vos ailes...

1. Édition G. de Chénier.

Que te ferai-je? dis! babillarde hirondelle!
Veux-tu qu'avec le fer je te coupe ton aile?
Térée impatient, veux-tu qu'avec mes doigts
Je t'ôte cette langue et l'importune voix
Qui vient, dès le matin, du sommeil ennemie,
A mes songes heureux enlever mon amie?
. . . .
. . . .
Le loriot joyeux, et l'aigre sauterelle,
Et des bords de Téthys la criarde hirondelle.
. . . .
L'alcyon sur les mers, près des toits l'hirondelle,
Le cygne au bord du lac, sous le bois Philomèle.

―――――

. . . . Auprès de ces rameaux
Où l'habile Arachné, fileuse vigilante,
A suspendu les nœuds de sa trame flottante.
. . . .
. . . .
Le frais Zéphyre, époux de la fraîche rosée,
Sur le bord des ruisseaux fait éclore ses fleurs,
Famille aux doux parfums, peuple aux mille couleurs.

L'air trempé des parfums que respirent les fleurs.

Le lis est le plus beau des enfants du Zéphyre
Il lève un front superbe et demande l'empire.
Des suaves esprits dans sa coupe formés,
L'air, les eaux, le bocage, au loin sont embaumés.
Sous l'herbe, loin des yeux, plus aimable et moins belle,

La violette fuit. Son parfum la révèle,
Avertit qu'elle est là ; que, voulant se cacher,
Là, pour le sein qu'on aime, il faut l'aller chercher.
. . . .
Quittant sa forme, hélas! non son âme première,
Le beau Narcisse en fleur, aux rives des ruisseaux,
Aime encore à se voir dans le cristal des eaux.
. . . .
Et la foudre des dieux respecte les lauriers.
. . . .
L'ombre pâle du saule, amant de la Naïade. .
. . . .
Je suis la fleur des champs et le lis des vallées.

Le myrte craint les froids de l'hiver, nul arbre ne les craint davantage, *metuentem frigora myrtum*, Ovid., lib. I, el. XV. Le berger poète et amoureux peut faire allusion à cela en disant qu'il aime l'été...

. . . .
Le myrte armé d'un fer est la lance guerrière ;
Les carquois sont remplis du cormier belliqueux ;
La Crète en arc pliant courbe l'if tortueux.

Il faut y parler d'un grand nombre d'arbres et de végétaux, avec des circonstances, des peintures, des épithètes caractéristiques et brillantes.

Herba lapathi prata amantis. L'oseille amante des prairies. L'amandier fleuri qui ouvre le printemps ainsi que l'abricotier... tous deux ont des fleurs belles et blanches... Le pêcher aux fleurs qui ont la couleur et presque la forme de petites roses... herbes, plantes... Les menthes embaumées.

LXXVI[1]

EXTRAITS DU ROMAN DE LONGUS

L'antre des nymphes... Leurs statues en pierre... dansantes... nu-pieds... les bras nus jusqu'aux épaules, échevelées, ceintes sur les flancs, le sourire sur les sourcils... L'eau qui sort de l'antre... L'herbe devant... et étaient suspendus les vases à traire (γαυλοὶ). Les flûtes inégales (αὐλοὶ πλάγιοι). Les σύρριγες, les roseaux, πρεσϐυτέρων ποιμένων ἀναθήματα (offrandes des anciens pasteurs), p. 5 (p. 132, c. IV. Longus. *Erotici scriptores.* Collect. grecque de Didot).

Elles étaient trois (ce sont des nymphes dont il parle), p. 49 (p. 151, c. xxiii, lib. II, collect. grecque de Didot).

Au printemps... (après qu'il l'a dépeint, il ajoute) : écoutant les oiseaux, ils chantaient; voyant sauter les oiseaux, ils sautaient... comme les abeilles, ils cueillaient des fleurs... τὰ μὲν εἰς τοὺς κόλπους... τὰ δὲ, στεφανίσκους πλέκοντες, ταῖς νύμφαις ἐπέφερον, p. 9 (p. 133, c. ix, lib. I, collect. grecque de Didot).

Leurs jeux (de Daphnis et Chloé). — Comme elle faisait des cages avec des tiges de fleurs pour prendre des sauterelles, p. 9 (p. 134, c. x, lib. I, collect. grecque de Didot).

Peinture de l'été, p. 18 (p. 139, c. xxiii, lib. I, collect. grecque de Didot).

Chloé, se lavant le visage, se couronnait de branches de pin, s'habillait (ἐζώννυτο) d'une peau de faon... p. 19 (p. 139, c. xxiii, lib. I, collect. grecque de Didot).

Il se baignait (Daphnis)... elle le voyait... couronnée de pin, etc., il la prenait pour une des nymphes... il lui ôtait la couronne de pin et se la mettait sur la tête après l'avoir bai-

---

1. Édition G. de Chénier. Le titre est ajouté par nous.

sée... elle de même de ses habits... p. 19 (p. 139, c. xxiv, lib. I, collect. grecque de Didot).

Il lui apprenait à jouer de la flûte... et la lui ôtait des lèvres pour la lécher, p. 20 (p. 139, c. xxiv, lib. I, collec. grecque de Didot).

Je brisais ma flûte qui pouvait charmer mes taureaux et ne pouvait fléchir Amaryllis, p. 36 (p. 145, c. viii, lib II, collect. grecque de Didot).

La description de la terreur panique, p. 51 et suivantes, est belle et à imiter (p. 150, 151, c. xxv, xxvi, xxvii, lib. II, collect. grecque de Didot).

Philétas, sur la flûte, joue les airs pour les bœufs, pour les chèvres, pour les brebis. Ces derniers sont doux; pour les bœufs, forts; aigus, pour les chèvres, p. 60 (p. 154, c. xxxv, lib. II, collect. grecque de Didot).

Dryas demandant qu'on chante une chanson bachique, se met à danser la danse du pressoir (ἐπιλήνιον ὀρχήσιν), il représente le vendangeur, celui qui porte les paniers, celui qui foule le raisin, celui qui remplit les tonneaux, celui qui boit le moût, p. 61 (p. 154, c. xxxvi, lib. II, collect. grecque de Didot).

Chloé et Daphnis dansent. Pan et Syrinx (*ibid.*, c. xxxvii).

Daphnis se leva et baisa tout le monde avant Chloé, ἵνα τὸ ἐκείνης φίλημα καθαρὸν μείνῃ, p. 74 (p. 158, c. xi, lib. III, collect. grecque de Didot).

Les chants nautiques et le chorus des matelots qui rament en mesure, p. 83 (p. 161, 162, c. xxi, lib. III, collect. grecque de Didot).

Chloé qui ignore ce que c'est que l'écho... c'est assez joli (p. 162, c. xxii, lib. III, collect. grecque de Didot).

Daphnis joue de la flûte à ses chèvres... D'abord il rendit un son faible, et les chèvres se levèrent en dressant la tête; puis le chant pastoral, et baissant la tête elles se mirent à paître; puis un air doux et tendre, et elles se couchèrent; puis aigu, et elles fuirent comme à l'aspect du loup. Puis il corna la retraite, et elles revinrent de la forêt en courant se ranger près de lui, p. 111 (p. 171, c. xv, lib. IV, collect. grecque de Didot).

LXXVII[1]

En faire une d'un repas, où l'on va chercher le poète pour chanter, en disant le vers d'Homère, sur le plaisir que c'est[2]... et des baladines... peut-être cela pourrait n'en faire qu'une seule avec celle du repas dans une grotte où chacun chantera ce qu'il a sur son vase. Alors on aurait été chercher le poète, et on ne l'aurait pas trouvé. Cependant, je crois que l'un (le repas) doit être de satyres, nymphes, etc., et l'autre, de gens riches.

Famille lacédémonienne... père et mère montrant à leurs enfants un ilote grec.

En faisant parler des Lacédémoniens, hommes ou femmes, il faut qu'ils jurent par les Dioscures, ναὶ τὼ σιώ, Aristoph.; *par les frères d'Hélène... non par les dieux gémeaux, etc.*

Les femmes athéniennes, et seulement les femmes, jurent aussi par μὰ τὼ θεώ. Mais chez elles, ces deux dieux sont Cérès et Proserpine... *par Cérès et sa fille, non par les déités que révère Éleusine.*

Faire allusion au sacrifice que faisaient les Platéens, au mois d'octobre, aux mânes des Grecs morts à Platée. Les chars pleins de couronnes et de branches de myrte. Le taureau noir conduit par des jeunes hommes libres; car dans cette fête nul esclave ne fait rien, à cause que les Grecs à qui on fait le sacrifice sont morts pour la défense de la liberté. Ils portent des vases de lait, de vin, d'huile, de parfums. — Il (le

---

1. Édition G. de Chénier.
2. *Odyss.*, lib. VIII, v. 479.

sacrificateur) égorge le taureau en invoquant Jupiter et Mercure infernal, et il invite au sang du taureau les guerriers morts pour la défense de la Grèce.

Faire allusion aux statues d'Harmodius et d'Aristogiton, qui tuèrent Hipparque, et à la chanson ἐν μύρτου κλαδί.

Parler d'Archimède (pastoralement). Ses machines... ou bien son tombeau... une sphère... comme le trouva Cicéron.

LXXVIII[1]

En tel lieu est une grotte (poétiquement)... au-devant... une fontaine... là se baignent les jeunes filles... là se baignait... son jeune chien faisait la garde. Entendant quelque bruit, il allait, venait et l'avertissait de reprendre ses habits... elle fuit dans la grotte... un jeune homme y entre... il la prend pour la nymphe du lieu... espèce d'oaristys...

Lucine est douloureuse et flétrit la beauté.

> Amnise, fleuve de Crète où est l'antre de Lucine.
> (V. Hom., *Odyss.*, et Meursius, *Crit.*, l. I, c. VI.)

LXXIX

> Di, vivi fontes.
> (*Propert.*, lib. I, élég. XVIII, v. 27.)

Les anciens faisaient des fontaines des dieux. — Cela n'est guère connu.

1. Édition G. de Chénier.

On immolait un chevreau aux fontaines. Sur un autel antique, à Rome, consacré aux fontaines, est sculptée la tête d'un chevreau. Broukh. *in Prop.* p. 176[1].

```
    FONTI. DIVI
    NO. ARAM
    L. POSTUMIUS. SA
    TULIUS. EX VOTO.
    D. D. D.
    FONTIBUS
     IVINIS
      CR
    M. ANTONIUS
    SP. F. SILPHON
    V. S. L. M.
```

J'ai tiré ces inscriptions de Broukhusius sur cet endroit de Properce ; voyez aussi page 222.

Les vents aussi étaient des dieux, comme le prouvent plusieurs passages de Virgile et d'Horace, et cette inscription :

```
    HORITHYÆ
    L. BARBIUS...
```

C'était un marchand.

Pour les cheveux... Minerve avait le soin des cheveux. On voit dans Stace (*Thébaïde*, lib. II, vers 255) que les filles d'Argos donnaient de leurs cheveux à Minerve le jour de leur mariage, *primosque solebant Excusare toros.*

Il n'y avait que les femmes qui jurassent par Cérès et par Proserpine. Spanheim in Callimaque, p. 655.

Une jeune fille en se mariant dédiait à Vénus sa ceinture virginale... On peut introduire une jeune fille faisant cette offrande... On peut aussi, d'après cet usage, composer des expressions métaphoriques comme... il est le seul qui déliera ma ceinture... etc... En accouchant on dédiait sa ceinture à Diane ou Lucine... On peut combiner d'après cela des expressions neuves.

---

1. Ce qui veut dire que cette observation est tirée des notes de Broukhusius sur Properce, dans l'édition que ce commentateur a publiée de ce poète en 1727.

J'ai fait quelque part la remarque que les vents étaient des dieux [1] et qu'on leur élevait des autels; voici une épigramme de Bacchylide de Cée sur un temple...

> Εὔδημος τὸν νηὸν ἐπ' ἀργοῦ τόνδ' ἀνέθηκε
> τῷ πάντων ἀνέμων πιοτάτῳ Ζεφύρῳ
> εὐξαμένῳ γάρ οἱ ἦλθε βοηθόος, ὄφρα τάχιστα
> λικμήσῃ πεπόνων καρπὸν ἀπ' ἀσταχύων.

Il faut, par la bouche d'un interlocuteur, faire allusion à ce temple du Zéphyre élevé par Eudème, et traduire l'épigramme de Bacchylide comme Virgile parle du tombeau de Bianor (voy. églogue IXe, v. 59-60).

Je ne connaissais pas encore les nymphes Hydriades, Ὑδριάδες νύμφαι... C'est le dernier vers de la quatorzième épigr. de Platon.

Voici ce vers en entier :

> Ὑδριάδες Νύμφαι, Νύμφαι Ἀμαδρυάδες.
> (*Analecta* de Brunck, t. Ier, p. 171.)

Cette épigramme de Myro la Byzantine est charmante :

> Νύμφαι Ἀμαδρυάδες, ποταμοῦ κόραι, αἳ τάδε βένθη
> ἀμβρόσια ῥοδέοις στείβετε ποσσὶν ἀεί,
> χαίρετε, καὶ σώζοιτε Κλεώνυμον, ὃς τάδε καλὰ
> εἷσαθ' ὑπαὶ πιτύων ὕμμι θεαὶ ξόανα.
> (Deuxième épigr. de Myro, *Analecta*, t. Ier, p. 202.)

Dans l'imitation de l'idylle de Théocrite : Εὐνείκα μ' ἐγέλαξε...

Les muses citadines.

> Vous préférez
> Aux belles de nos champs vos belles citadines.

---

1. Page précédente.

O telle source, telle fontaine, Naïades de tel lieu (tout cela, géographiquement, peut-être en Crète), combien vous fûtes désolées ! Telle montagne, tel antre redisent encore que telle et telle ville

S'étonnaient sur vos bords de boire une onde amère.
Tant vos larmes avaient, au sein de vos roseaux,
Altéré la douceur de vos brillantes eaux.

LXXX

On trouve dans le *Menagiana*, t. IV, p. 168, traduite en grec, en français, etc.., cette jolie épigramme antique sur un bois arrosé d'une fontaine :

Hic, Citherea, tuo poteras cum Marte jacere.
Vulcanus prohibetur aquis, Sol pellitur umbris.

La Monnoye l'a combattue par celle-ci, qui est jolie aussi :

Non aqua Vulcanum, non Solem pelleret umbra.
Sylvæ aditum videt hic, Xanthi vada terruit ille.

Puis ces vers isolés :

Sur l'Ossa gémissant le haut Olympe assis
Gémit sur Pélion qu'il porte. . . . . . .
Vole, franchis les airs, messagère zélée,

BUCOLIQUES.

Vole, cri des amours, vole, chanson ailée,
Va trouver . . . .

Je te chanterai telle chose si tu veux me donner cette coupe.

— Non; je te donnerai tout ce que tu voudras excepté la coupe. Je l'ai faite moi-même, après en avoir pris la mesure sur la gorge de... Tu vois ce petit nombril dans le fond, c'est la fraise... quand j'y applique mes lèvres, un doux frisson me saisit, car je crois sentir sa gorge appliquée sur ma bouche

Et sucer le nectar de sa gorge divine.

Souffrir sans être plaint, sans que nul, au récit de vos maux, se laissant attendrir, dise : « Le malheureux! il a bien dû souffrir! »

Votre cœur est cruel, bien que vos yeux soient doux,
Et je vous aimais trop pour être aimé de vous.

LXXXI

Βουκ. ἀμοιϐ.

Un berger se plaignant de la dureté d'une belle, l'amant aimé dira, par une suite de quatrains semblables, comme par dérision, et le complimentant sur ce qu'il chante bien :

Pan, si pour éluder ta poursuite hardie
La fuite de Syrinx n'eût ombragé les eaux,
Les lèvres de Daphnis animant neuf roseaux
N'auraient point suspendu les fleuves d'Arcadie.

Et l'autre répond de la même manière indirecte, par des exemples tirés des fables, que, si un tel ne s'était pas moqué d'un tel malheureux, tel malheur ne lui serait pas arrivé à lui-même, et que Némésis est une puissante déesse, etc.

Ces vers, ôtés de mon *Art d'aimer*, iront mieux dans une bucol. :

Et le sang d'Adonis et la rose hyacinthe
Dont la feuille respire une amoureuse plainte,
Pan qui presse en ses bras d'infidèles roseaux,
Et les bras de Daphné peuplant le bord des eaux.

Raconter l'histoire du jeune Cyparisse et de sa biche tuée par Sylvain. Imiter, dans les détails, Ovide, qui la raconte autrement.

(Voy. Ovide, *Métam.*, liv. X, v. 106 à 142.)

LXXXII

Il faut en faire une[1], intitulée le *Lavoir*, en imitant Nausicaa et le premier chœur de l'Hippolyte. De jeunes filles lavant leurs habits et ceux de leurs frères, afin que les beaux esprits parisiens aient de quoi rire ; ils les appelleront *les blanchis-*

---

1. C'est-à-dire une bucolique.

seuses qui viennent laver leur chemise; et beaucoup d'autres gentillesses.

Il faut se souvenir quelque part du lavement des pieds. La nourrice d'Ulysse, etc.

(Voy. Homer., *Odyss.*, lib. XIX, v. 357 et suivants. Collect. grecque de Didot, p. 475.)

Imiter Hyacinthe et Cyparisse dans Ovide.

CYBÈLE JEUNE

De Nymphes entourée aux champs de Bérécynthe
S'assied sur un lion, et, de ses faibles doigts
Se tenant à ses crins, le guide dans le bois.

Bacchus, élevé à Nyse par les nymphes, filles d'Atlas (*les Hyades*), et jouant avec des tigres.

Les sommets de Naxos bruyants de bacchanales.

Il faut imiter les excellents vers de Denys le Géographe, 839, où il peint les femmes de Lydie dans leurs danses en l'honneur de Bacchus, et les jeunes filles qui sautent et bondissent: νεοθηλέες, οἷά τε νεβροί. Et les vents περισμαργεῦντες ἦται ἱμερτοὺς δονέουσιν ἐπὶ στήθεσσι χιτῶνας.

Il y a dans Denys le Géographe un passage curieux. Vers 1152, il dit: Qu'aux bords du Gange est un lieu que Bacchus foula avec colère, où les peaux de faon des bacchantes se changèrent en boucliers, leurs thyrses en épées, leurs branches de vigne en serpents, parce que les habitants de ce lieu avaient méprisé sa fête. Que, depuis, ce chemin se nommait le chemin de *Nysa;* qu'on y célébrait les orgies. Que Bacchus, ayant détruit les noirs Indiens, alla aux monts Hémodiens dont le pied est baigné par l'océan oriental. Que là, ayant posé deux colonnes aux extrémités de la terre, il retourna plein de joie aux rives de l'Ismène (à Thèbes).

(On sait qu'il y a eu dans l'Inde une ville de Nysa, encore aujourd'hui Nysadabur, et que ce Bacchus n'est point le Thébain, mais probablement Brama.)

Peindre quelque part les saturnales, qui ne sont point une fête d'origine romaine, et qu'on trouve en Grèce, en Perse...

Il faut imiter et traduire dans une βουκ. l'entrée d'Hippolyte dans Euripide, v. 58, et le chœur et le cantique d'Hippolyte à Diane en lui offrant une couronne, etc.

Ζεὺς κύκνος, ταῦρος, σάτυρος, χρυσός, δί' ἔρωτα
Λήδης, Εὐρώπης, Ἀντιόπης, Δανάης.

Il fut aigle aussi deux fois pour enlever Ganymède et Astérie.

Niobé, la fière Thébaine, femme d'Amphion, et ses filles.

Athamas, Ino, Mélicerte, Glaucus, Palémon.

Les Alcyons.

Et le Tmolus?

Douce fille des mers, Aréthuse...

Trad. d'Anacréon [1].

Il faudra placer quelque part l'éventail fait de plumes de paon.

Il ne sera pas impossible de parler quelque part de ces mendiants charlatans qui demandaient pour la mère des dieux, et aussi de ceux qui, à Rhodes, mendiaient pour la corneille et pour l'hirondelle, et traduire les deux jolies chansons qu'ils disaient en demandant cette aumône, et qu'Athénée a conservées, I, 8, p. 359 [2].

[1]. Douzième ode : Τί σοι θέλεις.
[2]. Édit. de Joh. Schweighæser, Argentorat., ex typ. societ. Bipontinæ, an IX-1801, t. III, lib. VIII, c. LIX, p. 326, 327, et c. LX, p. 328, 329.

Il faut imiter jusqu'à la fin exclusivement le sonnet de J.-Bap. Richeri[1] :

> Gonfio torrente, di palustri canne
> Cinto le chiome...

Torrent... laisse-moi passer... Églé m'attend à l'autre rive.. Si tu as jamais aimé quelque belle nymphe, ch'ardono amore nel freddo letto i fiumi, laisse-moi passer... quoique tu sois peu de chose, je te louerai tant que tel et tel grand fleuve en seront jaloux... ma tu non m' odi, e teco selve, e dumi porti fuggendo. Ah! se per me non resti, resta almeno à mirar d'Egle i bei lumi.

Viendra, nouvel Homère. . . . .
Faire encor disputer sur sa noble origine
Colophon, Smyrne, Rhode, Athènes, Salamine.

Les olympioniques étaient couronnés d'olivier sauvage : ἀμφὶ κόμαισι βάλοι γλαυκόχροα κόσμον ἐλαίας; Pindare, *Olymp.*, ode III, v. 23;

Les pythioniques, de laurier, et, plus anciennement, de chêne, suivant Ovide, *Métamorph.*, l. I, v. 449;

Les néméoniques, de persil, et les agonothètes, vêtus de robes de deuil;

Les isthmioniques, de persil. Voy. Pindare, *Olympia*, ode XIII, v. 45; et *Ném.*, ode IV, v. 143 : θάλησε Κορινθίοις σελίνοις, et *Isthm.*, ode II, v. 24 : Δωρίων αὐτῷ στεφάνωμα... σελίνων; et ode VIII, vers 137 : ὅς ἰσθμιονίκος ὢν Δωρίον ἔλαχε σελίνων.

Avant et après Pindare, la couronne fut de pin; voy. Cor-

---

1. Dans les œuvres de Zappi, édition de Venise, 1748.

sini, *Dissert.*, IV, p. 3. Dans les jeux funèbres pour Hercule et Iolas, la couronne était de myrte. Voy. Pindare, *Isthm.*, ode IV, v. 17 et la note de Benoît.

Thespies au pied de l'Hélicon est aussi célèbre par le culte des Muses que par celui de l'Amour, et l'art de Praxitèle en y introduisant l'amour n'en a point chassé les Muses. Les fêtes de l'Amour et celles des Muses se célébraient tous les cinq ans à Thespies. Voy. les auteurs cités par Meursius : ἐρωτία et μούσεια.

Quoi! même après le blé, vous retournez aux glands?

LXXXIII[1]

Je chéris la solitude, je cherche en traversant les sommets les plus escarpés à descendre, au milieu d'eux, dans une vallée bien solitaire, bien belle, arrosée de brillantes cascades, qui n'ait d'autres habitants que des oiseaux si peu faits à voir des hommes qu'ils n'en redoutent pas l'approche; où je puisse croire qu'aucun homme n'a pénétré avant moi; où je ne reconnaisse, sur le sable, d'autres pas que ceux d'un chamois, qui est venu là se dérober à la poursuite du chasseur; ou d'un chevreau qui est venu jusque-là en s'égarant loin de sa mère dont les pas l'ont cherché, et les gémissements l'ont appelé longtemps.

O cette vallée! avec ses eaux, ses bois, ses cascades, où je viens *l'attendre et la voir chaque jour*, je voudrais qu'à moi seul connue, du reste des humains elle fût ignorée. Dès qu'un

1. Édition G. de Chénier.

autre berger, attiré par la fraîcheur et les beautés du lieu, y arrive avec son troupeau, je souffre, je suis jaloux... j'ai peur qu'il ne vienne *l'attendre et la voir comme moi.*

De jeunes vierges rassemblées dans le *Parthénon*, travaillant à des ouvrages d'aiguille, et racontant des histoires. L'une, la dernière, chante Alceste en traduisant le beau morceau d'Euripide. Le jeune homme, qui l'a écoutée, entre précipitamment avec le père. Elles se lèvent et rougissent, et il lui dit : — Viens, et sois mon Alceste... car ta voix a chanté... et la douce vertu respire dans tes yeux.

Il faut peindre des jeunes filles marchant vers la statue d'un dieu, tenant d'une main, sur leur tête, une corbeille de fleurs, et de l'autre les pans de leur robe... et d'autres attitudes qu'il faut tirer des marbres, des pierres et des peintures antiques.

Représenter une jeune fille qui soulève sa robe jusqu'aux genoux pour entrer dans l'eau.

Rendre cette peinture de Gessner, d'une fille qui, au bord de l'eau, mollement inclinée, retient d'une main les plis de sa robe, et de l'autre, se lave le visage, et attend que l'eau soit calme, se regarde, et rit de se voir si jolie.

Une jeune fille de dix-huit ans fait confidence à son amie de son amour pour le frère de son amie, qui n'a que quatorze ans... « Il ne voudra peut-être pas m'aimer... il me trouvera trop vieille... il est beau... il est blond... il a les yeux si tendres!... L'autre jour, il me regarda en venant te parler :

Je crus sentir mon cœur se fondre et s'écouler
Comme la neige coule au penchant des montagnes
Quand le soleil revient animer nos campagnes. »

Un berger tout jeune encore, vantant sa beauté et la décrivant.

Une jeune fille, travaillant près de sa mère, devient distraite et rêveuse; laisse tomber sa navette... Sa mère la gronde de ce qu'elle ne travaille pas... elle reprend (le fragment de Sapho)[1].

Quand une femme n'avait été mariée qu'une fois, on avait soin de mettre *univiræ* sur son tombeau. Cornélie le demande à Paullus, dans Properce. (Livre IX, élég. XI, vers 35.)

La pierre de ma tombe à la race future
Dira qu'un seul hymen délia ma ceinture.

Quelques pensées attendrissantes qui commencent entre deux jeunes vierges et peut-être un jeune garçon, ou plus, ou autrement. Ils trouvent parmi la terre et la mousse une pierre où ils voient écrit quelque chose. Ils lisent un mot, puis une demi-phrase... Oh! voyons, voyons, arrachons toutes les herbes. Découvrons la pierre tout entière... Oh! ces maudites épines qui me déchirent les doigts... Enfin la pierre entière est déterrée. Une épitaphe intéressante...

Ασμα Βουκ[2].

Viens, ma (épithète caressante), ma... muse, descendons dans la vallée. Le ciel est ainsi... La terre... Les ruisseaux... Nous écrirons sur la pierre telle et telle chose...

Sous le souffle des vents les forêts ondoyantes.
Un silence confus qui demandait pardon.

---

1. Voici la traduction de ce fragment de Sapho donnée par M. Becq de Fouquières : « Douce mère, non, je n'ai pas la force de pousser la navette; le désir de revoir ce jeune homme m'oppresse : je suis au pouvoir d'Aphrodite. »

2. C'est-à-dire : Chant bucolique.

Au premier article, il faut que ce soit une troupe de garçons et de filles qui dansent et qui trouvent, comme ci-dessus, une épitaphe intéressante. Celle d'une jeune fille qui avait dansé dans ce lieu-ci... (Et, là, répéter mot pour mot le vers qui, dans le commencement, désigne le lieu où danse cette jeune troupe.) On peut imiter une épitaphe touchante d'une jeune fille, qui se trouve dans Spon. Finir en représentant tous les jeunes gens frappés et attendris et songeant à l'avertissement que cela leur donne, et s'en retournant chez eux un à un, la tête baissée et sans mot dire.

Jeunes filles coupant leurs beaux cheveux sur la tombe de leurs compagnes. V. l'épigramme de Sapho [1].

Il faut mettre la scène près d'un tombeau sur le bord de la mer et traduire là l'épigramme LXII de Callimaque [2].

La jeune fille qu'on appelait : la belle de Scio... Son amant mourut... Elle devint folle... Elle courait les monta-

---

1. Épigramme de Sapho :

Τιμάδος ἅδε κόνις, τὰν δὴ πρὸ γάμοιο θανοῖσαν
Δέξατο φερσεφόνας κυάνεος θάλαμος,
Ἇς καὶ ἀποφθιμένας, πᾶσαι νεοθᾶγί σιδάρῳ
Ἅλικες ἱμερτὰν κρατὸς ἔθεντο κόμαν.
(*Analecta* de Brunck, t. Ier, p. 55, Épigr. IV.)

2. Voici cette épigramme de Callimaque, qui fera mieux comprendre la pensée du poète :

Τίς ξένος, ὦ ναυηγέ; Λεόντιχος ἐνθάδε νεκρὸν
Εὗρεν ἐπ' αἰγιαλοῖς, χῶσε δὲ τῷδε τάφῳ,
Δακρύσας ἐπίκηρον ἑὸν βίον· οὐδὲ γὰρ αὐτὸς
Ἥσυχος, αἴθυιη δ'ἴσα θαλασσοπορεῖ.
(*Analecta* de Brunck, t. Ier, p. 470, Épigr. XL

gnes... (La peindre d'une manière antique.) (J'en pourrai faire un jour un tableau, un *quadro*.) Et longtemps après elle, on chantait cette chanson faite par elle dans sa folie :

« Ne reviendra-t-il pas? Il reviendra sans doute.
Non ; il est sous la tombe. Il attend. Il écoute.
Va, belle de Scio, meurs. Il te tend les bras.
Va trouver ton amant. Il ne reviendra pas [1] !... »

(From a song of Shakspear, *Hamlet*, acte IV, scène v.)

C'est grand dommage qu'un missionnaire habile n'ait pas traduit en entier le Chi-King ou recueil des anciennes poésies chinoises. On y doit trouver de fort belles choses. Dans la description générale de la Chine qui vient de paraître, et qui forme le 13e volume de la grande Histoire de la Chine, on peut lire la traduction de quelques poésies extraites de ce livre et qui ne sont pas sans beauté. Il y a, dans une belle ode sur l'amitié fraternelle (page 709), les paroles suivantes : *Un frère pleure son frère avec des larmes véritables. Son cadavre fût-il suspendu sur un abîme, à la pointe d'un rocher ou enfoncé dans l'eau infecte d'un gouffre, il lui procurera un tombeau.*

Voici, page 693, une chanson écrite sous le règne d'Yao, deux mille trois cents ans avant Jésus-Christ. C'est une de ces petites chansons que les Grecs appellent σκόλιον. *Quand le soleil commence sa course, je me mets au travail; et quand il descend sous l'horizon, je me laisse tomber dans les bras du sommeil. Je bois l'eau de mon puits, je me nourris des fruits de mon champ. Qu'ai-je à gagner ou à perdre à la puissance de l'empereur ?* Je la traduirai in βουκ. [2].

Extrait du *Chi-King*, par le ch. de P. (chevalier de Pange) :
(Cheou-Kong, comme saint Louis, s'asseyait sous un arbre et y rendait la justice.)

---

1. Ce fragment a été donné dans la notice de Sainte-Beuve, 1839.
2. Fragment donné dans la notice de Sainte-Beuve, 1839.

BUCOLIQUES.

Pyrus hæc arbor (Tangly dicta) quam opaca et umbrosa! ramos hujus parcite amputare. Hujus folia nolite abscindere, ibi pridem sub hac arbore degebat princeps Chao-Pe (Cheou-Kong).

Pyrus hæc arbor quam umbrosa! quam late ramos diffundens! ah! parcite hujus folia abscindere! Nolite hanc frangere, ibi sub arbore pridem quiescebat princeps Chao-Pe.

Late diffundit ramos suos Pyrus hæc arbor, hujus folia nolite rescindere. Hujus ramos parcite flectere. Sub hac arbore pridem habitabat princeps Chao-Pe.

(Ode antique du *Chi-King*.)

De Pindare, dans Plutarque, au traité *de Solertia animalium*.

Comme aux jours de l'été, quand d'un ciel calme et pur
Sur la vague aplanie étincelle l'azur,
Le dauphin sur les flots sort, et bondit et nage,
S'empressant d'accourir vers l'aimable rivage
Où, sous des doigts légers, une flûte aux doux sons
Vient égayer les mers de ses vives chansons ;
Ainsi. . . . .

On peut faire un petit *quadro* d'un jeune enfant assis sur le bord de la mer, sous un joli paysage. Il jouera sur deux flûtes, et les dauphins accourent vers lui...

Deux flûtes sur sa bouche, aux antres, aux naïades,
Aux faunes, aux sylvains, aux belles oréades,
Répètent ses amours. . . . .

Un pêcheur dit à sa bien-aimée qu'elle vienne, qu'il lui envoie sa barque; qu'il a ses filets; que la mer est calme; qu'ils iront pêcher tel et tel poisson...

. . . .
Moins pâle et moins tremblante, Alcyone, éplorée[1],
Gémit, frappa son sein, quand la mer en courroux,
Sur le sable, à ses pieds, vint jeter son époux
Mort...
Couvert d'algue salée et d'une écume amère.

... Déjà il ne peut plus *humore graves tollere comas*[2]... il arrive... il reste sans force étendu sur le rivage... il respirait encore... les nymphes du rivage accoururent... elles mirent leurs mains sur son cœur... elles prirent ses mains, et le souffle de leur bouche s'efforça de les réchauffer... et leurs beaux cheveux essuyèrent sur tout son corps les flots de l'onde amère...

Trop heureux sur ce bord, pendant la nuit obscure,
Qui, sous un humble toit, de son lit amoureux,
Entend gronder l'orage et le ciel ténébreux,
Et le Rhin, et ses flots, et sa rive écumante,
Et presse sur son sein le sein de son amante!
. . . .
Le Rhin
Tantôt s'écoule et fuit par un détroit facile;
Là tournoie et s'abîme en un gouffre sans fond;
Là se courbe et s'enfonce en un golfe profond.

---

1. Alcyone devant le cadavre de Céyx (Ovide, *Métam.*, XI).
2. Vers 3 de l'élég. XX du liv. II de Properce.

Il en faut faire une (une églogue) sur les Triétériques, en Béotie, et imiter d'une manière bien antique tout ce qu'il y a de bien dans le *Penthée* d'Euripide, vers 13 : λιπὼν δὲ λυδῶν... etc., ce qu'il chante, au chœur de femmes, au *thiasus* pour l'exciter, vers 55. Tout le chœur. Toute la scène du bouvier, vers 659. Voir la traduction des vers 693 et suivants, mêlés avec les vers 142 et suivants, édition de Brunck. Horace en a tiré une strophe de l'ode : *Bacchum in remotis*.

L'une, agitant le thyrse environné de lierre,
Vole, frappe le roc; soudain le roc frappé
Lance un torrent liquide à grand bruit échappé.
Son pied presse le sol; et, sous sa plante humide,
Le vin bouillonne, fuit, gronde en fleuve rapide.
Ses doigts vont creuser l'herbe, un lait pur sous ses doigts
Les blanchit, blanchit l'herbe et la tige des bois.
L'autre fait, de son thyrse, entre ses mains vermeilles[1],
Couler à flots dorés le nectar des abeilles[2].

L'usage d'immoler un bouc à Bacchus, parce qu'il ronge la vigne. *Rode, caper, vitem*, d'Ovide. Il y a aussi quelque chose dans les épigrammes grecques; je ne me rappelle pas l'endroit.

Sémélé, λοχευθεῖσ' ἀστραπηφόρωπυρί. Euripide, *Penthée*, v. 3.

Méléagre et Atalante, et le sanglier de Calydon.

La biche aux pieds d'airain, Atalante, Méléagre, Hippodamie, Pélops, le sanglier de Calydon.

---

1. L'auteur avait l'intention de corriger ce vers, car il a écrit au-dessus de la ligne :
Fait dans ses mains vermeilles.
2. Imité des *Bacchantes* d'Euripide, récit du messager.

Peindre l'Hyménée *croceo velatus amictu*, conduisant une jeune fille... ses vêtements... ses beaux yeux baissés vers la terre sous leur paupière noire et longue (ce peut être un jeune amant qui la menacera de la mettre dans cet état; — et sans lui répondre elle s'en alla en riant et en rougissant).

. . . .
Et sur ses blonds cheveux, en couronne brillante
Mêler la rose blanche et la rose sanglante
Que les dieux du Liban virent naître jadis
Des larmes de Vénus et du sang d'Adonis.

En les voyant un homme dira :
« Qui sont ces belles, si ce sont des mortelles? ou bien ne sont-ce point des déesses, tant elles ont de grâces à porter tels et tels riches habits? »

« Eh quoi donc, étranger, tu ne les connais pas ?
Ce sont elles, ce sont les filles de Dryas. »

Alors il dira :
« Heureux mille fois celui qui épousera les filles de Dryas; car nulles déesses plus belles ne foulent aux pieds le haut Olympe. »

Le vers 38 et les trois suivants [1] sont d'une beauté inexprimable. Je ne crois pas qu'aucun poète puisse en offrir quatre autres plus touchants, plus pathétiques, plus remplis de mélancolie et de larmes. Il n'y a rien de pareil dans l'imitation de Virgile. On trouve dans l'*Énéide* : *Silent late loca*, qui a quelque rapport avec l'expression de Théocrite. La répé-

---

1. De la deuxième idylle de Théocrite.

tition qu'il en fait est au-dessus de l'éloge. Voici comment je viens d'essayer de rendre ces vers divins :

La mer en ce moment se tait ; les vents se taisent.
Mais l'amour, mais, ô dieux ! la honte, la douleur,
Ne se taisent jamais dans le fond de mon cœur !
Je brûle, je l'adore, hélas ! quand sa promesse
(Le parjure !) a séduit, a trompé ma faiblesse !

Voici les quatre vers traduits :

ἠνίδε σιγῇ μὲν πόντος, σιγῶντι δ'ἄῆται·
ἁ δ'ἐμά οὐ σιγῇ στέρνων ἔντοσθεν ἀνία.
ἀλλ' ἐπὶ τήνῳ πᾶσα καταίθομαι, ὅς με τάλαιναν
ἀντὶ γυναικὸς ἔθηκε κακὰν καὶ ἀπάρθενον ἦμεν.

Au 103ᵉ vers est le morceau brûlant et divin que Racine a imité et n'a pu surpasser dans sa *Phèdre* :

Je le vis, je rougis, je pâlis à sa vue ;
Un trouble s'éleva dans mon âme éperdue ;
Mes yeux ne voyaient plus, je ne pouvais parler ;
Je sentis tout mon corps et transir et brûler.

Pour la sueur qui coule sur son visage, on peut voir comment Sapho a exprimé la même chose.

Βουκ. ἰταλ.[1]

Invocation à Virgile. Fiction. Il sera fils du fleuve Mincius et de la nymphe Manto. Une grotte ou il est né... Roseaux... Lac... Il me transmet ses pipeaux, qui ont auparavant appartenu à celui-ci, à celui-là...

---

1. C'est-à-dire: Bucolique, ou églogue italienne.

Venez m'inspirer . . . .
O nymphes de Mantoue et nymphes de Sicile !

Et donnez-moi telle récompense si je chante bien...
Au lieu de nymphes de Sicile, il faudrait invoquer celles de l'autre fontaine qui passait à Syracuse, et dont j'ai oublié le nom [1].

. . . . De grecques chansons,
Fit murmurer les eaux et les antres sonores.

LXXXIV[2]

Ma muse pastorale aux regards des Français
Ose ne point rougir d'habiter les forêts.
Elle veut présenter aux belles de nos villes
La champêtre innocence et les plaisirs tranquilles ;
Et, ramenant Palès des climats étrangers,
Faire entendre à la Seine enfin de vrais bergers.

---

1. Le nom de la fontaine qui passait à Syracuse, et dont il avait oublié le nom, est Cyane, la nymphe qui, voulant s'opposer à l'enlèvement de Proserpine, fut changée en fontaine par le dieu des enfers. — Voy. Ovide, *Métam.*, lib. V, v. 409. — Voy. Diodore de Sicile, lib. IV, c. xxiii, n° 4, p. 205, et lib. V, c. iv, p. 255, collection grecque de Didot.

A la suite des trois lignes de prose dans lesquelles l'auteur dit qu'il ne se rappelle plus le nom de la fontaine qui passait à Syracuse, il a ébauché ces vers :

   Viens, ô belle... le pasteur byzantin
   . . . . . te conduit par la main.
   Viens entendre chanter les Muses de Sicile.
          (G. DE CH.)

2. Édition 1819.

Elle a vu, me suivant dans mes courses rustiques,
Tous les lieux illustrés par des chants bucoliques.
Ses pas de l'Arcadie ont visité les bois,
Et ceux du Mincius, que Virgile autrefois
Vit à ses doux accents incliner leur feuillage;
Et d'Hermus aux flots d'or l'harmonieux rivage[1],
Où Bion, de Vénus répétant les douleurs,
Du beau sang d'Adonis a fait naître des fleurs;
Vous, Aréthuse aussi, que de toute fontaine
Théocrite et Moschus firent la souveraine;
Et les bords montueux de ce lac enchanté,
Des vallons de Zurich pure divinité,
Qui du sage Gessner à ses nymphes avides
Murmure les chansons sous leurs antres humides [2].
Elle s'est abreuvée à ces savantes eaux,
Et partout sur leurs bords a coupé des roseaux.
Puisse-t-elle en avoir pris sur les mêmes tiges
Que ces chanteurs divins, dont les doctes prestiges [3]
Ont aux fleuves charmés fait oublier leur cours,
Aux troupeaux l'herbe tendre, au pasteur ses amours!
De ces roseaux liés par des nœuds de fougère
Elle a su composer sa flûte bocagère,
Qui, sous ses doigts légers, exhalant de doux sons,
Chante Pomone et Pan, les ruisseaux, les moissons,

---

1. L'Hermus coulait à Smyrne.

Auro turbidus Hermus.
(Virg., *Georg.* II; 137.)

Bion, selon Suidas, était né à Smyrne.

2. Le manuscrit porte cette variante:

Murmure les chansons sous leurs grottes humides.

3. Ces deux vers offrent cette variante dans le manuscrit:

Puisse-t-elle en avoir pris aux mêmes racines
Que ces doctes chanteurs, dont les lèvres divines...

Les vierges aux doux yeux, et les grottes muettes,
Et de l'âge d'amour les chaleurs inquiètes.

LXXXV[1]

IDYLLE MARITIME[2]

DRYAS

« Tout est-il prêt? partons. Oui, le mât est dressé;
Adieu donc. » Sur les bancs le rameur est placé;
La voile, ouverte aux vents, s'enfle et s'agite et flotte;
Déjà le gouvernail tourne aux mains du pilote.
Insensé! vainement le serrant dans leurs bras,
Femme, enfants, tout se jette au-devant de ses pas;
Il monte, on lève l'ancre. Élevé sur la poupe,
Il remplit et couronne une écumante coupe,
Prie, et la verse aux dieux qui commandent aux flots.
Tout retentit de cris, adieux des matelots.
Sur sa famille en pleurs il tourne encor la vue,
Et des yeux et des mains longtemps il les salue.
Insensé! Vainement une fois averti!
On détache le câble; il part; il est parti!
Car il ne voyait pas que bientôt sur sa tête
L'automne impétueux amassant la tempête
L'attendait au passage, et là, loin de tout bord,

---

1. Édition G. de Chénier.
2. André Chénier avait conçu le projet de bucoliques ou d'idylles maritimes, qu'il désigne dans ses notes par le signe Βουκ. ἐνάλ. (c'est-à-dire Βουκολικὰ ἐνάλια), Εἰδ. ἐνάλ. (c'est-à-dire Εἰδύλλια ἐνάλια). Telle était celle dont nous reproduisons ici le fragment.

Lui préparait bientôt le naufrage et la mort.
« Dieux de la mer Égée! ô vents! ô dieux humides,
Glaucus et Palémon, et blanches Néréides,
Sauvez, sauvez Dryas. Déjà voisin du port,
Entre la terre et moi je rencontre la mort.
Mon navire est brisé. Sous les ondes avares
Tous les miens ont péri. Dieux! rendez-moi mes lares!
Dieux! entendez les cris d'un père et d'un époux!
Sauvez, sauvez Dryas, il s'abandonne à vous. »
Il dit, plonge, et, perdant au sein de la tourmente
La planche, sous ses pieds fugitive et flottante,
Nage, et lutte, et ses bras et ses efforts nombreux...
Et la vague en roulant sur les sables pierreux,
Blême, expirant, couvert d'une écume salée,
Le vomit. Sa famille errante, échevelée,
Qui perçait l'air de cris et se frappait le sein,
Court, le saisit, l'entraîne, et, le fer à la main,
Rendant grâces aux flots d'avoir sauvé sa tête,
Offre une brebis noire à la noire tempête.

« J'étais père, et je meurs victime du naufrage!
Adieu, ma femme; adieu, mes chers enfants. O toi,
Nautonier, de retour, si tu tiens le rivage,
Reste avec tes enfants, sois plus sage que moi! »

Dans une des halieutiques, il faut faire venir à propos une jolie description du *nautilus* [1].

---

[1]. André eût appelé *halieutiques* des idylles maritimes qui auraient été consacrées à la pêche (αλιευτική).

LXXXVI[1]

IDYLLE MARITIME[2]

LES NAVIGATEURS

A. — Enfin nous avons passé dans la nuit le cap de Malea. Les dieux soient loués... J'ai fait un bien long voyage. Avant que nous nous embarquions tous ensemble à Syracuse, j'avais parcouru la côte de Marseille et Tyrrhénie, etc. Certes le monde est grand. Mais voici notre Grèce chérie. Et vous, compagnons, d'où veniez-vous quand nous nous sommes embarqués ensemble sur ce vaisseau ?

B. — Moi, j'ai été ici...

Γ. — Moi, là...

Δ. — Moi, j'ai été jusqu'à Tartessus, au delà des colonnes d'Alcide, aux embouchures du Betis... là... là... Ah ! vous n'avez rien vu, vous tous... je brûle de me revoir à Lesbos, ma patrie.

E. — Pour moi, je n'ai été qu'à... et je brûle de me revoir à Lesbos... O belle mer Égée !... les îles éparses sur tes flots azurés sont comme les étoiles dans la nuit... et toi, Lesbos, la plus belle de toutes...

Z. — Et les sommets de Naxos bruyants de bacchanales.

H. — Et Samos, et Junon ?... etc., et quoi ! ma Délos sera-t-elle la dernière ?... où il y a ceci... cela.

Et cet autel divin, tissu prodigieux
Que fit former Cynthus des rameaux tortueux

---

1. Édition. G. de Chénier.
2. Le poète a mis en tête de cette esquisse : εἰδ. ἐνάλ. (εἰδύλλιον ἐνάλιον.)

Qui s'élevaient au front de ses chevreuils sauvages,
Par Diane frappés à travers ses ombrages.

Mais je ne sais quel vent froid nous vient de l'est et semble annoncer une tempête... Voilà un grain qui se forme.

A. — Oh! non... non...

K. — Pour moi, je ne peux point vanter ma patrie. Les dieux ont peu fait pour elle... Mycone n'a que des figues et des raisins... C'est un rocher aride... Mais c'est ma patrie... C'est là que j'ai ouvert les yeux pour la première fois... Là sont mes parents, ma famille... mes premiers amis... Je m'y retrouverai avec joie, je n'en sortirai plus, et je la préférerai à toutes les autres que j'ai vues, quoique plus belles. Mais voyez, la mer devient houleuse... je crains bien un orage...

A, B, Γ, Δ (*ensemble*). — Ma patrie est la plus belle, etc.

Le pilote. — Paix! quel bruit! on ne s'entend pas. Est-ce le temps de discuter? Voici une tempête terrible...

— Baisse la voile... prends ce câble... Je crois que tous les démons sont à cheval sur cette vague... Quel vent!... Voilà la voile en pièces...

Les voyageurs pleurent et gémissent. — Ah! pourquoi ai-je quitté ma famille, etc. Ah! qu'avais-je à faire en tel lieu... Ah! ne pouvais-je me passer des richesses de telle ou telle contrée, etc. O Jupiter de tel lieu! Neptune Ténien, Apollon Délien, Junon Samienne (chacun le dieu de son pays).

Le pilote. — Paix donc!...

Les voyageurs. — Cent moutons... Mille brebis... Cent taureaux...

O dieux! sauvez-nous!...

Le pilote. — O quels cris! vous nous rendez sourds, et les dieux aussi... Simon, tire ce câble... Au lieu de crier, travaillez et aidez-nous... Voyez-les un peu qui disputent et crient entre eux; et, dans le danger, ils ne savent que pleurer et se mettre à genoux et nommer tous les dieux par leurs noms et surnoms. Travaillez... cela vaudra mieux. Matelot, tiens ferme, etc. Oh! cette vague me cassera le gouvernail...

Dieux! nous sommes engloutis... Non, ce n'est rien... Eh bien, que fais-tu là? toi, Siphniote imbécile?... que ne vas-tu aider?

— Je suis un homme libre.

— Homme libre, travaille, de peur que dans peu... ta liberté ne soit esclave de Pluton... Ah! c'est fini...

Voilà tout le peuple accouru sur la côte... ils sont bonnes gens. Ils venaient nous voir noyer, et ils nous auraient fait de beaux cénotaphes de marbre du Ténare, avec des épitaphes où ils auraient cité notre exemple à ceux qui s'embarquent. Ils sont, par Jupiter, humains et secourables. Il vaut mieux toutefois leur épargner ces soins.

— Allons, nous allons relâcher sur la côte... Eh bien! vous qui faisiez des vœux?... Vos cent brebis, cent bœufs, cent moutons? Voyons, donnez-nous-en un ou deux à compte sur le rivage, ça nous refera un peu.

A. — Moi, je n'ai rien promis... je ne suis pas riche.

Le pilote. — Comment, tu n'es pas riche? et ces belles étoffes, et ces belles marchandises que tu as apportées de Tartessus, de Bétis, etc. (*Il lui répète ses mêmes paroles.*)

Le Myconien. — Moi, je suis pauvre comme ma patrie, mais pas assez pour ne pas pouvoir tous nous régaler d'un mouton, etc.

B. — Moi, j'ai promis, mais je tiendrai mon vœu quand je serai sur le rivage même de mon île.

Γ. — Mais, patron, tu as interrompu nos vœux... les dieux n'ont pas pu les entendre :

Ta forte voix tonnant plus haut que la tempête...

Ils nous exauçaient d'avance; nous ne sommes tenus à rien. Pour une autre fois nous gardons nos offrandes.

Le pilote :

Oui, le danger fini, les dieux sont oubliés.
Mais tout se paye enfin; patience; riez.

Quelque jour, agités de nouvelles tempêtes,
Les dieux se souviendront quels débiteurs vous êtes.
Vous leur promettrez tout; mais ils feront les sourds.
Un habile pilote, on ne l'a pas toujours!
Et vous irez là-bas dire aux noires peuplades
Si les îles du Styx égalent les Cyclades.

Βουκ. ἐνάλ.[1].

Une autre tempête mais vue du rivage et décrite par ceux qui la voient... à l'imitation de la belle idylle de Gessner...

Çà, mettons-nous à chanter... que nos voix s'accordent avec nos mouvements et que nos chansons tombent ensemble avec la rame (chants amœbés)... (tout ce que les choses maritimes ont de plus naïf, de plus simple et de plus riant) il faut beaucoup imiter Lucien... ἐνάλ. διάλ. (ἐνάλιοι διάλογοι).

A la fin de toutes les bucoliques :

Voilà ce que je chantais en voyageant... et ces chansons remplissaient mes voyages de délices. Mais ces muses délicates et sensibles que tout occupe, qui rêvent sur tout, n'inspirent que la jeunesse... elles me quittent et des muses austères et guerrières... Adieu donc, mes jeunes et rustiques chalumeaux avec qui j'ai célébré les champs... Adieu, reposez-vous ; passez en d'autres mains ; allez plaire sur d'autres lèvres. Les miennes ne sauraient plus animer en vous... Vous n'accompagnerez plus mes pas en de lointains pays. Assis sur une roche touffue, au pied d'un chêne, au bord d'une eau... je ne verrai plus à vos sons enchanteurs courir autour

---

1. C'est-à-dire Bucolique maritime.

de vous et troupeaux et pasteurs. Les vallons du Languedoc, de la Provence et de l'Italie, ne retentiront plus de vos douces chansons. Les abeilles de Sicile et d'Attique ne viendront plus bourdonner autour de vous. Des nymphes, des bergers les amours innocentes, chantées par vous, ne feront plus... les bois d'Olympie ou d'Éphèse ou des sommets crétois. Et pour entendre vos soupirs les Naïades de tel et tel fleuve de Thessalie, de Phénicie... n'élèveront plus leurs têtes humides au-dessus de leurs eaux.

. . . .
Des nymphes, des bergers les amours innocentes.
Et vous ne verrez plus les Naïades brillantes
Que (tel fleuve) . . . . . les eaux
A vos soupirs . . . . sortant de leurs roseaux,
Tout à coup au-dessus de leurs ondes limpides
Lever leurs beaux cheveux et leurs têtes humides.

FIN DES BUCOLIQUES

ÉLÉGIES

I[1]

L'AMOUR ET LE BERGER[2]

Loin des bords trop fleuris de Gnide et de Paphos,
Effrayé d'un bonheur ennemi du repos,
J'allais, nouveau pasteur, aux champs de Syracuse
Invoquer dans mes vers la nymphe d'Aréthuse;
Lorsque Vénus, du haut des célestes lambris,
Sans armes, sans carquois, vint m'amener son fils.
Tous deux ils souriaient : « Tiens, berger, me dit-elle,
Je te laisse mon fils, sois son guide fidèle;
Des champêtres douceurs instruis ses jeunes ans;
Montre-lui la sagesse, elle habite les champs. »
Elle fuit. Moi, crédule à cette voix perfide,
J'appelle près de moi l'enfant doux et timide.
Je lui dis nos plaisirs, et la paix des hameaux:

---

1. Édition 1819. — Imité d'une idylle de Bion.
2. Ce titre a été mis en tête de cette pièce par M. Becq de Fouquières, qui l'a placée parmi les Idylles dans son édition de 1872.

Un dieu même au Pénée abreuvant des troupeaux[1] ;
Bacchus et les moissons ; quel dieu, sur le Ménale,
Forma de neuf roseaux une flûte inégale.
Mais lui, sans écouter mes rustiques leçons,
M'apprenait, à son tour, d'amoureuses chansons :
La douceur d'un baiser, et l'empire des belles ;
Tout l'Olympe soumis à des beautés mortelles ;
Des flammes de Vénus Pluton même animé,
Et le plaisir divin d'aimer et d'être aimé.
Que ses chants étaient doux ! je m'y laissai surprendre
Mon âme ne pouvait se lasser de l'entendre.
Tous mes préceptes vains, bannis de mon esprit,
Pour jamais firent place à tout ce qu'il m'apprit.
Il connaît sa victoire, et sa bouche embaumée
Verse un miel amoureux sur ma bouche pâmée.
Il coula dans mon cœur ; et, de cet heureux jour,
Et ma bouche et mon cœur n'ont respiré qu'amour[2].

II[3]

O lignes que sa main, que son cœur a tracées !
O nom baisé cent fois ! craintes bientôt chassées !
Oui : cette longue route et ces nouveaux séjours,
Je craignais... Mais enfin mes lettres, nos amours,

---

1. Apollon chez Admète.
2. Idyl. III. — Comparez l'imitation de Ronsard, *OEuvres choisies de P. de Ronsard*. avec notice, notes et commentaires, par Sainte-Beuve, nouvelle édit. revue et augmentée par M. Louis Moland. Paris, Garnier frères, 1 vol. in-8. Page 204.
3. Édition 1819. Adressée probablement à Mme de Bonneuil.

ÉLÉGIES.

Ma mémoire, partout sont tes chères compagnes.
Dis vrai! Suis-je avec toi dans ces riches campagnes
Où du Rhône indompté l'Arve trouble et fangeux
Vient grossir et souiller le cristal orageux?

Ta lettre se promet qu'en ces nobles rivages
Où Sénart épaissit ses immenses feuillages[1],
Des vers pleins de ton nom attendent ton retour,
Tout trempés de douceurs, de caresses, d'amour.
Heureux qui, tourmenté de flammes inquiètes,
Peut du Permesse encor visiter les retraites,
Et, loin de son amante égayant sa langueur,
Calmer par des chansons les troubles de son cœur!
Camille, où tu n'es point, moi je n'ai pas de Muse.
Sans toi, dans ces bosquets Hélicon me refuse;
Les cordes de la lyre ont oublié mes doigts,
Et les chœurs d'Apollon méconnaissent ma voix.
Ces regards purs et doux, que sur ce coin du monde
Verse d'un ciel ami l'indulgence féconde,
N'éveillent plus mes sens ni mon âme. Ces bords
Ont beau de leur Cybèle étaler les trésors;
Ces ombrages n'ont plus d'aimables rêveries,
Et l'ennui taciturne habite ces prairies.
Tu fis tous leurs attraits : ils fuyaient avec toi
Sur le rapide char qui t'éloignait de moi.
Errant et fugitif, je demande Camille
A ces antres, souvent notre commun asile;
Ou je vais te cherchant dans ces murs attristés,
Sous tes lambris, jamais par moi seul habités,
Où ta harpe se tait, où la voûte sonore

---

1. La terre de Bonneuil était située près de la forêt de Sénart.

Fut pleine de ta voix et la répète encore ;
Où tous ces souvenirs cruels et précieux
D'un humide nuage obscurcissent mes yeux.
Mais pleurer est amer pour une belle absente[1] ;
Il n'est doux de pleurer qu'aux pieds de son amante,
Pour la voir s'attendrir, caresser vos douleurs,
Et de sa belle main vous essuyer vos pleurs ;
Vous baiser, vous gronder, jurer qu'elle vous aime,
Vous défendre une larme et pleurer elle-même.

Eh bien ! sont-ils bien tous empressés à te voir ?
As-tu sur bien des cœurs promené ton pouvoir ?
Vois-tu tes jours suivis de plaisirs et de gloire,
Et chacun de tes pas compter une victoire ?
Oh ! quel est mon bonheur si, dans un bal bruyant,
Quelque belle tout bas te reproche en riant
D'un silence distrait ton âme enveloppée,
Et que sans doute ailleurs elle est mieux occupée !
Mais, dieux ! puisses-tu voir, sous un ennui rongeur,
De ta chère beauté flétrir toute la fleur[2],
Plutôt que d'être heureuse à grossir tes conquêtes,
D'aller chercher toi-même et désirer des fêtes,
Ou sourire le soir, assise au coin d'un bois,
Aux éloges rusés d'une flatteuse voix,
Comme font trop souvent de jeunes infidèles,
Sans songer que le ciel n'épargne point les belles.
Invisible, inconnu, dieux ! pourquoi n'ai-je pas
Sous un voile étranger accompagné tes pas ?
J'ai pu de ton esclave, ardent, épris de zèle,

---

1. Verser des pleurs pour une belle absente est amer.
2. *Flétrir* pour *se flétrir*, comme on le voit dans Malherbe.
   Et vos jeunes beautés flétriront comme l'herbe.

Porter, comme le cœur, le vêtement fidèle.
Quoi! d'autres loin de moi te prodiguent leurs soins,
Devinent tes pensers, tes ordres, tes besoins!
Et quand d'âpres cailloux la pénible rudesse
De tes pieds délicats offense la faiblesse,
Mes bras ne sont point là pour presser lentement
Ce fardeau cher et doux et fait pour un amant!
Ah! ce n'est pas aimer que prendre sur soi-même
De pouvoir vivre ainsi loin de l'objet qu'on aime.
Il fut un temps, Camille, où plutôt qu'à me fuir
Tout le pouvoir des dieux t'eût contrainte à mourir!

Et puis d'un ton charmant ta lettre me demande
Ce que je veux de toi, ce que je te commande!
Ce que je veux? dis-tu. Je veux que ton retour
Te paraisse bien lent; je veux que nuit et jour
Tu m'aimes. (Nuit et jour, hélas! je me tourmente.)
Présente au milieu d'eux, sois seule, sois absente;
Dors en pensant à moi; rêve-moi près de toi;
Ne vois que moi sans cesse et sois toute avec moi[1].

1. Vers imités des adieux de Thaïs et de Phédria dans l'*Eunuque* de Térence.

THAIS
Mi Phædria,
Et tu numquid vis aliud?
PHÆDRIA
Egone quid velim!
Cum milite isto præsens, absens ut sies :
Dies noctesque me ames : me desideres
Me somnies : me expectes : de me cogites :
Me speres : me te oblectes : mecum tota sis :
Meus fac sis postremo animus, quando ego sum tuus.

III[1]

Jeune fille ton cœur avec nous veut se taire.
Tu fuis, tu ne ris plus; rien ne saurait te plaire.
La soie à tes travaux offre en vain des couleurs;
L'aiguille sous tes doigts n'anime plus des fleurs.
Tu n'aimes qu'à rêver, muette, seule, errante,
Et la rose pâlit sur ta bouche expirante[2].
Ah! mon œil est savant et depuis plus d'un jour,
Et ce n'est pas à moi qu'on peut cacher l'amour.

Les belles font aimer; elles aiment. Les belles
Nous charment tous. Heureux qui peut être aimé d'elles!
Sois tendre, même faible; on doit l'être un moment;
Fidèle, si tu peux. Mais conte-moi comment,
Quel jeune homme aux yeux bleus, empressé sans audace,
Aux cheveux noirs, au front plein de charme et de grâce...
Tu rougis? On dirait que je t'ai dit son nom.
Je le connais pourtant. Autour de ta maison
C'est lui qui va, qui vient; et, laissant ton ouvrage,
Tu vas, sans te montrer[3], épier son passage.

---

1. Édition 1819. — Cette élégie est une de celles dont M. Becq de Fouquières a retrouvé le manuscrit. Le numéro d'ordre que le poète lui avait donné est 3.
2. Au-dessus de *joue innocente*, qu'il n'a pas effacé, André a écrit *bouche expirante*. Autre part, dans ses notes, on rencontre cette leçon:
        Et la rose pâlit sur ta *lèvre tremblante*.
Le premier éditeur a mis *ta bouche mourante*.
3. Le premier éditeur a mis:
        Tu cours, sans te montrer

Il fuit vite; et ton œil, sur sa trace accouru,
Le suit encor longtemps quand il a disparu.
Certe, en ce bois voisin[1] où trois fêtes brillantes
Font courir au printemps[2] nos nymphes triomphantes,
Nul n'a sa noble aisance et son habile main
A soumettre un coursier aux volontés du frein.

IV[3]

Ah! je les reconnais, et mon cœur se réveille.
O sons! ô douces voix chères à mon oreille!
O mes Muses, c'est vous; vous mon premier amour
Vous qui m'avez aimé dès que j'ai vu le jour.
Leurs bras, à mon berceau dérobant mon enfance,
Me portaient sous la grotte où Virgile eut naissance
Où j'entendais le bois murmurer et frémir,
Où leurs yeux dans les fleurs me regardaient dormir.
Ingrat! ô de l'amour trop coupable folie!
Souvent je les outrage et fuis et les oublie;
Et sitôt que mon cœur est en proie au chagrin,
Je les vois revenir le front doux et serein.
J'étais seul, je mourais. Seul, Lycoris absente
De soupçons inquiets m'agite et me tourmente.
Je vois tous ses appas, et je vois mes dangers;

---

1. Le premier éditeur a mis:
   Nul, en ce bois voisin.
2. Le premier éditeur a mis:
   Font voler au printemps.
3. Édition 1819.

Ah! je la vois livrée à des bras étrangers.
Elles viennent! leur voix, leur aspect me rassure :
Leur chant mélodieux assoupit ma blessure;
Je me fuis, je m'oublie, et mes esprits distraits
Se plaisent à les suivre et retrouvent la paix.
Par vous, Muses, par vous, franchissant les collines,
Soit que j'aime l'aspect des campagnes sabines,
Soit Catile[1] ou Falerne et leurs riches coteaux,
Ou l'air de Blandusie et l'azur de ses eaux[2] :
Par vous de l'Anio j'admire le rivage
Par vous de Tivoli le poétique ombrage,
Et de Bacchus assis sous des antres profonds,
La nymphe et le satyre écoutant les chansons.
Par vous la rêverie errante, vagabonde,
Livre à vos favoris la nature et le monde;
Par vous, mon âme, au gré de ses illusions
Vole et franchit les temps, les mers, les nations;
Va vivre en d'autres corps, s'égare, se promène,
Est tout ce qu'il lui plaît, car tout est son domaine.

Ainsi, bruyante abeille, au retour du matin
Je vais changer en miel les délices du thym.
Rose[3], un sein palpitant est ma tombe divine.
Frêle atome d'oiseau, de leur molle étamine
Je vais sous d'autres cieux dépouiller d'autres fleurs.
Le papillon plus grand offre moins de couleurs;
Et l'Orénoque impur, la Floride fertile
Admirent qu'un oiseau si tendre, si débile,
Mêle tant d'or, de pourpre, en ses riches habits,

---

1. Tibur, aujourd'hui Tivoli : *Mœnia Catili,* dans Horace.
2. Horace, *Odes,* III, XIII.
3. Changé en une rose.

Et pensent dans les airs voir nager des rubis.
Sur un fleuve souvent l'éclat de mon plumage
Fait à quelque Léda souhaiter mon hommage.
Souvent fleuve moi-même, en mes humides bras
Je presse mollement des membres délicats,
Mille fraîches beautés que partout j'environne ;
Je les tiens, les soulève, et murmure et bouillonne.
Mais surtout, Lycoris, Protée insidieux,
Partout autour de toi je veille, j'ai des yeux.
Partout, sylphe ou zéphyr, invisible et rapide,
Je te vois. Si ton cœur complaisant et perfide
Livre à d'autres baisers une infidèle main,
Je suis là. C'est moi seul dont le transport soudain
Agitant tes rideaux ou ta porte secrète,
Par un bruit imprévu t'épouvante et t'arrête.
C'est moi, remords jaloux, qui rappelle en ton cœur
Mon nom et tes serments et ma juste fureur.

Mais périsse l'amant que satisfait la crainte !
Périsse la beauté qui m'aime par contrainte,
Qui voit dans ses serments une pénible loi,
Et n'a point de plaisir à me garder sa foi !

V[1]

A FONDAT[2]

Abel, doux confident de mes jeunes mystères,
Vois, mai nous a rendu nos courses solitaires.

---

1. Édition 1819.
2. Abel-Louis-François de Malartic, chevalier de Fondat, né le 16 no-

Viens à l'ombre écouter mes nouvelles amours ;
Viens. Tout aime au printemps, et moi j'aime toujours.
Tant que du sombre hiver dura le froid empire,
Tu sais si l'aquilon s'unit avec ma lyre.
Ma Muse aux durs glaçons ne livre point ses pas ;
Délicate, elle tremble à l'aspect des frimas,
Et près d'un pur foyer[1], cachée en sa retraite,
Entend les vents mugir, et sa voix est muette.
Mais sitôt que Procné[2] ramène les oiseaux,
Dès qu'au riant murmure et des bois et des eaux
Les champs ont revêtu leur robe d'hyménée,
A ses caprices vains sans crainte abandonnée,
Elle renaît ; sa voix a retrouvé des sons ;
Et comme la cigale, amante des buissons,
De rameaux en rameaux tour à tour reposée,
D'un peu de fleur nourrie et d'un peu de rosée,
S'égaye, et des beaux jours prophète harmonieux,
Aux chants du laboureur mêle son chant joyeux ;
Ainsi, courant partout sous les nouveaux ombrages,
Je vais chantant Zéphyr, les nymphes, les bocages,
Et les fleurs du printemps et leurs riches couleurs,
Et mes belles amours, plus belles que les fleurs.

vembre 1760, conseiller au Parlement de Paris, puis maître des requêtes, mort en 1804.

Le chiffre 5 a été écrit par André Chénier en tête de cette élégie, ce qui fait supposer que le poète se proposait de la placer en cinquième lieu.

1. Pur foyer, c'est-à-dire clair et vif.
2. L'hirondelle.

VI[1]

AUX FRÈRES DE PANGE

Vous restez, mes amis, dans ces murs où la Seine
Voit sans cesse embellir les bords dont elle est reine,
Et près d'elle partout voit changer tous les jours
Les fêtes, les travaux, les belles, les amours.
Moi, l'espoir du repos et du bonheur peut-être,
Cette fureur d'errer, de voir et de connaître,
La santé que j'appelle et qui fuit mes douleurs
(Bien sans qui tous les biens n'ont aucunes douceurs),
A mes pas inquiets tout me livre et m'engage.
C'est au milieu des soins compagnons du voyage
Que m'attend une sainte et studieuse paix
Que les flèches d'amour ne troubleront jamais.
Je suivrai des amis[2]; mais mon âme d'avance,
Vous, mes autres amis, pleure de votre absence
Et voudrait, partagée en des penchants si doux,
Et partir avec eux et rester près de vous.
Ce couple fraternel, ces âmes que j'embrasse
D'un lien qui, du temps craignant peu la menace,
Se perd dans notre enfance, unit nos premiers jours,
Sont mes guides encore; ils le furent toujours.
Toujours leur amitié, généreuse, empressée,

1. Édition 1819.
2. Les deux frères Trudaine. André composa cette élégie au printemps de 1784, en partant pour la Suisse et l'Italie.

A porté mes ennuis et ne s'est point lassée.
Quand Phébus, que l'hiver chasse de vos remparts,
Va de loin vous jeter quelques faibles regards,
Nous allons, sur ses pas, visiter d'autres rives,
Et poursuivre au Midi ses chaleurs fugitives.
Nous verrons tous ces lieux dont les brillants destins
Occupent la mémoire ou les yeux des humains :
Marseille où l'Orient amène la fortune;
Et Venise élevée à l'hymen de Neptune;
Le Tibre, fleuve-roi; Rome, fille de Mars,
Qui régna par le glaive et règne par les arts;
Athènes qui n'est plus, et Byzance, ma mère;
Smyrne qu'habite encor le souvenir d'Homère.
Croyez, car en tous lieux mon cœur m'aura suivi,
Que partout où je suis vous avez un ami.
Mais le sort est secret! Quel mortel peut connaître
Ce que lui porte l'heure et l'instant qui va naître?
Souvent ce souffle pur dont l'homme est animé,
Esclave d'un climat, d'un ciel accoutumé,
Redoute un autre ciel, et ne veut plus nous suivre
Loin des lieux où le temps l'habitua de vivre.
Peut-être errant au loin, sous de nouveaux climats,
Je vais chercher la mort qui ne me cherchait pas.
Alors, ayant sur moi versé des pleurs fidèles,
Mes amis reviendront, non sans larmes nouvelles,
Vous conter mon destin, nos projets, nos plaisirs,
Et mes derniers discours et mes derniers soupirs.

Vivez heureux! gardez ma mémoire aussi chère,
Soit que je vive encor, soit qu'en vain je l'espère.
Si je vis, le soleil aura passé deux fois

Dans les douze palais où résident les mois[1];
D'une double moisson la grange sera pleine,
Avant que dans vos bras la voile nous ramène.
Si longtemps autrefois nous n'étions point perdus!
Aux plaisirs citadins tout l'hiver assidus,
Quand les jours repoussaient leurs bornes circonscrites,
Et des nuits à leur tour usurpaient les limites,
Comme oiseaux du printemps, loin du nid paresseux,
Nous visitions les bois et les coteaux vineux,
Les peuples, les cités, les brillantes naïades;
Et l'humide départ des sinistres Pléiades
Nous renvoyait chercher la ville et ses plaisirs,
Ou souvent rassemblés, livrés à nos loisirs,
Honteux d'avoir trouvé nos amours infidèles,
Disputer des beaux-arts, de la gloire et des belles.
Ah! nous ressemblions, arrêtés ou flottants,
Aux fleuves comme nous voyageurs inconstants.
Ils courent à grand bruit; ils volent, ils bondissent;
Dans les vallons riants leurs flots se ralentissent.
Quand l'hiver, accourant du blanc sommet des monts,
Vient mettre un frein de glace à leurs pas vagabonds,
Ils luttent vainement, leurs ondes sont esclaves :
Mais le printemps revient amollir leurs entraves,
Leur frein s'use et se brise au souffle du zéphyr,
Et l'onde en liberté recommence à courir.

---

1. André Chénier et MM. de Trudaine devaient employer deux années à visiter la Suisse, l'Italie, la Grèce et Constantinople; ils ne firent que la moitié de ce voyage.

VII[1]

AUX FRÈRES DE PANGE

Aujourd'hui qu'au tombeau je suis prêt à descendre,
Mes amis, dans vos mains je dépose ma cendre.
Je ne veux point, couvert d'un funèbre linceul[2],
Que les pontifes saints autour de mon cercueil,
Appelés aux accents de l'airain lent et sombre,
De leur chant lamentable accompagnent mon ombre
Et sous des murs sacrés aillent ensevelir
Ma vie et ma dépouille, et tout mon souvenir.
Eh! qui peut sans horreur, à ses heures dernières
Se voir au loin périr dans des mémoires chères?
L'espoir que des amis pleureront notre sort
Charme l'instant suprême et console la mort.
Vous-mêmes choisirez à mes jeunes reliques[3]
Quelque bord fréquenté des pénates rustiques,

---

1. Édition 1819.
2. On a donné parfois au mot *linceul* la prononciation *euil*. Dans le *Dictionnaire des rimes françaises* de Jean Le Febvre, corrigé par le Seigneur des Accords, Paris, 1587, *linceuil* figure parmi les rimes en *euil*, *ueil* (*cercueil*) et *linceul* parmi les rimes en *eul*. (B. DE F.)
3. « Ce mot de *reliques*, dit André Chénier dans ses notes sur Malherbe, est beau et sonore; de plus, employé rarement, il est encore presque tout neuf. C'est pourquoi il ne faut point qu'il soit perdu pour notre poésie. Racine, qui connaissait les véritables richesses et qui ne les laissait point échapper, l'a mis en usage deux fois. Dans *Phèdre* :
      Ces tombeaux antiques
  Où des rois ses aïeux sont les froides reliques.
« Dans *Bajazet* :
  Déjà, sur un vaisseau dans le port préparé,
  Chargeant de mon débris les reliques plus chères,
  Je méditais ma fuite aux rives étrangères.
« Ce dernier exemple est bien beau et bien hardi. »

Des regards d'un beau ciel doucement animé,
Des fleurs et de l'ombrage, et tout ce que j'aimai.
C'est là, près d'une eau pure, au coin d'un bois tranquille
Qu'à mes mânes éteints je demande un asile :
Afin que votre ami soit présent à vos yeux,
Afin qu'au voyageur amené dans ces lieux,
La pierre, par vos mains de ma fortune instruite,
Raconte en ce tombeau quel malheureux habite:
Quels maux ont abrégé ses rapides instants;
Qu'il fut bon, qu'il aima, qu'il dut vivre longtemps.
Ah! le meurtre jamais n'a souillé mon courage[1].
Ma bouche du mensonge ignora le langage,
Et jamais, prodiguant un serment faux et vain,
Ne trahit le secret recélé dans mon sein.
Nul forfait odieux, nul remords implacable
Ne déchire mon âme inquiète et coupable.
Vos regrets la verront pure et digne de pleurs;
Oui, vous plaindrez sans doute en mes longues douleurs
Et ce brillant midi qu'annonçait mon aurore,
Et ces fruits dans leur germe éteints avant d'éclore,
Que mes naissantes fleurs auront en vain promis.
Oui, je vais vivre encore au sein de mes amis.
Souvent à vos festins qu'égaya ma jeunesse,
Au milieu des éclats d'une vive allégresse,
Frappés d'un souvenir, hélas! amer et doux,
Sans doute vous direz : « Que n'est-il avec nous! »

Je meurs. Avant le soir j'ai fini ma journée.
A peine ouverte au jour, ma rose s'est fanée.
La vie eut bien pour moi de volages douceurs;

---

1. Par le mot *meurtre* le poète désigne le duel contre lequel il a écrit, en prose, une page vigoureuse.

Je les goûtais à peine, et voilà que je meurs.
Mais, oh! que mollement reposera ma cendre
Si, parfois, un penchant impérieux et tendre
Vous guidant vers la tombe où je suis endormi,
Vos yeux en approchant pensent voir leur ami!
Si vos chants de mes feux vont redisant l'histoire;
Si vos discours flatteurs, tout pleins de ma mémoire,
Inspirent à vos fils, qui ne m'ont point connu,
L'ennui de naître à peine et de m'avoir perdu.
Qu'à votre belle vie ainsi ma mort obtienne
Tout l'âge, tous les biens dérobés à la mienne;
Que jamais les douleurs, par de cruels combats,
N'allument dans vos flancs un pénible trépas;
Que la joie en vos cœurs ignore les alarmes;
Que les peines d'autrui causent seules vos larmes,
Que vos heureux destins, les délices du ciel,
Coulent toujours trempés d'ambroisie et de miel,
Et non sans quelque amour paisible et mutuelle.
Et quand la mort viendra, qu'une amante fidèle,
Près de vous désolée, en accusant les dieux,
Pleure, et veuille vous suivre, et vous ferme les yeux.

VIII[1]

A FONDAT

Pourquoi de mes loisirs accuser la langueur?
Pourquoi vers des lauriers aiguillonner mon cœur?
Abel, que me veux-tu? Je suis heureux, tranquille.
Tu veux m'ôter mon bien, mon amour, ma Camille,

1. Édition 1819.

Mes rêves nonchalants, l'oisiveté, la paix;
A l'ombre, au bord des eaux, le sommeil pur et frais.
Ai-je connu jamais ces noms brillants de gloire
Sur qui tu viens sans cesse arrêter ma mémoire?
Pourquoi me rappeler, dans tes cris assidus,
Je ne sais quels projets que je ne connais plus?
Que d'Achille outragé l'inexorable absence
Livre à des feux troyens les vaisseaux sans défense;
Qu'à Colomb pour le nord révélant son amour,
L'aimant nous ait conduits où va finir le jour...
Jadis, il m'en souvient, quand les bois du Permesse
Recevaient ma première et bouillante jeunesse,
Plein de ces grands objets, ivre de chants guerriers,
Respirant la mêlée et les cruels lauriers,
Je me couvrais de fer, et d'une main sanglante
J'animais aux combats ma lyre turbulente;
Des arrêts du destin prophète audacieux,
J'abandonnais la terre et volais chez les dieux.
Au flambeau de l'Amour j'ai vu fondre mes ailes.
Les forêts d'Idalie[1] ont des routes si belles!
Là, Vénus, me dictant de faciles chansons,
M'a nommé son poète entre ses nourrissons.
Si quelquefois encore, à tes conseils docile,
Ou jouet d'un esprit vagabond et mobile,
Je veux, de nos héros admirant les exploits,
A des sons généreux solliciter ma voix,
Aux sons voluptueux ma voix accoutumée
Fuit, se refuse et lutte, incertaine, alarmée;
Et ma main, dans mes vers de travail tourmentés,
Poursuit avec effort de pénibles beautés.

---

1. Idalie, ville et forêt de Chypre.

Mais si, bientôt lassé de ces poursuites folles,
Je retourne à mes riens que tu nommes frivoles,
Si je chante Camille, alors écoute, voi :
Les vers pour la chanter naissent autour de moi.
Tout pour elle a des vers! Ils renaissent en foule;
Ils brillent dans les flots du ruisseau qui s'écoule;
Ils prennent des oiseaux la voix et les couleurs;
Je les trouve cachés dans les replis des fleurs.
Son sein a le duvet de ce fruit que je touche;
Cette rose au matin sourit comme sa bouche;
Le miel qu'ici l'abeille eut soin de déposer
Ne vaut pas à mon cœur le miel de son baiser.
Tout pour elle a des vers! Ils me viennent sans peine,
Doux comme son parler, doux comme son haleine.
Quoi qu'elle fasse ou dise, un mot, un geste heureux,
Demande un gros volume à mes vers amoureux.
D'un souris caressant si son regard m'attire,
Mon vers plus caressant va bientôt lui sourire.
Si la gaze la couvre, et le lin pur et fin,
Mollement, sans apprêt; et la gaze et le lin
D'une molle chanson attend une couronne.
D'un luxe étudié si l'éclat l'environne,
Dans mes vers éclatants sa superbe beauté
Vient ravir à Junon toute sa majesté.
Tantôt c'est sa blancheur, sa chevelure noire;
De ses bras, de ses mains, le transparent ivoire.
Mais si jamais sans voile et les cheveux épars,
Elle a rassasié ma flamme et mes regards,
Elle me fait chanter, amoureuse Ménade,
Des combats de Paphos une longue Iliade[1] :

---

1. Imitation de Prop., élég. II, I.

Et si de mes projets le vol s'est abaissé,
A la lyre d'Homère ils n'ont point renoncé.
Mais, en la dépouillant de ses cordes guerrières,
Ma main n'a su garder que les cordes moins fières
Qui chantèrent Hélène et les joyeux larcins,
Et l'heureuse Corcyre[1], amante des festins.
Mes chansons à Camille ont été séduisantes.
Heureux qui peut trouver des Muses complaisantes
Dont la voix sollicite et mène à ses désirs
Une jeune beauté qu'appelaient ses soupirs.
Hier, entre ses bras, sur sa lèvre fidèle,
J'ai surpris quelques vers que j'avais faits pour elle.
Et sa bouche, au moment que je l'allais quitter,
M'a dit : « Tes vers sont doux, j'aime à les répéter. »
Si cette voix eût dit même chose à Virgile,
Abel, dans ses hameaux il eût chanté Camille,
N'eût point cherché la palme au sommet d'Hélicon
Et le glaive d'Énée eût épargné Didon[2].

IX[3]

LA SEINE

Ainsi, vainqueur de Troie et des vents et des flots,
D'un navire emprunté pressant les matelots,
Le fils du vieux Laërte arrive en sa patrie,

1. La Phéacie d'Homère. Voy. *Odyss.*, ch. VI et VII.
2. Didon se tua avec le glaive d'Énée. *Én.*, IV, 507, 646 et 664.
3. Édition 1819.

Baise en pleurant le sol de son île chérie;
Il reconnaît le port couronné de rochers
Où le vieillard des mers[1] accueille les nochers,
Et que l'olive épaisse entoure de son ombre;
Il retrouve la source et l'antre humide et sombre
Où l'abeille murmure; où, pour charmer les yeux,
Teints de pourpre et d'azur, des tissus précieux
Se forment sous les mains des naïades sacrées;
Et dans ses premiers vœux ces nymphes adorées
(Que ses yeux n'osaient plus espérer de revoir)
De vivre, de régner lui permettent l'espoir.

O des fleuves français brillante souveraine,
Salut! ma longue course à tes bords me ramène,
Moi que ta nymphe pure en son lit de roseaux
Fit errer tant de fois au doux bruit de ses eaux;
Moi qui la vis couler plus lente et plus facile,
Quand ma bouche animait la flûte de Sicile[2];
Moi, quand l'amour trahi me fit verser des pleurs,
Qui l'entendis gémir et pleurer mes douleurs.
Tout mon cortège antique, aux chansons langoureuses,
Revole comme moi vers tes rives heureuses.
Promptes dans tous mes pas à me suivre en tous lieux,
Le rire sur la bouche et les pleurs dans les yeux,
Partout autour de moi mes jeunes élégies
Promenaient les éclats de leurs folles orgies;
Et, les cheveux épars, se tenant par la main,
De leur danse élégante égayaient mon chemin.
Il est bien doux d'avoir dans sa vie innocente

---

1. Phorcys, fils de Pont et de la Terre. Hésiode, *Théog.*, 237. — Voy. Homère, *Odyssée*, XIII, 96 et suiv.
2. La flûte de Théocrite.

ÉLÉGIES.

Une Muse naïve et de haines exempte,
Dont l'honnête candeur ne garde aucun secret;
Où l'on puisse, au hasard, sans crainte, sans apprêt,
Sûr de ne point rougir en voyant la lumière,
Répandre, dévoiler son âme tout entière.

C'est ainsi, promené sur tout cet univers,
Que mon cœur vagabond laisse tomber des vers.
De ses pensers errants vive et rapide image,
Chaque chanson nouvelle a son nouveau langage
Et des rêves nouveaux un nouveau sentiment :
Tous sont divers, et tous furent vrais un moment.

Mais que les premiers pas ont d'alarmes craintives!
Nymphe de Seine, on dit que Paris sur tes rives
Fait asseoir vingt conseils de critiques nombreux,
Du Pinde partagé despotes soupçonneux.
Affaiblis de leurs yeux la vigilance amère;
Dis-leur que, sans s'armer d'un front dur et sévère,
Ils peuvent négliger les pas et les douceurs
D'une Muse timide, et qui, parmi ses sœurs,
Rivale de personne et sans demander grâce,
Vient, le regard baissé, solliciter sa place;
Dont la main est sans tache, et n'a connu jamais
Le fiel dont la satire envenime ses traits.

X[1]

AU CHEVALIER DE PANGE

Quand la feuille en festons a couronné les bois,
L'amoureux rossignol n'étouffe point sa voix.
Il serait criminel aux yeux de la nature,
Si, de ses dons heureux négligeant la culture,
Sur son triste rameau, muet dans ses amours,
Il laissait sans chanter expirer les beaux jours.
Et toi, rebelle aux dons d'une si tendre mère,
Dégoûté de poursuivre une muse étrangère
Dont tu choisis la cour trop bruyante pour toi,
Tu t'es fait du silence une coupable loi!
Tu naquis rossignol. Pourquoi, loin du bocage
Où des jeunes rosiers le balsamique ombrage
Eût redit tes doux sons sans murmure écoutés,
T'en allais-tu chercher la muse des cités;
Cette muse, d'éclat, de pourpre environnée,
Qui, le glaive à la main, du diadème ornée,
Vient au peuple assemblé, d'une dolente voix,
Pleurer les grands malheurs, les empires, les rois?
Que n'étais-tu fidèle à ces muses tranquilles
Qui cherchent la fraîcheur des rustiques asiles,
Le front ceint de lilas et de jasmins nouveaux,
Et vont sur leurs attraits consulter les ruisseaux?
Viens dire à leurs concerts la beauté qui te brûle.

---

1. Édition 1819.

Amoureux, avec l'âme et la voix de Tibulle
Fuirais-tu les hameaux, ce séjour enchanté
Qui rend plus séduisant l'éclat de la beauté?
L'Amour aime les champs, et les champs l'ont vu naître.
La fille d'un pasteur, une vierge champêtre,
Dans le fond d'une rose, un matin du printemps,
Le trouva nouveau-né. . . . .
Le sommeil entr'ouvrait ses lèvres colorées.
Elle saisit le bout de ses ailes dorées,
L'ôta de son berceau d'une timide main
Tout trempé de rosée, et le mit dans son sein.
Tout, mais surtout les champs sont restés son empire.
Là tout aime, tout plaît, tout jouit, tout soupire;
Là de plus beaux soleils dorent l'azur des cieux:
Là les prés, les gazons, les bois harmonieux,
De mobiles ruisseaux la colline animée,
L'âme de mille fleurs dans les zéphyrs semée;
Là parmi les oiseaux l'amour vient se poser;
Là sous les antres frais habite le baiser.
Les Muses et l'Amour ont les mêmes retraites.
L'astre qui fait aimer est l'astre des poètes.
Bois, écho, frais zéphyrs, dieux champêtres et doux
Le génie et les vers se plaisent parmi vous.
J'ai choisi parmi vous ma Muse jeune et chère;
Et, bien qu'entre ses sœurs elle soit la dernière,
Elle plaît. Mes amis, vos yeux en sont témoins.
Et puis une plus belle eût voulu plus de soins:
Délicate et craintive, un rien la décourage,
Un rien sait l'animer. Curieuse et volage,
Elle va parcourant tous les objets flatteurs
Sans se fixer jamais, non plus que sur les fleurs
Les zéphyrs vagabonds, doux rivaux des abeilles,

Ou le baiser ravi sur des lèvres vermeilles.
Une source brillante, un buisson qui fleurit,
Tout amuse ses yeux; elle pleure, elle rit.
Tantôt à pas rêveurs, mélancolique et lente,
Elle erre avec une onde et pure et languissante;
Tantôt elle va, vient, d'un pas léger et sûr,
Poursuit le papillon brillant d'or et d'azur,
Ou l'agile écureuil ou dans un nid timide
Sur un oiseau surpris pose une main rapide.
Quelquefois, gravissant la mousse du rocher,
Dans une touffe épaisse elle va se cacher,
Et sans bruit épier sur la grotte pendante
Ce que dira le faune à la nymphe imprudente,
Qui, dans cet antre sourd et des faunes ami,
Refusait de le suivre, et pourtant l'a suivi.
Souvent même, écoutant de plus hardis caprices,
Elle ose regarder au fond des précipices,
Où sur le roc mugit le torrent effréné
Du droit sommet d'un mont tout à coup déchaîné.
Elle aime aussi chanter à la moisson nouvelle,
Suivre les moissonneurs et lier la javelle.
L'Automne au front vermeil, ceint de pampres nouveaux
Parmi les vendangeurs l'égare en des coteaux;
Elle cueille la grappe, ou blanche ou purpurine :
Le doux jus des raisins teint sa bouche enfantine;
Ou, s'ils pressent leurs vins, elle accourt pour les voir,
Et son bras avec eux fait crier le pressoir.

Viens, viens, mon jeune ami; viens, nos Muses t'attendent;
Nos fêtes, nos banquets, nos courses te demandent;
Viens voir ensemble et l'antre et l'onde et les forêts.
Chaque soir une table aux suaves apprêts

Assoira près de nous nos belles adorées;
Ou, cherchant dans le bois des nymphes égarées,
Nous entendrons les ris, les chansons, les festins;
Et les verres emplis sous les bosquets lointains
Viendront animer l'air, et, du sein d'une treille,
De leur voix argentine égayer notre oreille.
Mais si, toujours ingrat à ces charmantes sœurs,
Ton front rejette encor leurs couronnes de fleurs,
Si de leurs soins pressants la douce impatience
N'obtient que d'un refus la dédaigneuse offense;
Qu'à ton tour la beauté dont les yeux t'ont soumis
Refuse à tes soupirs ce qu'elle t'a promis;
Qu'un rival loin de toi de ses charmes dispose;
Et, quand tu lui viendras présenter une rose,
Que l'ingrate étonnée, en recevant ce don,
Ne t'ait vu de sa vie et demande ton nom.

XI[1]

Ah! portons dans les bois ma triste inquiétude.
O Camille! l'amour aime la solitude.
Ce qui n'est point Camille est un ennui pour moi.
Là, seul, celui qui t'aime est encore avec toi.
Que dis-je? Ah! seul et loin d'une ingrate chérie,
Mon cœur sait se tromper. L'espoir, la rêverie,
La belle illusion la rendent à mes feux,
Mais sensible, mais tendre, et comme je la veux :
De ses refus d'apprêt oubliant l'artifice,

1. Édition 1819.

Indulgente à l'amour, sans fierté, sans caprice,
De son sexe cruel n'ayant que les appas.
Je la feins quelquefois attachée à mes pas;
Je l'égare et l'entraîne en des routes secrètes.
Absente, je la tiens en des grottes muettes...
Mais présente, à ses pieds m'attendent les rigueurs,
Et, pour des songes vains, de réelles douleurs.
Camille est un besoin dont rien ne me soulage;
Rien à mes yeux n'est beau que de sa seule image.
Près d'elle, tout, comme elle, est touchant, gracieux;
Tout est aimable et doux, et moins doux que ses yeux.
Sur l'herbe, sur la soie, au village, à la ville,
Partout, reine ou bergère, elle est toujours Camille
Et moi toujours l'amant trop prompt à s'enflammer,
Qu'elle outrage, qui l'aime, et veut toujours l'aimer.

XII[1]

J'ai suivi les conseils d'une triste sagesse.
Je suis donc sage enfin, je n'ai plus de maîtresse.
Sois satisfait, mon cœur. Sur un si noble appui
Tu vas dormir en paix dans ton sublime ennui.
Quel dégoût vient saisir mon âme consternée,
Seule dans elle-même, hélas! emprisonnée?
Viens, ô ma lyre! ô toi mes dernières amours
(Innocentes du moins); viens, ô ma lyre, accours.
Chante-moi de ces airs qu'à ta voix jeune et tendre
Les lyres de la Grèce ont su jadis apprendre.

1. Édition 1819.

Quoi! je suis seul? O dieux! où sont donc mes amis?
Ah! ce cœur qui, toujours à l'amitié soumis,
D'étendre ses liens fit son besoin suprême,
Faut-il l'abandonner, le laisser à lui-même?
Où sont donc mes amis? Objets chéris et doux!
Je souffre, ô mes amis! Ciel! où donc êtes-vous?
A tout ce qu'elle entend, de vous seuls occupée,
De chaque bruit lointain mon oreille frappée
Écoute, et croit souvent reconnaître vos pas;
Je m'élance, je cours, et vous ne venez pas!

Ah! vous accuserez votre absence infidèle,
Quand vous saurez qu'ainsi je souffre et vous appelle.
Que je plains un méchant! Sans doute avec effroi
Il porte à tout moment les yeux autour de soi;
Il n'y voit qu'un désert; tout fuit, tout se retire.
Son œil ne vit jamais de bouche lui sourire;
Jamais, dans les revers qu'il ose déclarer,
De doux regards sur lui s'attendrir et pleurer.
O de se confier noble et douce habitude!
Non, mon cœur n'est point né pour vivre en solitude :
Il me faut qui m'estime, il me faut des amis
A qui dans mes secrets tout accès soit permis;
Dont les yeux, dont la main dans la mienne pressée
Réponde à mon silence, et sente ma pensée.
Ah! si pour moi jamais tout cœur était fermé,
Si nul ne songe à moi, si je ne suis aimé...
Vivre importun, proscrit, flatte peu mon envie.
Et quels sont ses plaisirs, que fait-il de la vie,
Le malheureux qui, seul, exclu de tout lien,
Ne connaît pas un cœur où reposer le sien;
Une âme où dans ses maux, comme en un saint asile,

Il puisse fuir la sienne et se rasseoir tranquille;
Pour qui nul n'a de vœux, qui jamais dans ses pleurs
Ne peut se dire : « Allons, je sais que mes douleurs
Tourmentent mes amis, et quoiqu'en mon absence
Ils accusent mon sort et prennent ma défense? »

XIII[1]

Bel astre de Vénus, de son front délicat
Puisque Diane encor voile le doux éclat,
Jusques à ce tilleul, au pied de la colline,
Prête à mes pas secrets ta lumière divine.
Je ne vais point tenter de nocturnes larcins,
Ni tendre aux voyageurs des pièges assassins.
J'aime : je vais trouver des ardeurs mutuelles,
Une nymphe adorée, et belle entre les belles,
Comme parmi les feux que Diane conduit
Brillent tes feux si purs, ornement de la nuit.

XIV[2]

O Muses, accourez; solitaires divines,
Amantes des ruisseaux, des grottes, des collines!

1. Édition 1819. — Imité d'une idylle de Bion, la xie dans Brunck, la ixe dans les *Poetæ bucolici* de Didot, la xvie dans d'autres éditions.
2. Édition 1819.

Soit qu'en ses beaux vallons Nîme égare vos pas ;
Soit que de doux pensers, en de riants climats,
Vous retiennent aux bords de Loire ou de Garonne ;
Soit que parmi les chœurs de ces nymphes du Rhône
La lune sur les prés, où son flambeau vous luit,
Dansantes vous admire au retour de la nuit ;
Venez. J'ai fui la ville aux Muses si contraire,
Et l'écho fatigué des clameurs du vulgaire.
Sur les pavés poudreux d'un bruyant carrefour
Les poétiques fleurs n'ont jamais vu le jour.
Le tumulte et les cris font fuir avec la lyre
L'oisive rêverie au suave délire ;
Et les rapides chars et leurs cercles d'airain
Effarouchent les vers qui se taisent soudain.
Venez. Que vos bontés ne me soient point avares.
Mais, oh! faisant de vous mes pénates, mes lares,
Quand pourrai-je habiter un champ qui soit à moi!
Et, villageois tranquille, ayant pour tout emploi
Dormir et ne rien faire, inutile poète,
Goûter le doux oubli d'une vie inquiète?
Vous savez si toujours, dès mes plus jeunes ans,
Mes rustiques souhaits m'ont porté vers les champs ;
Si mon cœur dévorait vos champêtres histoires,
Cet âge d'or si cher à vos doctes mémoires,
Ces fleuves, ces vergers, Éden aimé des cieux
Et du premier humain berceau délicieux ;
L'épouse de Booz, chaste et belle indigente,
Qui suit d'un pas tremblant la moisson opulente ;
Joseph, qui dans Sichem cherche et retrouve, hélas!
Ses dix frères pasteurs qui ne l'attendaient pas ;
Rachel, objet sans prix qu'un amoureux courage
N'a pas trop acheté de quinze ans d'esclavage.

Oh! oui, je veux un jour, en des bords retirés,
Sur un riche coteau ceint de bois et de prés,
Avoir un humble toit, une source d'eau vive,
Qui parle, et dans sa fuite et féconde et plaintive.
Nourrisse mon verger, abreuve mes troupeaux.
Là, je veux, ignorant le monde et ses travaux,
Loin du superbe ennui que l'éclat environne,
Vivre comme jadis, aux champs de Babylone,
Ont vécu, nous dit-on, ces pères des humains
Dont le nom aux autels remplit nos fastes saints;
Avoir amis, enfants, épouse belle et sage;
Errer, un livre en main, de bocage en bocage;
Savourer sans remords, sans crainte, sans désirs,
Une paix dont nul bien n'égale les plaisirs.
Douce mélancolie! aimable mensongère,
Des antres, des forêts déesse tutélaire,
Qui vient d'une insensible et charmante langueur
Saisir l'ami des champs et pénétrer son cœur,
Quand, sorti vers le soir des grottes reculées,
Il s'égare à pas lents au penchant des vallées,
Et voit des derniers feux le ciel se colorer,
Et sur les monts lointains un beau jour expirer.
Dans sa volupté sage, et pensive, et muette,
Il s'assied, sur son sein laisse tomber sa tête.
Il regarde à ses pieds, dans le liquide azur
Du fleuve qui s'étend comme lui calme et pur,
Se peindre les coteaux, les toits et les feuillages
Et la pourpre en festons couronnant les nuages.
Il revoit près de lui, tout à coup animés,
Ces fantômes si beaux à nos pleurs tant aimés,
Dont la troupe immortelle habite sa mémoire.
Julie, amante faible et tombée avec gloire;

ÉLÉGIES.

Clarisse, beauté sainte où respire le ciel,
Dont la douleur ignore et la haine et le fiel,
Qui souffre sans gémir, qui périt sans murmure ;
Clémentine, adorée, âme céleste et pure,
Qui, parmi les rigueurs d'une injuste maison,
Ne perd point l'innocence en perdant la raison[1] :
Mânes aux yeux charmants, vos images chéries
Accourent occuper ses belles rêveries ;
Ses yeux laissent tomber une larme. Avec vous
Il est dans vos foyers, il voit vos traits si doux.
A vos persécuteurs il reproche leur crime.
Il aime qui vous aime, il hait qui vous opprime.
Mais tout à coup il pense, ô mortels déplaisirs !
Que ces touchants objets de pleurs et de soupirs
Ne sont peut-être, hélas ! que d'aimables chimères,
De l'âme et du génie enfants imaginaires.
Il se lève, il s'agite à pas tumultueux ;
En projets enchanteurs il égare ses vœux.
Il ira, le cœur plein d'une image divine,
Chercher si quelques lieux ont une Clémentine,
Et dans quelque désert, loin des regards jaloux,
La servir, l'adorer et vivre à ses genoux.

XV[2]

Souvent le malheureux songe à quitter la vie,
L'espérance crédule à vivre le convie.

---

1. Allusion à l'*Héloïse* de Rousseau, à *Clarisse Harlowe* et à *Grandisson* de Richardson.
2. Édition 1819.

Le soldat sous la tente espère, avec la paix,
Le repos, les chansons, les danses, les banquets.
Gémissant sur le soc, le laboureur d'avance
Voit ses guérets chargés d'une heureuse abondance.
Moi, l'espérance amie est bien loin de mon cœur.
Tout se couvre à mes yeux d'un voile de langueur;
Des jours amers, des nuits plus amères encore,
Chaque instant est trempé du fiel qui me dévore;
Et je trouve partout mon âme et mes douleurs,
Le nom de Lycoris, et la honte et les pleurs.
Ingrate Lycoris, à feindre accoutumée,
Avez-vous pu trahir qui vous a tant aimée?
Avez-vous pu trouver un passe-temps si doux
A déchirer un cœur qui n'adorait que vous?
Amis, pardonnez-lui; que jamais vos injures
N'osent lui reprocher ma mort et ses parjures :
Je ne veux point pour moi que son cœur soit blessé,
Ni que pour l'outrager mon nom soit prononcé.
Ces amis m'étaient chers; ils aimaient ma présence.
Je ne veux qu'être seul, je les fuis, les offense,
Ou bien, en me voyant, chacun avec effroi
Balance à me connaître et doute si c'est moi.
Est-ce là cet ami, compagnon de leur joie,
A de jeunes désirs comme eux toujours en proie,
Jeune amant des festins, des vers, de la beauté?
Ce front pâle et mourant, d'ennuis inquiété,
Est celui d'un vieillard appesanti par l'âge,
Et qui déjà d'un pied touche au fatal rivage.
Sans doute, Lycoris, oui, j'ai fini mon sort
Quand tu ne m'aimes plus et souhaites ma mort.
Amis, oui, j'ai vécu; ma course est terminée.
Chaque heure m'est un jour, chaque jour une année;

Les amants malheureux vieillissent en un jour.
Ah! n'éprouvez jamais les douleurs de l'amour :
Elles hâtent encor nos fuseaux si rapides ;
Et, non moins que le temps, la tristesse a des rides.
Quoi, Gallus! quoi! le sort, si près de ton berceau,
Ouvre à tes jeunes pas ce rapide tombeau?
Hélas! mais quand j'aurai subi ma destinée,
Du Léthé bienfaisant la rive fortunée
Me prépare un asile et des ombrages verts :
Là, les danses, les jeux, les suaves concerts,
Et la fraîche naïade, en ses grottes de mousse,
S'écoulant sur des fleurs, mélancolique et douce.
Là, jamais la beauté ne pleure ses attraits :
Elle aime, elle est constante, elle ne ment jamais ;
Là tout choix est heureux, toute ardeur mutuelle,
Et tout plaisir durable, et tout serment fidèle.
Que dis-je? on aime alors sans trouble; et les amants,
Ignorant le parjure, ignorent les serments.

Venez me consoler, aimables héroïnes.
O Léthé! fais-moi voir leurs retraites divines ;
Viens me verser la paix et l'oubli de mes maux.
Ensevelis au fond de tes dormantes eaux
Le nom de Lycoris, ma douleur, mes outrages.
Un jour peut-être aussi, sous tes riants bocages,
Lycoris, quand ses yeux ne verront plus le jour,
Reviendra tout en pleurs demander mon amour ;
Me dire que le Styx me la rend plus sincère,
Qu'à moi seul désormais elle aura soin de plaire ;
Que cent fois, rappelant notre antique lien,
Elle a vu que son cœur avait besoin du mien.
Lycoris à mes yeux ne sera plus charmante :

Pourtant... O Lycoris! ô trop funeste amante!
Si tu l'avais voulu, Gallus, plein de sa foi,
Avec toi voulait vivre, et mourir avec toi.

XVI.

O jours de mon printemps, jours couronnés de rose,
A votre fuite en vain un long regret s'oppose.
Beaux jours, quoique souvent obscurcis de mes pleurs,
Vous dont j'ai su jouir même au sein des douleurs,
Sur ma tête bientôt vos fleurs seront fanées!
Hélas! bientôt le flux des rapides années
Vous aura loin de moi fait voler sans retour.
Oh! si du moins alors je pouvais à mon tour,
Champêtre possesseur, dans mon humble chaumière
Offrir à mes amis une ombre hospitalière;
Voir mes lares charmés, pour les bien recevoir,
A de joyeux banquets la nuit les faire asseoir;
Et là nous souvenir, au milieu de nos fêtes,
Combien chez eux longtemps, dans leurs belles retraites,
Soit sur ces bords heureux, opulents avec choix,
Où Montigny[2] s'enfonce en ses antiques bois;
Soit où la Marne lente, en un long cercle d'îles[3],
Ombrage de bosquets l'herbe et les prés fertiles,
J'ai su, pauvre et content, savourer à longs traits
Les muses, les plaisirs, et l'étude et la paix.

1. Édition 1819.
2. Montigny, terre de la famille Trudaine.
3. Mareuil, terre appartenant à la famille de Pange.

Qui ne sait être pauvre est né pour l'esclavage.
Qu'il serve donc les grands, les flatte, les ménage;
Qu'il plie, en approchant de ces superbes fronts,
Sa tête à la prière, et son âme aux affronts,
Pour qu'il puisse, enrichi de ces affronts utiles,
Enrichir à son tour quelques têtes serviles.
De ses honteux trésors je ne suis point jaloux.
Une pauvreté libre est un trésor si doux!
Il est si doux, si beau, de s'être fait soi-même,
De devoir tout à soi, tout aux beaux-arts qu'on aime;
Vraie abeille en ses dons, en ses soins, en ses mœurs,
D'avoir su se bâtir, des dépouilles des fleurs,
Sa cellule de cire, industrieux asile
Où l'on coule une vie innocente et facile;
De ne point vendre aux grands ses hymnes avilis;
De n'offrir qu'aux talents de vertus ennoblis,
Et qu'à l'amitié douce et qu'aux douces faiblesses,
D'un encens libre et pur les honnêtes caresses!
Ainsi l'on dort tranquille, et, dans son saint loisir,
Devant son propre cœur on n'a point à rougir.
Si le sort ennemi m'assiège et me désole,
On pleure; mais bientôt la tristesse s'envole;
Et les arts, dans un cœur de leur amour rempli
Versent de tous les maux l'indifférent oubli.
Les délices des arts ont nourri mon enfance.
Tantôt, quand d'un ruisseau, suivi dès sa naissance,
La nymphe aux pieds d'argent a sous de longs berceaux
Fait serpenter ensemble et mes pas et ses eaux,
Ma main donne au papier, sans travail, sans étude,
Des vers fils de l'amour et de la solitude.
Tantôt de mon pinceau les timides essais
Avec d'autres couleurs cherchent d'autres succès.

Ma toile avec Sapho s'attendrit et soupire ;
Elle rit et s'égaye aux danses du satyre ;
Ou l'aveugle Ossian y vient pleurer ses yeux,
Et pense voir et voit ses antiques aïeux
Qui, dans l'air appelés à ses hymnes sauvages,
Arrêtent près de lui leurs palais de nuages.
Beaux-arts, ô de la vie aimables enchanteurs,
Des plus sombres ennuis riants consolateurs,
Amis sûrs dans la peine et constantes maîtresses,
Dont l'or n'achète point l'amour ni les caresses ;
Beaux-arts, dieux bienfaisants, vous que vos favoris
Par un indigne usage ont tant de fois flétris,
Je n'ai point partagé leur honte trop commune.
Sur le front des époux de l'aveugle Fortune
Je n'ai point fait ramper vos lauriers trop jaloux.
J'ai respecté les dons que j'ai reçus de vous.
Je ne vais point, à prix de mensonges serviles,
Vous marchander au loin des récompenses viles,
Et partout, de mes vers ambitieux lecteur,
Faire trouver charmant mon luth adulateur.
Abel, mon jeune Abel[1], et Trudaine et son frère,
Ces vieilles amitiés de l'enfance première,
Quand tous quatre, muets, sous un maître inhumain,
Jadis au châtiment nous présentions la main ;
Et mon frère et Lebrun, les Muses elles-mêmes ;
De Pange, fugitif de ces neuf Sœurs qu'il aime :
Voilà le cercle entier qui, le soir quelquefois,
A des vers, non sans peine obtenus de ma voix,
Prête une oreille amie et cependant sévère.
Puissé-je ainsi toujours dans cette troupe chère

---

1. Le chevalier de Fondat. Voy. la note ci-dessus, page 217.

Me revoir, chaque fois que mes avides yeux
Auront porté longtemps mes pas de lieux en lieux,
Amant des nouveautés compagnes de voyage;
Courant partout, partout cherchant à mon passage
Quelque ange aux yeux divins qui veuille me charmer,
Qui m'écoute ou qui m'aime, ou qui se laisse aimer.

XVII[1]

Ah! des pleurs! des regrets! lisez, amis. C'est elle.
On m'outrage, on me chasse, et puis on me rappelle.
Non : il fallait d'abord m'accueillir sans détours.
Non, non : je n'irai point. La nuit tombe; j'accours.
On s'excuse, on gémit; enfin on me renvoie,
Je sors. Chez mes amis je viens trouver la joie,
Et parmi nos festins un billet repentant
Bientôt me suit et vient me dire qu'on m'attend.

« Écoute, jeune ami de ma première enfance,
Je te connais. Malgré ton aimable silence,
Je connais la beauté qui t'a contraint d'aimer,
Qui t'agite tout bas, que tu n'oses nommer.
Certe un beau jour n'est pas plus beau que son visage.
Mais, si tu ne veux point gémir dans l'esclavage,
Sache que trop d'amour excite leur dédain.
Laisse-la quelquefois te désirer en vain.
Il est bon, quelque orgueil dont s'enivrent ces belles,

1. Édition 1819.

De leur montrer pourtant qu'on peut se passer d'elles.
Viens, et loin d'être faible, allons, si tu m'en crois,
Respirer la fraîcheur de la nuit et des bois;
Car, dans cette saison de chaleurs étouffée,
Tu sais, le jour n'est bon qu'à donner à Morphée.
Allons. Et pour Camille, elle n'a qu'à dormir. »

Passons devant ses murs. Je veux, pour la punir,
Je veux qu'à son réveil demain on lui rapporte
Qu'on m'a vu. Je passais sans regarder sa porte.
Qu'elle s'écrie alors, les larmes dans les yeux,
Que tout homme est parjure, et qu'il n'est point de dieux!
Tiens. C'est ici. Voilà ses jardins solitaires
Tant de fois attentifs à nos tendres mystères;
Et là, tiens, sur ma tête est son lit amoureux,
Lit chéri, tant de fois fatigué de nos jeux.
Ah! le verre et le lin, délicate barrière,
Laisse voir à nos yeux la tremblante lumière
Qui, jusqu'à l'aube au teint moins que le sien vermeil,
Veille près de sa couche et garde son sommeil.
C'est là qu'elle m'attend. Oh! si tu l'avais vue,
Quand, fermant ses beaux yeux, mollement étendue,
Laissant tomber sa tête, un calme pur et frais
Comme aux anges du ciel fait reluire ses traits!
Ah! je me venge aussi plus qu'elle ne mérite.
Un vain caprice, un rien... Ami, fuyons bien vite;
Fuyons vite, courons. Mes projets seront sûrs
Quand je ne verrai plus sa porte ni ses murs.

XVIII[1]

AU MARQUIS DE BRAZAIS[2]

Qui? moi? moi de Phébus te dicter les leçons?
Moi, dans l'ombre ignoré, moi que ses nourrissons
Pour émule aujourd'hui désavoûraient peut-être,
Dans ce bel art des vers je n'ai point eu de maître;
Il n'en est point, ami. Les poètes vantés,
Sans cesse avec transport lus, relus, médités;
Les dieux, l'homme, le ciel, la nature sacrée
Sans cesse étudiée, admirée, adorée :
Voilà nos maîtres saints, nos guides éclatants.
A peine avais-je vu luire seize printemps,
Aimant déjà la paix d'un studieux asile,
Ne connaissant personne, inconnu, seul, tranquille,
Ma voix humble à l'écart essayait des concerts;
Ma jeune lyre osait balbutier des vers.
Déjà même Sapho des chants de Mitylène
Avait daigné me suivre aux rives de la Seine.
Déjà dans les hameaux, silencieux, rêveur,
Une source inquiète, un ombrage, une fleur,
Des filets d'Arachné l'ingénieuse trame,
De doux ravissements venaient saisir mon âme.
Des voyageurs lointains auditeur empressé,
Sur nos tableaux savants où le monde est tracé

---

1. Édition 1819.
2. Ce titre n'existait pas dans le manuscrit.

Je courais avec eux du couchant à l'aurore.
Fertile en songes vains que je chéris encore,
J'allais partout, partout bientôt accoutumé ;
Aimant tous les humains, de tout le monde aimé.
Les pilotes bretons me portaient à Surate,
Les marchands de Damas me guidaient vers l'Euphrate.
Que dis-je? dès ce temps mon cœur, mon jeune cœur
Commençait dans l'amour à sentir un vainqueur ;
Il se troublait dès lors au souris d'une belle.
Qu'à sa pente première il est resté fidèle!
C'est là, c'est en aimant que pour louer ton choix
Les Muses d'elles-même adouciront ta voix.
Du sein de notre amie, oh! combien notre lyre
Abonde à publier sa beauté, son empire,
Ses grâces, son amour de tant d'amour payé!
Mais quoi! pour être heureux faut-il être envié?
Quand même auprès de toi les yeux de ta maîtresse
N'attireraient jamais les ondes du Permesse,
Qu'importe? Penses-tu qu'il ait perdu ses jours
Celui qui, se livrant à ses chères amours,
Recueilli dans sa joie, eut pour toute science
De jouir en secret, fut heureux en silence?

———

Qu'il est doux, au retour de la froide saison,
Jusqu'au printemps nouveau regagnant la maison
De la voir devant vous accourir au passage,
Ses cheveux en désordre épars sur son visage!
Son oreille de loin a reconnu vos pas ;
Elle vole et s'écrie et tombe dans vos bras ;
Et sur vous appuyée et respirant à peine,

G. Staal, del.   Imp. Hangere, Paris.   Lefevre sc.

ÉLÉGIE XVIII

Elle vole, et s'écrie, et tombe dans vos bras.
...La table, entre vous deux, à la hâte est remise.

A son foyer secret loin des yeux vous entraîne.
Là, mille questions qui vous coupent la voix
Doux reproches, baisers, se pressent à la fois.
La table entre vous deux à la hâte est servie;
L'œil humide de joie, au banquet elle oublie
Et les mets et la table, et se nourrit en paix
Du plaisir de vous voir, de contempler vos traits.
Sa bouche ne dit rien; mais ses yeux, mais son âme,
Vous parlent, et bientôt des caresses de flamme
Vous mènent à ce lit qui se plaignait de vous.
C'est là qu'elle s'informe avec un soin jaloux
Si beaucoup de plaisirs, surtout si quelque belle
Habitait la contrée où vous étiez loin d'elle.

XIX[1]

Mais ne m'a-t-elle pas juré d'être infidèle?
Mais n'est-ce donc pas moi qu'elle a banni loin d'elle?
Mais sa voix intrépide[2], et ses yeux, et son front,
Ne se vantaient-ils pas de m'avoir fait affront?
C'est donc pour essuyer quelque nouvel outrage,
Pour l'accabler moi-même et d'insulte et de rage;

---

1. Édition 1819. — Cette élégie XIX est une de celles dont M. Becq de Fouquières a retrouvé le manuscrit. Il porte bien le n° 19 inscrit en tête, et le premier éditeur lui a conservé le rang que lui marquait le poëte dans le recueil qu'il eût formé.

2. André avait écrit d'abord:
        Mais sa bouche tranquille.

Il a corrigé comme dans le texte.

La prier, la maudire, invoquer le cercueil,
Que je retourne encor vers son funeste seuil,
Errant dans cette nuit turbulente, orageuse,
Moins que ce triste cœur noire et tumultueuse?

Ce n'était pas ainsi que, sans crainte et sans bruit,
Jadis à la faveur d'une plus belle nuit,
Invisible, attendu par des baisers de flamme...
O toi, jeune imprudent que séduit une femme,
Si ton cœur veut en croire un cœur trop agité,
Ne courbe point ta tête au joug de la beauté.
Ris plutôt de ses feux et méprise ses charmes.
Vois d'un œil sec et froid ses soupirs et ses larmes.
Règne en tyran cruel; aime à la voir souffrir;
Laisse-la toute seule et transir et mourir.
Tous ses soupirs sont faux, ses larmes infidèles,
Son souris venimeux, ses caresses mortelles.
Ah! si tu connaissais de quel art inouï
La perfide enivra ce cœur qu'elle a trahi!
De quel art ses discours (faut-il qu'il m'en souvienne!)
Me faisaient voir sa vie attachée à la mienne!
Avait-elle bien pu vivre et ne m'aimer pas?
Combien de fois, de joie expirante en mes bras,
Faible, exhalant à peine une voix amoureuse :
« Ah! dieux! s'écriait-elle, ah! que je suis heureuse! »
Combien de fois encor, d'une brûlante main
Pressant avec fureur ma tête sur son sein,
Ses cris me reprochaient des caresses paisibles;
Mes baisers, à l'entendre, étaient froids insensibles;
Le feu qui la brûlait ne pouvait m'enflammer,
Et mon sexe cruel ne savait point aimer.
Et moi, fier et confus de son inquiétude,

Je faisais le procès à mon ingratitude :
Je plaignais son amour, et j'accusais le mien;
Je haïssais mon cœur si peu digne du sien.

Je frissonne. Ah! je sens que je m'approche d'elle.
Oui, je la vois, grands dieux! cette maison cruelle
Que sans trouble jamais n'abordèrent mes pas.
Mais ce trouble était doux, et je ne mourais pas.
Mais elle n'avait point, sans pitié même feinte,
Rassasié mon cœur et de fiel et d'absinthe.
Ah! d'affronts aujourd'hui je la veux accabler.
De véritables pleurs de ses yeux vont couler.
Tout ce qu'ont de plus dur l'insulte, la colère,
Je veux... Mais essayons plutôt ce que peut faire
Ce silence indulgent qui semble caresser,
Qui pardonne et rassure, et plaint sans offenser.
Oui, laissons le dépit et l'injure farouche :
Allons, je veux entrer le rire sur la bouche.
Le front calme et serein, Lycoris[1], je veux voir
S'il est vrai que la paix soit toute en mon pouvoir.
Prends courage, mon cœur : de douces espérances
Me disent qu'aujourd'hui finiront tes souffrances.

XX[2]

Et c'est Glycère, amis, chez qui la table est prête?

---

1. Le premier éditeur a changé Lycoris en Camille.
2. Édition 1819.

Et la belle Saxonne[1] est aussi de la fête?
Et Rose, qui jamais ne lasse les désirs,
Et dont la danse molle aiguillonne aux plaisirs?
Et sa sœur aux accents de la voix la plus rare
Mêlera, dites-vous, les sons de la guitare?
Et nous aurons Julie, au rire étincelant,
Au sein plus que l'albâtre et solide et brillant?
Certe, en pareille orgie autrefois je l'ai vue,
Ses longs cheveux épars, courante, demi-nue :
En ses bruyantes nuits Cithéron n'a jamais
Vu Ménade plus belle errer dans ses forêts.
J'y consens. Avec vous je suis prêt à m'y rendre.
Allons. Mais si Camille, ô dieux! vient à l'apprendre?
Quel orage suivra ce banquet tant vanté,
S'il faut qu'à son oreille un mot en soit porté!
Oh! vous ne savez pas jusqu'où va son empire.
Si j'ai loué des yeux, une bouche, un sourire;
Ou si, près d'une belle assis en un repas,
Nos lèvres en riant ont murmuré tout bas,
Elle a tout vu. Bientôt cris, reproches, injure :
Un mot, un geste, un rien, tout était un parjure.
« Chacun pour cette belle avait vu mes égards.
Je lui parlais des yeux, je cherchais ses regards. »
Et puis des pleurs! des pleurs... que Memnon sur sa cendre

---

1. André avait mis :
Et la belle Saxonne,
ou pour plus d'exactitude: *Saxone*, puis effacé ce mot sans le remplacer. C'est H. de Latouche qui mit Amélie. Le même éditeur substitua, vers 6, *unira* à *mêlera* et, vers 9, *fête* à *orgie*.

Le manuscrit se trouvait dans la collection d'autographes de M. Boutron-Chalard. Le numéro d'ordre que l'auteur avait donné à cette pièce paraît être 20 et non 29; Henri de Latouche l'avait placée la 29e dans son édition. (Voy. *Lett. crit.*, p. 67.)

A sa mère immortelle en a moins fait répandre[1].
Que dis-je? sa vengeance ose en venir aux coups;
Elle me frappe. Et moi, je feins, dans mon courroux,
De la frapper aussi, mais d'une main légère,
Et je baise sa main impuissante et colère;
Car ses bras ne sont forts qu'aux amoureux exploits.
La fureur ne peut même aigrir sa douce voix.
Ah! je l'aime bien mieux injuste qu'indolente.
Sa colère me plaît et décèle une amante.
Si j'ai peur de la perdre, elle tremble à son tour;
Et la crainte inquiète est fille de l'amour.
L'assurance tranquille est d'un cœur insensible...
Loin! à mes ennemis une amante paisible;
Moi, je hais le repos. Quel que soit mon effroi
De voir de si beaux yeux irrités contre moi,
Je me plais à nourrir de communes alarmes.
Je veux pleurer moi-même, ou voir couler ses larmes,
Accuser un outrage ou calmer un soupçon,
Et toujours pardonner ou demander pardon.

Mais quels éclats, amis? C'est la voix de Julie :
Entrons. O quelle nuit! joie, ivresse, folie!
Que de seins envahis et mollement pressés!
Malgré de vains efforts que d'appas caressés!
Que de charmes divins forcés dans leur retraite!
Il faut que de la Seine, au cri de notre fête,
Le flot résonne au loin, de nos jeux égayé,
Et qu'en son lit voisin le marchand éveillé,

---

1. Memnon fut tué par Achille au siège de Troie. Depuis sa mort, l'Aurore, sa mère, arrose chaque jour la tombe de son fils de la rosée de ses pleurs. (Ovid., *Métam.*, XIII, 621.)

Écoutant nos plaisirs d'une oreille jalouse,
Redouble ses baisers à sa trop jeune épouse.

XXI[1]

L'art des transports de l'âme est un faible interprète;
L'art ne fait que des vers; le cœur seul est poète.
Sous sa fécondité le génie opprimé
Ne peut garder l'ouvrage en sa tête formé.
Malgré lui, dans lui-même, un vers sûr et fidèle
Se teint de sa pensée et s'échappe avec elle.
Son cœur dicte; il écrit. A ce maître divin
Il ne fait qu'obéir et que prêter sa main.
S'il est aimé, content, si rien ne le tourmente,
Si la folâtre joie et la jeunesse ardente
Étalent sur son teint l'éclat de leurs couleurs,
Ses vers, frais et vermeils, pétris d'ambre et de fleurs,
Brillants de la santé qui luit sur son visage,
Trouvent doux d'être au monde et que vieillir est sage.
Si, pauvre et généreux, son cœur vient de souffrir
Aux cris d'un indigent qu'il n'a pu secourir;
Si la beauté qu'il aime, inconstante et légère,
L'oublie en écoutant une amour étrangère;
De sables douloureux si ses flancs sont brûlés[2],
Ses tristes vers en deuil, d'un long crêpe voilés,
Ne voyant que des maux sur la terre où nous sommes,
Jugent qu'un prompt trépas est le seul bien des hommes.

1. Édition 1819.
2. Allusion à la maladie dont André Chénier souffrait lui-même.

Toujours vrai, son discours souvent se contredit.
Comme il veut, il s'exprime; il blâme, il applaudit.
Vainement la pensée est rapide et volage :
Quand elle est prête à fuir, il l'arrête au passage.
Ainsi, dans ses écrits partout se traduisant,
Il fixe le passé pour lui toujours présent,
Et sait, de se connaître ayant la sage envie,
Refeuilleter sans cesse et son âme et sa vie.

XXII[1]

Reste, reste avec nous, ô père des bons vins!
Dieu propice, ô Bacchus! toi dont les flots divins
Versent le doux oubli de ces maux qu'on adore;
Toi, devant qui l'amour s'enfuit et s'évapore,
Comme de ce cristal aux mobiles éclairs
Tes esprits odorants s'exhalent dans les airs.

Eh bien! mes pas ont-ils refusé de vous suivre?
Nous venons, disiez-vous, te conseiller de vivre.
Au lieu d'aller gémir, mendier des dédains,
Suis-nous, si tu le peux. La joie à nos festins
T'appelle. Viens, les fleurs ont couronné la table;
Viens, viens y consoler ton âme inconsolable.

Vous voyez, mes amis, si de ce noble soin
Mon cœur tranquille et libre avait aucun besoin.
Camille dans mon cœur ne trouve plus des armes.

1. Édition 1819.

Et je l'entends nommer sans trouble, sans alarmes;
Ma pensée est loin d'elle, et je n'en parle plus;
Je crois la voir muette et le regard confus,
Pleurante[1]. Sa beauté présomptueuse et vaine
Lui disait qu'un captif, une fois dans sa chaîne,
Ne pouvait songer... Mais, que nous font ses ennuis?
Jeune homme, apporte-nous d'autres fleurs et des fruits.
Qu'est-ce, amis? nos éclats, nos jeux se ralentissent :
Que des verres plus grands dans nos mains se remplissent!
Pourquoi vois-je languir ces vins abandonnés,
Sous le liège tenace encore emprisonnés?
Voyons si ce premier, fils de l'Andalousie,
Vaudra ceux dont Madère a formé l'ambroisie,
Ou ceux dont la Garonne enrichit ses coteaux,
Ou la vigne foulée aux pressoirs de Cîteaux.
Non, rien n'est plus heureux que le mortel tranquille.
Qui cher à ses amis, à l'amour indocile,
Parmi les entretiens, les jeux et les banquets,
Laisse couler la vie et n'y pense jamais.
Ah! qu'un front et qu'une âme à la tristesse en proie
Feignent malaisément et le rire et la joie!
Je ne sais, mais partout je l'entends, je la voi;
Son fantôme attrayant est partout devant moi;
Son nom, sa voix absente errent dans mon oreille.
Peut-être aux feux du vin que l'amour se réveille :
Sous les bosquets de Chypre, à Vénus consacrés,
Bacchus mûrit l'azur de ses pampres dorés.
J'ai peur que, pour tromper ma haine et ma vengeance,
Tous ces dieux malfaisants ne soient d'intelligence.
Du moins il m'en souvient, quand autrefois auprès

---

1. Racine a dit, dans *Andromaque* :
  Pleurante, après son char, voulez-vous qu'on me voie?

De cette ingrate aimée, en nos festins secrets,
Je portais à la hâte à ma bouche ravie
La coupe demi-pleine à ses lèvres saisie,
Ce nectar, de l'amour ministre insidieux,
Bien loin de les éteindre, aiguillonnait mes feux.
Ma main courait saisir, de transports chatouillée,
Sa tête noblement folâtre, échevelée.
Elle riait; et moi, malgré ses bras jaloux,
J'arrivais à sa bouche, à ses baisers si doux :
J'avais soin de reprendre, utile stratagème!
Les fleurs que sur son sein j'avais mises moi-même;
Et sur ce sein, mes doigts égarés, palpitants,
Les cherchaient, les suivaient, et les ôtaient longtemps.

Ah! je l'aimais alors! Je l'aimerais encore,
Si de tout conquérir la soif qui la dévore
Eût flatté mon orgueil au lieu de l'outrager,
Si mon amour n'avait qu'un outrage à venger,
Si vingt crimes nouveaux n'avaient trop su l'éteindre,
Si je ne l'abhorrais! Ah! qu'un cœur est à plaindre
De s'être à son amour longtemps accoutumé,
Quand il faut n'aimer plus ce qu'on a tant aimé!
Pourquoi, grands dieux, pourquoi la fîtes-vous si belle?
Mais ne me parlez plus, amis, de l'infidèle :
Que m'importe qu'un autre adore ses attraits,
Qu'un autre soit le roi de ses festins secrets;
Que tous deux en riant ils me nomment peut-être;
De ses cheveux épars qu'un autre soit le maître;
Qu'un autre ait ses baisers, son cœur; qu'une autre main
Poursuive lentement des bouquets sur son sein?
Un autre! Ah! je ne puis en souffrir la pensée!
Riez, amis; nommez ma fureur insensée.

Vous n'aimez pas, et j'aime, et je brûle, et je pars
Me coucher sur sa porte, implorer ses regards :
Elle entendra mes pleurs, elle verra mes larmes;
Et dans ses yeux divins, pleins de grâces de charmes,
Le sourire ou la haine, arbitres de mon sort,
Vont ou me pardonner ou prononcer ma mort.

XXIII[1]

O nuit, nuit douloureuse! ô toi, tardive aurore,
Viens-tu? vas-tu venir? es-tu bien loin encore?
Ah! tantôt sur un flanc, puis sur l'autre, au hasard
Je me tourne et m'agite, et ne peux nulle part
Trouver que l'insomnie amère, impatiente,
Qu'un malaise inquiet et qu'une fièvre ardente.
Tu dors, belle D'.R...[2]; c'est toi, c'est mon amour
Qui retient ma paupière ouverte jusqu'au jour.
Si tu l'avais voulu, dieux! cette nuit cruelle
Aurait pu s'écouler plus rapide et plus belle[3].
Mon âme comme un songe autour de ton sommeil
Voltige. En me lisant, demain à ton réveil
Tu verras comme toi si mon cœur est paisible.
J'ai soulevé pour toi sur ma couche pénible
Ma tête appesantie. Assis et plein de toi,
Le nocturne flambeau qui luit auprès de moi

1. Édition 1819.
2. Voy. la note 5 de la p. 154.
3. L'auteur avait d'abord fait ces deux vers de cette manière :
    O dieux! si tu voulais! ô cette nuit maudite
    Pouvait mieux s'employer et s'écouler plus vite!

ÉLÉGIES.

Me voit, en sons plaintifs et mêlés de caresses,
Verser sur le papier mon cœur et mes tendresses.
Tu dors, belle D'.R... Tes beaux yeux sont fermés.
Ton haleine de rose aux soupirs embaumés
Entr'ouvre mollement tes deux lèvres vermeilles.
Mais si je me trompais! dieux! ô dieux! si tu veilles,
Et, lorsque loin de toi j'endure le tourment*
D'une insomnie amère, aux bras d'un autre amant
Pour toi, de cette nuit qui s'échappe trop vite,
Une douce insomnie embellissait la fuite!

Dieu d'oubli, viens fermer mes yeux; ô dieu de paix,
Sommeil, viens, fallût-il les fermer pour jamais.
Un autre dans ses bras! ô douloureux outrage!
Un autre! ô honte! ô mort! ô désespoir! ô rage!
Malheureux insensé! pourquoi, pourquoi les dieux
A juger la beauté formèrent-ils mes yeux?
Pourquoi cette âme faible et si molle aux blessures
De ces regards féconds en douces impostures?
Une amante moins belle aime mieux, et du moins,
Humble et timide, à plaire elle est pleine de soins[1];
Elle est tendre; elle a peur de pleurer votre absence.
Fidèle, peu d'amants attaquent sa constance;
Et son égale humeur, sa facile gaîté**,

---

* VAR. : *Et si, quand loin de toi...*
** VAR. : *Et son humeur égale et sa douce gaîté.*

1. Le manuscrit donne cette variante, qui était la première pensée de l'auteur :
> Complaisante, attentive et prodigue de soins,

Puis celle-ci, qui est la première correction :
> Défiante, à vous plaire elle met tous ses soins.

La seconde et dernière correction donne le vers tel qu'il est dans le texte.

L'habitude à son front tiennent lieu de beauté.
Mais celle qui partout fait conquête nouvelle*,
Celle qu'on ne voit point sans dire : « O qu'elle est belle ! »
Insulte, en son triomphe, aux soupirs de l'amour[1],
Souveraine au milieu d'une tremblante cour,
Dans son léger caprice inégale et soudaine**,
Tendre et douce aujourd'hui, demain froide et hautaine.
Si quelqu'un se dérobe à ses enchantements
Qu'est-ce enfin qu'un de moins dans ce peuple d'amants?
On brigue ses regards, elle s'aime et s'admire,
Et ne connaît d'amour que celui qu'elle inspire.
Et puis pour qui l'adore, inquiétudes, pleurs,
Soupçons et jalousie*** et nocturnes terreurs,
Quand il tremble, de loin, qu'un séducteur habile
Vienne et la sollicite et la trouve docile.
Mais que pouvais-je, hélas! Et dois-je me blâmer?
O D'.R..., je t'ai vue, il fallait bien t'aimer!
Il fallait bien, D'.R..., que ma muse enflammée
Chantât pour caresser ma belle bien-aimée!
Elle pleure à tes pieds, les yeux pleins de langueur :
Puisse-t-elle à mes feux intéresser ton cœur!

Au retour d'un festin, seule, ô dieux! sur ta couche,
Si cet heureux papier s'approchait de ta bouche!
Enfermé dans la soie, ô si ta belle main
Daignait le retrouver, le presser sur ton sein!

---

* Var. : *Mais celle qui n'a point trouvé de cœur rebelle.*
** Var. : *En caprices légers inégale et soudaine.*
*** Var. : *Chagrins et jalousie.*

1. Le manuscrit porte cette première version, que l'auteur a rayée :
   Marche et traîne après soi tous les vœux de l'amour
   Reine superbe au sein d'une tremblante cour.

Je le saurai ; l'Amour volera me le dire.
Dans l'âme d'un poète un dieu même respire.
Et ton cœur ne pourra me faire un si grand bien
Sans qu'un transport subit avertisse le mien.
Fais-le naître, ô D'.R...; alors toutes mes peines
S'adoucissent. Alors dans mes paisibles veines
Mon sang coule en flots purs et de lait et de miel,
Et mon âme se croit habitante du ciel.

XXIV[1]

PREMIÈRE VERSION

Animé par l'amour, le vrai dieu des poètes,
Du Pinde, en mon printemps, j'ai connu les retraites,
Aux danses des neuf sœurs entremêlé mes pas,
Et de leurs jeux charmants su goûter les appas.
Je veux, tant que mon sang bouillonne dans mes veines,
Ne chanter que l'amour, ses douceurs et ses peines.
De convives chéris toujours environné,
A la joie avec eux sans cesse abandonné[2]

. . . .
. . . .

Fumant dans le cristal, que Bacchus à longs flots

---

1. Une première ébauche de cette pièce, formant quatre-vingt-dix vers, avait été écrite en 1782 par André Chénier et se terminait par cette note : « J'ai écrit ces quatre-vingt-dix vers et ces notes le 23 avril 1782, avant l'Opéra, où je vais à l'instant même. » M. G. de Chénier a, dans son édition, donné ce qui lui restait de cette première esquisse (t. III, p. 61), et M. Becq de Fouquières l'a reconstituée dans ses *Documents nouveaux sur André Chénier*, p. 246.

2. Une lacune.

Partout aille à la ronde éveiller les bons mots!
Reine de mes banquets, que ma déesse y vienne;
Que des fleurs de sa tête elle pare la mienne;
Pour enivrer mes sens, que le feu de ses yeux
S'unisse à la vapeur des vins délicieux.
Amis, que ce bonheur soit notre unique étude,
Nous en perdrons sitôt la charmante habitude!
Hâtons-nous, l'heure fuit, hâtons-nous de saisir [1]
L'instant, le seul instant donné pour le plaisir [2].
Un jour, tel est des dieux l'arrêt inexorable.
Vénus, qui pour les dieux fit le bonheur durable,
A nos cheveux blanchis refusera des fleurs,
Et le printemps pour nous n'aura plus de couleurs.
Qu'un sein voluptueux, des lèvres demi-closes
Respirent près de nous leur haleine de roses;
Que Laïs sans réserve abandonne à nos yeux
De ses charmes secrets les contours gracieux.
Quand l'âge aura sur nous mis sa main flétrissante,
Que pourra la beauté, quoique toute-puissante?
Vainement exposée à nos regards confus
Nos cœurs en la voyant ne palpiteront plus.
C'est alors qu'exilé dans mon champêtre asile,
De l'antique sagesse admirateur tranquille,
De tout cet univers interrogeant la voix,
J'irai de la nature étudier les lois :
Par quelle main sur soi la terre suspendue
Voit mugir autour d'elle Amphitrite étendue;
Quel Titan foudroyé respire avec effort

---

1. M. Gabriel de Chénier donne ainsi le vers :

       Hâtons-nous, l'heure fuit, un jour inexorable;

mais cela ne s'accorde pas avec les notes d'André.

2. Peut-être une lacune.

Des cavernes d'Etna la ruine et la mort[1] ;
Si d'un axe brûlant le soleil nous éclaire ;
Ou si roi, dans le centre, entouré de lumière,
A des mondes sans nombre, en leurs cercles roulants,
Il verse autour de lui ses regards opulents ;
Comment à son flambeau Diane assujettie
Brille, de ses bienfaits chaque mois agrandie ;
Si l'Ourse au sein des flots craint d'aller se plonger ;
Quel signe sur la mer conduit le passager,
Quand sa patrie absente et longtemps appelée
Lui fait tenter l'Euripe et les flots de Malée ;
Et quel, de l'abondance heureux avant-coureur,
Arme d'un aiguillon la main du laboureur.
Souvent, dès que le jour chassera les étoiles,
Aux hôtes des forêts j'irai tendre des toiles ;
Sur les beaux fruits du Gange en nos bords transplantés
Des dieux de nos jardins appeler les bontés ;
Lier à ses ormeaux la vigne paresseuse ;
Voir à quelles moissons quelle terre est heureuse ;
Aux vergers altérés conduire les ruisseaux ;
De chaume et de filets armer les arbrisseaux,
Et soulager leurs troncs des branches inutiles,
Pour leur faire adopter des rameaux plus fertiles.
Mais alors que du haut des célestes déserts
L'astre de la nature embrasera les airs,
Tantôt dans ma maison plus commode que belle,
Tantôt sur le tapis dont se pare Cybèle,
Où des feux du midi le platane vainqueur
Entretient sous son ombre une épaisse fraîcheur,
J'aurai quelques amis, soutiens de ma vieillesse.

---

1. Une lacune de quatre vers, indiquée ci-après.

Le plaisir, qui n'est plus celui de ma jeunesse,
Est encor cependant le dieu de mes banquets :
L'œillet, la tubéreuse y brillent en bouquets.
L'automne sur ses pas y conduit l'abondance
Et la douce gaîté, mère de l'indulgence ;
Et, tel que dans l'Olympe à la table des dieux,
De pampres et de fruits et de fleurs radieux,
Donne à tous les objets offerts à son passage
Ce ris pur et serein qui luit sur son visage.

L'idée de ce long fragment m'a été fournie par un beau morceau de Properce, liv. III, élégie 3. Mais je ne me suis point asservi à le copier. Je l'ai étendu ; je l'ai souvent abandonné pour y mêler, selon ma coutume, des morceaux de Virgile et d'Horace et d'Ovide, et tout ce qui me tombait sous la main, et souvent aussi pour ne suivre que moi. Voici comme il commence :

> Me juvat in prima coluisse Helicona juventa,
> Musarumque choris implicuisse manus.

Il me semble qu'il n'est guère possible de traduire autrement ni mieux que je ne l'ai fait ce second vers, qui est charmant. Les anciens regardaient la danse non seulement comme l'art de faire des pas gracieux, mais encore de toutes les attitudes du corps et surtout des bras. *Si mollia brachia, salta.* — *Ovide*[1].

> Me juvat et multo mentem vincire Lyæo,
> Et caput in verna semper habere rosa.

J'ai étendu ce texte pour y faire entrer plusieurs détails qui m'ont paru neufs dans notre poésie. Ce distique-là est bien beau : *mentem vincire Lyæo !*

---

1. *De Arte amandi*, lib. I, v. 595.

Reine de mes banquets, que ma déesse y vienne.

Je ne sais si l'arrangement de ce vers serait approuvé. Il me paraît précis, naturel et plein de liberté.

Que des fleurs de sa tête elle pare la mienne.

L'image agréable que présente ce vers est tirée d'un distique de Properce dans une autre élégie qui est la 3e du liv. Ier. Le voici :

> Et modo solvebam nostra de fronte corollas,
> Ponebamque tuis, Cinthia, temporibus.

Amis, que ce bonheur, etc.

Le sens de ce morceau est celui de mille endroits d'Ovide et d'Horace.

Un jour, tel est des dieux, etc.

Ce vers et ceux qui suivent ne valent peut-être pas tous ensemble les deux vers de Properce :

> Atque ubi jam *venerem gravis interceperit œtas,*
> Sparserit et nigras *alba senecta comas.*

Qu'un sein voluptueux, des lèvres demi-closes
Respirent près de nous leur haleine de roses.

Voluptueux n'est pas bon. Il fallait une épithète qui peignît cette palpitation si belle qui soulève un jeune sein. *Des lèvres demi-closes* ne vaut guère mieux. Malheureusement c'est presque la seule rime. Le second vers me semble heureux à cause de l'haleine attribuée aux palpitations du sein. Le second hémistiche du premier vers fait passer cela, parce qu'en poésie un mot passe à la faveur d'un autre.

Que Laïs, sans réserve, abandonne à nos yeux
De ses charmes secrets les contours gracieux.

Toi que je nomme point, tu verras bien, si jamais tu me lis, que ce sont tes belles... qui m'ont fait faire ces jolis vers. Que n'ai-je osé écrire ton nom au lieu de celui de Laïs : je n'aurais pas été obligé de changer le vers. Malheureusement pour moi, trop de personnes auraient reconnu que j'ai dit vrai et que tu as le plus beau ... du monde.

> Dopo d' averlo
> Fatto natura
> Si vago e bello,
> Ruppe il modello,
> Perch' egli fosse
> A' l mondo sol.

De tout cet univers interrogeant la voix,
J'irai de la nature étudier les lois

Vaut bien, à mon avis, le distique de Properce :

> Tum mihi naturæ libeat perdiscere mores,
> Quis deus hanc mundi temperet arte domum :

Peut-être faut-il lire *qua Deus?*

Par quelle main sur soi la terre suspendue
Voit mugir autour d'elle Amphitrite étendue.

J'ai imité, autant que j'ai pu, ces vers divins d'Ovide :

> .... nec brachia longo
> ...... margine terrarum porrexerat Amphitrite.
> (*Métam.*, lib. I.)

Les quatre vers après les deux suivants sont traduits de ce bel endroit des *Géorgiques*, liv. II[1] :

> Unde tremor terris : qua vi maria alta tumescant
> Objicibus ruptis, rursusque in se ipsa residant.

---

1. Vers 479-480.

ÉLÉGIES.

Je n'ose pas écrire mes vers après ceux-là. Le premier des miens est mal fait. *Qua vi maria alta tumescant* est désespérant.

Si d'un axe brûlant le soleil nous éclaire.

J'aime mieux *axe* que *char*. Cela est moins trivial. Les Latins le disent partout. *Volat vi fervidus axis.* Virg.[1].

> Spoliis onerato cæsaris axe [2]. (*Propert.*)

L'épithète *brûlant* me paraît heureuse en ce qu'elle représente l'effet que doit produire la présence du dieu du feu, et en même temps la précipitation de son vol.

Si l'Ourse au sein des flots craint d'aller se plonger.

Vers mal fait, d'après celui-ci de Virgile :

> Arctos oceani metuentes æquore tingi [3].

Les cinq vers suivants me semblent bons, surtout les deux derniers, dont je m'applaudis. Ils sont tous tirés de Virgile :

> Præterea tam sunt Arcturi sidera nobis
> Hædorumque dies servandi, et lucidus anguis,
> Quam quibus in patriam ventosa per æquora vectis
> Pontus et ostriferi fauces tentantur Abydi [4].

Voyez aussi *Géorg.*, liv. Ier, vers 252.

Quels vers! et comment ose-t-on en faire après ceux-là! les miens, si petits et si inférieurs, ont cependant peut-être l'avantage de citer l'*Euripe* et *Malée,* lieux célèbres par des naufrages.

---

1. *Géorg.*, III, 107.
2. Liv. III, élég. III, v. 13.
3. *Géorg.*, I, 246.
4. *Géorg.*, I, v. 204 et suiv.

Lier à ses ormeaux la vigne paresseuse.

J'ai voulu prendre aux Latins leur *suis*, qui fait un effet si élégant dans leurs poésies.

Voir à quelles moissons quelle terre est heureuse.

Tournure latine claire et précise. Je ne crois pas qu'on l'eût encore transportée en français. C'est de tout ce morceau le vers que j'aime le mieux.

Où des feux du midi le platane vainqueur
Entretient sous son ombre une épaisse fraîcheur.

Il y a peu d'arbres dont la feuille soit aussi large que celles du platane et du figuier. J'ai traduit dans le second vers ce beau *frigus opacum* de Virgile[1]. Bien ou mal, c'est ce qui reste à savoir.

L'œillet, la tubéreuse, etc., sont des fleurs d'automne. Je crois que les derniers vers ressemblent à quelque chose qui est dans Tibulle. Mais je ne me souviens pas à quel endroit.

J'ai écrit ces 90 vers[2] et ces notes le 23 avril 1782, avant l'Opéra, où je vais à l'instant même.

SECONDE VERSION[3]

(Le commencement manque.)

Fumant dans le cristal, que Bacchus à longs flots
Partout aille à la ronde éveiller les bons mots.

1. *Égl.*, I, v. 53.
2. Il n'en reste que 76.
3. Édition 1819. — Neuf vers ont été retrouvés par M. Becq de Fouquières sur un manuscrit ayant servi à Henri de La Touche. (*Lett. crit.*, p. 81.)

Reine de mes banquets, que Lycoris y vienne;
Que des fleurs de sa tête elle pare la mienne;
Pour enivrer mes sens que le feu de ses yeux
S'unisse à la vapeur des vins délicieux.
Amis, que ce bonheur soit notre unique étude;
Nous en perdrons sitôt la charmante habitude!
Hâtons-nous, l'heure fuit. Hâtons-nous de saisir
L'instant, le seul instant donné pour le plaisir!
Un jour, tel est du sort l'arrêt inexorable,
Vénus, qui pour les dieux fit le bonheur durable,
A nos cheveux blanchis refusera des fleurs,
Et le printemps pour nous n'aura plus de couleurs.
Qu'un sein voluptueux, des lèvres demi-closes,
Respirent près de nous leur haleine de roses;
Que Phryné sans réserve abandonne à nos yeux
De ses charmes secrets les contours gracieux.
Quand l'âge aura sur nous mis sa main flétrissante,
Que pourra la beauté, quoique toute-puissante?
Vainement exposée à nos regards confus,
Nos cœurs en la voyant ne palpiteront plus.
Il faudra bien qu'armés de la philosophie,
Oubliant le plaisir alors qu'il nous oublie
La science nous offre un utile secours
Qui dispute à l'ennui le reste de nos jours.

C'est alors qu'exilé dans mon champêtre asile,
De l'antique sagesse admirateur tranquille,
Du mobile univers interrogeant la voix,
J'irai de la nature étudier les lois :
Par quelle main sur soi la terre suspendue
Voit mugir autour d'elle Amphitrite étendue;
Quel Titan foudroyé respire avec effort

Des cavernes d'Etna la ruine et la mort ;
Quel bras guide les cieux ; à quel ordre enchaînée
Le soleil bienfaisant nous ramène l'année ;
Quel signe aux ports lointains arrête l'étranger ;
Quel autre sur la mer conduit le passager,
Quand sa patrie absente et longtemps appelée
Lui fait tenter l'Euripe[1] et les flots de Malée[2] ;
Et quel, de l'abondance heureux avant-coureur,
Arme d'un aiguillon la main du laboureur.

Cependant jouissons ; l'âge nous y convie.
Avant de la quitter, il faut user la vie :
Le moment d'être sage est voisin du tombeau.
Allons, jeune homme[3], allons, marche ; prends ce flambeau.
Marche, allons. Mène-moi chez ma belle maîtresse.
J'ai pour elle aujourd'hui mille fois plus d'ivresse.
Je veux que des baisers plus doux, plus dévorants,
N'aient jamais vers le ciel tourné ses yeux mourants.

XXV[4]

. . . .

S'ils n'ont point le bonheur, en est-il sur la terre?
Quel mortel, inhabile à la félicité,
Regrettera jamais sa triste liberté,
Si jamais des amants il a connu les chaînes?

---

1. L'Euripe sépare l'Eubée du continent.
2. Malée, promontoire de Laconie.
3. C'est le *puer* latin, signifiant serviteur, domestique.
4. Édition 1819.

ÉLÉGIES.

Leurs plaisirs sont bien doux, et douces sont leurs peines[1];
S'ils n'ont point ces trésors que l'on nomme des biens,
Ils ont les soins touchants, les secrets entretiens;
Des regards, des soupirs la voix tendre et divine,
Et des mots caressants la mollesse enfantine.
Auprès d'eux tout est beau, tout pour eux s'attendrit.
Le ciel rit à la terre, et la terre fleurit.
Aréthuse serpente et plus pure et plus belle;
Une douleur plus tendre anime Philomèle.
Flore embaume les airs d'une plus douce odeur,
Et son amant soupire avec plus de douceur.

. . . .

. . . .

Pour eux tout s'embellit, ils n'ont que de beaux cieux[2].
Aux plus arides bords Tempé rit à leurs yeux.
A leurs yeux tout est pur comme leur âme est pure,
Leur asile est plus beau que toute la nature.
La grotte, favorable à leurs embrassements,
D'âge en âge est un temple honoré des amants.
O rives du Pénée! antres, vallons, prairies,
Lieux qu'Amour a peuplés d'antiques rêveries;

1. Variante de l'édition de G. de Chénier:
> Leurs plaisirs sont bien doux, et douces sont leurs peines.
> L'astre de la nature, et Pomone, et Palès
> Et l'azur d'Amphitrite, et la blonde Cérès,
> Portent jusqu'à leur âme et délicate et tendre
> Une voix, des accents qu'eux seuls savent entendre.
> Tout d'une joie aimable anime leurs couleurs;
> Dans leurs yeux languissants tout fait naître des pleurs.
> Tout ne parle autour d'eux que d'aimer et de plaire,
> Tout est formé pour eux dans la nature entière.
> Où se portent leurs pas. . . . .
> Le ciel rit à la terre et la terre fleurit.
> Aréthuse serpente et plus pure et plus belle;
> Une douleur plus tendre anime Philomèle;
> Flore embaume les airs d'une plus douce odeur,
> Et son amant soupire avec plus de douceur.

2. Le premier éditeur fit disparaître la lacune au moyen d'une soudure:
> Flore embaume les airs; ils n'ont que de beaux cieux; etc.

Vous, bosquets d'Anio; vous, ombrages fleuris,
Dont l'épaisseur fut chère aux nymphes du Liris[1];
Toi surtout, ô Vaucluse! ô retraite charmante!
Oh! que j'aille y languir aux bras de mon amante;
De baisers, de rameaux, de guirlandes lié,
Oubliant tout le monde, et du monde oublié[2]!
Ah! que ceux qui, plaignant l'amoureuse souffrance,
N'ont connu qu'une oisive et morne indifférence,
En bonheur, en plaisir pensent m'avoir vaincu :
Ils n'ont fait qu'exister, l'amant seul a vécu.

XXVI[3]

Souffre un moment encor; tout n'est que changement;
L'axe tourne[4], mon cœur; souffre encore un moment.
La vie est-elle toute aux ennuis condamnée?
L'hiver ne glace point tous les mois de l'année.
L'Eurus retient souvent ses bonds impétueux;
Le fleuve, emprisonné dans des rocs tortueux,
Lutte, s'échappe, et va, par des pentes fleuries,
S'étendre mollement sur l'herbe des prairies.
C'est ainsi que, d'écueils et de vagues pressé,
Pour mieux goûter le calme il faut avoir passé,

---

1. Liris, rivière du Latium.
2. Horace, épit. I, xi, 9 :

> *Tamen illic vivere vellem,*
> *Oblitusque meorum, obliviscendus et illis.*

Saint-Lambert a ce vers facile dans une élégie :

> Oublié désormais d'un monde que j'oublie.

3. Édition 1819.
4. La roue tourne. Voy. p. 267, ce que dit Chénier de ce mot *axe*.

Des pénibles détroits d'une vie orageuse,
Dans une vie enfin plus douce et plus heureuse.
La Fortune arrivant à pas inattendus
Frappe, et jette en vos mains mille dons imprévus :
On le dit. Sur mon seuil jamais cette volage
N'a mis le pied. Mais quoi! son opulent passage,
Moi qui l'attends plongé dans un profond sommeil,
Viendra, sans que j'y pense, enrichir mon réveil.
Toi, qu'aidé de l'aimant plus sûr que les étoiles
Le nocher sur la mer poursuit à pleines voiles;
Qui sais de ton palais, d'esclaves abondant,
De diamant, d'azur, d'émeraudes ardent,
Aux gouffres du Potose, aux antres de Golconde,
Tenir les rênes d'or qui gouvernent le monde,
Brillante déité! tes riches favoris
Te fatiguent sans cesse et de vœux et de cris :
Peu satisfait le pauvre. O belle souveraine!
Peu; seulement assez pour que, libre de chaîne,
Sur les bords où, malgré ses rides, ses revers,
Belle encor l'Italie attire l'univers,
Je puisse au sein des arts vivre et mourir tranquille!
C'est là que mes désirs m'ont promis un asile;
C'est là qu'un plus beau ciel peut-être dans mes flancs
Éteindra les douleurs et les sables brûlants.
Là j'irai t'oublier, rire de ton absence;
Là, dans un air plus pur respirer, en silence
Et nonchalant du terme où finiront mes jours,
La santé, le repos, les arts et les amours.

XXVII[1]

Non, je ne l'aime plus; un autre la possède.
On s'accoutume au mal que l'on voit sans remède.
De ses caprices vains je ne veux plus souffrir :
Mon élégie en pleurs ne sait plus l'attendrir.
Allez, Muses, partez. Votre art m'est inutile;
Que me font vos lauriers? vous laissez fuir Camille.
Près d'elle je voulais vous avoir pour soutien.
Allez, Muses, partez, si vous n'y pouvez rien.

Voilà donc comme on aime! On vous tient, vous caresse,
Sur les lèvres toujours on a quelque promesse :
Et puis... Ah! laissez-moi, souvenirs ennemis,
Projets, attente, espoir, qu'elle m'avait permis.
— Nous irons au hameau. Loin, bien loin de la ville;
Ignorés et contents, un silence tranquille
Ne montrera qu'au ciel notre asile écarté.
Là son âme viendra m'aimer en liberté.
Fuyant d'un luxe vain l'entrave impérieuse,
Sans suite, sans témoins, seule et mystérieuse,
Jamais d'un œil mortel un regard indiscret
N'osera la connaître et savoir son secret.
Seul je vivrai pour elle, et mon âme empressée
Épiera ses désirs, ses besoins, sa pensée.
C'est moi qui ferai tout; moi qui de ses cheveux

1. Édition 1819.

Sur sa tête le soir assemblerai les nœuds.
Par moi de ses atours à loisir dépouillée,
Chaque jour par mes mains la plume amoncelée
La recevra charmante, et mon heureux amour
Détruira chaque nuit cet ouvrage du jour.
Sa table par mes mains sera prête et choisie ;
L'eau pure, de ma main, lui sera l'ambroisie.
Seul, c'est moi qui serai partout, à tout moment,
Son esclave fidèle et son fidèle amant. —
Tels étaient mes projets, qu'insensés et volages
Le vent a dissipés parmi de vains nuages!
Ah! quand d'un long espoir on flatta ses désirs,
On n'y renonce point sans peine et sans soupirs.
Que de fois je t'ai dit : « Garde d'être inconstante,
Le monde entier déteste une parjure amante.
Fais-moi plutôt gémir sous des glaives sanglants,
Avec le feu plutôt déchire-moi les flancs. »
O honte! A deux genoux j'exprimais ces alarmes ;
J'allais couvrant tes pieds de baisers et de larmes.
Tu me priais alors de cesser de pleurer :
En foule tes serments venaient me rassurer.
Mes craintes t'offensaient ; tu n'étais pas de celles
Qui font jeu de courir à des flammes nouvelles :
Mille sceptres offerts pour ébranler ta foi,
Eût-ce été rien au prix du bonheur d'être à moi?
Avec de tels discours, ah! tu m'aurais fait croire
Aux clartés du soleil dans la nuit la plus noire.
Tu pleurais même ; et moi, lent à me défier,
J'allais avec le lin dans tes yeux essuyer
Ces larmes lentement et malgré toi séchées ;
Et je baisais ce lin qui les avait touchées.
Bien plus, pauvre insensé! j'en rougis. Mille fois

Ta louange a monté ma lyre avec ma voix.
Je voudrais que Vulcain, et l'onde où tout s'oublie,
Eût consumé ces vers témoins de ma folie.
La même lyre encor pourrait bien me venger,
Perfide! Mais, non, non, il faut n'y plus songer.
Quoi! toujours un soupir vers elle me ramène!
Allons. Haïssons-la, puisqu'elle veut ma haine.
Oui, je la hais. Je jure... Eh! serments superflus!
N'ai-je pas dit assez que je ne l'aimais plus?

XXVIII[1]

MARIE COSWAY

De l'art de Pyrgotèle[2] élève ingénieux,
Dont, à l'aide du tour, le fer industrieux
Aux veines des cailloux du Gange ou de Syrie
Sait confier les traits de la jeune Marie,
Grave sur l'améthyste ou l'onyx étoilé
Ce que d'elle aujourd'hui les dieux m'ont révélé.

Souvent, lorsqu'aux transports mon âme s'abandonne,
L'harmonieux démon[3] descend et m'environne,
Chante; et ses ailes d'or, agitant mes cheveux,
Rafraîchissent mon front qui bouillonne de feux.
Il m'a dit ta naissance, ô jeune Florentine[4]!

---

1. Édition 1819. Le titre n'est pas de la main de l'auteur.
2. Pyrgotèle, graveur célèbre, qui vivait du temps d'Alexandre.
3. Démon, dans le sens grec, génie inspirateur.
4. Cette jeune Florentine est Marie Cosway, dont il a été question

C'est vous, nymphes d'Arno, qui des bras de Lucine
Vîntes la recueillir, et vos riants berceaux
L'endormirent au bruit de l'onde et des roseaux;
Et Phébus, du Cancer hôte ardent et rapide,
Ne pouvait point la voir, dans cette grotte humide,
Sous des piliers de nacre entourés de jasmin,
Reposer sur un lit de pervenche et de thym.
Abandonnant les fleurs, de sonores abeilles
Vinrent en bourdonnant sur ses lèvres vermeilles
S'asseoir et déposer ce miel doux et flatteur
Qui coule avec sa voix et pénètre le cœur.
Reine aux yeux éclatants, la belle Poésie
Lui sourit et trempa sa bouche d'ambroisie,
Arma ses faibles mains des fertiles pinceaux,
Qui font vivre la toile en magiques tableaux,
Et mit dans ses regards ce feu, cette âme pure
Qui sait voir la beauté, fille de la nature.
Une lyre aux sept voix lui faisait écouter
Les sons que Pausilippe est fier de répéter.
Et les douces Vertus et les Grâces décentes,
Les bras entrelacés, autour d'elle dansantes,
Veillaient sur son sommeil, et surent la cacher
A Vénus, à l'Amour, qui brûlaient d'approcher;
Et puis au lieu de lait, pour nourrir son enfance,
Mêlèrent la candeur, la gaîté, l'indulgence,
La bienveillance amie au sourire ingénu,
Et le talent modeste à lui seul inconnu;
Et la sainte fierté que nul revers n'opprime,
La paix, la conscience ignorante du crime,
La simplicité chaste aux regards caressants,

dans la bucolique XLVI): *d'Arno la filia, aurea lira cui diè il Febo toscan*, etc. Voy. p. 140 et 141.

Près de qui les pervers deviendraient innocents.

Artiste, pour l'honneur de ton durable ouvrage,
Graves-y tous ces dons brillants sur son visage.
Grave, si tu le peux, son âme et ses discours,
Sa voix, lien puissant d'où dépendent nos jours,
Les jours de ses amis, troupe heureuse et fidèle,
Qui vivent tous pour elle, et qui mourraient pour elle.
De la seule beauté le flambeau passager
Allume dans les sens un feu prompt et léger;
Mais les douces Vertus et les Grâces décentes
N'inspirent aux cœurs purs que des flammes constantes.

XXIX[1]

Ami, de mes ardeurs, quoi! ta plume ose rire!
Quoi! tu ris de l'amour, tu ris de son empire!
Imprudent, c'est l'amour que tu viens outrager!
Ah! tremble, malheureux, il aime à se venger.
C'est toi-même aiguiser le trait qu'il te destine;

---

1. Cette élégie a été publiée, d'après un manuscrit, par M. Becq de Fouquières dans *le Temps* du 5 novembre 1878. Elle n'est point datée; elle devait être la vingt-neuvième: André Chénier a écrit en tête le nombre 29. Elle est adressée, ainsi qu'on peut le conjecturer, à François de Pange. Cette élégie est une imitation d'un passage de la deuxième élégie du livre premier de Tibulle:

> At tu, qui lætus rides mala nostra, caveto
> Mox tibi; non uni sæviet usque deus.
> Vidi ego qui juvenum miseros lusisset amores,
> Post Veneris vinclis subdere colla senem,
> Et sibi blanditias tremula componere voce,
> Et manibus canas fingere velle comas.

Toi-même sous tes pieds c'est creuser ta ruine.
J'ai vu de ces rieurs qui, fiers dans leurs beaux jours,
Insultaient à nos fers, à nos pleurs, aux amours,
Vieux, gémir sous le joug d'une jeune inhumaine;
Fatiguant leurs habits d'une richesse vaine,
Cachant leurs cheveux blancs, se traîner à ses pieds,
L'accabler de leurs dons mille fois envoyés;
Et d'une faible voix leurs lèvres palpitantes
Bégayer en pleurant des caresses tremblantes.
Alors en les voyant le jeune homme à son tour
Rit des justes revers de leur antique amour.
Ami, va, c'est un dieu, la force est inutile;
Cède, c'est un enfant, un enfant indocile.
Les destins ont écrit (qui voudrait les blâmer?)
Que plus tôt ou plus tard chaque homme doit aimer;
Le plus tôt vaut le mieux. Ta science ennuyeuse
Te tue. Éteins, crois-moi, ta lampe studieuse.
Viens savoir être heureux; c'est la première loi,
Et loin de me gronder, viens aimer avec moi.

XXX[1]

De Pange, ami chéri, jeune homme heureux et sage,
Parle, de ce matin dis-moi quel est l'ouvrage.
Du vertueux bonheur montres-tu les chemins
A ce frère naissant dont j'ai vu que tes mains
Aiment à cultiver la charmante espérance[2]?

---

1. Édition 1819.
2. Marie-Jacques Thomas, troisième frère de Pange, mort le 5 octobre 1850.

Ou bien vas-tu cherchant dans l'ombre et le silence,
Seul, quel encens le Gange aux flots religieux
Vit les premiers humains brûler aux pieds des dieux?
Ou comment dans sa route, avec force tracée,
Descartes n'a point su contenir sa pensée?
Consumant ma jeunesse en un loisir plus vain
Seul, animé du feu que nous nommons divin,
Qui pour moi chaque jour ne luit qu'avec l'aurore,
Je rêve assis au bord de cette onde sonore
Qu'au penchant d'Hélicon, pour arroser ses bois,
Le quadrupède ailé fit jaillir autrefois.
A nos festins d'hier un souvenir fidèle
Reporte mes souhaits, me flatte, me rappelle
Tes pensers, tes discours, et quelquefois les miens;
L'amicale douceur de tes chers entretiens,
Ton honnête candeur, ta modeste science,
De ton cœur presque enfant la mûre expérience.
Poursuis : dans ce bel âge où, faibles nourrissons,
Nous répétons à peine un maître et ses leçons,
Il est beau dans les soins d'un solitaire asile
(Même dans tes amours, doux, aimable, tranquille).
De savoir loin des yeux, sans faste, sans fierté,
Sage pour soi, content, chercher la vérité.
Va, poursuis ta carrière, et sois toujours le même;
Sois heureux, et surtout aime un ami qui t'aime.
Ris de son cœur débile aux désirs condamné,
De l'étude aux amours sans cesse promené,
Qui, toujours approuvant ce dont il fuit l'usage,
Aimera la sagesse, et ne sera point sage.

XXXI[1]

A LE BRUN

Mânes de Callimaque, ombre de Philétas[2],
Dans vos saintes forêts daignez guider mes pas.
J'ose, nouveau pontife, aux antres du Permesse
Mêler des chants français dans les chœurs de la Grèce.
Dites en quel vallon vos écrits médités
Soumirent à vos vœux les plus rares beautés.
Qu'aisément à ce prix un jeune cœur s'embrase!
Je n'ai point pour la gloire inquiété Pégase.
L'obscurité tranquille est plus chère à mes yeux
Que de ses favoris l'éclat laborieux.
Peut-être, n'écoutant qu'une jeune manie,
J'eusse aux rayons d'Homère allumé mon génie,
Et, d'un essor nouveau jusqu'à lui m'élevant,
Volé de bouche en bouche heureux et triomphant.
Mais la tendre Élégie et sa grâce touchante
M'ont séduit : l'Élégie à la voix gémissante,
Au ris mêlé de pleurs, aux longs cheveux épars;
Belle, levant au ciel ses humides regards,

---

1. Édition 1819. Le titre a été ajouté par les éditeurs.
2. Callimaque, né à Cyrène, en Libye, contemporain de Ptolémée Philadelphe; Philétas, précepteur de Ptolémée Philadelphe, deux grands poètes, dont presque tout a péri.
Il faut comparer à l'élégie d'André Chénier celle de Properce (liv. III, II) qui commence ainsi :
    Callimachi manes, et Coi sacra Philetæ,
    In vestrum, quæso, me sinite ire nemus.

Sur un axe[1] brillant c'est moi qui la promène
Parmi tous ces palais dont s'enrichit la Seine;
Le peuple des Amours y marche auprès de nous;
La lyre est dans leurs mains. Cortège aimable et doux,
Qu'aux fêtes de la Grèce enleva l'Italie!
Et ma fière Camille est la sœur de Délie[2].
L'Élégie, ô Le Brun! renaît dans nos chansons,
Et les Muses pour elle ont amolli nos sons.
Avant que leur projet, qui fut bientôt le nôtre,
Pour devenir amis nous offrît l'un à l'autre,
Elle avait ton amour comme elle avait le mien;
Elle allait de ta lyre implorer le soutien.
Pour montrer dans Paris sa langueur séduisante,
Elle implorait aussi ma lyre complaisante.
Femme, et pleine d'attraits, et fille de Vénus,
Elle avait deux amants l'un à l'autre inconnus.
J'ai vu qu'à ses faveurs ta part est la plus belle;
Et pourtant je me plais à lui rester fidèle,
A voir mon vers au rire, aux pleurs abandonné,
De rose ou de cyprès par elle couronné.
Par la lyre attendris, les rochers du Riphée[3]
Se pressaient, nous dit-on, sur les traces d'Orphée.
Des murs fils de la lyre ont gardé les Thébains[4];
Arion à la lyre a dû de longs destins[5].
Je lui dois des plaisirs : j'ai vu plus d'une belle,
A mes accents émue, accuser l'infidèle

---

1. Char.
2. Délie, aimée de Tibulle.
3. Monts de Thrace.
4. La lyre d'Amphion amenait les pierres pour élever les murs de Thèbes.
5. Arion fut sauvé par un dauphin charmé par ses accords. Voy. *Chrysé* dans les Bucoliques.

Qui me faisait pleurer et dont j'étais trahi,
Et souhaiter l'amour de qui le sent ainsi.
Mais, dieux! que de plaisir quand, muette, immobile,
Mes chants font soupirer ma naïve Camille;
Quand mon vers, tour à tour humble, doux, outrageant,
Éveille sur sa bouche un sourire indulgent;
Quand ma voix altérée enflammant son visage,
Son baiser vole et vient l'arrêter au passage!
Oh! je ne quitte plus ces bosquets enchanteurs
Où rêva mon Tibulle aux soupirs séducteurs,
Où le feuillage encor dit Corinne charmante[1],
Où Cynthie[2] est écrite en l'écorce odorante,
Où les sentiers français ne me conduisaient pas,
Où mes pas de Le Brun ont rencontré les pas.

Ainsi, que mes écrits, enfants de ma jeunesse,
Soient un code d'amour, de plaisir, de tendresse;
Que partout de Vénus ils dispersent les traits;
Que ma voix, que mon âme y vivent à jamais;
Qu'une jeune beauté, sur la plume et la soie,
Attendant le mortel qui fait toute sa joie,
S'amuse à mes chansons, y médite à loisir
Les baisers dont bientôt elle veut l'accueillir.
Qu'à bien aimer tous deux mes chansons les excitent;
Qu'ils s'adressent mes vers, qu'ensemble ils les récitent :
Lassés de leurs plaisirs, qu'aux feux de mes pinceaux
Ils s'animent encore à des plaisirs nouveaux;
Qu'au matin sur sa couche, à me lire empressée,
Lise du cloître austère éloigne sa pensée;
Chaque bruit qu'elle entend, que sa tremblante main

---

1. Corinne, célébrée par Ovide.
2. Cynthie, chantée par Properce.

Me glisse dans ses draps et tout près de son sein ;
Qu'un jeune homme, agité d'une flamme inconnue,
S'écrie aux doux tableaux de ma muse ingénue :
« Ce poëte amoureux, qui me connaît si bien,
Quand il a peint son cœur, avait lu dans le mien. »

XXXII[1]

De Pange, le mortel dont l'âme est innocente,
Dont la vie est paisible et de crimes exempte,
N'a pas besoin du fer qui veille autour des rois,
Des flèches dont le Scythe a rempli son carquois,
Ni du plomb que l'airain vomit avec la flamme[2].
Incapable de nuire, il ne voit dans son âme
Nulle raison de crainte, et loin de s'alarmer,
Confiant, il se livre aux délices d'aimer.
O de Pange ! ami sage, est bien fou qui s'ennuie.
Si les destins deux fois nous permettaient la vie,
L'une pour les travaux et les soins vigilants,
L'autre pour les amours, les plaisirs nonchalants,
On irait d'une vie âpre et laborieuse
Vers l'autre vie au moins pure et voluptueuse.
Mais si nous ne vivons, ne mourons qu'une fois,
Eh ! pourquoi, malheureux, sous de bizarres lois

---

1 Édition 1819.
2. Integer vitæ, scelerisque purus,
Non eget Mauris jaculis, neque arcu,
Nec venenatis gravida sagittis,
Fusce, pharetra.
(Horace, *Odes*, I, XXII.)

Tourmenter cette vie et la perdre sans cesse,
Haletants vers le gain, les honneurs, la richesse;
Oubliant que le sort, immuable en son cours,
Nous fit des jours mortels, et combien peu de jours!
Sans les dons de Vénus, quelle serait la vie?
Dès l'instant où Vénus me doit être ravie,
Que je meure. Sans elle ici-bas rien n'est doux.

. . . .

. . . .

Humains, nous ressemblons aux feuilles d'un ombrage
Dont au faîte des cieux le soleil remonté
Rafraîchit dans nos bois les chaleurs de l'été[1].
Mais l'hiver, accourant d'un vol sombre et rapide,
Nous sèche, nous flétrit, et son souffle homicide
Secoue et fait voler, dispersés dans les vents,
Tous ces feuillages morts qui font place aux vivants.
La Parque, sur nos pas, fait courir devant elle
Midi, le soir, la nuit, et la nuit éternelle;
Et par grâce, à nos yeux qu'attend le long sommeil,
Laisse voir au matin un regard du soleil.
Quand cette heure s'enfuit de nos regrets suivie,
La mort est désirable, et vaut mieux que la vie.
O jeunesse rapide! ô songe d'un moment!
Puis l'infirme vieillesse, arrivant tristement,
Presse d'un malheureux la tête chancelante,
Courbe sur un bâton sa démarche tremblante,
Lui couvre d'un nuage et les yeux et l'esprit,
Et de soucis cuisants l'enveloppe et l'aigrit :
C'est son bien dissipé, c'est son fils, c'est sa femme,
Ou les douleurs du corps, si pesantes à l'âme;

---

1. Homère, *Iliade*, VI, 146.

Ou mille autres ennuis. Car, hélas! nul mortel
Ne vit exempt de maux sous la voûte du ciel.
Oh! quel présent funeste eut l'époux de l'Aurore,
De vieillir chaque jour, et de vieillir encore,
Sans espoir d'échapper à l'immortalité[1]!
Jeune, son front plaisait. Mais quoi! toute beauté
Se flétrit sous les doigts de l'aride vieillesse.
Sur le front du vieillard habite la tristesse;
Il se tourmente, il pleure, il veut que vous pleuriez;
Ses yeux par un beau jour ne sont plus égayés.
L'ombre épaisse et touffue, et les prés et Zéphire
Ne lui disent plus rien, ne le font plus sourire.
La troupe des enfants, en l'écoutant venir,
Le fuit comme ennemi de leur jeune plaisir;
Et s'il aime, en tous lieux sa faiblesse exposée
Sert aux jeunes beautés de fable et de risée.

XXXIII[2]

A LE BRUN

Qu'un autre soit jaloux d'illustrer sa mémoire;
Moi, j'ai besoin d'aimer : qu'ai-je besoin de gloire,
S'il faut, pour obtenir ses regards complaisants,

---

1. Tithon était aimé de l'Aurore, qui l'enleva et demanda à Jupiter l'immortalité pour son époux; elle oublia de demander la jeunesse éternelle, de sorte que Tithon fut voué à une vieillesse immortelle.
2. Édition 1819. Le titre a été ajouté par les éditeurs. On trouvera l'épître de Le Brun à laquelle André Chénier répond, dans l'Appendice, à la fin du tome second des poésies.

A l'ennui de l'étude immoler mes beaux ans;
S'il faut, toujours errant, sans lien, sans maîtresse,
Étouffer dans mon cœur la voix de la jeunesse,
Et sur un lit oisif, consumé de langueur,
D'une nuit solitaire accuser la longueur?
Aux sommets où Phébus a choisi sa retraite,
Enfant, je n'allai point me réveiller poète;
Mon cœur, loin du Permesse, a connu dans un jour
Les feux de Calliope et les feux de l'Amour.
L'Amour seul dans mon âme a créé le génie;
L'Amour est seul arbitre et seul dieu de ma vie;
En faveur de l'Amour quelquefois Apollon
Jusqu'à moi volera de son double vallon.
Mais que tous deux alors ils donnent à ma bouche
Cette voix qui séduit, qui pénètre, qui touche;
Cette voix qui dispose à ne refuser rien,
Cette voix des amants le plus tendre lien.
Puisse un coup d'œil flatteur, provoquant mon hommage,
A ma langue incertaine inspirer du courage!
Sans dédain, sans courroux, puissé-je être écouté!
Puisse un vers caressant séduire la beauté!
Et si je puis encore, amoureux de sa chaîne,
Célébrer mon bonheur ou soupirer ma peine;
Si je puis par mes sons touchants et gracieux
Aller grossir un jour ce peuple harmonieux
De cygnes dont Vénus embellit ses rivages
Et se plaît d'égayer les eaux de ses bocages,
Sans regret, sans envie, aux vastes champs de l'air
Mes yeux verront planer l'oiseau de Jupiter.

Sans doute, heureux celui qu'une palme certaine
Attend victorieux dans l'une ou l'autre arène;

Qui, tour à tour convive et de Gnide et des cieux,
Des bras d'une maîtresse enlevé chez les dieux,
Ivre de volupté, s'enivre encor de gloire,
Et qui, cher à Vénus et cher à la victoire,
Ceint des lauriers du Pinde et des fleurs de Paphos
Soupire l'élégie et chante les héros.
Mais qui sut à ce point, sous un astre propice,
Vaincre du ciel jaloux l'inflexible avarice?
Qui put voir en naissant, par un accord nouveau,
Tous les dieux à la fois sourire à son berceau?
Un seul a pu franchir cette double carrière :
C'est lui qui va bientôt, loin des yeux du vulgaire,
Inscrire sa mémoire aux fastes d'Hélicon,
Digne de la nature et digne de Buffon.
Fortunée Agrigente, et toi, reine orgueilleuse,
Rome, à tous les combats toujours victorieuse,
Du poids de vos grands noms nous ne gémirons plus.
Par l'ombre d'Empédocle étions-nous donc vaincus?
Lucrèce aurait pu seul, aux flambeaux d'Épicure,
Dans ses temples secrets surprendre la nature?
La nature aujourd'hui de ses propres crayons
Vient d'armer une main qu'éclairent ses rayons.

C'est toi qu'elle a choisi; toi, par qui l'Hippocrène
Mêle encore son onde à l'onde de la Seine;
Toi, par qui la Tamise et le Tibre en courroux
Lui porteront encor des hommages jaloux;
Toi, qui la vis couler plus lente et plus facile
Quand ta bouche animait la flûte de Sicile;
Toi, quand l'amour trahi te fit verser des pleurs,
Qui l'entendis gémir et pleurer tes douleurs[1].

1. Voir Le Brun, livre III, ode ix.

Malherbe tressaillit au delà du Ténare
A te voir agiter les rênes de Pindare;
Aux accents de Tyrtée enflammant nos guerriers,
Ta voix fit dans nos camps renaître les lauriers.
Les tyrans ont pâli quand ta main courroucée
Écrasa leur Thémis sous les foudres d'Alcée[1].
D'autres tyrans encor, les méchants et les sots,
Ont fui devant Horace armé de tes bons mots[2];
Et maintenant, assis dans le centre du monde,
Le front environné d'une clarté profonde,
Tu perces les remparts que t'opposent les cieux,
Et l'univers entier tourne devant tes yeux[3].
Les fleuves et les mers, les vents et le tonnerre,
Tout ce qui peuple l'air, et Téthys, et la terre,
A ta voix accourus, s'offrant de toutes parts,
Rend compte de soi-même et s'ouvre à tes regards.
De l'erreur vainement les antiques prestiges
Voudraient de la nature étouffer les vestiges;
Ta main les suit partout, et sur le diamant
Ils vivront, de ta gloire éternel monument.
Mais toi-même, Le Brun, que l'amour d'Uranie
Guide à tous les sentiers d'où la mort est bannie;
Qui, roi sur l'Hélicon, de tous ses conquérants
Réunis dans sa main les sceptres différents;
Toi-même, quels succès, dis-moi, quelle victoire
Chatouille mieux ton cœur du plaisir de la gloire?
Est-ce lorsque Buffon et sa savante cour
Admirent tes regards qui fixent l'œil du jour?

1. Voir Le Brun, livre V, ode xv.
2. Voir Le Brun, livre I, épître i.
3. Le Brun travaillait alors au poème de *la Nature*, qu'il laissa inachevé.

Qu'aux rayons dont l'éclat ceint ta tête brillante
Ils suivent dans les airs ta route étincelante,
Animent de leurs cris ton vol audacieux,
Et d'un œil étonné te perdent dans les cieux ;
Ou lorsque, de l'amour interprète fidèle,
Ta naïve Érato fait sourire une belle ;
Que son âme se peint dans ses regards touchants,
Et vole sur sa bouche au-devant de tes chants :
Qu'elle interrompt ta voix, et d'une voix timide
S'informe de Fanny, d'Églé, d'Adelaïde,
Et, vantant les honneurs qui suivent tes chansons,
Leur envie un amant qui fait vivre leurs noms?

XXXIV[1]

Hier, en te quittant, enivré de tes charmes,
Belle D'.R..[2], vers moi, tenant en main des armes,
Une troupe d'enfants courut de toutes parts :
Ils portaient des flambeaux, des chaînes et des dards.
Leurs dards m'ont pénétré jusques au fond de l'âme,
Leurs flambeaux sur mon sein ont secoué la flamme,
Leurs chaînes m'ont saisi. D'une cruelle voix :
« Aimeras-tu D'.R..? criaient-ils à la fois,
L'aimeras-tu toujours? » Troupe auguste et suprême,
Ah! vous le savez trop, dieux enfants, si je l'aime.
Mais qu'avez-vous besoin de chaînes et de traits?
Je n'ai point voulu fuir. Pourquoi tous ces apprêts?

1. Édition 1819.
2. Le premier éditeur avait mis partout Daphné. Voy. la note 2 de la p. 140.

Sa beauté pouvait tout; mon âme sans défense
N'a point contre ses yeux cherché de résistance.
Oui, je brûle; ô D'.R..! laisse-moi du repos.
Je brûle; oh! de mon cœur éloigne ces flambeaux.
Ah! plutôt que souffrir ces douleurs insensées,
Combien j'aimerais mieux sur les Alpes glacées
Être une pierre aride, ou dans le sein des mers
Un roc battu des vents, battu des flots amers!
O terre! ô mer! je brûle. Un poison moins rapide
Sut venger le centaure et consumer Alcide.
Tel que le faon blessé fuit, court, mais dans son flanc
Traîne le plomb mortel qui fait couler son sang;
Ainsi là, dans mon cœur, errant à l'aventure,
Je porte cette belle, auteur de ma blessure.
Marne, Seine, Apollon n'est plus dans vos forêts,
Je ne le trouve plus dans vos antres secrets.
Ah! si je vais encor rêver sous vos ombrages,
Ce n'est plus que d'amour. Du sein de vos feuillages,
D'.R.., fantôme aimé, m'environne, me suit
De bocage en bocage, et m'attire et me fuit.
Si dans mes tristes murs je me cherche un asile,
Hélas! contre l'amour en est-il un tranquille?
Si de livres, d'écrits, de sphères, de beaux-arts,
Contre elle, contre lui je me fais des remparts,
A l'aspect de l'amour une terreur subite
Met bientôt les beaux-arts et les Muses en fuite.
Taciturne, mon front appuyé sur ma main,
D'elle seule occupé, mes jours coulent en vain.
Si j'écris, son nom seul est tombé de ma plume;
Si je prends au hasard quelque docte volume,
Encor ce nom chéri, ce nom délicieux,
Partout, de ligne en ligne, étincelle à mes yeux.

Je lui parle toujours, toujours je l'envisage ;
D'.R.., toujours D'.R.., toujours sa belle image
Erre dans mon cerveau, m'assiège, me poursuit,
M'inquiète le jour, me tourmente la nuit.
Adieu donc, vains succès, studieuses chimères,
Et beaux-arts tant aimés, Muses jadis si chères ;
Malgré moi, mes pensers ont un objet plus doux,
Ils sont tous à D'.R.., je n'en ai plus pour vous.
Que ne puis-je à mon tour, ah ! que ne puis-je croire
Que loin d'elle toujours j'occupe sa mémoire !

XXXV[1]

O nécessité dure ! ô pesant esclavage !
O sort ! je dois donc voir, et dans mon plus bel âge,
Flotter mes jours, tissus de désirs et de pleurs,
Dans ce flux et reflux d'espoir et de douleurs !

Souvent, las d'être esclave et de boire la lie
De ce calice amer que l'on nomme la vie,
Las du mépris des sots qui suit la pauvreté[2],
Je regarde la tombe, asile souhaité ;
Je souris à la mort volontaire et prochaine ;
Je me prie, en pleurant, d'oser rompre ma chaîne ;
Déjà le doux poignard qui percerait mon sein

---

1. Édition 1819. Ce morceau avait été en partie mis au jour en 1802, par Chateaubriand, dans une note du *Génie du Christianisme,* 2ᵉ partie, liv. III, ch. vi.
   2.   Il souffre le mépris qui suit la pauvreté.
                                     (Voltaire, *Mérope,* II, ii)

Se présente à mes yeux et frémit sous ma main[1];
Et puis mon cœur s'écoute et s'ouvre à la faiblesse :
Mes parents, mes amis, l'avenir, ma jeunesse,
Mes écrits imparfaits; car, à ses propres yeux,
L'homme sait se cacher d'un voile spécieux.
A quelque noir destin qu'elle soit asservie,
D'une étreinte invincible il embrasse la vie,
Et va chercher bien loin, plutôt que de mourir,
Quelque prétexte ami de vivre et de souffrir.
Il a souffert, il souffre : aveugle d'espérance,
Il se traîne au tombeau de souffrance en souffrance,
Et la mort, de nos maux ce remède si doux,
Lui semble un nouveau mal, le plus cruel de tous.

Je vis. Je souffre encor; battu de cent naufrages,
Tremblant, j'affronte encor la mer et les orages,
Quand je n'ai qu'à vouloir pour atteindre le port!
Lâche! aime donc la vie, ou n'attends pas la mort[2].

---

1. Henri de Latouche a mis :
> Le fer libérateur qui percerait mon sein
> Déjà frappe mes yeux.

D'après un souvenir de Mme de Flaugergues, M. Becq de Fouquières a rétabli ces vers comme ci-dessus. Le doux poignard est mieux, en effet, que le fer libérateur, dans le style d'André Chénier.

2. Ces quatre derniers vers ne sont que dans l'édition de G. de Chénier.

XXXVI[1]

Allons, l'heure est venue, allons trouver Camille.
Elle me suit partout. Je dormais, seul, tranquille;
Un songe me l'amène, et mon sommeil s'enfuit.
Je la voyais en songe au milieu de la nuit;
Elle allait me cherchant sur sa couche fidèle,
Et me tendait les bras et m'appelait près d'elle.
Les songes ne sont point capricieux et vains;
Ils ne vont point tromper les esprits des humains.
De l'Olympe souvent un songe est la réponse.
Dans tous ceux des amants la vérité s'annonce.
Quel air suave et frais! le beau ciel! le beau jour!
Les dieux me le gardaient; il est fait pour l'amour.

Quel charme de trouver la beauté paresseuse,
De venir visiter sa couche matineuse,
De venir la surprendre au moment que ses yeux
S'efforcent de s'ouvrir à la clarté des cieux;
Douce dans son éclat, et fraîche et reposée,
Semblable aux autres fleurs, filles de la rosée.
Oh! quand j'arriverai, si, livrée au repos,
Ses yeux n'ont point encor secoué les pavots
Oh! je me glisserai vers la plume indolente,
Doucement, pas à pas, et ma main caressante
Et mes fougueux transports feront à son sommeil
Succéder un subit, mais un charmant réveil;
Elle reconnaîtra le mortel qui l'adore,

1. Édition 1819.

ÉLÉGIE XXXV.

Et mes baisers longtemps empêcheront encore
Sur ses yeux, sur sa bouche empressés de courir,
Sa bouche de se plaindre et ses yeux de s'ouvrir.

Mais j'entrevois enfin sa porte souhaitée.
Que de bruit! que de chars! quelle foule agitée!
Tous vont revoir leurs biens, leurs chimères, leur or;
Et moi tout mon bonheur, Camille, mon trésor.
Hier, quand malgré moi je quittai son asile,
Elle m'a dit : « Pourquoi t'éloigner de Camille?
Tu sais bien que je meurs si tu n'es près de moi. »
Ma Camille, je viens, j'accours, je suis chez toi.
Le gardien de tes murs, ce vieillard qui m'admire,
M'a vu passer le seuil et s'est mis à sourire.
Bon! j'ai su (les amants sont guidés par les dieux)
Monter sans nul obstacle et j'ai fui tous les yeux.

Ah! que vois-je?... Pourquoi ma porte accoutumée,
Cette porte secrète, est-elle donc fermée?
Camille, ouvrez, ouvrez, c'est moi. L'on ne vient pas.
Ciel! elle n'est point seule! On murmure tout bas.
Ah! c'est la voix de Lise. Elles parlent ensemble.
On se hâte; l'on court; on vient enfin; je tremble.
Qu'est-ce donc? à m'ouvrir pourquoi tous ces délais?
Pourquoi ces yeux mourants et ces cheveux défaits?
Pourquoi cette terreur dont vous semblez frappée?
D'où vient qu'en me voyant Lise s'est échappée?
J'ai cru, prêtant l'oreille, ouïr entre vous deux
Des murmures secrets, des pas tumultueux.
Pourquoi cette rougeur, cette pâleur subite?
Perfide! un autre amant?... Ciel! elle a pris la fuite.
Ah! dieux! je suis trahi. Mais je prétends savoir...

Lise, Lise, ouvrez-moi, parlez! mais fol espoir!
La digne confidente auprès de sa maîtresse
Lui travaille à loisir quelque subtile adresse,
Quelque discours profond et de raisons pourvu,
Par qui ce que j'ai vu, je ne l'aurai point vu.
Dieux! comme elle approchait (sexe ingrat, faux, perfide!)
S'asseyant, effrontée à la fois et timide,
Voulant hâter l'effort de ses pas languissants,
Voulant m'ouvrir des bras fatigués, impuissants,
Abattue, et sa voix altérée, incertaine,
Ses yeux anéantis ne s'ouvrant plus qu'à peine,
Ses cheveux en désordre et rajustés en vain,
Et son haleine encore agitée, et son sein...
Des caresses de feu sur son sein imprimées,
Et de baisers récents ses lèvres enflammées,
J'ai tout vu. Tout m'a dit une coupable nuit.
Sans même oser répondre, interdite, elle fuit,
Sans même oser tenter le hasard d'un mensonge;
Et moi, comme abusé des promesses d'un songe,
Je venais, j'accourais, sûr d'être souhaité,
Plein d'amour et de joie et de tranquillité!

XXXVII[1]

LA LAMPE

O nuit! j'avais juré d'aimer cette infidèle;
Sa bouche me jurait une amour éternelle,

---

1. Édition de 1819. Le titre a été ajouté par les éditeurs. Nous le conservons parce que cette pièce est connue sous ce titre.
La 25e épigramme d'Asclépiade a fourni le sujet de cette élégie, développée par des emprunts à une épigramme de Méléagre (*Anth.*, V, 8).

ÉLÉGIES.

Et c'est toi qu'attestait notre commun serment.
L'ingrate s'est livrée aux bras d'une autre amant,
Lui promet de l'aimer, le lui dit, le lui jure,
Et c'est encore toi qu'atteste la parjure !

Et toi, lampe nocturne, etc...[1]

Mais quand je t'avais mise auprès d'elle pour me la garder, comment oses-tu éclairer ses perfidies ? Comment oses-tu être pour un autre ce que tu fus pour moi ? et te prêter à montrer à un autre combien elle est belle ?

La lampe :

Poète malheureux, ne m'accuse point ; pour te la conserver j'ai fait ce que j'ai pu. Hier, elle s'était mise au lit ; on m'avait allumée ; je commençais à luire. Elle te renvoya, te disant qu'elle était malade. A peine tu sortais, qu'un jeune homme entr'ouvrit la porte et avança la tête. Elle, avec une voix tremblante... lui disait : Non, partez ; non, je suis trop coupable...

<blockquote>
Elle parlait ainsi, mais lui tendait les bras.
Le jeune homme près d'elle arrivait pas à pas.
Alors je vis s'unir ces deux bouches perfides
En des baisers liés par leurs langues humides ;
J'en entendais le bruit. Le traître, d'une main
Pressait avidement les globes de son sein ;
L'autre... les plis du lin qui cachait ses ravages
M'empêchaient de la suivre et de voir tes outrages.
</blockquote>

Mais bientôt, quoiqu'elle ait prié, supplié et fait effort avec ses mains, j'ai vu ses draps et ses couvertures s'envoler çà et là, et la laisser aux yeux de son amant et aux miens, nue, belle, comme avec toi, lorsque... J'aurais voulu lui reprocher sa perfidie. Je pétillai pour lui faire peur. Elle tressaillit, pâlit, me regarda, et d'une voix mourante elle dit : Ah ! grands dieux ! cette lampe me gêne ; je ne veux pas qu'elle soit témoin... Elle s'avançait pour m'éteindre ; il l'embrassait pour la retenir en disant : Non, non... ; mais elle s'échappa

---

1. Il commence le canevas à demi exécuté du morceau qui vient ensuite, et qui débute de même : « Et toi, lampe nocturne ».

de ses bras ; sa tête s'approcha, ses lèvres se... et d'un souffle
léger me ravit la lumière et me ferma les yeux.

> Je cessai de brûler. Suis mon exemple : cesse.
> On aime un autre amant, aime une autre maîtresse.
> Souffle sur ton amour, ami, si tu me croi,
> Ainsi que, pour m'éteindre, elle a soufflé sur moi.

Et toi, lampe nocturne, astre cher à l'amour,
Sur le marbre posée, ô toi! qui, jusqu'au jour,
De ta prison de verre éclairas nos tendresses,
Tu fus le seul témoin de ses douces promesses;
Mais, hélas! avec toi son amour incertain
Allait se consumant, et s'éteignit enfin;
Avec toi les serments de cette bouche aimée
S'envolèrent bientôt en légère fumée.
Près de son lit, c'est moi qui fis veiller tes feux
Pour garder mes amours, pour éclairer nos jeux;
Et tu ne t'éteins pas à l'aspect de son crime!
Et tu sers aux plaisirs d'un rival qui m'opprime!
Tu peux, fausse comme elle et comme elle sans foi,
Être encor pour autrui ce que tu fus pour moi,
Montrant à d'autres yeux, que tu guides sur elle,
Combien elle est perfide et combien elle est belle!

— Poëte malheureux, de quoi m'accuses-tu?
Pour te la conserver j'ai fait ce que j'ai pu.
Mes yeux dans ses forfaits même ont su la poursuivre,
Tant que ses soins jaloux me permirent de vivre.
Hier, elle semblait en efforts languissants
Avoir peine à traîner ses pas et ses accents.
Le jour venait de fuir, je commençais à luire;
Sa couche la reçut, et je l'ouïs te dire
Que de son corps souffrant les débiles langueurs

D'un sommeil long et chaste imploraient les douceurs.
Tu l'embrasses, tu pars, tu la vois endormie.
A peine tu sortais, que cette porte amie
S'ouvre : un front jeune et blond se présente, et je vois
Un amant aperçu pour la première fois.
Elle alors d'une voix tremblante et favorable
Lui disait : « Non, partez; non, je suis trop coupable. »
Elle parlait ainsi, mais lui tendait les bras.
Le jeune homme près d'elle arrivait pas à pas.
Alors je vis s'unir ces deux bouches perfides
En des baisers liés par leurs langues humides;
J'en entendais le bruit. Le traître, d'une main
Pressait avidement les globes de son sein;
L'autre... les plis du lin qui cachait ses ravages
M'empêchaient de la suivre et de voir tes outrages.
Malgré quelques combats, bientôt après je vis*,
Loin jetés à l'écart et voiles et tapis[1],
Tout jusqu'au lin flottant, sa défense dernière,
Aux regards, aux fureurs la livrant tout entière,
Étaler de ses flancs l'albâtre ardent et pur,
Lis, ébène, corail, roses, veines d'azur,
Telle enfin qu'autrefois tu me l'avais montrée,
De sa nudité seule embellie et parée,
Quand vos nuits s'envolaient, quand le mol oreiller
La vit sous tes baisers dormir ou s'éveiller,
Et quand tes cris joyeux vantaient ma complaisance,
Et qu'elle, en souriant, maudissait ma présence.
En vain au dieu d'amour, que je crus ton appui**,
Je demandai la voix qu'il me donne aujourd'hui.

* VAR. : *Mais elle eut beau combattre, en un instant je vis.*
** VAR. : *En vain, au dieu d'amour que j'ai cru ton appui.*

1. *Tapis*, couvertures, comme on l'a vu dans *le Malade*, p. 61 et 65.

Je voulais reprocher tes pleurs à l'infidèle ;
Je l'aurais appelée ingrate, criminelle.
Du moins, pour réveiller dans leur profane sein
Le remords, la terreur, je m'agitai soudain,
Et je fis à grand bruit de la mèche brûlante
Jaillir en mille éclairs la flamme pétillante.
Elle pâlit, trembla, tourna sur moi les yeux,
Et, d'une voix mourante, elle dit : « Ah! grands dieux!
Faut-il, quand tes désirs font taire mes murmures,
Voir encor ce témoin qui compte mes parjures! »
Elle s'élance ; et lui, la serrant dans ses bras,
La retenait, disant : « Non, non, ne l'éteins pas. »

Elle lutte et s'échappe, et ma clarté rebelle
Sous sa lèvre entr'ouverte en vain plie et chancelle ;
Elle me suit, redouble, et son souffle envieux
Me ravit la lumière et me ferme les yeux.
Je cessai de brûler. Suis mon exemple : cesse.
On aime un autre amant, aime une autre maîtresse.
Souffle sur ton amour, ami, si tu me croi,
Ainsi que, pour m'éteindre, elle a soufflé sur moi.

XXXVIII[1]

Je suis né pour l'amour, j'ai connu ses travaux ;
Mais, certes, sans mesure il m'accable de maux :
A porter ce revers mon âme est impuissante.
Eh quoi! beauté divine, incomparable amante,

1. Édition 1819.

Je vous perds! Quoi, par vous nos liens sont rompus!
Vous le voulez; adieu, vous ne me verrez plus :
Du besoin de tromper ma fuite vous délivre.
Je vais loin de vos yeux pleurer au lieu de vivre!
Mais vous fûtes toujours l'arbitre de mon sort,
Déjà vous prévoyez, vous annoncez ma mort.
Oui, sans mourir, hélas! on ne perd point vos charmes.
Ah! que n'êtes-vous là pour voir couler mes larmes!
Pour connaître mon cœur, vos fers, vos cruautés,
Tout l'amour qui m'embrase et que vous méritez!
Pourtant, que faut-il faire? on dit (dois-je le croire?)
Qu'aisément de vos traits on bannit la mémoire;
Que jusqu'ici vos bras inconstants et légers
Ont reçu mille amants comme moi passagers;
Que l'ennui de vous perdre, où mon âme succombe,
N'a d'aucun malheureux accéléré la tombe.
Comme eux j'ai pu vous plaire, et comme eux vous lasser;
De vous, comme eux encor, je pourrai me passer.
Mais quoi! je vous jurai d'éternelles tendresses!
Et quand vous m'avez fait, vous, les mêmes promesses,
N'était-ce rien qu'un piège? Il n'a point réussi.
J'ai fait comme vous-même : ah! l'on vous trompe aussi,
Vous, dans l'art de tromper maîtresse sans émule.
Vous avez donc pensé, perfide trop crédule,
Qu'un amant, par vous-même instruit au changement,
N'oserait, comme vous, abuser d'un serment?
En moi c'était vengeance; à vous ce fut un crime.
A tort un agresseur dispute à sa victime
Des armes dont son bras s'est servi le premier;
Le fer a droit d'ouvrir le flanc du meurtrier.
Trahir qui nous trahit est juste autant qu'utile,
Et l'inventeur cruel du taureau de Sicile,

Lui-même à l'essayer justement condamné,
A fait mugir l'airain qu'il avait façonné[1].

Maintenant, poursuivez : il suffit qu'on vous voie,
Vos filets aisément feront une autre proie;
Je m'en fie à votre art moins qu'à votre beauté.
Toutefois, songez-y, fuyez la vanité.
Vous me devez un peu cette beauté nouvelle;
Vos attraits sont à moi, c'est moi qui vous fis belle.
Soit orgueil, indulgence ou captieux détour,
Soit que mon cœur, gagné par vos semblants d'amour,
D'un peu d'aveuglement n'ait point su se défendre
(Car mon cœur est si bon et ma muse est si tendre),
Je vins à vos genoux, en soupirs caressants,
D'un vers adulateur vous prodiguer l'encens;
De vos regards éteints la tristesse chagrine
Fut bientôt dans mes vers une langueur divine.
Ce corps fluet, débile et presque inanimé,
En un corps tout nouveau dans mes vers transformé,
S'élançait léger, souple; ils vous portaient la vie;
Des nymphes, dans mes vers, vous excitiez l'envie.
Que de fois sur vos traits, par ma muse polis,
Ils ont mêlé la rose au pur éclat des lis!
Tandis qu'au doux réveil de l'aurore fleurie
Vos traits n'offraient aux yeux qu'une pâleur flétrie,
Et le soir, embellis de tout l'art du matin,
N'avaient de rose, hélas! qu'un peu trop de carmin.
Ces folles visions, des flammes dévorées,

1. Perillus avait construit un taureau d'airain dans les flancs duquel on brûlerait des victimes. Il fit présent de son taureau à Phalaris, tyran d'Agrigente, qui, pour essayer le nouvel instrument de supplice, y fit brûler l'inventeur lui-même.

Ont péri, grâce aux dieux, pour jamais ignorées.
Sur la foi de mes vers mes amis transportés
Cherchaient partout vos pas, vos attraits si vantés,
Vous voyaient, et soudain, dans leur surprise extrême,
Se demandaient tout bas si c'était bien vous-même,
Et, de mes yeux séduits plaignant la trahison,
M'indiquaient l'ellébore ami de la raison.
« Quoi! c'est là cet objet d'un si pompeux hommage!
Dieux! quels flots de vapeurs inondent son visage!
Ses yeux si doux sont morts : elle croit qu'elle vit,
Esculape doit seul approcher de son lit; »
Et puis tout ce qu'en vous je leur montrais de grâce
N'était rien à leurs yeux que fard et que grimace.
Je devais avoir honte : ils ne concevaient pas
Quel charme si puissant m'attirait dans vos bras.
Dans vos bras! qu'ai-je dit? Oh non! Vénus avare
Ne m'a point fait un don qui fut toujours si rare.
Si je l'ai cru longtemps, après votre serment,
Je vous crois, et jamais une belle ne ment;
Jamais de vos bontés la confidente amie
Ne vint m'ouvrir la nuit une porte endormie,
Et jusqu'au lit de pourpre, en cent détours obscurs,
Guider ma main errante à pas muets et sûrs.
Je l'ai cru, pardonnez; mais ce sera, je pense,
Oui, c'est qu'à mon sommeil plein de votre présence,
Un songe officieux, enfant de mes désirs,
M'apporte votre image et de vagues plaisirs.
Cette faute à vos yeux doit s'excuser peut-être;
Même on cite un ingrat qui vous la fit commettre.
Adieu, suivez le cours de vos nobles travaux.
Cherchez, aimez, trompez mille imprudents rivaux;
Je ne leur dirai point que vous êtes perfide,

Que le plaisir de nuire est le seul qui vous guide,
Que vous êtes plus tendre alors qu'un noir dessein,
Pour troubler leur repos, veille dans votre sein;
Mais ils sauront bientôt, honteux de leur faiblesse,
Quitter avec opprobre une indigne maîtresse;
Vous pleurerez, et moi, j'apprendrai vos douleurs
Sans même les entendre ou rire de vos pleurs[1].

XXXIX[2]

AUX DEUX FRÈRES TRUDAINE

Amis, couple chéri, cœurs formés pour le mien,
Je suis libre. Camille à mes yeux n'est plus rien.
L'éclat de ses yeux noirs n'éblouit plus ma vue;
Mais cette liberté sera bientôt perdue.
Je me connais. Toujours je suis libre et je sers;
Être libre pour moi n'est que changer de fers.
Autant que l'univers a de beautés brillantes,
Autant il a d'objets de mes flammes errantes.
Mes amis, sais-je voir d'un œil indifférent
Ou l'or des blonds cheveux sur l'albâtre courant,
Ou d'un flanc délicat l'élégante noblesse,
Ou d'un luxe poli la savante richesse?
Sais-je persuader à mes rêves flatteurs
Que les yeux les plus doux peuvent être menteurs?

---

1. Les éditeurs de 1826 et 1839 ont mis : *et rirai de vos pleurs.*
2. Édition 1819. Ici le titre est de la main de l'auteur.

ÉLÉGIE XXXIX

Qu'une bouche où la rose, où le baiser respire,
Peut cacher un serpent à l'ombre d'un sourire?
Que sous les beaux contours d'un sein délicieux
Peut habiter un cœur faux, parjure, odieux?
Peu fait à soupçonner le mal qu'on dissimule,
Dupe de mes regards, à mes désirs crédule,
Elles trouvent mon cœur toujours prêt à s'ouvrir.
Toujours trahi, toujours je me laisse trahir.
Je leur crois des vertus dès que je les vois belles.
Sourd à tous vos conseils, ô mes amis fidèles!
Relevé d'une chute, une chute m'attend;
De Charybde à Scylla toujours vague et flottant,
Et toujours loin du bord jouet de quelque orage,
Je ne sais que périr de naufrage en naufrage.

Ah! je voudrais n'avoir jamais reçu le jour
Dans ces vaines cités que tourmente l'amour,
Où les jeunes beautés, par une longue étude,
Font un art des serments et de l'ingratitude.
Heureux loin de ces lieux éclatants et trompeurs,
Eh! qu'il eût mieux valu naître un de ces pasteurs
Ignorés dans le sein de leurs Alpes fertiles,
Que nos yeux ont connus fortunés et tranquilles!
Oh! que ne suis-je enfant de ce lac enchanté
Où trois pâtres héros ont à la liberté
Rendu tous leurs neveux et l'Helvétie entière!
Faible, dormant encor sur le sein de ma mère,
Oh! que n'ai-je entendu ces bondissantes eaux,
Ces fleuves, ces torrents, qui, de leurs froids berceaux,
Viennent du bel Hasly[1] nourrir les doux ombrages!

1. Vallon de Suisse traversé par l'Aar.

ÉLÉGIES.

Hasly! frais Élysée! honneur des pâturages!
Lieu qu'avec tant d'amour la nature a formé,
Où l'Aar roule un or pur en son onde semé.
Là je verrais, assis dans ma grotte profonde,
La génisse traînant sa mamelle féconde,
Prodiguant à ses fils ce trésor indulgent,
A pas lents agiter sa cloche au son d'argent,
Promener près des eaux sa tête nonchalante,
Ou de son large flanc presser l'herbe odorante.
Le soir, lorsque plus loin s'étend l'ombre des monts,
Ma conque, rappelant mes troupeaux vagabonds,
Leur chanterait cet air si doux à ces campagnes,
Cet air que d'Appenzel répètent les montagnes.
Si septembre, cédant au long mois qui le suit,
Marquait de froids zéphyrs l'approche de la nuit,
Dans ses flancs colorés une luisante argile
Garderait sous mon toit un feu lent et tranquille,
Ou, brûlant sur la cendre à la fuite du jour,
Un mélèze odorant attendrait mon retour.
Une rustique épouse et soigneuse et zélée,
Blanche (car sous l'ombrage au sein de la vallée
Les fureurs du soleil n'osent les outrager),
M'offrirait le doux miel, les fruits de mon verger.
Le lait enfant des sels de ma prairie humide,
Tantôt breuvage pur et tantôt mets solide
En un globe fondant sous ses mains épaissi,
En disque savoureux à la longue durci;
Et cependant sa voix simple et douce et légère
Me chanterait les airs que lui chantait sa mère.

Hélas! aux lieux amers où je suis enchaîné[1]

---
1. Le poète était alors en Angleterre.

Ce repos à mes jours ne fut point destiné.
J'irai : je veux jamais ne revoir ce rivage.
Je veux, accompagné de ma muse sauvage,
Revoir le Rhin tomber en des gouffres profonds,
Et le Rhône grondant sous d'immenses glaçons,
Et d'Arve aux flots impurs la nymphe injurieuse.
Je vole, je parcours la cime harmonieuse[1]
Où souvent de leurs cieux les anges descendus,
En des nuages d'or mollement suspendus,
Emplissent l'air des sons de leur voix éthérée.
O lac, fils des torrents! ô Thoun, onde sacrée!
Salut, monts chevelus, verts et sombres remparts
Qui contenez ses flots pressés de toutes parts!
Salut, de la nature admirables caprices,
Où les bois, les cités pendent en précipices[2] !
Je veux, je veux courir sur vos sommets touffus;
Je veux, jouet errant de vos sentiers confus,
Foulant de vos rochers la mousse insidieuse,
Suivre de mes chevreaux la trace hasardeuse;
Et toi, grotte escarpée et voisine des cieux[3],
Qui d'un ami des saints fus l'asile pieux,
Voûte obscure où s'étend et chemine en silence
L'eau qui de roc en roc bientôt fuit et s'élance,
Ah! sous tes murs, sans doute, un cœur trop agité
Retrouvera la joie et la tranquillité!

1. La cime d'Engelberg, canton d'Underwald.
2. La Fontaine a dit de même :
   Un rocher, quelque mont pendant en précipices.

3. La grotte de Saint-Béat, ou Saint-Bat au bord du lac de Thoun, célèbre par ses stalactites.

XL[1]

D'Ovide, livre II[2].

Oh! puisse le ciseau qui doit trancher mes jours
Sur le sein d'une belle en arrêter le cours!
Qu'au milieu des langueurs, au milieu des délices,
Achevant de Vénus les plus doux sacrifices,
Mon âme, sans efforts, sans douleurs, sans combats,
Se dégage et s'envole, et ne le sente pas!
Qu'attiré sur ma tombe, où la pierre luisante
Offrira de ma fin l'image séduisante,
Le voyageur ému dise avec un soupir :
« Ainsi puissé-je vivre, et puissé-je mourir[3] ! »

XLI[4]

Eh bien! je le voulais. J'aurais bien dû me croire!

1. Édition 1833.
2. Livre II, *Amorum*, élégie x.
3. André avait d'abord écrit :
>Que chacun sur ma tombe, où la pierre luisante
>Offrira de ma fin l'image séduisante,
>L'œil humide de pleurs, dise avec un soupir:
>Ainsi puissé-je vivre, et puissé-je mourir !

La seconde version est plus harmonieuse et plus poétique, mais *L'œil humide de pleurs* rendait plus exactement ce vers d'Ovide :
>*Atque aliquis nostro lacrymans in funere dicat.*

4. Édition 1819.

Tant de fois à ses torts je cédai la victoire!
Je devais une fois du moins, pour la punir,
Tranquillement l'attendre et la laisser venir.
Non. Oubliant quels cris, quelle aigre impatience
Hier sut me contraindre à la fuite, au silence,
Ce matin, de mon cœur trop facile bonté!
Je veux la ramener sans blesser sa fierté;
J'y vole; contre moi je lui cherche une excuse,
Je viens lui pardonner, et c'est moi qu'elle accuse.
C'est moi qui suis injuste, ingrat, capricieux :
Je prends sur sa faiblesse un empire odieux.
Et sanglots et fureurs, injures menaçantes,
Et larmes, à couler toujours obéissantes;
Et pour la paix il faut, loin d'avoir eu raison,
Confus et repentant, demander mon pardon[1].

XLII[2]

Tout mortel se soulage à parler de ses maux.
Le suc que d'Amérique enfantent les roseaux
Tempère au moins un peu les breuvages d'absinthe.
Ainsi le fiel d'Amour s'adoucit par la plainte;
Soit que le jeune amant raconte son ennui
A quelque ami jadis agité comme lui,
Soit que, seul dans les bois, ses éloquentes peines

---

1. Les premières éditions de M. Becq de Fouquières donnent de ces deux vers la leçon suivante :

> Et pour la paix il faut que d'avoir eu raison,
> Confus et repentant, je demande pardon,

à laquelle il a renoncé dans celle de 1881.

2. Édition 1819.

Ne s'adressent qu'aux vents, aux rochers, aux fontaines[1].

XLIII[2]

Quand à la porte ingrate exhalant ses douleurs,
Tibulle lui prodigue et l'injure et les pleurs[3],
La grâce, les talents, ni l'amour le plus tendre,
D'un douloureux affront ne peuvent le défendre[4].
Encore si vos yeux daignaient, pour nous trahir,
Chercher dans vos amants celui qu'on peut choisir,
Qu'une belle ose aimer sans honte et sans scrupule,
Et qu'on ose soi-même avouer pour émule !
Mais, dieux ! combien de fois notre orgueil ulcéré[5]
A rougi du rival qui nous fut préféré !
Oui, Thersite[6] souvent peut faire une inconstante.
Souvent l'appât du crime est tout ce qui vous tente,
Et nous savons à qui de coupables moitiés

1. *Ad imitationem Callimachi quodam modo compositum, dum in fragmentum incido ex elegis venustissimum, quod est in collectione Bentleiana* 67. (Note d'André Chénier.)

2. Édition 1819, sauf les deux premiers et les deux derniers vers, qui ne sont que dans l'édition de G. de Chénier.

M. Becq de Fouquières a placé ce fragment dans le poème de l'*Art d'aimer.*

3. Le manuscrit porte cette variante, qui fut la première pensée du poète et qu'il a corrigée :

> Quand Tibulle, à sa porte exhalant ses douleurs,
> Prodigue au seuil ingrat et l'injure et les pleurs.

4. Le manuscrit donne ainsi la première pensée du poète :

> L'esprit, ni les talents, ni l'amour le plus tendre,
> Ni même la beauté ne pourront te défendre.

5. Le manuscrit porte cette variante :

> Mais, dieux ! combien de fois notre amour ulcéré...

6. Grec fameux par sa laideur, dont il est souvent question dans Homère.

Immolèrent Astolfe et Joconde oubliés[1].

Souvent de tous les dieux une Vénus chérie,
Par les décrets jaloux d'un bizarre destin,
A reçu dans son lit quelque absurde Vulcain.

XLIV[2]

Tout homme a ses douleurs. Mais aux yeux de ses frères
Chacun d'un front serein déguise ses misères.
Chacun ne plaint que soi. Chacun dans son ennui
Envie un autre humain qui se plaint comme lui.
Nul des autres mortels ne mesure les peines,
Qu'ils savent tous cacher comme il cache les siennes;
Et chacun, l'œil en pleurs, en son cœur douloureux
Se dit : « Excepté moi, tout le monde est heureux ».
Ils sont tous malheureux. Leur prière importune
Crie et demande au ciel de changer leur fortune.
Ils changent; et bientôt, versant de nouveaux pleurs,
Ils trouvent qu'ils n'ont fait que changer de malheurs.

XLV[3]

Le courroux d'un amant n'est point inexorable.

1. Le manuscrit donne cette variante:
    Enfin, tu sais à qui de coupables moitiés
    Immolèrent Astolfe et Joconde oubliés.
Pour l'histoire d'Adolfe et de Joconde, voyez le vingt-huitième chant de l'*Orlando furioso,* ou le premier conte de La Fontaine.
2. Édition 1833.
3. Édition 1819.

Ah! si tu la voyais, cette belle coupable,
Rougir et s'accuser, et se justifier,
Sans implorer sa grâce et sans s'humilier,
Pourtant de l'obtenir doucement inquiète,
Et, les cheveux épars, immobile, muette,
Les bras, la gorge nus, en un mol abandon,
Tourner sur toi des yeux qui demandent pardon !
Crois qu'abjurant soudain le reproche farouche,
Tes baisers porteraient son pardon sur sa bouche.

XLVI[1]

Viens près d'elle au matin, quand le dieu du repos
Verse au mol oreiller de plus légers pavots,
Voir, sur sa couche encor du soleil ennemie,
Errer nonchalamment une main endormie ;
Ses yeux prêts à s'ouvrir, et sur son teint vermeil
Se reposer encor les ailes du sommeil.

XLVII[2]

Va, sonore habitant de la sombre vallée,
Vole, invisible écho, voix douce, pure, ailée,
Qui, tant que de Paris m'éloignent les beaux jours,

---

1. Édition 1819. — M. Becq de Fouquières a placé ce fragment dans le poème de l'*Art d'aimer*.
2. Édition 1833.

Aimes à répéter mes vers et mes amours.
Les cieux sont enflammés. Vole, dis à Camille
Que je l'attends, qu'ici, moi, dans ce bel asile,
Je l'attends; qu'un berceau de platanes épais
La mène en cette grotte, où l'autre jour au frais,
Pour nous, s'il lui souvient, l'heure ne fut pointe lente...
Va. Sous la grotte, ici, parmi l'herbe odorante,
Dont l'œil même du jour ne saurait approcher,
Et qu'égaye, en courant, l'eau, fille du rocher...

. . . .

XLVIII[1]

Il n'est donc plus d'espoir, et ma plainte perdue
A son esprit distrait n'est pas même rendue!
Couchons-nous sur sa porte. Ici, jusques au jour
Elle entendra les pleurs d'un malheureux amour.
Mais, non... fuyons... Une autre avec plaisir tentée
Prendra soin d'accueillir ma flamme rebutée,
Et de mes longs tourments pour consoler mon cœur...
Mais plutôt renonçons à ce sexe trompeur.
Qui? moi? j'aurais voulu sur ce seuil inflexible
Tenter à mes douleurs un cœur inaccessible;
J'aurais flatté, gémi, pleuré, prié, pressé...
A me dire coupable elle m'aurait forcé!...
Que l'amour au plus sage inspire de folie!
Allons; me voilà libre, et pour toute ma vie.

1. Édition 1833.

Oui, j'y suis résolu; je n'aimerai jamais;
J'en jure... Ma perfide avec tous ses attraits
Ferait pour m'apaiser un effort inutile...
J'admire seulement qu'à ce sexe imbécile
Nous daignions sur nos vœux laisser aucun pouvoir;
Pour repousser ses traits, on n'a qu'à le vouloir.
Ingrate que j'aimais, je te hais, je t'abhorre...
Mais quel bruit à sa porte... Ah! dois-je attendre encore?
J'entends crier les gonds... On ouvre, c'est pour moi!...
Oh! ma... m'aime et me garde sa foi...
Je l'adore toujours... Ah! dieux! ce n'est pas elle!
Le vent seul a poussé cette porte cruelle.

XLIX[1]

Partons, la voile est prête, et Byzance m'appelle.
Je suis vaincu, je fuis. Au joug d'une cruelle,
Le temps, les longues mers peuvent seuls m'arracher.
Ses traits que malgré moi je vais toujours chercher;
Son image partout à mes yeux répandue,
Et les lieux qu'elle habite, et ceux où je l'ai vue,
Son nom qui me poursuit, tout offre à tout moment
Au feu qui me consume un funeste aliment...
Ma chère liberté, mon unique héritage,
Trésor qu'on méconnaît tant qu'on en a l'usage,
Si doux à perdre, hélas! et sitôt regretté,
M'attends-tu sur ces bords, ma chère liberté!

1. Édition 1819.

L[1]

Eh! le pourrai-je au moins! suis-je assez intrépide?
Et toute belle enfin serait-elle perfide?
Moi, tendre, même faible, et dans l'âge d'aimer,
Faut-il n'oser plus voir tout ce qui peut charmer!
Quand chacun à l'envi jouit, aime, soupire,
Faut-il donc de Vénus abjurer seul l'empire!
Ne plus dire : Je t'aime! et dormir tout le jour,
Sans avoir pour adieux quelques baisers d'amour!
Et lorsque les désirs, les songes, ou l'aurore,
Troubleront mon sommeil, me réveiller encore,
Sans que ma main déserte et seule à s'avancer
Trouve dans tout mon lit une main à presser!

LI[2]

Souvent le malheureux sourit parmi ses pleurs,
Et voit quelque plaisir naître au sein des douleurs.
Sous ses hauts monts ainsi l'Allobroge recèle,
Sous ses monts, de l'hiver la patrie éternelle,
Et les fleurs du printemps et les biens de l'été.
Sur leurs arides fronts le voyageur porté
S'étonne. Auprès des rocs d'âge en âge entassée,

1. Édition 1833.
2. *Ibid.*

En flots âpres et durs brille une mer glacée.
A peine sur le dos de ces sentiers luisants
Un bois armé de fer soutient ses pas glissants.
Il entend retentir la voix du précipice.
Il se tourne, et partout un amas se hérisse
De sommets ou brûlés ou de glace épaissis,
Fils du vaste mont Blanc sur leurs têtes assis,
Et qui s'élève autant au-dessus de leurs cimes
Qu'ils s'élèvent eux-mêmes au-dessus des abîmes.
Mais bientôt à leurs pieds qu'il descende ; à ses yeux
S'étendent mollement vallons délicieux,
Pâturages et prés, doux enfants des rosées,
Trient, Cluses, Magland, humides Élysées,
Frais coteaux, où partout sur des flots vagabonds
Pend le mélèze altier, vieil habitant des monts.

LII[1]

Je suis en Italie, en Grèce. O terres, mères des arts, favorables aux vertus ! O beaux-arts ! de ceux qui vous aiment délicieux tourments ! Seul au milieu d'un cercle nombreux, tantôt

De vivantes couleurs une toile enflammée

s'offre tout à coup à mon esprit.
Raphaël, Jules, Corrége, etc... qui ont porté au plus haut point de perfection cet art divin, mort depuis tels et tels, etc.,

1. *Revue de Paris*, 1839.

Que, de ces grands pinceaux émule inattendu,
Le pinceau de David à la France a rendu
. . . .
. . . .
... Ma main veut fixer ces rapides tableaux,
Et frémit et s'élance et vole à ses pinceaux.
Tantôt, m'éblouissant d'une clarté soudaine,
La sainte poésie et m'échauffe et m'entraîne,
Et ma pensée, ardente à quelque grand dessein,
En vers tumultueux bouillonne dans mon sein.
Ou bien dans mon oreille un fils de Polymnie,
A qui Naple enseigna la sublime harmonie,
A laissé pour longtemps un aiguillon vainqueur,
Et son chant. . . . retentit dans mon cœur.

Alors mon visage s'enflamme, et celui qui me voit me dit que ma raison a besoin d'ellébore. Mais des choses bien plus importantes... je parcours le Forum, le Sénat ; j'y suis entouré d'ombres sublimes. J'entends la voix des Gracchus, etc... Cincinnatus, Caton, Brutus... Je vois les palais qu'ont habités Germanicus et sa femme... Thraséas, Soranus, Sénécion, Rustique.

En Grèce, tous les peuples différents, chacun avec son front, son visage, sa physionomie, passent en revue devant mes yeux. Chacun est conduit par ses héros qu'il faut nommer. (Comme l'énumération d'Homère.) Périssent ceux qui traitent de préjugé l'admiration pour tous ces modèles antiques, et qui ne veulent point savoir que les grandes vertus, constantes et solides, ne sont qu'aux lieux où vit la liberté. *Hos utinam inter heroas tellus me prima tulisset!* Si j'avais vécu dans ces temps...[1]

---

1. Voici le canevas en prose du passage suivant :
« *Si j'avais vécu dans ces temps, je n'aurais point fait des Arts d'aimer, des poésies molles, amoureuses. Ma muse courtisane n'aurait point...*

Des belles voluptés la voix enchanteresse
N'aurait point entraîné mon oisive jeunesse.
Je n'aurais point en vers de délices trempés,
Et de l'art des plaisirs mollement occupés,
Plein des douces fureurs d'un délire profane,
Livré nue aux regards ma muse courtisane.
J'aurais, jeune Romain, au sénat, aux combats,
Usé pour la patrie et ma voix et mon bras;
Et si du grand César l'invincible génie
A Pharsale eût fait vaincre enfin la tyrannie,
J'aurais su, finissant comme j'avais vécu,
Sur les bords africains, défait et non vaincu,
Fils de la liberté, parmi ses funérailles,
D'un poignard vertueux déchirer mes entrailles!
Et des pontifes saints les bancs religieux
Verraient même aujourd'hui vingt sophistes pieux
Prouver en longs discours appuyés de maximes
Que toutes mes vertus furent de nobles crimes;
Que ma mort fut d'un lâche, et que le bras divin
M'a gardé des tourments qui n'auront point de fin.

Mais, mes deux amis, mes compagnons, je ne veux point souhaiter un monde meilleur où vous ne seriez pas! Plût au ciel que nous y eussions été ensemble. Nous aurions formé un triumvirat plus vertueux que celui... Mais vivons comme ces grands hommes. Que la fortune en agisse avec nous comme il lui plaira : *nous sommes trois contre elle.* Tout cela doit être fait de verve sur les lieux[1].

J'aurais mené la vie d'un jeune Romain. Au barreau, dans le Sénat, j'aurais défendu la liberté, ou je serais mort à Utique d'un coup de poignard. »

1. Ainsi cette pièce a été ébauchée avant le voyage en Italie, vers 1784; elle devait être terminée pendant le voyage.

LIII[1]

. . . . Ile charmante, Amphitrite, ta mère,
N'environne point d'île à ses yeux aussi chère.
Paphos, Gnide ont perdu ce renom si vanté.
C'est chez toi que l'amour, la grâce, la beauté,
La jeunesse, ont fixé leurs demeures fidèles.
Berceau délicieux des plus belles mortelles,
Tes cieux ont plus d'éclat, ton sol plus de chaleurs;
Ton soleil est plus pur, plus suaves tes fleurs.
D'... reçut le jour sur tes heureux rivages[2].
Que toujours tes vaisseaux ignorent les naufrages,
Que l'ouragan jamais ne soulève tes mers,
Que la terre en tremblant, l'orage, les éclairs,
N'épouvantent jamais la troupe au doux sourire
Des vierges aux yeux noirs, reines de ton empire!

LIV[3]

. . . .
. . . .

Soit que le doux amour des nymphes du Permesse,
D'une fureur sacrée enflammant sa jeunesse,
L'emporte malgré lui dans leurs riches déserts,

1. Édition 1833.
2. Selon les conjectures de M. Becq de Fouquières il s'agirait de Mme de Bonneuil (Michelle Santuary), née à l'île Bourbon. Le premier éditeur avait mis Fanny.
3. Édition 1833.

Où l'air est poétique et respire des vers ;
Soit que d'ardents projets son âme poursuivie
L'aiguillonne du soin d'éterniser sa vie ;
Soit qu'il ait seulement, tendre et né pour l'amour,
Souhaité de la gloire, afin de voir un jour,
Quand son nom sera grand sur les doctes collines,
Les yeux qui rendent faible et les bouches divines
Chercher à le connaître, et, l'entendant nommer,
Lui parler, lui sourire, et peut-être l'aimer[1].

LV[2]

SUR LA MORT D'UN ENFANT[3]

L'innocente victime, au terrestre séjour,
N'a vu que le printemps qui lui donna le jour.
Rien n'est resté de lui qu'un nom, un vain nuage,
Un souvenir, un songe, une invisible image.
Adieu, fragile enfant échappé de nos bras ;
Adieu, dans la maison d'où l'on ne revient pas !
Nous ne te verrons plus, quand de moissons couverte
La campagne d'été rend la ville déserte ;
Dans l'enclos paternel nous ne te verrons plus,
De tes pieds, de tes mains, de tes flancs demi-nus,
Presser l'herbe et les fleurs dont les nymphes de Seine

---

1. Dans l'édition de 1872, ce fragment est inséré dans l'élégie XX, dont il forme les vers 5 à 16.
2. Les vingt-deux premiers vers ont été publiés dans l'édition de 1819, le reste par M. G. de Chénier.
3. Il s'agit d'un enfant de Mme Laurent Lecoulteux.

ÉLÉGIES.

Couronnent tous les ans les coteaux de Lucienne.
L'axe de l'humble char à tes jeux destiné,
Par de fidèles mains avec toi promené,
Ne sillonnera plus les prés et le rivage.
Tes regards, ton murmure, obscur et doux langage,
N'inquiéteront plus nos soins officieux ;
Nous ne recevrons plus avec des cris joyeux
Les efforts impuissants de ta bouche vermeille
A bégayer les sons offerts à ton oreille.
Adieu, dans la demeure où nous nous suivrons tous,
Où ta mère déjà tourne ses yeux jaloux[1].

O quel dieu malfaisant, sous ses ailes funèbres,
Couvrit cette maison de deuil et de ténèbres !
O de quelle inquiète et palpitante main

[1]. Variante :

La chaîne des saisons dans les cieux promenée
N'a point encor formé le cercle d'une année !
O regrets ! un enfant !... inflexibles destins !
De l'épi vert encor moissonneurs inhumains,
Craignez-vous qu'un mortel ne dérobe sa tête ?
Ne sommes-nous point tous votre sûre conquête ?
L'innocente victime au terrestre séjour
N'a vu que le printemps qui lui donna le jour.
De son premier hiver le souffle impitoyable
L'emporte ! Où, maintenant, est ton sourire aimable,
De ton front délicat la grâce et la candeur,
Et de tes yeux d'azur la touchante langueur ?

Autre :

Hélas ! où, maintenant, est ton sourire aimable ?
De ton front innocent la grâce et la douceur ?
Et de tes yeux d'amour la touchante langueur ?
Et tes pleurs qu'apaisait une simple caresse ?
Et ta bouche entr'ouverte, et ta vive allégresse,
A l'approche du sein dont tes nuits et tes jours
Ne pouvaient épuiser les utiles secours ?

La sœur, mère trois fois, pressa contre son sein
De ce qui lui restait la précieuse enfance,
Quand elle vit, trompant sa douce confiance,
Celle qui sans appui ne marchait point encor,
De son lit douloureux cher et dernier trésor,
Son idole et déjà son image vivante,
De santé, d'avenir, de beauté florissante,
Pâlir et chanceler, frappée entre ses bras,
Et son front se pencher dans la nuit du trépas!...
Tel le bouton naissant. . . . .

LVI[1]

Allons, douce Élégie, à qui dans mes beaux jours
J'ai tant fait soupirer d'inquiètes amours,
Ta voix n'est pas toujours à gémir destinée.
Près d'un lit maternel viens bénir l'hyménée.
Descendons sur ces bords dont Pomone et Cérès
Ont au dieu de la vigne interdit les guérets;
Où la Seine, superbe au milieu de ses îles,
De ses blonds Neustriens baigne les monts fertiles,
Sous leur vaste cité qu'enrichissent ses eaux,
De l'Océan lointain appelle les vaisseaux[2].

. . . .

---

1. Édition G. de Chénier.
2. Cette pièce fut composée à Rouen, en 1792, pendant les divers séjours qu'André y fit à cette époque (G. DE CH.).

. . . .
Déesse à l'œil timide, au front noble et serein,
Pudeur, fille du ciel, quel est-il cet humain,
Libre enfin des fureurs qu'allume un premier âge,
Qui ne préfère point au honteux esclavage
Des plaisirs qu'un remords accompagne en tous lieux
Un souris de ta bouche, un regard de tes yeux?
Volupté vertueuse et délicate et pure!...

Mais aujourd'hui que ton règne est méconnu... tu rougis sans doute de te voir défendue par des magistrats débauchés qui traînent dans l'ordure une vieillesse flétrie.

Tout flétri de sommeil ou de veilles impures (*Tacite*[1]).

LVII[2]

Pour mon élégie nocturne imitée de ce bon Suisse Gessner[3], il faut ceci vers la fin :

Quelle est cette beauté qui descend de la colline les bras tendus vers moi?... la peindre... mais non, ce n'est que son fantôme que je vois partout dans la nuit... ensuite je vois venir mes amis... énumération comme dans l'original. C'est pour ce morceau que je fais la pièce... Je les vois donc venir. Et avant de les nommer dans l'énumération, je m'interromps : est-ce encore un fantôme? — Mais non, l'amitié est solide... c'est l'amour qui n'est que songe et feux follets. Bonne pensée d'élégie. Finir par un petit nombre de vers gais et bachiques.

Le fantôme s'exhale et nage et fuit mes yeux,
Et se mêle à l'air pur qui roule autour des cieux.

---

1. *Annales*, lib. VI, ch. IV. *Quia somno aut libidinosis vigiliis marcidus...*
2. Édition G. de Chénier.
3. *La Nuit*, petit poème de Gessner.

LVIII[1]

Que sert des tours d'airain tout l'appareil horrible?
Que servit à Junon cet Argus si terrible,
Ce front, de jalousie armé de toutes parts,
Où veillaient à la fois cent farouches regards?
Mais quoi que l'on oppose et d'adresse et de force,
Quand nul don, nul appât, nulle mielleuse amorce
Ne pourraient au dragon ravir l'or de ses bois,
Et du triple Cerbère assoupir les abois;
On t'aime, garde-toi d'abandonner la place.
Il faut oser. L'amour favorise l'audace.
Si l'envie à te nuire aiguise tous ses soins,
Toi, pour te rendre heureux, tenterais-tu donc moins?
Il faut savoir contre eux tourner leurs propres armes;
Attacher leurs soupçons à de fausses alarmes;
Semer toi-même un bruit d'attaque, de danger;
Leur montrer sur ta route un flambeau mensonger.
Et tandis que par toi leur prudence égarée
Rit, s'applaudit de voir ton attente frustrée,
Aveugles, auprès d'eux ils laissent échapper
Tes pas, qu'ils défiaient de les pouvoir tromper.
Tel, car ainsi que toi c'est l'amour qui le guide,
Un fleuve, à pas secrets, des campagnes d'Élide,
Seul, au milieu des mers, se fraye un sentier sûr,
Parmi les flots salés garde un flot doux et pur,

---

1. Édition G. de Chénier.

Invisible, d'Enna va chercher le rivage;
Et l'amère Téthys ignore son passage[1].

LIX[2]

Lorsqu'un amant, qui pleure en vain près d'une belle,
La voit à ses rivaux également rebelle,
Il peut souffrir; il peut, sans honte et sans éclats,
Partager des rigueurs qui ne l'outragent pas.
Mais à d'autres que lui s'il voit qu'elle est unie,
Son infortune alors lui semble ignominie;
Et dans son cœur blessé gémissent en courroux
L'orgueil, l'amour : tous deux dieux sombres et jaloux.

LX[3]

Au matin.

Pour elle, en ce moment, au sortir de son lit,
Dans ces coupes dont Sèvre, émule de la Chine,
Façonne et fait briller la pâte blanche et fine,
Les glands dont l'Yémen recueille la moisson
Mêlent aux flots de lait leur amère boisson,

---

1. Plusieurs de ces vers ont été insérés à la fin du premier chant de l'*Art d'aimer*.
2. Édition G. de Chénier.
3. *Ibid.*

Ou du noir cacao la liqueur onctueuse
Teint sa bouche et ses lis d'une empreinte écumeuse[1].

LXI[2]

Je revois tous ses traits, son air, son vêtement,
Comme elle était assise, et son geste charmant.
C'est ainsi qu'avec grâce elle tournait la tête,
Ainsi qu'elle parlait, qu'elle restait muette,
Que ses cheveux erraient négligemment épars;
Et telle était sa voix, et tels ses doux regards.

(Ex Ovid., Fast., II.)

LXII[3]

O! de nœuds mutuels, dieux, formez nos liens!
Ou donnez-lui des fers, ou dégagez les miens.
Mais laissez-moi les miens et qu'elle les partage;
Et qu'ensuite le temps jamais ne nous dégage.
Vois, ma belle..., faut-il prier les dieux
D'ôter de ma mémoire et ta voix et tes yeux?
Faut-il désespérer de t'avoir pour amie?
D'être nommé ton cœur, de t'appeler ma vie?

---

1. Elle prend son café au lait ou son chocolat. — L'école de la périphrase florissait plus que jamais.
2. Édition G. de Chénier.
3. *Ibid.*

Faut-il ne t'aimer plus? Ah! plutôt aime-moi;
Et je ne voudrais point pouvoir vivre sans toi.

(Tib., l. IV, él. v; l. II, él. ii.)

LXIII[1]

Fragm. élég.

Non, ces doctes beautés n'ont plus d'attraits pour moi,
Dont le cœur ne bat plus ni d'amour, ni d'effroi;
Qui sont faites à tout; dont le hardi sourire
Entend tout, connaît tout, sait tout ce qu'on veut dire;
Dont, même en nous trompant, le visage imposteur
Daigne feindre l'amour et jamais la pudeur.

LXIV[2]

Él. commenc. Les premiers vers sont ceux d'une jolie chanson de Shakspeare :

(Measure for measure, acte IV, scène i.)

Non, laisse-moi, retiens ces discours caressants,
Ces sourires trompeurs autant que séduisants,
Et ces yeux si divins quand ils font des blessures,
Ces lèvres tant de fois si doucement parjures,
Et ce baiser si doux, mais souvent inhumain,
Sceau d'un amour constant, scellé souvent en vain.

1. Édition G. de Chénier.
2. *Ibid.*

Ce transport aujourd'hui, parle, est-il bien sincère?
Je doute, je balance et crains quelque mystère.
Que veux-tu? Quel projet ton cœur a-t-il formé?
Le mien à ses détours est trop accoutumé.
Je ne sais : rarement en un excès si tendre
Tes caresses le jour ont osé se répandre,
Qu'elles ne m'aient caché sous leurs baisers menteurs
Quelque piège imprévu qui me coûtait des pleurs.
O ne me trahis point! Grâce, ô belle perfide!

Faut-il accabler celui qui ne se défend point? celui sur qui l'on peut tout.... et finir tout cela par lui dire, après un long bavardage amoureux, de venir vous caresser encore, et contredire ainsi le commencement, mais sans affectation.

LXV[1]

Él. fin[2].

Vois ta brillante image à vivre destinée,
D'une immortelle fleur dans mes vers couronnée.
L'étranger, dans mes vers contemplant tes attraits,
S'informera de toi, de ton nom, de tes traits,
Et quelle fut enfin celle qui, dans la France,
Était la Lycoris du Gallus de Byzance.
De la reine d'amour les jeunes favoris
Demanderont aux dieux une autre Lycoris.
L'amante inquiétée ou la fidèle épouse
Te verra dans mes vers et deviendra jalouse.

1. Édition G. de Chénier.
2. C'est-à-dire que ces vers devaient être la fin d'une élégie.

Un enfant d'Apollon, par l'amour excité,
Fait aux rides du temps survivre la beauté.

LXVI[1]

Elle a pu me bannir! imprudente et sans foi,
Aux bras d'un autre amant elle a fui loin de moi!
Il la quitte aujourd'hui. Comme elle il est volage.
Elle apprend à son tour à gémir d'un outrage,
Et sans doute en pleurant se ressouvient, hélas!
D'un qui l'aima toujours et ne l'outrageait pas.

LXVII[2]

Je dors, mais mon cœur veille; il est toujours à toi.
Un songe aux ailes d'or te descend près de moi.
Ton cœur bat sur le mien. Sous ma main chatouilleuse
Tressaille et s'arrondit ta peau voluptueuse.
Des transports ennemis de la paix du sommeil
M'agitent tout à coup en un soudain réveil;
Et seul, je trouve alors que ma bouche enflammée
Crut, baisant l'oreiller, baiser ta bouche aimée;
Et que mes bras, en songe allant te caresser,
Ne pressaient que la plume en croyant te presser.

---

1. Édition G. de Chénier.
2. *Ibid.*

. . . .
Et dormant ou veillant, moi je rêve toujours.

Le doux sommeil habite où sourit la fortune.
Pareil aux faux amis, le malheur l'importune.
Il vole se poser, loin des cris de douleurs,
Sur des yeux que jamais n'ont altérés les pleurs[1].
Perfide ; mais pourtant chère quoique perfide.

Et ton cœur m'aimera, si ton cœur peut aimer.

. . . . tu verras ses rigueurs
Se fondre et s'amollir à tes douces langueurs.

LXVIII[2]

Ainsi le jeune amant, seul, loin de ses délices,
S'assied sous un mélèze au bord des précipices,
Et là revoit la lettre où, dans un doux ennui,
Sa belle amante pleure et ne vit que pour lui.
Il savoure à loisir ces lignes qu'il dévore ;
Il les lit, les relit, et les relit encore ;
Baise la lettre aimée et la porte à son cœur.
Tout à coup de ses doigts l'aquilon ravisseur
Vient, l'emporte et s'enfuit. Dieux ! il se lève, il crie,
Il voit par le vallon, par l'air, par la prairie,
Fuir avec ce papier, cher soutien de ses jours,

---

1. Le mot *jamais* a été rayé par le poète, mais n'a pas été remplacé.
2. Édition G. de Chénier.

ÉLÉGIES.

Son âme et tout lui-même et toutes ses amours.
Il tremble de douleur, de crainte, de colère.
Dans ses yeux égarés roule une larme amère.
Il se jette en aveugle, à le suivre empressé,
Court, saute, vole, et, l'œil sur lui toujours fixé,
Franchit torrents, buissons, rochers, pendantes cimes,
Et l'atteint, hors d'haleine, à travers les abîmes.

LXIX[1]

. . . . . , . O peuple des oiseaux,
Qui traversez les airs ou nagez sur les eaux,
Vos destins sont heureux. Vous planez sur des ailes.
Vos grâces, vos couleurs plaisent aux yeux des belles.
Souvent de leurs baisers vous goûtez les douceurs
Et la mort elle-même ajoute à vos honneurs ;
C'est alors que D'.R.N[2] voit vos plumes brillantes
En un faisceau léger sur la gaze ondoyantes,
Parer sa belle tête ; et, sur ce front charmant,
Étendre un doux ombrage et flotter mollement.

O joli serin qui es l'ami de ma belle, qui t'agites sur son doigt, qui as toujours ton bec dans sa bouche, qu'elle couvre de baisers, qui te promènes dans ses cheveux et sur son sein, qui apprends à répéter les caresses qu'elle te dit, ô que j'envie ton sort ! Quand elle te prendra sur son doigt, dis-lui...

1. Édition G. de Chénier.
2. Voyez la note 5 de la p. 154.

LXX[1]

Et moi, quand la chaleur, ramenant le repos,
Fait descendre, en été, le calme sur les flots,
J'aime à venir goûter la fraîcheur du rivage,
Et, bien loin des cités, sous un épais feuillage,
Ne pensant à rien, libre et serein comme l'air,
Rêver seul en silence, et regardant la mer.

Fin [2].

LXXI[3]

Él. comm.
Triste chose que l'amour!... pour un moment de plaisir, des siècles de supplices... pourtant ces peines ne sont pas sans plaisir... Ah! quand cesserai-je d'aimer!... Oh! que cette jeune fille que je vois tous les jours est belle. Description... Ah! malheureux! j'ai beau fuir l'amour comme un esclave fugitif ou comme un taureau qui a secoué le joug, ou comme un cheval qui s'est enfui de l'étable... mais il sait me retrouver, et levant sur moi une branche de myrte dont il me menace en riant, il me donne de nouveaux fers, il soumet ma tête à un nouveau joug, il monte sur moi et me gouverne avec un nouveau frein qu'il rit de me voir mordre...

Mandit sub dentibus aurum...[4]

1. Édition G. de Chénier.
2. C'est-à-dire que ces vers devaient finir une élégie.
3. Édition G. de Chénier.
4. Virgile, Énéide, liv. VII, v. 279.

LXXII[1]

. . . .
A l'heure où quelque amant inquiet, agité,
Sur sa couche déserte où son amour s'ennuie,
Qu'habitent les désirs et la triste insomnie,
Non sans plaisir, de loin, écoute les doux sons
Du clavier barbaresque aux nocturnes chansons ;
Quand, partout dans Paris, seul, attendant l'aurore,
Dans ses pipeaux d'airain, charge utile et sonore,
Un vagabond Orphée, incliné sous le poids,
Du vent mélodieux fait résonner la voix...[2]

———

Il rêve sous les bois ; il les peuple de belles.
A ses jeunes chansons il sait donner des ailes,
Pour voler, enflammé d'amour et de désirs,
Porter à la beauté son âme et ses soupirs.

———

Ni l'art de Machaon, ni la plante divine,
Qui ranime le flanc des biches de Gortine[3],

---

1. Édition G. de Chénier.
2. L'orgue de Barbarie. Périphrase à noter.
3. Le dictame, cette plante de Crète, qui, dit Virgile (*Énéide*, XII, 414) « n'est point ignorée des chèvres sauvages, lorsqu'une flèche rapide s'est arrêtée dans leur flanc ».

Ni les chants de Circé qui font pâlir le jour,
N'ont pouvoir de guérir la blessure d'amour.
Des bois américains l'écorce bienfaisante[1]
N'éteint pas les accès de cette fièvre ardente.
Ils redoublent souvent.

Le guerrier scandinave, effroi du nord barbare,
N'osa point regarder la belle Konismare[2];
Il osait bien marcher d'un œil calme et serein
Contre les feux tonnants et les bouches d'arain.

. . . . mes plaisirs veulent un peu de gloire.
J'aime qu'à votre amour je doive ma victoire.
Votre bouche dit non ; votre voix et vos yeux
Disent un mot plus doux, et le disent bien mieux.
Craignant de vous livrer, craignant de vous défendre,
Vous ne m'accordez rien et me laissez tout prendre.
La molle résistance, aux timides refus,
Est pour un cœur sensible une faveur de plus[3].

1. Le quinine ou quinquina.
2. Charles XII, roi de Suède. On lit dans l'histoire de ce roi, par Voltaire : « Le roi (Auguste de Pologne) se détermina à demander la paix au roi de Suède. L'affaire était délicate ; il s'en reposa sur la comtesse de Kœnigsmark, Suédoise d'une grande naissance, à laquelle il était attaché... Charles XII refusa constamment de la voir. Elle prit le parti de se trouver sur son chemin, dans les fréquentes promenades qu'il faisait à cheval. Effectivement, elle le rencontra un jour dans un sentier fort étroit ; elle descendit de carrosse dès qu'elle l'aperçut : le roi la salua sans lui dire un seul mot, tourna la bride de son cheval, et s'en retourna dans l'instant ; de sorte que la comtesse de Kœnigsmark ne remporta de son voyage que la satisfaction de pouvoir croire que le roi de Suède ne redoutait qu'elle. »
3. Inséré par M. Becq de Fouquières dans l'*Art d'aimer*.

LXXIII[1]

Tune meam potuisti. *Prop.*[2].

On ne vit que pour soi; l'amitié n'est qu'un nom.
Je veux que mon ami soit hors de tout soupçon;
Mais je vais, tout rempli de mon enchanteresse,
Lui conter mes plaisirs, sa beauté, mon ivresse.
De ces récits d'amour l'éloquente chaleur,
En me disant heureux, a fait tout mon malheur.
Peut-être sur ma foi dévorant ma conquête,
Il vole, en m'accusant, assurer ma défaite,
Me bannir de mon règne, et d'un récit d'amour[*]
Devenir, s'il se peut, le héros à son tour;
Et, fier de me devoir une si belle proie[**],
Ma colère fera la moitié de sa joie[***].
Pâris fut ravisseur; mais les nœuds d'amitié
Au jeune Atride, au moins, ne l'avaient point lié.
Patrocle à Briséis aurait été rebelle;
Et Pylade ignorait qu'Hermione fût belle.
Tout change. Il est passé ce temps des vrais amis;
Et le parjure utile est honnête et permis :
Il se rit de ma honte et de sa perfidie[****].

[*] Var.: *M'exiler de mon règne, et d'un récit d'amour*
Devenir, etc.
[**] Var.: *Et tenant de moi-même une si belle proie.*
[***] Var.: *Mon désespoir fera la moitié de sa joie.*
[****] Var.: *Il se rit de mes pleurs et de sa perfidie.*

1. Édition G. de Chénier. — M. Becq de Fouquières a inséré ce fragment dans l'*Art d'aimer*.
2. Livre II, élégie xxv, vers 9.

Moi seul, en mes moissons je soufflai l'incendie ;
Moi seul, en lui vantant mon trésor clandestin,
J'ai du voleur nocturne aiguillonné la main[1].

. . . . dans les cieux,
D'ambroisie et de fleurs cette pure fontaine,
Où l'année, une fois, mère idolâtre et vaine,
Pour ses trois autres fils moins prodigue en bienfaits,
Trempe de son printemps et la robe et les traits.

LXXIV[2]

. . . .
Je t'indique le fruit qui m'a rendu malade ;
Je te crie en quel lieu, sous la route, est caché
Un abîme, où déjà mes pas ont trébuché.
D'un mutuel amour combien doux est l'empire !
Heureux, et plus heureux que je ne saurais dire,
Deux cœurs qui ne font qu'un[3], dont la vie et l'amour

---

1. L'auteur avait songé aussi à placer ce morceau dans l'*Art d'aimer*, en mettant à la seconde personne tout ce qui est à la première, et *toi* au lieu de *moi*. (G. DE CHÉNIER.)

2. Édition G. de Chénier. M. Becq de Fouquières croit, avec toute apparence de raison, que ces fragments auraient été insérés par le poète dans l'*Art d'aimer*.

Toutefois, M. G. de Chénier les dit marqués du signe *El*. — Nous les laissons donc ici, sans prendre une décision que, paraît-il, le poète n'avait pas encore prise, sauf à les rappeler plus tard, ainsi que divers morceaux qu'on a ci-devant rencontrés.

3. Le poète a passé un trait sur ces mots : *qui ne font qu'un*.

N'auront, dans un long temps, qu'un même dernier jour!
Mais bien peu, qu'ont séduits de si douces chimères,
Ont fui le repentir et les larmes amères.
O poètes amants, conseillers dangereux,
Qui vantez la douceur des tourments amoureux,
Votre miel déguisait de funestes breuvages;
Sur les rochers d'Eubée, entourés de naufrages,
Allumant dans la nuit d'infidèles flambeaux,
Vous avez égaré mes crédules vaisseaux.
Mais que dis-je? vos vers sont tout trempés de larmes.

Ce n'est pas vous qui m'avez perdu... Si je vous avais cru... (traduire[1]). C'est moi-même; c'est elle et ses yeux... et sa blancheur... et ses artifices... et ma... et ma...

Ah! tremble que ton âme à la sienne livrée
Ne s'en puisse arracher sans être déchirée.
Même au sein du bonheur, toujours dans ton esprit
Garde ce qu'autrefois les sages ont écrit:
Une femme est toujours inconstante et fragile[2],
Et qui pense fixer leur caprice mobile,
Il pense, avec sa main, retenir l'aquilon,
Ou graver sur les flots un durable sillon.

Mais, quelque soin jaloux et vigilant
Dont ton amour ait vu sa poursuite éludée,
Fuis d'employer jamais ces armes de Médée,

---

1. Les passages des poètes anciens relatifs à la même situation.
2. La première version présente le vers tel que je le donne ici; mais le poète parait avoir eu l'intention de changer l'épithète *fragile;* car il a écrit au-dessus de ce mot ceux de *débile, futile,* sans effacer le premier. (G. de Ch.)

Des herbes de Colchos ces philtres embrasés[1],
Sous un sucre menteur ces poisons déguisés,
Qui, lui soufflant un feu mécanique et rapide[2],
Offusquent sa raison d'un nuage perfide[*];
Victoire fausse et lâche, indigne et vil détour
Que l'orgueil désavoue encor plus que l'amour!
Quelle gloire, en effet, quel plaisir, quand on aime,
De tenir une belle absente d'elle-même,
Qui, ne voyant plus rien, livre sans le savoir
Un cœur que tyrannise un aveugle pouvoir[**]!
N'est-ce pas avouer que ton mérite habile[3]
Craignait, pour se montrer, un œil libre et tranquille?
Et que tu n'eus jamais cet aimable poison[4]
Qui sait si doucement enivrer la raison?
Certes, quand une belle en mes bras s'abandonne[5],

[*] VAR.: *Offusquent son esprit d'un nuage perfide.*
[**] VAR.: *Et qui, sans le savoir, abandonne le soin*
D'un cœur que tyrannise un aveugle besoin.

L'auteur avait mis ensuite:

Et qui sans le vouloir abandonne le soin, etc.

1. L'auteur avait d'abord fait ce vers ainsi:

Loin cet art de Colchos, ces philtres embrasés...

2. La première pensée du poète était:

Qui, lui soufflant un feu dangereux et rapide...

3. La première version était celle qui suit:

Vous craignez donc pour vous un œil libre et tranquille?

Puis le poète a mis:

Tu crains donc d'être vu d'un œil libre et tranquille?
Ce prix à mériter serait plus difficile.

Enfin il écrit:

N'est-ce pas avouer que ta prudence habile
Craignait pour ton mérite un œil libre et tranquille?

4. L'auteur avait d'abord fait ainsi ce vers:

Et tu ne te sens pas cet aimable poison...

5. La première pensée de l'auteur avait été de faire ainsi ce vers:

Certes, quand une belle à mes feux s'abandonne...

Je veux qu'elle reçoive un baiser que je donne;
Que le sien y réponde, et, soumise à ma loi,
Qu'elle soit elle-même et sente que c'est moi*.

Ou ton projet sera la toile fugitive
De cette Pénélope, assiégée et captive,
Qui, d'Ulysse, en secret, implorant le retour,
Va défaire la nuit son ouvrage du jour.

LXXV[1]

Seul dans la forêt, le solitaire est à moraliser... ceci et cela... tout à coup il entend un cheval accourir au galop ; il regarde ; il aperçoit un visage charmant. Cheveux flottants, etc... assise sur son cheval et tenant un pommeau de selle avec sa main. Il s'élance sur la route. Le coursier s'arrête. Le bel ange pâlit et bégaye, dit : — Étranger, hôte de la forêt, pardonne ; ne me fais point de mal. — Il se précipite vers elle ; il embrasse ses genoux. — Moi, te faire du mal, bel ange ! ne crains point ; que la sérénité revienne sur ton front enfantin. Seul ici, je t'ai entendu venir. J'ai vu ton beau visage, ta jolie taille... Il s'interrompt. Il embrasse le coursier, il le baise. O heureux coursier, qui portes ce bel ange ! Aies-en bien soin ; sois bien doux, obéis à sa pensée ; garde bien d'avoir un trot dur qui blesserait, qui meurtrirait ses membres délicats. Oh ! que ne suis-je aussi heureux que toi ! que n'est-ce moi qui porte une charge si belle ! Elle sourit alors, pressa son coursier et s'éloigna. Mais il la suivit et fut pour

---

* VAR: *Qu'elle soit là, présente et soumise à ma loi.*
Que son cœur soit complice et sente que c'est moi.

1. Édition G. de Chénier, mais avec une transposition.

jamais son esclave. Car cette seule vue lui avait imposé un frein pour le guider au gré de la belle errante, et avait mis en de si belles mains les rênes de son cœur.

Jeune vierge à l'œil doux, à la voix douce et tendre,
Tu fuis, tu ne sais pas, tu ne veux point entendre
Que de tes yeux charmants la grâce et la douceur
Ont remis dans ta main les rênes de mon cœur.

LXXVI[1]

MARSEILLE

O beautés de Marseille... vous avez une tournure vive et attrayante... vos cheveux... vos yeux noirs et... ont des regards bien doux. Heureux qui peut vivre près de vous... Marseille est une ville... dans son port tout hérissé d'une forêt de mâts, on trouve le Musulman, l'Indien, etc... Marseille est tout l'univers... elle a toujours été florissante... unissant le commerce aux sciences et à la guerre... Pythéas... depuis l'*Ibérie* jusqu'à la *Ligurie*, plusieurs opulentes cités la reconnaissent pour mère... fille des Phocéens, amie de Rome, rivale de Carthage, elle a été l'Athènes gauloise... Tel est le destin que lui promit le vieux Protée lorsque... les Phocéens sortant de leur pays... ils mettent à la voile... leur serment... Protée s'élève sur la mer et leur prédit... (c'est ici qu'il faut mettre ce que dessus), ils arrivent pendant que le roi de cette côte préparait le festin nuptial pour sa fille... Cette belle les avait vus arriver ;... elle avait dit à sa nourrice : O que cet étranger est beau !... Il n'a point l'air sauvage de nos Gaulois... La douceur et la fierté sont sur son visage... Le héros grec est invité au fes-

---

1. Édition G. de Chénier.

tin... Elle entre, la belle barbare. Suivant l'usage, on lui donne la coupe... Celui à qui elle la présentera sera son époux... Elle tourne... et rougissant et baissant les yeux, elle présente au héros grec la coupe nuptiale...

Et malgré les fureurs de la horde rivale,
Le héros..... boit la coupe nuptiale.

Salut, ô ville grecque, honneur du nom français,
Toi par qui, dans l'horreur de nos vieilles forêts,
Du cruel Teutatès le prêtre sanguinaire
Entendit les doux sons de la langue d'Homère;
Qui, disciple à la fois de Minerve et de Mars,
Fis couler sur nos bords l'opulence et les arts,
Et, de nos durs aïeux polissant la rudesse,
Sur des rochers gaulois sus transplanter la Grèce.

Raconter tout cela dans le goût du IVe livre de Properce.

LXXVII [1]

La Seine, en sortant de Paris,

Voit près du Champ de Mars les fils de nos guerriers
Étudier l'art. . . . .

Et près d'eux vivre sous un dôme

Tous nos braves soldats sous les armes vieillis,
De blessures et d'âge et d'honneurs affaiblis :

1. Édition G. de Chénier.

Saints temples où repose une mâle vieillesse,
Près des murs d'où s'élance une mâle jeunesse.

O bois de Vincennes !... bois de Boulogne !... ne tressaillez-vous point d'allégresse, lorsque, sous vos ombrages fleuris, une belle, la tête couverte d'un chapeau de plumes, galope sur un cheval ?

LXXVIII [1]

Des monts du Beaujolais aspect délicieux
Quand l'Azergue limpide, enfant de ces beaux lieux,
Descendant sur les prés et la côte vineuse,
Vient grossir de ses eaux la Saône limoneuse.

Peindre Nice... cette ville où les étrangers... les oranges... etc. Finir en imitant légèrement le sonnet de Pétraque *Umoresi il vecchiarel*... et dire : J'examine avec soin tous les visages pour voir si je trouverai sur quelqu'un d'eux quelqu'un de vos traits.

LXXIX [2]

NOTES ET FRAGMENTS

J'ai été à ce bal où toutes ces belles Anglaises... je les regardais sans rien dire... je portais envie à ceux à qui elles

---

1. Édition G. de Chénier.
2. Édition G. de Chénier. Le titre est ajouté par nous.

ELÉGIES.

parlaient et de la main de qui elles acceptaient des oranges, des glaces...

. . . .

Non, je n'ai plus d'empire où commandent ses pleurs.
A ses moindres désirs qu'un doux regard m'annonce,
Non, jamais un refus ne sera ma réponse.

. . . Penché sur toi j'attendrai ton réveil,
Sans troubler les douceurs de ton chaste sommeil ;
Je baiserai les fleurs qui forment ta couronne,
Et le lin qui te couvre, et l'air qui t'environne.

Achille au bord de la mer.

Et l'onde résonnante et la roche lointaine
Gémissaient de ses pleurs et soupiraient sa peine.

> Et nautis infestus Orion
> Turbaret hibernum mare[1].

. . . . . Ministre des naufrages,
Orion sur ses pas fait voler les orages.

> Ipse interque greges, interque armenta Cupido
> Natus et indomitas dicitur inter equas.

---

1. Horace, *Épodes,* XV, vers 7 et 8.

> Illic indocto primum se exercuit arcu.
> Hei mihi, quam doctas nunc habet ille manus!
> Nec pecudes, velut ante, petit : fixisse puellas
> Gestit, et audaces perdomuisse viros.
> (*Tibull., lib. II, eleg. I, v.* 67 *et sequent.*)

Il faut traduire ces vers charmants, et imiter toute cette élégie, qui est un des plus beaux poèmes de l'antiquité. Il est plein d'âme, d'esprit, d'érudition et de philosophie ; car les érotiques anciens ne sont pas des Dorat. J'en dis autant de la huitième élégie du livre Ier.

> Crudeles Divi! serpens novus exuit annos!
> (*Tibull., lib. I, el. IV, v.* 35.)

. . . . Cruelles destinées!
Le serpent rajeuni dépouille ses années.

Quand d'un souffle jaloux la Parque meurtrière
Viendra de mon flambeau dissiper la lumière,
Si tu viens près de moi, sur mon lit de douleurs *
Ta présence pourra répandre des douceurs.
Pour apaiser l'effroi que cet instant réveille,
Que le son de ta voix flatte encor mon oreille;
Qu'autour de toi mes bras soient encore attachés;
Que tes yeux sur les miens soient encore penchés;
Que ta bouche se joigne à ma bouche expirante;
Que je tienne ta main dans ma main défaillante!

Il faut traduire ou imiter ces beaux vers de mon Tibulle :

> Nunc et amara dies, et noctis amarior umbra est;
> Omnia nunc tristi tempora felle madent.
> (*Tibull., lib. II, eleg. IV, v.* 11.)

* Var : *Si je te vois encor sur mon lit de douleurs.*

. . . . Le jour est amer à mon cœur;
La nuit vient et plus triste et plus amère encore.
Tout meurt autour de moi du fiel qui me dévore.

Ou littéralement :

Chaque instant de ma vie est abreuvé d'absinthe.

Le doux éclat du jour est amer à mon cœur.
La nuit vient et plus triste et plus amère encore.
Tout meurt autour de moi du fiel qui me dévore.

Ou littéralement, ce qui est dur :

Chaque instant est trempé du fiel qui me dévore.

> Nec tinctus viola pallor amantium.
> (Hor.[1])

La pâle violette, emblème de l'amour.

Et la fleur de l'amour, la pâle violette.

La douce violette attirait tous ses vœux;
C'est la fleur des amants, elle est pâle comme eux.

Je vois la violette, en sa douce pâleur,
De l'amour langoureux affecter la couleur.

---

1. Liv. III, ode x.

Ah! les serments jurés à la beauté qu'on aime
Sont le serment du Styx, redoutable aux dieux même.

Un vers brûlant d'amour et de larmes trempé.

Lui soupirer un vers plein d'amour et de larmes.

L'onde changée en pleurs roule des flots amers.

Vos jours brillants et purs ignorent les nuages.

Et la rose pâlit sur ta lèvre tremblante.

On peut appeler les eaux de senteur une rosée d'œillets, une rosée de jasmins.

Que leurs vaisseaux errants poursuivent la fortune;
Qu'à la cour enchaînés, leur grandeur importune
Assiège tous leurs pas de superbes ennuis;
Que de vastes projets inquiètent leurs nuits.

Ex Terent.[1].

L'ingrate de mes maux n'a point eu de pitié...
Je lui dois bien ma rage et mon inimitié.
Vent jaloux, pour jouer ma crédule espérance,
Avec sa perfidie es-tu d'intelligence?

---

1. *Eunuchus*, acte I, scène I.

Ex Terent.[1].

Pourquoi je ne viens plus? Sans doute, je le crois,
Cette porte toujours est ouverte pour moi,
Et jamais vous jouant de ma crédule attente,
Votre portier ne feint que vous êtes absente.

———

Ne me parlez jamais de ces figures rouges paysannes... ignobles... parlez-moi de ces beautés qui ressemblent à des statues antiques ou aux femmes du Guide.

FABLES OU HISTOIRES A EMPLOYER.

Laodamie et Protésilas. — Antémise. — Nauplius et le promontoire de Capharée. — Niobé et ses filles et le Sipylus. — Les Titans aux pieds de serpents. — Ibycus et les oies. — Vénus armée. — L'Amour armé dans le musæum étrusque.

LXXX[2]

Elég. frag.

Tu dis qu'on a dit du mal de moi... peu m'importe. Je sais trop que ceux dont je suis connu ne croiront pas quiconque m'accusera d'autre chose que de faiblesses que l'âge excuse... je pourrais me venger avec l'ïambe *tincta Lycambo*

---

1. *Eunuchus,* acte I, scène i.
2. Édition G. de Chénier.

sanguine[1]... mais j'aime mieux... que ce dont mon nom tire plus de splendeur soit de mes vers l'innocente candeur... et je ne serais flatté de rien tant que de faire dire : ce poète

Sut mépriser l'injure, et, sourd à ses clameurs,
Fut doux en ses écrits et plus doux en ses mœurs.

Et que la vérité

Un jour dise de moi : Cet enfant des neuf sœurs
Fut doux en ses écrits et plus doux en ses mœurs;
Jamais de la puissance esclave tributaire,
Il n'a brûlé pour elle un encens mercenaire;
Et jamais le repos de quelqu'un des humains
Ne fut blessé d'un trait qui partit de ses mains.
J'aurais trouvé sans peine au carquois de l'Iambe,
Son vers âpre et guerrier teint du sang de Lycambe;

mais quoiqu'il soit aussi permis de se défendre qu'il est injuste d'attaquer....

LXXXI[2]

Comm. (commencement.)
L'Élégie est venue me trouver (la peindre). Eh bien! m'at-elle dit, m'as-tu abandonnée? attends-tu que tu sois vieux pour

---

1. Ovide, *Ibis*, v. 51.
2. Édition G. de Chénier. M. G. de Chénier a fait de ces deux morceaux la première des *élégies italiennes*. Il a voulu sans doute mettre sous le même signe cette élégie contre la vieillesse, et la suivante qui la contredit. Mais celle-ci n'a rien d'italien. Il convient, selon nous, de s'en tenir strictement aux indications de l'auteur.

faire, Ἐλέγους? je n'aime point ceux qui me courtisent trop vieux... Il faut être jeune pour rire, pour pleurer, se fâcher, s'apaiser, pour aimer, pour vanter nos charmantes folies.

L'emploi de la vieillesse est plus sage et plus beau;
Mais on rit qu'une muse, hélas! près du tombeau,
Ceignant son front glacé de guirlandes fanées,
Sous le rouge et le fard déguisant ses années,
D'une tremblante voix chante encor le printemps.
On rit quand, opprimé sous le fardeau des ans,
Vieux amant, vieux chanteur, un poète ose peindre*
Des douceurs qu'il n'a plus et qu'il ne peut que feindre,
Et d'une voix fardée et d'un vers doucereux
Nous conte en cheveux blancs ses exploits amoureux.
Un vieillard n'aime plus. Il n'est, dans sa tendresse [1],
Ni pressant, ni timide avec délicatesse;
La douce émotion n'agite plus son cœur**,
Et son baiser rebute et n'a point de fraîcheur.
La troupe aux yeux charmants des trois sœurs ingénues
Qu'un même nœud retient dansantes, demi-nues,
Fuit un triste vieillard qui n'a que des regrets,
Et qui veut à la rose unir ses noirs cyprès.
Elles aiment à voir deux âmes enfantines
Se conter tour à tour leurs caresses divines;
Deux visages brillants de jeunesse et d'amour
Se presser l'un sur l'autre à la fuite du jour***;
Deux jeunes seins se joindre et palpiter ensemble;

* Var.: *Vieux amant, vieux poète, un chanteur osepeindre.*
** Var.: *La douce émotion n'habite plus son cœur.*
*** Var·: *Se chercher, se presser à la fuite du jour.*

1. L'auteur avait passé un trait en diagonale sur ce vers et les cinq qui le suivent, pour indiquer que son intention était de les refaire ou de les supprimer.

Deux bouches de vingt ans, qu'un même feu rassemble,
Mêler leur douce haleine et leurs cris langoureux,
Leurs baisers dévorants, humides, savoureux.

Que tardes-tu donc? Camille ne t'inspire-t-elle plus rien? Camille!... dieux! Camille!... ô déesse!... un de ces vieillards que vous ne pouvez souffrir, qui vous inspirent du dégoût, Camille l'a reçu dans son lit!... ingrate! pour des présents tu m'as préféré un vieux!... *Sed quascumque dedit vestes, quoscumque smaragdos* (Prop., lib. II, eleg. xiii), que tous ces présents périssent, à l'aide desquels *Barbarus excussis agitat vestigia lumbis*... d'un lit qui fut à moi...

Dévoré de désirs que l'impuissance irrite.
. . . .
D'un lit qu'il déshonore inutile fardeau.

Mais moi, je prendrai désormais une beauté plus fidèle pour objet de mes élégies.

———

Ah! qu'ils portent ailleurs ces reproches austères,
D'une triste raison ces farouches conseils,
Et ces sourcils hideux, et ces plaintes amères,
De leur âge chagrin lugubres appareils.
Lycoris, les amours ont un plus doux langage :
Jouissons; être heureux c'est sans doute être sage.
Vois les soleils mourir au vaste sein des eaux;
Téthys donne la vie à des soleils nouveaux,
Qui mourront dans son sein, et renaîtront encore;
Pour nous, un autre sort est écrit chez les dieux;
Nous n'avons qu'un seul jour; et ce jour précieux

S'éteint dans une nuit qui n'aura point d'aurore.
Vivons, ma Lycoris, elle vient à grands pas
Et dès demain peut-être elle nous environne;
Profitons du moment que le destin nous donne,
Ce moment qui s'envole et qui ne revient pas.
Vivons, tout nous le dit; vivons, l'heure nous presse;
Les roses dont l'amour pare notre jeunesse
Seront autant de biens dérobés au trépas.

ÉLÉGIES

ITALIENNES ET ORIENTALES

I[1]

ÉLÉGIE ITALIENNE[2]

ÉLOGE DE LA VIEILLESSE

O délices d'amour! et toi, molle paresse,
Vous aurez donc usé mon oisive jeunesse!
Les belles sont partout. Pour chercher les beaux-arts,
Des Alpes vainement j'ai franchi les remparts;
Rome d'amours en foule assiège mon asile.
Sage vieillesse, accours! ô déesse tranquille,
De ma jeune saison éteins ces feux brûlants,
Sage vieillesse! Heureux qui, dès ses premiers ans,
A senti de son sang, dans ses veines stagnantes,
Couler d'un pas égal les ondes languissantes;
Dont les désirs jamais n'ont troublé la raison;

1. *Revue de Paris*, 1829.
2. André a désigné quelques élégies par ces signes : Ἔλεγ. ἰταλ., c'est-à-dire: Ἔλεγος ἰταλικος, élégie italienne; quelques autres par ceux-ci: Ἔλεγ. ἠώ., c'est-à-dire: Ἔλεγος ἠῶος, élégie orientale.

Pour qui des yeux n'ont point de suave poison ;
Au sein de qui, jamais, une absente perdue
N'a laissé l'aiguillon d'une trop belle vue [1] ;
Qui, s'il regarde et loue un front si gracieux,
Ne le voit plus, sitôt qu'il n'est plus sous ses yeux !
Doux et cruels tyrans, brillantes héroïnes,
Femmes, de ma mémoire habitantes divines,
Fantômes enchanteurs, cessez de m'égarer.
O mon cœur ! ô mes sens ! laissez-moi respirer.
Laissez-moi, dans la paix de l'ombre solitaire,
Travailler à loisir quelque œuvre noble et fière
Qui, sur l'amas des temps propre à se maintenir,
Me recommande aux yeux des âges à venir.
Mais, non ! j'implore en vain un repos favorable ;
Je t'appartiens, Amour, Amour inexorable ;
Et tu ne permets pas à ton esclave amant
De pouvoir, loin de toi, se distraire un moment [2] !

Eh bien ! allons, conduis-moi aux pieds de... je ne refuse aucun esclavage... Conduis-moi vers elle, puisque c'est elle que tu me rappelles toujours... Allons, suivons les fureurs de l'âge... mais puisse-t-il passer vite... puisse venir la vieillesse !... la vieillesse seule est heureuse (contredire pied à pied l'élégie contre la vieillesse [3]), le vieillard se promène à la campagne, se livre à des goûts innocents, étudie sans que les vaines fureurs d'Apollon le fatiguent... les soins de la propreté, une vie innocente font fleurir la santé sur son visage. S'il devient amoureux d'une jeune belle :

Il a le bien d'aimer sans en avoir les peines ;
Il n'en exige rien, il ne veut que l'aimer.

1. Le premier éditeur avait retranché ces deux vers.
2. Le premier éditeur avait également retranché ces deux vers.
3. Voyez l'élégie précédente, page 346.

ÉLEGIES.

Elle y consent... tout le monde le sait... elle le permet...

. . . . . . et n'en fait point mystère,
Et ne le reçoit point avec un œil sévère,
N'affecte point de rire en le voyant pleurer,
Ne met point son étude à le désespérer.
Non. Il entre, elle accourt. Une aimable indulgence
Sourit dans ses beaux yeux au vieillard qui s'avance.
Il l'embrasse. Il n'a point ces suprêmes plaisirs
Dont son âge paisible ignore les désirs.
Il est assis près d'elle. . . . .

Il la voit... elle livre ses bras à ses baisers.

A ses débiles mains laisse presser ses flancs,
Et le caresse et joue avec ses cheveux blancs.

Les petits garçons et les petites filles qui jouent, sautent de joie en l'entendant venir. Il les baise, il se mêle avec eux; il fait la paix, il est l'arbitre de leurs jeux. Quand il y a une belle partie à la promenade, à l'ombre, on l'attend, on lui garde la meilleure place.

Au sein de ses amis il éteint son flambeau,
Et ceux qui l'ont connu pleurent sur son tombeau.

II[1]

ÉLÉGIE ITALIENNE

O c'est toi! Je t'attends, ô ma belle Romaine[2].
Chez toi, dans cet asile où le soir nous ramène
Seul je mourais d'attendre et tu ne venais pas.
Mon cœur en palpitant a reconnu tes pas[3].
Cette molle ottomane. . . . . . .
Ces glaces, tant de fois belles de ta présence,
Ces coussins odorants, d'aromates remplis,
Sous tes membres divins tant de fois amollis;
Ces franges en festons que tes mains ont touchées,
Ces fleurs dans ces cristaux par toi-même attachées;
L'air du soir si suave à la fin d'un beau jour,
Tout embrasait mon sang : tout mon sang est amour.
Non, plus de feux jamais, non, jamais plus d'ivresses
N'ont chatouillé ce cœur affamé de caresses;
Je veux rassasier cet amour indompté[4]
. . . . qui seul est la beauté.
Je veux que sur mon sein et plus qu'à demi nue,
Tu repaisses mes sens d'une si belle vue.
Viens encore opposer à mes brûlants transports
De tes bras envieux[5] la lutte et les efforts,

---

1. *Revue de Paris*, 1830.
2. Le premier éditeur avait omis ce vers.
3. Il avait également omis celui-ci, et l'hémistiche suivant.
4. Ces vers ont paru pour la première fois dans l'édition de M. G. de Chénier.
5. L'auteur a passé un trait sur le mot *envieux*, sans le remplacer.

Ou ton ordre... ou ta douce prière[1],
Ou du lin ennemi la jalouse barrière;
Mes bras, plus que les tiens agiles et pressants,
Forceront le rempart de tes bras impuissants.
Mes baisers, sur ta bouche ou timide ou colère,
Repousseront ton ordre ou ta douce prière.
Robe, lin, ces gardiens de tes charmes si beaux,
Sous mes fougueuses mains voleront en lambeaux.
A ma victoire alors tout entière livrée,
Il faudra bien céder à te voir adorée,
Lorsque pour se couvrir, enfin, tous tes appas
N'auront que mes fureurs et ma bouche et mes bras.

III[2]

ÉLÉGIE ITALIENNE

Fin[3].

Allez, mes vers, allez; je me confie en vous;
Allez fléchir son cœur, désarmer son courroux;
Suppliez, gémissez, implorez sa clémence,
Tant qu'elle vous admette enfin à sa présence.
Entrez; à ses genoux prosternez vos douleurs,
Le deuil peint sur le front, abattus, tout en pleurs,
Et ne revoyez point mon seuil triste et farouche
Que vous ne m'apportiez un pardon de sa bouche.

1. M. Becq de Fouquières supplée *m'opposer*,
    [M'opposer] ou ton ordre ou ta douce prière.
2. Édition 1833.
3. C'est-à-dire: pour finir une élégie.

IV[1]

ÉLÉGIE ITALIENNE

Tel j'étais autrefois et tel je suis encor.
Quand ma main imprudente a tari mon trésor,
Ou la nuit, accourant au sortir de la table[2],
Si Laure[3] m'a fermé le seuil inexorable[4],
Je regagne mon toit. Là, lecteur studieux,
Content et sans désirs, je rends grâces aux dieux.
Je crie : O soins de l'homme, inquiétudes vaines!
Oh! que de vide, hélas! dans les choses humaines!
Faut-il ainsi poursuivre, au hasard emportés,
Et l'argent et l'amour, aveugles déités!
Mais si Plutus revient, de sa source dorée[5],
Conduire dans mes mains quelque veine égarée;

---

1. Édition 1819.
2. L'auteur avait d'abord écrit :

> Quand la nuit, accourant au sortir de la table.

3. Le premier éditeur avait mis Fanny.
4. La première pensée du poète était ainsi exprimée :

> Je vois qu'on m'a fermé la porte inexorable.

Il corrigea d'abord ainsi :

> Si je trouve fermé le seuil inexorable,

puis enfin de cette manière, qui est la dernière version :

> Si Laure m'a fermé le seuil inexorable.

5. Le manuscrit porte cette variante :

> Mais si Plutus revient de son onde dorée.

A mes signes, du fond de son appartement [1],
Si ma blanche voisine a souri mollement :
Adieu les grands discours, et le volume antique,
Et le sage Lycée, et l'auguste Portique;
Et reviennent en foule et soupirs et billets,
Soins de plaire, parfums, et fêtes et banquets,
Et longs regards d'amour et molles élégies,
Et jusques au matin amoureuses orgies.

V [2]

ÉLÉGIE ITALIENNE

O belle (son nom, pas le véritable)... tu crains... tu penses, dis-tu, qu'un poète est méchant... caustique... détrompe-toi de cette erreur. Non, le jeune poète est doux, innocent... l'enfant des neuf sœurs (peinture romantique) [3]... Tout entier aux muses et aux belles, il ne songe point à nuire, ni même à se défendre de ceux qui veulent lui nuire.

Il n'aime que l'amour : l'amour et les beaux-arts.

En lisant les poètes antiques, il voit, il poursuit, il tient ces belles héroïnes qui exercèrent

D'Apelle et de Zeuxis les suaves pinceaux.

---

1. Le manuscrit offre cette variante :
        A mes gestes, du fond de son appartement.
2. Édition G. de Chénier.
3. C'est la deuxième fois que l'auteur emploie ce mot. On l'a rencontré déjà page 93.

Raphaël et David, sur leurs toiles savantes,
Offrent à ses désirs vingt maîtresses vivantes.

Quand il voit passer des belles, il les poursuit des yeux ;
il veut celle-ci, celle-là, il les veut toutes. En vain leurs vêtements... sous la gaze et la soie, il devine les charmes...

D'un flanc voluptueux l'agilité mobile...

Porté sur son imagination aux ailes de feu, il s'élance, il pénètre jusqu'aux plus secrets appas. Souvent sur les ailes de sa pensée, il vole, il s'égare... il va dans l'Orient, il perce les murs des harems... il y règne... il appelle une beauté que le Phase a fait naître la plus belle des mortelles.

Elle avance, elle hésite, elle traîne ses pas,
Grande, blanche. Sa tête, aux attraits délicats*,
Est penchée. Elle rit ; mais à demi troublée,
D'un léger vêtement couverte et non voilée.
Le Gange a filé l'or qui de ses noirs cheveux
Dans un réseau de soie emprisonne les nœuds.
Golconde, à pleines mains, sur sa riche ceinture
A jeté le rubis et l'émeraude pure ;
Cercle étroit et facile où ses flancs sont pressés,
Dans leur souplesse molle avec grâce élancés.
Le diamant en feu, lumineuse merveille,
Presse son doigt de rose et pend à son oreille.
Son beau sein, éclatant de jeunesse et d'amour,
Et s'élève et repousse un précieux contour
De perles dont Ceylan voit son onde si vaine,
Et de perles encor serpente une autre chaîne

*Var : *Grande, belle. Sa tête, aux charmes délicats.*

Sur ses bras nus, divins, dont les yeux sont charmés,
Qu'avec un soin d'amour la nature a formés.
Assise auprès de lui, ses yeux pleins de son âme
Nagent dans les langueurs d'une amoureuse flamme,
Et sa voix sur un luth, voluptueux accents,
Lui soupire en chanson la langue des Persans[1].

Voilà comme l'enfant des neuf sœurs, affamé d'amour, se livre à ses rêveries innocentes et va se chercher des amantes lointaines... et s'il rencontre une belle (le nom du commencement) qui surpasse les beautés que son imagination lui a formées, et que cette belle veuille de lui, il l'aime, il l'aime, il ne voit plus qu'elle;

Et l'amour n'a point mis aux genoux d'une belle
D'esclave plus soumis, ni d'amant plus fidèle.

VI[2]

ÉLÉGIE ITALIENNE

On pourrait imiter l'élégie de Properce : *Quæris cur veniam tibi tardior*[3]? de cette manière :

Je suis venu tard; j'ai été arrêté à voir des statues, des tableaux sur mon chemin... longues descriptions... et enfin telle femme, telle beauté peinte par tel peintre t'a rappelée à moi et je suis accouru.

---

1. M. Léo Joubert a donné un titre à ce morceau : *La Circassienne*.
2. Édition G. de Chénier.
3. Livre III, élégie XXIII.

VII[1]

ÉLÉGIE ITALIENNE

Au sommet de la montagne je découvre à mes pieds la belle Italie :

Salut, terre où Saturne a trouvé le repos,
Mère de l'abondance et mère des héros!
Salut, dieux paternels d'une terre sacrée!
O Romulus! et toi, Vesta, reine adorée!
Toi qui tiens sous ta garde, en tes asiles saints,
Et le Tibre toscan et les palais romains [2].

---

1. Édition G. de Chénier.
2. Des élégies italiennes devaient encore être puisées dans des imitations de Sapho. Voici trois canevas que je ne ferai que mentionner, parce qu'il n'est pas permis aux Français de parler avec la liberté de la langue grecque.

La première élégie est indiquée par ces abréviations que je me contenterai de reproduire sans autre explication :

Ἐλεγ. ἰταλ. τριβ. σαπφικ.

Il devait appeler Cydno la beauté qui aurait été le sujet de cette élégie : *Candida Cydno.* Sapho eût été elle-même en scène.

La seconde, qui ne porte pour signe que : Ἐλεγ. β., eût été la description d'un souper de jeunes filles où Sapho aurait aussi personnellement figuré ; et enfin la troisième, qui est indiquée de cette manière : Él. *après celle du souper de jeunes filles,* aurait été une causerie entre les mêmes jeunes filles du souper. (G. DE CH.)

VIII[1]

ÉLÉGIE ORIENTALE[2]

Salut, dieux de l'Euxin, Hellé, Sestos, Abyde,
Et nymphe du Bosphore, et nymphe Propontide,
Qui voyez aujourd'hui du barbare Osmanlin
Le croissant oppresseur toucher à son déclin;
Hèbre, Pangée, Hœmus, et Rhodope et Riphée;
Salut, Thrace, ma mère, et la mère d'Orphée,
Galata, que mes yeux désiraient dès longtemps;
Car c'est là qu'une Grecque en son jeune printemps[3],
Belle, au lit d'un époux nourrisson de la France,
Me fit naître Français dans le sein de Byzance.

IX[4]

ÉLÉGIE ORIENTALE

Rustan peut en un mois parcourir ses sillons*;
Des coursiers d'Yémen peuplent tous ses vallons.

* Var.: *Rustan peut en un mois visiter ses sillons.*

1. *Revue de Paris*, 1830.
2. Voyez la note 2 de la page 353.
3. Mme de Chénier ne s'était mariée qu'à l'âge de trente-trois ans. *Jeune printemps* est donc une expression plus poétique qu'exacte.
4. Édition G. de Chénier.

Il a toute une armée, aux regards formidables,
Qui tient de son palais les portes redoutables.
Les murs de ses jardins au zéphyr enchanté
Semblent enceindre au loin quelque vaste cité.
De cent noirs Africains la sûre jalousie
Lui garde cent beautés, l'élite de l'Asie,
Que des bains odorants les suaves apprêts
Conduisent à son lit éclatantes d'attraits.

Mais il n'a pas la mienne, etc., etc.

Les crins de trois coursiers marchent devant ses pas.

X[1]

ÉLÉGIE ORIENTALE ·

LA SOLITUDE

O grottes du mont Harra[2], vous vîtes l'enfant d'Ismaël méditer longtemps, etc... Voyez Savary, *Vie de Mahomet*, page 19... Mettre cette apostrophe dans un poème sur la solitude, ou bien dans une promenade sur les bords de tel ou tel fleuve oriental où il y aurait un morceau sur les charmes de la solitude, et où je décrirais ce que j'aurais vu en Syrie, en Égypte, si j'avais eu le bonheur d'y aller.

Cet ouvrage pourrait commencer par une invocation à la solitude : O toi qui habites sous les arbres de... qui fais ceci et

---

1. Édition G. de Chénier, qui a inséré ce morceau parmi les poèmes.
2. Le mont Harra est voisin de la Mecque. Mahomet s'y retirait pour méditer. (G. DE CH.)

cela, qui fais qu'un homme est lui-même et que tous les esprits ne sont pas jetés dans le même moule ; solitude, le véritable élément d'un enfant des neuf sœurs. Je pourrai me représenter environné du souvenir de tous mes amis...

La Solitude, qui erre à pas lents dans tel ou tel bois, sur telle ou telle montagne, dans telle ou telle vallée.

Cela peut commencer ainsi... O mon imagination*, viens voir le torrent tomber... échauffons-nous là et chantons. (Mais cela commencera mieux une ode étrangère. Je m'entends bien.)

XI[1]

NOTES ET FRAGMENTS

POUR LES ÉLÉGIES ORIENTALES

Il faut employer cette fable orientale du rossignol amoureux de la rose, à laquelle les poètes persans font de si fréquentes allusions. Il faut imaginer quelque chose pour en rendre raison dans le goût des *Métamorphoses* d'Ovide ; mais il ne faudrait point que cela fût commun. Peut-être dans les auteurs traduits du persan par Jones ou autre, je trouverai quelque idée.

As-tu vu cette belle?... qui a telle et telle grâce?... Je suis le rossignol amant de cette rose.

Megnoun et Leilek... Gemil et Shauba qui faisait des vers comme Sapho[2].

---

*Var: *O mon esprit.*

1. Édition G. de Chénier. Le titre a été ajouté par nous.
2. Voyez la *Bibliothèque orientale* de d'Herbelot, page 525 : « Leilé, nom

Peindre une belle Orientale avec sa chaussure de perles.

Où sont ces grands tombeaux qui devaient à jamais
D'une épouse fidèle attester les regrets?
L'herbe couvre Corinthe, Argos, Sparte, Mycènes;
La faux coupe le chaume aux champs où fut Athènes.
Ilion, de ces dieux qui bâtirent tes tours,
Contre le fils d'Achille implore le secours.
Et toi qui, subjuguant l'un et l'autre Neptune,
De Rome si longtemps balanças la fortune,
De tes murs aujourd'hui, de tes fameux remparts
On cherche vainement les cadavres épars.
Et vous, fiers monuments des arts et du génie,
Que la main d'une femme éleva sur l'Asie,
Prodigieuse enceinte où l'Euphrate étonné
Vit de ses flots vaincus le cours emprisonné;
Murs de bitume enduits, dont les vastes racines
Semblaient de l'univers attendre les ruines;
Jardins audacieux dans les airs soutenus,
Temples, marbres, métaux, qu'êtes-vous devenus?

de la maîtresse de Megnoun. Les amours de ces deux amants sont aussi célèbres parmi les Orientaux que ceux de Pétrarque et de Laure parmi nous. Ils ont fourni la matière à une infinité d'ouvrages en prose et en vers que les Arabes, les Persans et les Turcs ont composés sur leur sujet. »
P. 579 : « Ce mot de Megnoun est devenu le nom d'un fameux personnage que les Orientaux prennent pour le modèle d'un parfait amant. Sa maîtresse, qui se nomme Leïleh, est regardée par les Orientaux comme la plus belle et la plus chaste de toutes celles de son sexe. L'on trouve les Amours de Megnoun et de Leïleh écrits en arabe, en persan et en turc, et tous les mahométans regardent également ces deux amants à peu près comme les Juifs ont fait l'Époux et l'Épouse du Cantique des Cantiques. » Page 348 : « Gemil et Schanbah, c'est le nom d'un de ces couples d'amants dont les Orientaux célèbrent, dans leurs histoires et dans leurs poésies, la constance et la fidélité. Les plus fameux sont Joseph et Zoleikhah, Megenoun et Leilah, Khofrou et Schirin. »

Votre nom plus heureux, grâce aux chantres célèbres,
De la nuit envieuse a percé les ténèbres[1].

XII[2]

ÉPILOGUE

Trop longtemps le plaisir, égarant mes beaux jours,
A consacré ma lyre aux profanes amours.
J'ai trop chanté de vers trop suaves, peut-être,
Que l'œil de la pudeur n'a point osé connaître.

Mais aujourd'hui que mon âge a commencé de se calmer, que les belles m'inspirent des fureurs plus tranquilles, je puis sans interruption chanter sur un ton plus austère... je vais achevant mon Hermès[3]... Surtout les champs de tel et tel pays m'ont vu travailler avec délices à mon poème de Suzanne[4]... O pudeur! vierge sainte, c'est pour toi que je fais cet ouvrage... il sera chaste et pur comme toi ; puisse-t-il comme toi charmer et plaire! Je veux que ta bouche le répète... Je veux qu'avant d'être épouse, un belle innocente, le soir, le récite auprès de sa mère attentive. Ainsi donc, mes vers, dites adieu... vous n'irez plus... je ne vous verrai plus

---

1. M. Gabriel de Chénier a placé ce morceau dans les élégies orientales on n'aperçoit guère le lien qui l'y rattache ; il pourrait aussi bien appartenir au poème d'Hermès.
2. Édition G. de Chénier. Le titre n'est pas de la main de l'auteur.
3. Voyez le poème qui porte ce titre.
4. Voyez cet autre poème.

En de brûlants tableaux, en de vives paroles,
Offrant le vain amas de mes jeunesses folles,
Alarmer l'innocence ; et, trop coupable affront,
D'un timide embarras couvrir un chaste front.

ADDITIONS ET CORRECTIONS

AU TOME PREMIER

Page 139, vers 10 :

    Dans ces vases, par nous, va puisant tour à tour.

Lisez :

    Dans ces vases, pour nous, va puisant tour à tour.

Page 140, vers 9 et 10 :

    Dis à ta belle amante, etc.
    Qu'Ariston de Thenos est un vieillard pieux
    Qui porte un cœur humain et respecte les dieux.

M. R. Dezeimeris propose une autre ponctuation :

    Qu'Ariston de Thenos est un vieillard pieux
    Qui porte un cœur humain, et respecte les dieux.

Respecte devenant ainsi un impératif qui continue le mouvement de la phrase.

Page 182, lignes 10 et 11 :

    IVINIS
    CR

Ces lignes doivent être rétablies ainsi :

    DIVINIS
    SACR.

Page 232, vers 22 et 23 :

    L'Automne...
    Parmi les vendangeurs l'égare en des coteaux ;
    Elle cueille la grappe, ou blanche ou purpurine.

M. R. Dezeimeris propose de lire :

    Parmi les vendangeurs l'égare, et des coteaux
    Elle cueille la grappe, ou blanche ou purpurine.

ADDITIONS ET CORRECTIONS.

Page 247, vers 15 :
>Des chants de Mitylène.

Lisez :
>Des champs de Mitylène.

Page 289, vers 24 :
>Réunis dans sa main les sceptres différents.

Lisez :
>Réunis dans ta main les sceptres différents.

Page 290, note 2 :

Voy. la note 2 de la page 140.

Renvoi inexact. Lisez :

Voy. la note 5 de la page 154.

Page 297, note 1 :

Il commence le canevas...

Lisez :

Ici commence le canevas...

Page 311, note 1 :

Pour l'histoire d'Adolfe et de Joconde...

Lisez :

Pour l'histoire d'Astolfe et de Joconde...

Page 363, note 3 :

Madame de Chénier ne s'était mariée qu'à l'âge de trente-trois ans.

Lisez :

Madame de Chénier s'était mariée en 1755 à l'âge de vingt-six ans ; elle avait trente-trois ans quand elle donna le jour à André en 1762.

TABLE DES MATIÈRES

		Pages.
Avant-propos		1
Vie d'André Chénier.		
I.	Origine et jeunesse. Portrait	v
II.	Années de travail poétique	xvi
III.	Séjour en Angleterre. Commencements de la Révolution française	xxvii
IV.	Luttes politiques	xxx
V.	Défaite et retraite. Proposition pour la défense du roi	xxxix
VI.	Arrestation. La prison de Saint-Lazare	xlv
VII.	Jugement et supplice	lv
VIII.	La famille Chénier après la mort d'André	lx
	Conclusion	lxviii
Quelques documents inédits sur André Chénier, par Sainte-Beuve		lxxi

OEUVRES PUBLIÉES DU VIVANT DE L'AUTEUR

Le Jeu de Paume	3
Hymne sur les Suisses de Châteauvieux	23

OEUVRES POSTHUMES

BUCOLIQUES

I.	Oaristys	29
II.	L'Aveugle	37
	Variante probable	48
III.	La Liberté	50

TABLE DES MATIÈRES.

		Pages.
IV.	Le Malade.	58
V.	Le Mendiant.	66
VI.	Mnazile et Chloé.	78
VII	Lydé	80
VIII.	Arcas et Palémon.	85
IX.	Bacchus.	87
X.	Euphrosine.	88
XI.	Hylas.	89
XII.	A F. de Pange.	91
XIII.	Néère	92
XIV.	Sur un groupe de Jupiter et d'Europe	93
XV.	La jeune Tarentine.	99
XVI.	Chrysé.	101
XVII.	Amymone	102
XVIII.	Mnaïs	103
XIX.	Traduction de la jolie épigramme d'Évènus de Paros.	105
XX.	La jeune Locrienne	106
XXI.	Il faut en finir une ainsi.	107
XXII.	Hercule.	108
XXIII.	Un jeune homme dira.	109
XXIV.	Toujours ce souvenir	109
XXV.	Traduction de Platon	110
XXVI.	J'apprends, pour disputer	110
XXVII.	Je sais, quand le midi.	111
XXVIII.	Pasiphaé	112
XXIX.	Tiré de Thompson. Ah! prends un cœur humain.	113
XXX.	Traduit d'Euripide. Au sang de ses enfants	114
XXXI.	Fille du vieux pasteur.	115
XXXII.	Tiré de Moschus	116
XXXIII.	Accours, jeune Chromis	116
XXXIV.	Les nymphes dansent au clair de la lune	117
XXXV.	Toi, de Mopsus ami!	118
XXXVI.	Imité de Sapho.	121
XXXVII.	Tiré d'Oppien.	121
XXXVIII.	Pannychis	122
XXXIX.	A compter nos brebis.	124
XL.	Les colombes.	125
XLI.	Clytie	127
XLII.	Il va chanter	130
XLIII.	Les esclaves d'amour	131
XLIV.	Chanson des yeux.	133
XLV.	Blanche et douce colombe.	134
XLVI.	L'esclave.	135
	Dédicace à milady Coswai	140
XLVII.	La poésie.	143

TABLE DES MATIÈRES.

		Pages.
XLVIII.	Ma muse fuit.	145
XLIX.	Un jeune berger dira	145
L.	En commencer une autre ainsi	146
LI.	Des vallons de Bourgogne	147
LII.	A une Anglaise	148
LIII.	Après en avoir commencé une	148
LIV.	En commencer une par ces vers	149
LV.	Tiré d'Ovide, livre VIII, à la fin	150
LVI.	Bacchus se déguisait	151
LVII.	O mes brebis.	152
LVIII.	Reste ici, Pardalis.	153
LIX.	Enfant ailé, seul dieu.	154
LX.	Je fais paître tant de brebis.	156
LXI.	Chante-nous les deux enfants.	156
LXII.	Pasiphae ad amorem.	158
LXIII.	Là, du sage Minos.	160
LXIV.	Un jeune homme fou par amour	160
LXV.	Diane.	161
LXVI.	Proserpine	164
LXVII.	Vénus	166
LXVIII.	Minerve	168
LXIX.	Sous le roc sombre et frais.	169
LXX.	Tu le sais?	170
LXXI.	Mysis	170
LXXII.	Les Saisons.	171
LXXIII.	Salut, aube au teint frais	173
LXXIV.	Secrets observateurs.	174
LXXV.	Vous, habitants ailés.	175
LXXVI.	Extraits du roman de Longus	178
LXXVII.	En faire une d'un repas.	180
LXXVIII.	En tel lieu est une grotte	181
LXXIX.	Di, vivi fontes.	181
LXXX.	On trouve dans le *Menagiana*	184
LXXXI.	Un berger se plaignant	185
LXXXII.	Il faut en faire une intitulée *le Lavoir*	186
LXXXIII.	Je chéris la solitude.	190
LXXXIV.	Ma muse pastorale	200
LXXXV.	Idylle maritime. Dryas.	202
LXXXVI.	Idylle maritime. Les Navigateurs.	204

ÉLÉGIES

		Pages.
I.	L'Amour et le Berger	209
II.	O lignes que sa main	210
III.	Jeune fille, ton cœur	214
IV.	Ah! je les reconnais	215
V.	A Fondat	217
VI.	Aux frères de Pange	219
VII.	Aux mêmes	222
VIII.	A Fondat	
IX.	La Seine	
X.	Au chevalier de Pange	230
XI.	Ah! portons dans les bois	233
XII.	J'ai suivi les conseils	234
XIII.	Bel astre de Vénus	236
XIV.	O Muses, accourez	236
XV.	Souvent le malheureux	239
XVI.	O jours de mon printemps	242
XVII.	Ah! des pleurs, des regrets!	245
XVIII.	Au marquis de Brazais	247
XIX.	Mais ne m'a-t-elle pas juré	249
XX.	Et c'est Glycère, amis	251
XXI.	L'art des transports de l'âme	254
XXII.	Reste, reste avec nous	255
XXIII.	O nuit, nuit douloureuse	258
XXIV.	Première version : Animé par l'amour	261
	Seconde version : Fumant dans le cristal	268
XXV.	S'ils n'ont point le bonheur	270
XXVI.	Souffre un moment encor	272
XXVII.	Non, je ne l'aime plus	274
XXVIII.	De l'art de Pyrgotèle	276
XXIX.	Ami, de mes ardeurs	278
XXX.	De Pange, ami chéri	279
XXXI.	A Lebrun	281
XXXII.	De Pange, le mortel	284
XXXIII.	A Lebrun	286
XXXIV.	Hier, en te quittant	290
XXXV.	O nécessité dure!	292
XXXVI.	Allons, l'heure est venue	294
XXXVII.	La lampe	296
XXXVIII.	Je suis né pour l'amour	300
XXXIX.	Aux deux frères Trudaine	304
XL.	Oh! puisse le ciseau	308

TABLE DES MATIÈRES.

		Pages.
XLI.	Eh bien, je le voulais	308
XLII.	Tout mortel se soulage	309
XLIII.	Quand à la porte ingrate	310
XLIV.	Tout homme a ses douleurs	311
XLV.	Le courroux d'un amant	311
XLVI.	Viens près d'elle au matin	312
XLVII.	Va, sonore habitant	312
XLVIII.	Il n'est donc plus d'espoir	313
XLIX.	Partons, la voile est prête	314
L.	Eh! le pourrai-je au moins!	315
LI.	Souvent le malheureux sourit	315
LII.	Je suis en Italie, en Grèce	316
LIII.	Ile charmante, Amphitrite	319
LIV.	Soit que le doux amour	319
LV.	Sur la mort d'un enfant	320
LVI.	Allons, douce Élégie	322
LVII.	Pour mon élégie nocturne	323
LVIII.	Que sert des tours d'airain	324
LIX.	Lorsqu'un amant qui pleure	325
LX.	Au matin	325
LXI.	Je revois tous ses traits	326
LXII.	O de nœuds mutuels	326
LXIII.	Non, ces doctes beautés	327
LXIV.	Non, laisse-moi, retiens	327
LXV.	Vois ta brillante image	328
LXVI.	Elle a pu me bannir	329
LXVII.	Je dors, mais mon cœur veille	329
LXVIII.	Ainsi le jeune amant	330
LXIX.	O peuple des oiseaux	331
LXX.	Et moi, quand la chaleur	332
LXXI.	Triste chose que l'amour	332
LXXII.	A l'heure où quelque amant	333
LXXIII.	On ne vit que pour soi	335
LXXIV.	Je t'indique le fruit	336
LXXV.	Seul dans la forêt	339
LXXVI.	Marseille	340
LXXVII.	La Seine, en sortant de Paris	341
LXXVIII.	Des monts du Beaujolais	342
LXXIX.	Notes et fragments	342
LXXX.	Tu dis qu'on a dit du mal de moi	347
LXXXI.	L'Élégie est venue me trouver	348

ÉLÉGIES ITALIENNES ET ORIENTALES

		Pages.
I.	Élégie italienne. Éloge de la vieillesse.	353
II.	Élégie italienne. O c'est toi!	356
III.	Élégie italienne. Allez, mes vers.	357
IV.	Élégie italienne. Tel j'étais autrefois.	358
V.	Élégie italienne. O belle (son nom)	359
VI.	Élégie italienne. On pourrait imiter	361
VII.	Élégie italienne. Au sommet de la montagne	362
VIII.	Élégie orientale. Salut, dieux de l'Euxin	363
IX.	Élégie orientale. Rustan peut en un mois	363
X.	Élégie orientale. La solitude	364
XI.	Notes et fragments pour les élégies orientales	365
XII.	Épilogue	367
	Additions et corrections au tome premier.	369

FIN DE LA TABLE DU TOME PREMIER

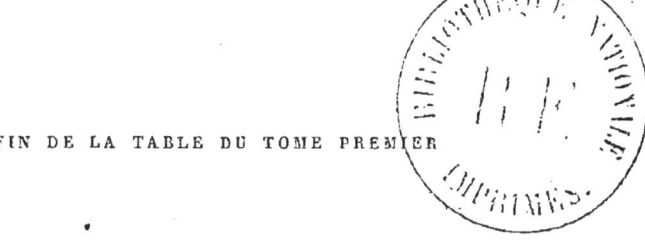

Paris. — Typ. A. Quantin, 7, rue Saint-Benoît.

CHEFS-D'ŒUVRE DE LA LITTÉRATURE FRANÇAISE

FORMAT IN-8 CAVALIER, PAPIER VÉLIN DES VOSGES

Imprimés avec luxe et ornés de gravures sur acier par les meilleurs artistes.

58 volumes sont en vente à 7 fr. 50

On tire de chaque volume de la collection 150 *exemplaires numérotés* sur papier de Hollande avec figures sur chine avant la lettre, le volume. . . . . 15 fr.

OEUVRES COMPLÈTES DE MOLIÈRE

Collationnées sur les textes originaux, commentées par L. MOLAND. 2ᵉ édit. soigneusement revue et considérablement augmentée. Une composition de Staal, gravée sur acier, accompagné chaque pièce. 12 vol.

ŒUVRES COMPLÈTES DE J. RACINE

Avec une vie de l'auteur et un examen de chacun de ses ouvrages par M. SAINT-MARC GIRARDIN, de l'Académie française. 8 vol.

ŒUVRES COMPLÈTES DE LA FONTAINE

Nouvelle édition avec un nouveau travail de critique et d'érudition, par M. LOUIS MOLAND. 7 vol.

ŒUVRES COMPLÈTES DE LA ROCHEFOUCAULD

Nouvelle édition, avec des notices sur la vie de La Rochefoucauld et ses divers ouvrages, un choix de variantes, des notes, une table analytique des matières et un lexique, par A. CHASSANG, inspecteur général de l'Instruction publique, lauréat de l'Académie française. 2 vol.

ŒUVRES POÉTIQUES D'ANDRÉ CHÉNIER

Précédées de la vie d'André Chénier, mises en ordre et annotées par M. LOUIS MOLAND, avec les études de SAINTE-BEUVE sur André Chénier, les mélanges littéraires, la correspondance et une notice bibliographique. Gravures en taille-douce, dessins de STAAL et PHILIPPOTEAUX. 2 vol.

ESSAIS DE MICHEL DE MONTAIGNE

Nouvelle édition, avec les notes de tous les commentateurs, complétée par M. J.-V.-L. CLERC, nouvelle étude sur Montaigne par M. PRÉVOST-PARADOL. 4 vol. avec un beau portrait de Montaigne.

ŒUVRES COMPLÈTES DE LA BRUYÈRE

Nouvelle édition, publiée d'après les éditions données par l'auteur, notice sur La Bruyère, des variantes, des notes et un lexique, par A. CHASSANG, lauréat de l'Académie française, inspecteur général de l'instruction publique. 2 vol.

ŒUVRES COMPLÈTES DE BOILEAU

Avec des commentaires et un travail nouveau de M. GIDEL. 4 vol.

ŒUVRES COMPLÈTES DE MONTESQUIEU

Textes revus, collationnés et annotés par ÉDOUARD LABOULAYE, membre de l'Institut. 7 vol.

ŒUVRES CHOISIES DE PIERRE DE RONSARD

Avec notice, notes et commentaires, par SAINTE-BEUVE; nouvelle édition, revue et augmentée, par LOUIS MOLAND. 1 vol. orné du portrait de l'auteur.

ŒUVRES DE CLÉMENT MAROT

Annotées, revues sur les éditions originales et précédées de la vie de Clément Marot, par CHARLES D'HÉRICAULT. 1 vol. orné du portrait de l'auteur.

ŒUVRES DE JEAN-BAPTISTE ROUSSEAU

Avec un nouveau travail de M. ANTOINE DE LATOUR. 1 vol. orné du portrait de l'auteur.

HISTOIRE DE GIL BLAS DE SANTILLANE

Par LE SAGE, avec les principales remarques des divers annotateurs; notice par SAINTE-BEUVE, les jugements et témoignages sur LE SAGE et sur GIL BLAS. 2 vol.

CHEFS-D'ŒUVRE LITTÉRAIRES DE BUFFON

Introduction p r M. FLOURENS, de l'Académie française. 2 vol. avec portrait.

L'IMITATION DE JÉSUS-CHRIST

Traduction nouvelle, avec des réflexions, par M. DE LAMENNAIS. 1 vol.

ŒUVRES CHOISIES DE MASSILLON

Accompagnées de notes, notice par M. GODEFROY. 2 vol. avec portrait.

Notre collection contiendra la fleur de la littérature française. Elle se composera de soixante-quinze volumes environ, imprimés avec le plus grand luxe, dignes de tenir une place d'honneur dans les meilleures bibliothèques.

PARIS. — Typ. A. QUANTIN, 7, rue Saint-Benoît.